División autonómica de España

La Coruña

GALICIA

Vigo

(PRINCIPADO DE) ASTURIAS

Santander

CANTABRIA

PAÍS VASCO, EUSKADI

Bilbao

San Sebastián

(COMUNIDAD FORAL DE) NAVARRA

Pamplona

ANDORRA

León

CASTILLA Y LEÓN

LA RIOJA

Huesca

CATALUÑA, CATALUNYA

Valladolid

Zaragoza

ARAGÓN

Barcelona

Salamanca

(COMUNIDAD DE) MADRID

MADRID

PORTUGAL

Toledo

Cáceres

EXTRE-MADURA

Badajoz

CASTILLA-LA MANCHA

Palma de Mallorca

BALEARES

Valencia

(COMUNIDAD) VALENCIA(NA)

Alicante

Córdoba

Huelva

Sevilla

ANDALUCÍA

Granada

Murcia

(REGIÓN DE) MURCIA

Málaga

Almería

Cádiz

GIBRALTAR

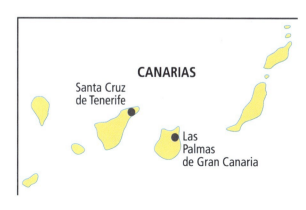

CANARIAS

Santa Cruz de Tenerife

Las Palmas de Gran Canaria

D1664460

Enfoques
al mundo hispánico

Spanisch in der Oberstufe

C.C. BUCHNER VERLAG

Enfoques
al mundo hispánico

Spanisch in der Oberstufe

Herausgegeben von Anne-Katharina Brosius

Erarbeitet von Rike Ávila, Sebastian Bolz, Anne-Katharina Brosius, Bettina Dohrn, Natalie Harp, Cora Heinrich, Lara López Martín, Miranta Masiello, María Belén Muñoz López, Eva Reinke, Clara Theis

Dieser Titel ist auch als digitale Ausgabe unter www.ccbuchner.de erhältlich.

1.Auflage, 1. Druck 2016
Alle Drucke dieser Auflage sind, weil untereinander unverändert, nebeneinander benutzbar.

Dieses Werk folgt der reformierten Rechtschreibung und Zeichensetzung. Ausnahmen bilden Texte, bei denen künstlerische, philologische oder lizenzrechtliche Gründe einer Änderung entgegenstehen.
Die Mediencodes enthalten ausschließlich optionale Unterrichtsmaterialien. An keiner Stelle im Schülerbuch dürfen Eintragungen vorgenommen werden. Auf verschiedenen Seiten dieses Buches finden sich Verweise (Links) auf Internetadressen. Haftungshinweis: Trotz sorgfältiger inhaltlicher Kontrolle wird die Haftung für die Inhalte externer Seiten ausgeschlossen.

© 2016 C.C.Buchner Verlag, Bamberg
Das Werk und seine Teile sind urheberrechtlich geschützt. Jede Nutzung in anderen als den gesetzlich zugelassenen Fällen bedarf der vorherigen schriftlichen Einwilligung des Verlags. Das gilt insbesondere auch für Vervielfältigungen, Übersetzungen und Mikroverfilmungen. Hinweis zu § 52 a UrhG: Weder das Werk noch seine Teile dürfen ohne eine solche Einwilligung eingescannt und in ein Netzwerk eingestellt werden. Dies gilt auch für Intranets von Schulen und sonstigen Bildungseinrichtungen.

Redaktion: Elisabeth Böhm
Muttersprachl. Beratung: Alicia González Mangas
Layout und Satz: ideen.manufaktur, Dortmund
Druck und Bindung: creo Druck und Medienservice GmbH, Bamberg

www.ccbuchner.de

ISBN: 978-3-661-80500-9

Enfoques al mundo hispánico richtet sich an Lernende der neu einsetzenden sowie der fortgeführten Spanischkurse, welche die Spracherwerbsphase bereits abgeschlossen haben und setzt neue, an den Erfordernissen der modernen Didaktik orientierte Akzente. So wird nach Aufgaben für Spätbeginner (**Opción A**) und für fortgeführte Kurse (**Opción B**) differenziert und **Icons** 🖉 kennzeichnen auf einen Blick die geschulten Kompetenzen sowie Aufgaben zu Internetrecherche und Wörterbucharbeit. Diskontinuierliche Texte gestalten das Buch schülerfreundlich, motivieren den Lerner und bieten Möglichkeiten für ein abwechslungsreiches und methodisch vielfältiges Arbeiten.

Der Titel des Lehrwerks **Enfoques al mundo hispánico** ist Programm. Es versteht sich als Angebot, aus welchem die LehrerInnen die Dossiers, Themen, Texte und Übungen auswählen, welche ihren Unterrichtsabsichten und dem Kenntnisstand ihres Kurses entsprechen. Da die verschiedenen Module nicht aufeinander aufbauen, können sie in beliebiger Reihenfolge behandelt und auch neu zusammengestellt werden. Verweise auf mögliche **Links zwischen den Kapiteln** 🔗 cap. 5 / 1.5 Indigenismo ermöglichen eine Verknüpfung der Themen.

Ein klarer Aufbau erleichtert die Arbeit mit dem Schülerband. Jedes Modul beginnt mit einer motivierenden **Auftaktseite**, welche einen Überblick über die thematischen Schwerpunkte der Einheit und eine gezielte Vorentlastung des thematischen Vokabulars durch die Schaffung vielfältiger Redeanlässe bietet.

In Form von aktuellen, authentischen Lesetexten, Hör(seh)verstehenstexten und diskontinuierlichen Texten wird eine Fülle altersgerechter Materialien geboten, durch welche kommunikative Kompetenzen sowie Text- und Medienkompetenz geschult werden. **Annotationen am Textrand** vereinfachen das Textverständnis und **Palabras útiles** unterstützen den thematischen Wortschatz wo nötig. Der Sprachmittlungskompetenz wird anhand interessanter Materialien und schülernaher Kontextualisierung der Aufgaben Rechnung getragen.

Die Aufgaben jeder Themeneinheit sind übersichtlich in folgende Aufgabentypen unterteilt:

- **Acércate** (Einstimmung auf das neue Thema),
- **Comprensión** (Nachweis des Textverständnisses),
- **Trabajo con el texto** (Analyse- und Produktionsaufgaben sowie gekoppelte Aufgaben),
- **Más allá del texto** (weiterführende, z.T. kreative, produktionsorientierte Aufgaben).

An vielen Stellen im Aufgabenapparat werden **Verweise** zu den Seiten im **Métodos**-Anhang aufgezeigt M 2.3 , wo hilfreiche Strategien zur Lösung der Aufgabe zu finden sind.

Über das System der **Mediencodes** 80500-01 werden Arbeitsblätter, ergänzende Inhalte zu einzelnen Themen, aber auch einige Zusatzthemen (im Inhaltsverzeichnis grau dargestellt und mit Mediencode versehen) auf der C.C. Buchner Homepage kostenfrei zum Download bereitgestellt.

Der umfassende Anhang bietet neben projektorientierten komplexen Lernaufgaben zu jeder Einheit (**Tareas finales**) einen ausführlichen Methoden- und Strategie-Anhang (**Métodos**), sowie einen nach Modulen gegliederten thematischen Wortschatz (**Vocabulario temático**) zur Textproduktion und Prüfungsvorbereitung.

Abruf der Mediencodeinhalte 80500-01 unter www.ccbuchner.de/medien

Im Buch finden sich folgende Symbole:

📄 Schulung der Lesekompetenz

💬 Schulung der kommunikativen Kompetenz

🖉 Schulung der Schreibkompetenz

🔊 Schulung des Hörverstehens

📶 Schulung des Hörsehverstehens

🗣 Schulung der Sprachmittlungskompetenz

@ Aufgabe mit Internetrecherche

d Arbeit mit dem Wörterbuch

💿 Hörverstehensübung auf CD

Índice

Abruf der Mediencodeinhalte `80500-05` unter
www.ccbuchner.de/medien

1 Jóvenes: su realidad diaria y sus perspectivas para el futuro

1. Mira las imágenes y busca el título correspondiente para cada una de las fotos. Si te falta vocabulario, mira el vocabulario temático. **M** 5.2.1

n°	Tema	n°	Tema
	La convivencia social		La formación de pareja
	La importancia de los medios de comunicación		Ser diferente
	Jóvenes emprendedores		Conflictos entre padres e hijos
	La carrera escolar		La violencia de género
	Encuentros interculturales		Vida y ocio
	Manifestaciones para un futuro		Tentaciones peligrosas
	Ídolos		

2. Prepara una lista en forma de un ranking con los temas que más te preocupen o te interesen y completa la lista con más temas que te parezcan importantes en tu vida.

3. En parejas discutid vuestras ideas y justificad vuestra elección. **M** 1.2

4. Elige una de las imágenes y descríbela detalladamente. Incluye en tu descripción la biografía y las circunstancias de la vida de una de las personas representadas. Relata la situación en la que ha sido sacada la foto. **M** 5.2.1

1. ¿Quiénes son los jóvenes de hoy?

1.1 ¿Qué caracteriza a los jóvenes de hoy?

1. Uno de cada cinco españoles es joven.
2. En 2012 el 15,6% de la población total española tenía entre 15 y 29 años.
3. La población extranjera de los jóvenes de entre 15 y 29 años se ha
5 decuplicado desde 1996 hasta hoy.
4. El 34% de los jóvenes españoles de entre 15 y 35 años desean ir a trabajar a otro país europeo por un cierto tiempo.
5. Las razones por las que los jóvenes se van de España se encuentran en las consecuencias de la crisis económica.
10 6. En 2009 el 86,3% de los jóvenes de entre 18 y 24 años vivían con sus padres mientras que de los hombres entre 25 y 34 años el 41,1 % vivía todavía en casa de los padres.
7. Las principales razones por las que los jóvenes se quedan en casa de los padres son la comodidad y la falta de ingresos económicos.
15 8. En tercera posición detrás de Italia y Grecia, España es el país donde más tardan los jóvenes en encontrar empleo después de haber terminado los estudios.
9. En 2012 dos de cada 5 jóvenes de 16 a 29 años estaba en paro.
10. Según los datos ofrecidos por el IJE 2012, el salario medio
20 mensual neto, tras los descuentos es de 843,06 euros al mes.
11. Los problemas que más preocupan a los jóvenes respecto al futuro son el paro, la educación y el acceso a la vivienda.
12. La población joven (15–19 años) dispone de 34 horas de tiempo medio disponible a la semana para el ocio.
25 13. Las actividades preferidas de los jóvenes durante su tiempo libre son reunirse con amigos, escuchar música y ver la tele (91,7%).
14. Los jóvenes de entre 15 y 29 años vuelven entre las 3 y las 4 de la noche a casa los fines de semana.
15. Un/a joven español/a lee cinco libros al año.
30 16. El 96% de todos los jóvenes de entre 15 y 29 años en España dispone de un teléfono móvil.

Según: Almudena Moreno Mínguez: Informe Juventud en España 2012. Madrid: Observatorio de la Juventud (INJUVE), 2013 y
Juventud en cifras. Ocio y tiempo libre. En: http://www.injuve.es/sites/default/files/JCifras-Ocio-Dic2010.pdf, 16.03.2016

decuplicarse sich verzehnfachen

tardar *necesitar tiempo* - **el empleo** *el puesto de trabajo*
estar en paro arbeitslos sein
IJE *Informe de la Juventud en España* - **el salario mensual** Monatslohn - **tras de** nach, hinter - **el descuento** Abzug
la vivienda *la casa, el piso*
disponer de verfügen über
disponible → *disponer* - **el ocio** *hier:* Freizeit

Comprensión

Lee las afirmaciones sobre los jóvenes y ordénalas en categorías, por ejemplo, "el tiempo libre" o "medios de comunicación", etc. M 4.

Trabajo con el texto

¿Qué opinas?: ¿Cuáles de estas afirmaciones te han llamado más la atención? Explica por qué.

Más allá del texto

Opción A

1. Preparad preguntas para una encuesta sobre lo que caracteriza a los jóvenes en Alemania. Después realizad la encuesta en vuestro instituto, con amigos, en vuestra familia y presentad los resultados en clase. Comparad y discutid las posibles diferencias entre la juventud alemana y la española. M 1.2

2. *Ser joven es… vivir sus propias experiencias.* Busca otras diez afirmaciones que describan adecuadamente qué es ser joven para ti.

   #### Palabras útiles

gute/schlechte Manieren haben	tener buena/mala educación
sich zu verhalten wissen	saber comportarse
jmdn. respektieren	tener respeto a alguien, respetar a alguien
das Zitat	la cita
der Luxus	el lujo
der Konsum	el consumo

Opción B

1. Compara las afirmaciones con tu propia situación, tus experiencias y sentimientos y la situación en Alemania y entre tus amigos, y escribe un artículo para el periódico español *El País*. Piensa en buscar un titular llamativo. M 2.2.2 c

2. Dein spanischer Gastschüler besucht mit dir den Philosophieunterricht, in dem ihr folgendes Zitat diskutiert, das dem Philosophen Sokrates (469–399 v. C.) zugeschrieben wird. Du erklärst ihm, um welches Thema es geht und in welchem Bezug das Zitat zur heutigen Zeit steht. M 3.

   „Die Jugend liebt heutzutage den Luxus. Sie hat schlechte Manieren, verachtet die Autorität, hat keinen Respekt vor den älteren Leuten und schwatzt, wo sie arbeiten sollte. Die jungen Leute stehen nicht mehr auf, wenn Ältere das Zimmer betreten. Sie widersprechen ihren Eltern, schwadronieren in der Gesellschaft, verschlingen bei Tisch die Süßspeisen, legen die Beine übereinander und tyrannisieren ihre Lehrer.“

3. ¿Cuáles son los temas que preocupan a los jóvenes europeos hoy? Discute con tu compañero/a de clase pensando también en la situación económica de los diferentes países de Europa. M 1.2

1.2. Perspectivas de futuro

Acércate

Mira bien el título del poema de Mario Benedetti.

a) ¿A qué se refiere? ¿Qué tema aborda el poema probablemente?

b) ¿Qué imagen crea el título de la sociedad en la que crecen nuestros jóvenes?

c) ¿Qué piensas?: ¿Qué es lo que les queda a los jóvenes hoy en día?

Mario Benedetti nació el 14 de septiembre de 1920 en Uruguay. El autor trata de llegar a la gente a través de palabras simples que puedan llegar a todo el pueblo. Su poesía se caracteriza por un futuro mejor y realizable.

¿Qué les queda a los jóvenes?

¿Qué les queda por probar a los jóvenes
en este mundo de paciencia y asco?
¿sólo grafitti? ¿rock? ¿escepticismo?
también les queda no decir amén
5 no dejar que les maten el amor
recuperar el habla y la utopía
ser jóvenes sin prisa y con memoria
situarse en una historia que es la suya
no convertirse en viejos prematuros

10 ¿qué les queda por probar a los jóvenes
en este mundo de rutina y ruina?
¿cocaína? ¿cerveza? ¿barras bravas?
les queda respirar / abrir los ojos
descubrir las raíces del horror
15 inventar paz así sea a ponchazos
entenderse con la naturaleza
y con la lluvia y los relámpagos
y con el sentimiento y con la muerte
esa loca de atar y desatar

20 ¿qué les queda por probar a los jóvenes
en este mundo de consumo y humo?
¿vértigo? ¿asaltos? ¿discotecas?
también les queda discutir con dios
tanto si existe como si no existe
25 tender manos que ayudan / abrir puertas
entre el corazón propio y el ajeno /
sobre todo les queda hacer futuro
a pesar de los ruines de pasado
y los sabios granujas del presente.

© Fundación Mario Benedetti c/o Schavelzon Graham Agencia Literaria, www.schavelzongraham.com

quedar bleiben	
el asco Abscheu	
el escepticismo Skepsis	
decir amén Ja und Amen sagen	
recuperar wiedererlangen	
la prisa Eile	
prematuro/a frühreif	
las barras bravas Hooligans	
la raíz Wurzel	
la paz Frieden - **así sea a ponchazos** *fam.* selbst unter großen Schwierigkeiten - **la naturaleza** Natur - **el relámpago** Blitz	
atar festbinden - **desatar** entfesseln	
el humo Rauch	
el vértigo Schwindel - **el asalto** Überfall	
ajeno/a fremd	
sabio/a weise - **el granuja** Gauner	

Comprensión

Opción A

1. Comprueba y compara el tema del poema con tus ideas introductorias. **M** 4.

2. Busca en cada estrofa los términos que describan esta época en la que crece la juventud actual e intenta encontrar un título que los resuma.

3. Identifica y resume en cada estrofa las posibilidades que ofrece, por otra parte, la vida a los jóvenes.

Opción B

Resume el poema explicando con tus propias palabras cuál es el tema central y de qué habla cada estrofa en particular. **M** 4.

Trabajo con el texto

Opción A

1. Analiza la composición del poema. ¿Cuántas estrofas hay? ¿Cómo se compone cada una? Intenta buscar una regularidad. M 2.2.1 e

2. Escribe una carta al director en la que comentas tu opinión personal sobre el poema y sobre lo que les queda a los jóvenes. M 2.2.1 b

Opción B

1. Examina la estructura interna del poema analizando la función del título, los recursos estilísticos y el vocabulario del que se sirve Benedetti en su poema. M 2.2.1 e

2. ¿A quién se dirige el yo lírico y cuál es su mensaje?

Más allá del texto

Según datos de una encuesta realizada por el *Ministerio de Sanidad, Servicios Sociales e Igualdad* en 2010 "ganar dinero" es lo más importante para el futuro de los jóvenes de 14 a 18 años. ¿Cuál es tu opinión? M 2.3

1.3 Moda, marcas, consumismo

Acércate

1. *Dime qué consumes y te diré quién eres.* Comenta este proverbio.

2. Haced una encuesta en clase sobre vuestro hábito de consumo. Elaborad un catálogo de preguntas, por ejemplo, ¿De cuánto dinero dispones al mes / a la semana? ¿De quién recibes el dinero o de dónde proviene? ¿Trabajas regularmente? ¿En qué gastas tu dinero? ¿Consigues ahorrar algo de dinero? ¿Para qué? ¿Te basta con tu dinero mensual / semanal? M 1.2

3. Prepara una charla de un minuto en la que expones los resultados de la encuesta sobre las costumbres de consumo de tus compañeros de clase. M 1.1

4. Comparad vuestros resultados con el gráfico sobre la distribución mensual de los gastos entre los jóvenes españoles. ¿En qué puntos (no) se parece? ¿Qué os ha sorprendido más y por qué? M 5.2.3

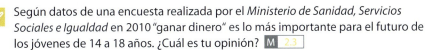

Tabla **Distribución mensual de la renta disponible entre los adolescentes españoles de 15 a 17 años**

Concepto	Gasto mensual en euros	Concepto	Gasto mensual en euros
Ropa y complementos	39	Comprar música grabada	6
Móvil	19	Compra o alquiler de vídeo/DVD	4
Fast Food	17	Videojuegos	2
Refrescos	15	Periódicos	1
Productos de cuidado personal	11	Revistas	1
Snacks	10	Artes escénicas	1
Transporte público	9	Conciertos	1
Cine	6		

la renta Einkommen

los gastos Ausgaben

los refrescos Erfrischungsgetränke

Artes escénicas *teatro*

Según: Los adolescentes en la planificación de medios. Segmentación y conocimiento del target.
En: http://www.injuve.es/sites/default/files/3%20-%20los%20adolescentes%20como%20consumidores.pdf , 16.03.2016

Mujer maniquí

La ropa es uno de los vicios preferidos de Y: gasta gran cantidad de tiempo y de dinero en su vestuario, le gusta sentirse guapa, ir a la moda. Así que hoy, que va a verse con Z, estrena un sombrero verde.

5 Z la mira y manifiesta a bocajarro que el sombrero es horroroso. Según él, ni el color ni la forma son adecuados para Y. Cuando Y llega a casa, lanza el sombrero al fondo del armario, no se lo vuelve a poner.

A la mañana siguiente Y se tropieza con X, que la persuade de que los pantalones que lleva no le quedan bien, la hacen culona. Los pantalones van a parar al fondo del armario de Y. Lo mismo ocurre con unos zapatos
10 y después con un bolso y después con un etcétera.

Con el paso de los años, el fondo del armario se va llenando del gusto de Y, mientras ella gasta grandes cantidades de tiempo y de dinero en servir de maniquí a X y Z.

F. M.: Cuentos de X, Y y Z. Madrid: Lengua de Trapo, 1997

el vicio schlechte Angewohnheit
el vestuario Garderobe
estrenar zum ersten Mal anziehen
el sombrero Hut - **manifestar a
bocajarro** gerade heraus zeigen
adecuado/a geeignet, angemessen - **lanzar** werfen - **tropezarse
con** treffen auf - **culón/a** mit
großem Hintern - **parar** *hier:*
enden
ocurrir geschehen, sich ereignen

Comprensión

Opción A

📄 ¿Correcto o falso? Di si las siguientes frases son correctas o falsas. Si una frase es falsa, tienes que corregirla.
Indica también dónde has encontrado la información
relevante. M 4.

Opción B

📄 Resume el cuento con tus propias palabras.
M 4.

	C	F	Lín
a. A Y le interesa mucho la moda.			
b. Y gasta mucho dinero en su ropa.			
c. X y Z son hombres.			
d. A Z le gusta la manera de vestirse de Y.			
e. Z le compra un sombrero a Y.			
f. A Y no le gusta nada el nuevo sombrero.			
g. Y devuelve el sombrero para cambiarlo.			
h. A la mañana siguiente Y compra unos pantalones nuevos con X.			
i. Los pantalones no le gustan a Z.			
j. A Y no le importa nada lo que dicen otras personas sobre su estilo.			
k. Con los años Y gasta mucho dinero en ropa que no lleva.			
l. Y no ve más a X y Z.			

Trabajo con el texto

Opción A

1. Análisis guiado. M 2.2.1 c

   a) Busca en el texto las palabras que caracterizan a Y.

   b) ¿Qué conclusiones puedes sacar de su comportamiento con referencia a su carácter?

   c) Describe ahora a Z y a X.

   d) ¿Qué relación tienen con Y?

   e) ¿Cómo lo sabes?

   f) ¿Qué conclusión puedes sacar del comportamiento de X y Z hacia Y?

2. Un día, Y está hasta las narices sobre el comportamiento de sus amigos. Inventa un diálogo entre X, Y y Z en el que Y dice lo que piensa realmente de ellos. M 2.2.2 d

Opción B

1. Analiza a los tres protagonistas del cuento y explica su relación. M 2.2.1 c

2. "... la hacen culona." (l. 8)
   Escribe un final alternativo para el cuento.
   M 2.2.2 d

Opción A/B

1. Explica por qué el autor no da nombres a sus personajes pensando en una posible intención del autor.

2. ¿Qué opinas del título? ¿Es el título apropiado para el contenido? Explica por qué (no) y busca otro título más adecuado para ti.

Más allá del texto

1. Siempre de nuevo surge la cuestión sobre los uniformes en los institutos. Discutid en clase sobre los argumentos a favor y en contra de llevar un uniforme escolar. El vocabulario os puede ayudar en vuestra discusión. M 1.2

2. En un juego de rol y con ayuda de diferentes requisitos representad el cuento en clase. Si queréis, podéis inventar otro final alternativo. Si tenéis tiempo, podéis también hacer la escena más realista representando y grabando un vídeo en tiendas y en vuestra ciudad. M 1.2

Palabras útiles

llevar uniforme	eine Uniform tragen
la igualdad	Gleichheit
la desigualdad social	soziale Ungleichheit
identificarse con	sich identifizieren mit
la ropa de marca	Markenkleidung
poder permitirse algo	sich etwas leisten können
la individualidad	Individualität
expresarse	sich ausdrücken
diferenciarse	sich abgrenzen
marginar a alguien	jmdn. ausgrenzen
el mobbing	Mobbing
la solidaridad	Zusammengehörigkeitsgefühl

El botellón

Acércate

Mira la señal de tráfico. ¿Qué quiere expresar?

Palabras útiles

la señal de tráfico	Verkehrsschild
correr	laufen
largarse	abhauen
roto/a	zerbrochen
el charco	Lache, Pfütze
prohibido/a	verboten

⊙ Comprensión

Opción A

▸) Escucha lo que opina el chico sobre el botellón. Marca la(s) respuesta(s) correcta(s).
[M] 5.1.1

1. El botellón es
   a) una reunión de amigos.
   b) una fiesta en casa de un amigo.
   c) un gran concierto al aire libre.

2. Los jóvenes celebran el botellón
   a) en casa.
   b) en parques y plazas.
   c) en la calle.

3. Se consume(n)
   a) hachís.
   b) alcohol.
   c) dulces.

4. Se reúne(n)
   a) un grupo de amigos.
   b) miles de jóvenes.
   c) aprox. cien jóvenes.

5. En un botellón
   a) se canta y se baila.
   b) se escucha música.
   c) se charla.

6. El botellón se celebra porque
   a) los padres prohíben las fiestas en casa.
   b) faltan alternativas.
   c) es más barato que los bares y las discotecas.

7. Una ventaja del botellón en comparación con una discoteca es que
   a) es gratis.
   b) se puede charlar.
   c) ofrece diferentes posibilidades para divertirse.

8. Otra ventaja es que
   a) no hay horarios fijos.
   b) siempre hay uno.
   c) no molestas a nadie.

9. La desventaja más grande del botellón es
   a) el peligro para la salud.
   b) la basura en el suelo.
   c) el ruido.

Opción B

▸) Escucha lo que dice el chico sobre el botellón y responde a las siguientes preguntas. [M] 5.1.1

a) ¿Qué es el botellón?
b) ¿Dónde se practica el botellón?
c) ¿Qué se hace en el botellón?
d) ¿Por qué se celebra el botellón?
e) ¿Cuáles son las ventajas del botellón?
f) ¿Cuáles son las desventajas del botellón?

Trabajo con el texto

El chico del audio hace alusión a muchas ventajas y desventajas más. En clase elaborad una lista con todos los aspectos positivos y negativos y las consecuencias del botellón (por ej., la salud, la familia, la amistad, los vecinos, el medio ambiente, etc.).

Más allá del texto

💬 Tú o tu amigo/a tiene(s) un problema con las drogas o con el alcohol y llama(s) a la organización *Vive sin drogas*. En clase inventad diferentes situaciones y representad la llamada telefónica. [M] 1.2

Prohibiendo se consiguen cosas

prohibir verbieten - **conseguir** erreichen, erlangen
obligar a algn. jmdn. verpflichten - **el porro** *hier:* Zigaretten **sacar a la calle** *hier:* auf die Straße mitnehmen - **recoger** einsammeln
el servicio Toilette - **mear** *(coloq.)* pinkeln
el desperdicio Abfall
acumular anhäufen
la meada → *mear*
insonorizado/a schalldicht
la madrugada Tagesanbruch

Comprensión

1. Mira el cómic. Describe los aspectos que provocan el nacimiento del fenómeno del "botellón". M 5.2.2
2. Explica quién es el responsable del botellón según el autor.

Trabajo con el texto

1. ¿Qué intención se persigue con este cómic?
2. Completa el cómic con una viñeta más respondiendo a la alusión que se hace al final. Ahora quieren prohibir beber en la calle. –¿Qué se consigue ahora?

Más allá del texto

1. Pensad también en alternativas. ¿Qué podrían hacer los jóvenes españoles en vez de" ir de botellón"? ¿Qué se debería hacer para ellos? Elaborad un católogo de propuestas y discutidlas en clase. M 1.2

2. Imaginad una discusión entre diferentes personas que están afectadas por el botellón, por ejemplo, los padres, los amigos, un/a proprietario/a de un bar/una discoteca, los vecinos, jóvenes de diferentes edades, p.ej., de 14, de 20 años, etc. Formad grupos y apuntad vuestros argumentos. Luego organizad la discusión. M 1.2

3. Participas en un intercambio escolar con un instituto de España. Tu alumno de intercambio José (16 años) está ahora en tu casa y ve en la tele el siguiente anuncio publicitario para la campaña alemana *Alkohol? Kenn Dein Limit!* 80500-01. Es tu punto de partida para hablar con José sobre la visita de la discoteca esta noche. Trabajad en parejas. M 3.

a) En un juego de rol hablas con José sobre los planes para esa noche. Le explicas a José el mensaje del anuncio y también las normas con respecto al consumo de alcohol y el horario de salida en Alemania. Además quieres saber cómo se sale de marcha en España.

b) El otro rol representa a José. Le haces preguntas sobre cómo va a transcurrir la noche y describes cómo se desarolla en España.

Palabras útiles

nackt	desnudo/a	**ins Netz stellen**	publicar en Internet
aufwachen	despertarse	**sich betrinken**	emborracharse
das sich Übergeben	el vómito	**die Alkoholvergiftung**	el coma etílico
sich übergeben	vomitar	**kaputt machen**	destruir
feiern	ir de marcha	**das Jugendschutzgesetz**	la Ley de Protección de la Infancia a Adolescencia
hemmungslos	sin límites		

2. Los medios de comunicación

2.1 Generación multimedia

Acércate

1. Explica lo que opinas por "medios de comunicación". ¿Qué medios de comunicación conoces? ¿Cuáles son los más utilizados según tu opinión personal?

2. ¿Qué función cumplen los medios de comunicación en general y en especial para ti?

La evolución de la audiencia general de los medios
(Usuarios en % de la población de 14 o más años)

Año	2007	2008	2009	2010	2011	2012	2013
Diarios	41,3	42,1	39,8	38,0	37,4	36,1	32,4
Revistas	24,9	21,7	21,9	19,2	18,2	16,2	14,6
Radio	49,9	53,3	51,3	50,4	48,9	45,5	43,4
TV	88,7	88,5	89,0	87,9	88,5	89,1	88,7
Cine	5,3	4,2	4,3	3,9	3,4	3,3	3,0
Internet	26,2	29,9	34,4	38,4	42,5	46,7	53,7

Según: Asociación para la Investigación de Medios de Comunicación, 2014

Comprensión

1. Describe y compara la evolución de la audiencia general de los medios desde los últimos años hasta hoy. ¿Qué te llama la atención? ¿Qué cambios se pueden notar? M 5.2.3

2. Basándote en los datos de la estadística, escribe un artículo de prensa sobre la evolución de los medios. M 2.2.2 c

Perfil del internauta español

el perfil Profil

el/la internauta Internetnutzer/in

el/la usuario/a Benutzer/in

la pauta de consumo Verbraucherverhalten

navegar surfen, navigieren

el hogar Haushalt

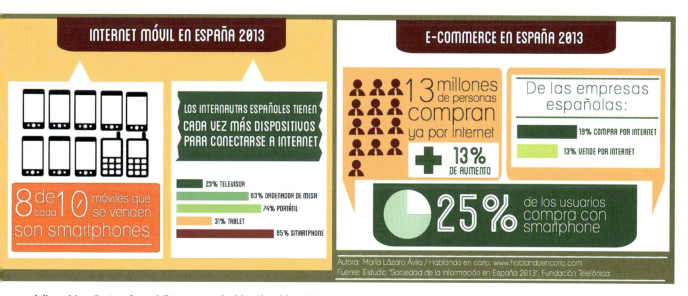

el dispositivo Gerät – el portátil Laptop – el tablet / la tableta Tablet

Trabajo con el texto

Opción A

 Comenta los gráficos. M 5.2.3

a) Mira el perfil del típico internauta español y descríbelo. Explica qué te llama la atención y por qué.

b) Compara los datos con tu vida personal como internauta. ¿Son aplicables a tu vida o lo ves de otra manera?

c) Explica por qué hay un número tan grande de usuarios de redes sociales. ¿Qué les atrae de las redes?

d) Identifica las razones por las cuales el acceso a las redes sociales es cada vez más móvil.

Opción B

 Comenta, basándote en los dos gráficos, el perfil del típico internauta español y su conducta social comparándolo con tus propias experiencias como usuario de Internet y de redes sociales. M 5.2.3

Insensibles

Trabajo con el texto

Describe detalladamente la viñeta. M 5.2.2

Opción A

1. ¿Qué problemática tematiza?
2. Busca otro título que resuma el mensaje del dibujo.

Opción B

 1. Analiza la postura del autor de esta viñeta haciendo hincapié también en la intención que persigue.

 2. Comenta si te parece lograda la viñeta.

3. Da tu opinión personal sobre el tema. ¿Estás de acuerdo con el mensaje expresado? ¿Por qué (no)?

Palabras útiles

estar embarazada	schwanger sein
el metro	U-Bahn
estar de pie	stehen
estar absorto/a en algo	versunken sein in etwas
la pantalla	Bildschirm, Display
estar ocupado/a con	beschäftigt sein mit
ser adicto/a	abhängig sein
agarrarse a	sich festhalten an

Más allá del texto

 Trabajad en parejas. M 1.2

a) Un/a alumno/a adopta el papel de una persona que está en contra del uso masivo del smartphone porque lo considera peligroso. Da argumentos y ejemplos para defender tu postura.

b) Un/a alumno/a adopta el papel de una persona que está a favor del uso masivo del smartphone porque lo considera indispensable para una sociedad moderna. Da argumentos y ejemplos para defender tu postura.

No miren mi facebook

La explosión de redes sociales en internet como Facebook, MySpace y hi5 ha traído consigo la aparición de peligros que, a primera vista, muchos usuarios no pensaron que podrían existir.

Estos sitios ideales para mantenerse en contacto con viejas amistades o
5 conseguir nuevas también están siendo aprovechados para invadir la privacidad de sus miembros, por ejemplo, potenciales empleadores que revisan el internet para conseguir información que podría ser usada en contra de jóvenes que van a solicitar empleo.

Un informe del diario británico *The Times* señaló que uno de cada cinco
10 empleadores utilizó redes como Facebook para verificar los antecedentes de candidatos a puestos de trabajo. El diario destacó que el 75% de los que recurrieron a esa fuente de información señalaron que su decisión de contratar o no a la persona estuvo influida justamente por esa consulta.

Ante tal situación, *el Times* informó que [...] organizaciones de beneficencia
15 británicas, defensoras de los niños, decidieron presionar al gobierno británico para poner fin a la búsqueda del "sucio digital".

"Cuando los jóvenes elaboran sus perfiles, no están pensando en una solicitud de trabajo o de universidad. Simplemente están pensando en sus amigos", señaló John Carr, secretario de la *Coalición sobre Seguridad en Internet.*
20 "Los empleados o personal de admisión universitaria que hurgan en estos lugares están siendo entrometidos de una forma inapropiada. Es como leer el diario de alguien."

El tema de la invasión de privacidad por redes sociales en internet ha venido cobrando mayor importancia en los últimos tiempos. El año pasado,
25 por ejemplo, la firma de seguridad informática *Sophos* indicó que el 41% de los usuarios de Facebook revelaba información personal que posteriormente tenía el potencial de ser usada para cometer robos de identidad. Ante la variedad de amenazas, las propias redes sociales han introducido cambios a su contenido.
30 En todo caso, lo que siempre recomiendan los especialistas es tener mucho cuidado con los mensajes y fotos que el usuario decide publicar.

BBCMundo.com: "No miren mi facebook". En: http://news.bbc.co.uk/hi/spanish/misc/ newsid_7312000/7312341.stm, 25.03.2008

la red social soziales Netzwerk
traer consigo mit sich bringen

el sitio *el lugar*
aprovechar (aus)nutzen - **invadir** eindringen in - **la privacidad** Privatsphäre - **el miembro** Mitglied
solicitar *hier:* sich bewerben um

verificar überprüfen - **el antecedente** Vorleben - **destacar** hervorheben - **recurrir** zurückgreifen
contratar einstellen
la beneficencia Wohltätigkeit
el/la defensor/a → *defender*

el perfil Profil

hurgar herumschnüffeln
ser entrometido/a sich einmischen - **inapropiado/a** unpassend - **la invasión** → *invadir*
cobrar *hier:* erhalten

revelar *mostrar*

la amenaza Bedrohung

Comprensión

1. Anota los peligros de las redes sociales para los usuarios de Internet según el texto. M ⬛ 4.

2. Explica la expresión "sucio digital" (l. 16).

Trabajo con el texto

1. Analiza la conducta de los jóvenes frente a las redes sociales.

2. Da tu opinión sobre la afirmación del señor Carr de que "hurgar" en estos portales es como leer el diario privado de alguien. M ⬛ 2.3

Más allá del texto

1. Los usuarios de las redes sociales aceptan la pérdida de su privacidad en Internet como algo normal. Intenta justificar esta actitud.

2. Explica las ventajas y beneficios que puede tener un empleador al conocer todos los antecedentes de sus empleados a través de la red. Y en consecuencia, ¿qué desventajas puede tener el empleado frente a su empleador?

3. ¿Tienes un perfil en alguna plataforma virtual? ¿Por qué (no) lo tienes? ¿Qué información pones o pondrías, y cuál no? ¿Cuáles de tus datos pueden ver solo tus amigos y cuáles todos los usuarios?

4. Vas a ver un vídeo con el título *Los menores y jóvenes en la red* 80500-01 . Es un anuncio, impulsado por el *Defensor del Menor*, *Telefónica* y *Obra Social Caja Madrid* y producido por *Telemadrid*, para fomentar la responsabilidad de los adolescentes cuando cuelgan imágenes en la red. M ⬛ 5.3

   a) Antes de ver el vídeo explica qué peligros y riesgos conllevan las redes sociales para la privacidad de una persona.

   b) Ve una primera vez el vídeo y apunta dónde se desarrollan las diferentes escenas y qué personas participan.

Escena	Lugar de la acción	Personas
…	…	…

   c) Vuelve a ver el vídeo escuchando bien y marca la respuesta correcta.

      1. En la primera escena el hombre
         a) le pregunta la hora a la chica.
         b) le pide su número de teléfono.
         c) le dice que la conoce.

      2. En la siguiente escena el hombre
         a) le dice a la chica que le gusta más al natural.
         b) le pregunta lo que quiere tomar.
         c) cobra las bebidas.

      3. El siguiente hombre
         a) quiere que la chica salga con él.
         b) le hace un cumplido ofensivo.
         c) le dice que soñó con ella.

      4. En el instituto todos los alumnos miran a la chica porque
         a) vieron su foto en Internet.
         b) la chica lleva ropa muy rara.
         c) la chica tiene un grano grande en la cara.

d) Resume con algunas frases el contenido del vídeo y explica su mensaje.
M 2.1

e) ¿Te puedes identificar con el vídeo o no te identificas con él? Justifica tu respuesta.

5. Prepárate para el examen oral

a) Prepara una charla de un minuto en la que expones y justificas tu opinión personal con respecto a las redes sociales. M 1.1

b) Discutid en parejas: Tú crees que las redes sociales representan un gran peligro para los jóvenes. Discute con tu amigo que es miembro de varias redes sociales. Preparad cada rol con argumentos para defender vuestra postura.
M 1.2

2.2 Amores virtuales

Acércate

Lee los siguientes títulos, todos ellos de artículos relacionados con el amor e internet, e imagina sus contenidos. Anota tus ideas, luego compáralas con las de tus compañeros.

a) Del amor platónico al amor virtual
b) Infidelidad virtual
c) ¿Engañan las agencias matrimoniales que ofrecen chicas del este?
d) La costumbre no es amor
e) Enamorados en la red

Mass media

De los medios de comunicación
en este mundo tan codificado
con internet y otras navegaciones
yo sigo prefiriendo
5   el viejo beso artesanal
que desde siempre comunica tanto.

© Fundación Mario Benedetti c/o Schavelzon Graham Agencia
Literaria, www.schavelzongraham.com

Comprensión

Explica el sentido de las siguientes dos metáforas:
M 2.2.1 e

a) "este mundo tan codificado" (l. 2)
b) "el [...] beso artesanal" (l. 5)

Trabajo con el texto

1. Explica el mensaje del poema. ¿Qué quiere decir Benedetti? M 2.2.1 e

2. Formula una respuesta al autor desde el punto de vista de una persona que tiene o intenta encontrar una relación por internet. M 2.2.2 b

Más allá del texto

Tu amiga de intercambio está de visita en tu casa y ve este cortometraje publicitario *Zeitgeist: Liebe. Eine emotionale Momentaufnahme, präsentiert von PARSHIP* en la televisión 80500-01. Se interesa por la historia del vídeo, pero no entiende bien su finalidad y te pide ayuda.

Tú le explicas la evolución y la popularidad de la búsqueda de pareja online en general y en Alemania y las razones por las cuales tiene tanto éxito basándote en lo que dice el vídeo. También le comentas tu opinión personal sobre esta forma de ligar y lo que piensas sobre su desarrollo futuro. ¿Es una forma normal en Alemania para conocer gente? M 3.

Palabras útiles

einen Partner finden	encontrar pareja	**die ständige Erreichbarkeit**	la accesibilidad permanente
die Vernetzung	la conexión	**boomen**	prosperar
mit jmdm. anbändeln	ligar con alguien	**der Single**	el/la soltero/a
die Technisierung	la automatización	**die Singlebörse**	el portal para solteros
die Online-Partnersuche	la búsqueda de pareja online	**der Trend**	la moda
die Einsatzbereitschaft	la disposición	**die Partnerbörse**	el portal de contactos
sich den Bedürfnissen anpassen	adaptarse a las necesidades	**die Einsamkeit**	la soledad

Amor por chat

Acércate

1. Describe el cuadro de Magritte.

2. Establece una relación entre el motivo del cuadro y el amor que puede surgir en un chat.

Hombre –Hola…

Mujer –He estado todo el día pensando en vos …

H –Yo también.

M –Hace mucho que no lo pasaba tan bien.
5 Quiero conocerte en persona.

H –A mí también me gustaría, pero los dos estamos casados. Va a ser difícil …

M –Lo digo en serio, pensé que hacer algo estaría rebueno. Estoy enamorada, ¿y vos?

10 **H** –Creo que también.

M –Decididamente decime que me amás.

H –Estoy perdido de amor por vos. Me embrujaste. Ya no sé ni donde tengo la cabeza; si arriba o abajo.

M –¡Ja, ja, ja! Me encanta que me digas esas cosas. Mi marido no tiene
15 sentido del humor.

H –¡Qué tonto es tu marido, no sabe lo que tiene en casa! A mí me pasa lo mismo con mi mujer, es muy fría.

M –Quiero verte urgente, me excito mucho con vos. ¿Podés hoy a las 4?

H –A esa hora estoy trabajando.

20 **M** –¿No podés salir, alegando motivos de trabajo?

H –Apenas me dejan ir al baño.

M –¡Ja, ja, ja! Entonces, diles que te sentís descompuesto.

H –No puedo. Tiene que ser cuando salga, a las seis.

M –A las siete llega mi marido, y ya no puedo.

25 **H** –Dile que vas a visitar a una amiga.

M –¿Y qué me harías… si nos vemos?

René Margritte,
"Les amants"
(1928)

Palabras útiles

sich ein Tuch um den Kopf binden	tocarse la cabeza
das Tuch	el pañuelo
der Kopf	la cabeza
verdecken	cubrir, tapar
sich verstecken	ocultarse
anonym	anónimo/a

vos (LatAm) *tú o (a / en) ti*

rebueno/a (LatAm) *realmente bueno -* **embrujar** *verhexen*

el sentido del humor *Humor*

alegar *vorschieben*

descompuesto/a *aquí:* mal

H –[...] Desde que te conocí no pienso en otra cosa que en tenerte entre
mis brazos, y hacerte ...

M –¿Hacerme qué?

30 H –¡El amor!

M –¡Lo estoy deseando!

H –¡Y yo también! ¡Veámonos a las seis!

Comprensión

Opción A

¿Correcto (C) o falso (F)? Decide si las siguientes afirmaciones son correctas o falsas. Si una afirmación es falsa, tienes que corregirla. M 4.

Opción B

Resume el contenido de la historia con una o dos oraciones. M 4.

		C	F
a.	El hombre y la mujer hablan por teléfono.	||||	||||
b.	Se conocieron con ayuda de una agencia matrimonial.	||||	||||
c.	La mujer está casada, el hombre es soltero.	||||	||||
d.	Ya se conocen en persona.	||||	||||
e.	Están muy enamorados.	||||	||||
f.	Quieren verse para hablar sobre su futuro.	||||	||||
g.	Fijan una cita a las cinco.	||||	||||

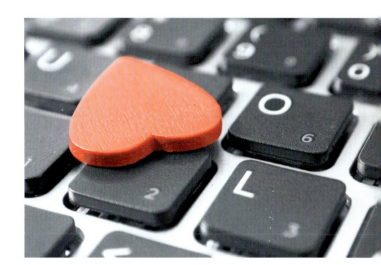

Trabajo con el texto

Opción A

1. Escribe los motivos por los que este amor se ha originado a través del chat entre estas dos personas. M 2.2.1 a

2. Describe con qué recursos estilísticos el autor transmite los sentimientos y la impaciencia de los protagonistas. M 2.2.1 a

Opción B

1. Analiza la relación que tienen el hombre y la mujer. ¿En qué sentido podría decirse que su relación es a la vez más sincera y menos sincera que las relaciones no virtuales? M 2.2.1 a

2. Examina la evolución del diálogo y el aumento de la impaciencia que finalmente causa que las dos personas se citen. ¿De qué recursos estilísticos se sirve el autor? M 2.2.1 a

Más allá del texto

1. Comentad en clase si creéis que estas dos personas habrían decidido serles infieles a sus parejas si no existiera la posibilidad del chat. Argumentad vuestras respuestas. M 1.2

2. Inventa un final para esta historia, dándole un buen sentido y usando el humor. Luego compáralo con el final verdadero. 80500-04 M 2.2.2 d

3. Este es un texto argentino por lo cual algunas formas verbales son diferentes de las que conoces. Busca todas las palabras distintas que encuentres y trata de comprender el significado. Luego reescribe esas oraciones en el español de España.

4. Representad el texto en un juego de rol haciendo hincapié en particular en la expresión de vuestros sentimientos a través de la voz. M 1.2

2.3 Generación sensacionalista

La manipulación de los medios

Acércate

1. Mira los dos carteles, elige el que más te llama la atención y descríbelo. M 5.2.2

2. Analiza su mensaje. M 5.2.2

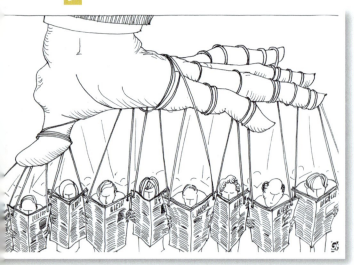

Foro: ¿Los medios de comunicación nos mienten?

Ainigriv

1. La verdad de lo que los medios (todos) dicen hay que creer una mínima parte porque la info es poder y todo se manipula de acuerdo a los intereses de los involucrados en cada caso ... si que la verdad ... sería tonto creer que López Doriga o de la Torre lo saben todo y es verdad ...

el poder Macht - **de acuerdo a** entsprechend - **involucrado en** verwickelt in - **tonto/a** dumm **Joaquín López-Doriga Velandia** *periodista mexicano* - **José Manuel de la Torre** *entrenador mexicano de fútbol*

SsAx

2. Los medios de comunicación son un juguete que se manipula con dinero para decir lo que les conviene al mejor postor, así de simple y concreto, no te fíes de todo lo que dicen.

el juguete Spielzeug - **convenir** vereinbaren - **el/la mejor/a postor/a** der/ die Meistbietende **fiarse de algo** vertrauen auf

Marco Antonio H

3. [...] desafortunadamente por aquí donde vivo los periodistas locales "sensacionalizan" las noticias agregando cosas apócrifas... conozco algunas noticias por que le sucedieron a seres cercanos y me entero en las noticias de "detalles" que para nada tienen que ver o sucedieron ... da tristeza la neta tan poco profesional ... informar es una cosa y lo que ellos dan no es información en fin [...].

desafortunadamente dummerweise - **el/la periodista** Journalist - **agregar** hinzufügen **apócrifo/a** vermeintlich **suceder** geschehen - **el ser** *hier:* Person - **enterarse** erfahren, merken - **la neta (mex.)** Wahrheit

Monkey. D.Luffi

4. [...] debemos recurrir a la siguiente frase "En toda mentira hay algo de verdad, y en toda verdad hay algo de mentira". Con esto podemos decir que todo lo que escuchamos a través de los medios de comunicación no todo es mentira, es cuestión de que tú escojas a quien debes creer y seguir tus propios pensamiento e ideales. Adiós.

recurrrir a sich wenden an **la mentira** → *mentir*

escoger (aus)wählen

john

5. Lo importante es no dejarse convencer por lo que digan esos medios e informarse a través de otros medios que consideres más confiables y creíbles. En lo personal evito ver noticiero de TV debido a que no les creo lo que dicen, siempre como que ocultan algo.

considerar betrachten - **confiable** vertrauenswürdig - **creíble** glaubhaft - **evitar** vermeiden **el noticiero** Zeitung, Nachrichten **ocultar** verbergen

el chahuiztle

6. Pienso que la TV y demás medios masivos de comunicación mienten a la población todo el tiempo. En el mejor de los casos, ocultan información muy importante, lo cual tampoco es ético.

demás übrige/r/s, weitere/r/s

cachanilla

7. Tampoco vayas a pensar que La Jornada dice la verdad ... los medios de comunicación eso son, medios, y también son negocios que sirven a sus intereses y a quien se lo paguen, es ingenuo pensar que están obligados a ser imparciales, siempre, tienen un interés en algo, por eso lo de la línea editorial ...

La Jornada mexikanische Zeitung

el negocio Geschäfte **ingenuo/a** naiv **imparcial** unparteiisch **la línea editorial** Leitartikelzeile

Comprensión

Opción A

Estudia las opiniones y los comentarios publicados en el foro digital y apunta la información en la siguiente tabla. M 4.

Opción B

Resume el tema y las opiniones principales brevemente para tus compañeros de clase. M 4.

n° del texto	nombre del miembro	opinión general sobre los medios	argumentos	recomendaciones para el usuario de los medios
...	...	...	...	...

Trabajo con el texto

Opción A

En toda mentira hay algo de verdad, en toda verdad hay algo de mentira. Explica lo que entiendes tú con esta frase.

Opción B

Comenta basándote en los comentarios del foro la imagen que tiene la sociedad de los medios de comunicación.

Más allá del texto

1. Confeccionad un breve texto informativo con el título "La verdad sobre los medios de comunicación". M 2.2.2 c

2. Discutid qué medio de comunicación os parece el más eficaz para manipular a la sociedad. ¿Por qué? M 1.2

3. Prepárate para el examen oral.

   a. Presentad en una charla de un minuto la función y la importancia de los medios de comunicación para la sociedad. M 1.1

   b. En parejas discutid qué influencia en la carrera y en la vida de los participantes tienen los formatos de televisión como *La Voz* o *La próxima modelo de España*. Uno de vosotros ve en ellos una buena plataforma para empezar una carrera, el otro está totalmente en contra. Fundamentad vuestro punto de vista con argumentos. M 1.2

3. La convivencia social

3.1 Vivir en el núcleo familiar

Acércate

1. Redacta tu propia definición en forma de entrada de un diccionario monolingüe de lo que es "una familia". Después compruébala y compárala con el diccionario. M 4.

2. ¿Qué sabes y opinas acerca de la familia española? ¿Cómo te la imaginas? Marca la respuesta que según tu opinión se adecúa mejor a la situación.

Creo que en España es ...	... muy frecuente	... poco frecuente
Un chico de 30 años que vive con sus padres.		
Un hombre que vive solo.		
Una persona divorciada.		
Tanto la madre como el padre trabajan fuera de casa.		
Dos hombres que viven con su hija adoptada.		
Los abuelos conviven en la misma casa y se ocupan de sus nietos.		
Las familias españolas son familias numerosas.		
Muchas parejas se casan muy jóvenes.		
La familia uniparental es muy común.		

La realidad social de la familia en España

Este puede ser el perfil de la realidad actual de la familia en España en proceso de cambio y de transformación. Bajan la nupcialidad, la fertilidad y la natalidad, y por tanto hay menos matrimonios y menos niños. Los jóvenes se casan menos y cada vez más tarde.

5 Aunque la mayoría de las mujeres están casadas, crece el número de las que viven en pareja más o menos estable. Incluso entre las que se autoidentifican como católicas también aumenta la vida en pareja. Los divorcios y separaciones crecen aunque los porcentajes son inferiores a los que se producen en Europa. Aumenta el número de viudas al aumentar la esperanza

10 de vida. Crece el número de abortos y de esterilizaciones voluntarias, aunque los porcentajes son aún bajos en comparación con Europa. […]
Entre las consecuencias que podemos señalar como factores significativos que intervienen en el proceso de la evolución de la familia señalamos éstas:

1. Un progresivo reconocimiento práctico de los derechos de las mujeres.
15 2. Se alarga el tiempo de estancia de los hijos en el hogar de origen.
3. Aumenta el número de hijos con un hogar "dividido" por estar los padres separados / divorciados.
4. Mayor aceptación de las prácticas sexuales al margen de cualquier tipo de compromiso civil o religioso.
20 5. Se buscan nuevas formas de convivencia familiar procurando crear espacios sociales afectivamente gratificantes y personalmente identificativos para los individuos; esa tendencia hace que la familia como acogimiento e identificación sea hoy generalmente una de las instituciones sociales más valoradas.
25 6. Entre las parejas, y especialmente entre las más jóvenes, se hace necesario el mantener actualizadas, al día, sus relaciones de todo tipo y abierta su mutua comunicación personal, evitando cansancio o rutinas que pondrían en riesgo la estabilidad de la convivencia.
7. Tendencia a difuminar las diferencias entre lo masculino y lo femenino.

Miguel Juárez, Universidad Pontífica de Comillas, en Revista de cvx-e, número 68, noviembre 2007;
En: http://www.cvx-e.org/revista/68/068-FAMILIAMiguel Juárez.pdf

---

el perfil *aquí: la imagen*
la nupcialidad Eheschließungshäufigkeit - **la fertilidad** Fruchtbarkeit

el divorcio Scheidung

la viuda Witwe
el aborto Abtreibung

progresivo/a zunehmend
el hogar Heim, Zuhause

al margen am Rande von
el compromiso Verpflichtung

afectivamente → *afecto, cariño*
gratificante befriedigend

mutuo/a gegenseitig
en riesgo in Gefahr
difuminar verlaufen lassen

Comprensión

1. Lee el texto y resume con pocas frases los aspectos principales enumerando las razones demográficas que han contribuido a cambiar el perfil actual de la familia española. M 4.

2. Explica en qué sectores España todavía no alcanza las cifras europeas. M 4.

Trabajo con el texto

1. Compara la información del texto con tus suposiciones anteriores. Explica lo que más te llama la atención.

2. El autor es profesor de una universidad pontífica, es decir, católica. Identifica los pasajes del texto que en tu opinión contienen alguna relación con una perspectiva cristiana. Justifica tu opinión. M 2.2.1 d

Más allá del texto

 1. Contrasta el modelo típico de familia en España con la familia típica alemana.

 2. A partir del siglo XXI España ha experimentado un cierto relajamiento acerca de los modelos de convivencia fijados en la legislación. Infórmate en Internet sobre la *Ley del matrimonio homosexual*, la *Ley de Divorcio* y la *Ley del Aborto*. ¿Cuándo fueron promulgadas? ¿Qué aspectos contienen?

3. En la radio, tu amigo Jaime de Venezuela escucha la canción "Junge" del grupo *Die Ärzte* 80500-02 . Le encanta la canción, pero no entiende bien la letra. Le resumes el texto explicándole cuáles son los temas de discusión mencionados entre padres e hijos. Además, le comentas a Jaime lo que opinas sobre el grupo *Die Ärzte,* su música y la canción en especial. Si no conoces al grupo, infórmate en internet. M 3.

Palabras útiles

der Punkrock	el punk rock
der Freundeskreis	el círculo/grupo de amigos
das Aussehen	el aspecto físico
sich sorgen	preocuparse de
uninteressiert	indiferente
die Gleichgültigkeit	la indiferencia
der Umgang	el entorno social
sich wenden an	dirigirse a
sich beschweren	quejarse
beschreiben	describir
die Sorge	la preocupación, la inquietud
das Beste für jmdn. wollen	mirar por alguien, querer lo mejor para alguien

Preocupación

espiar (aus)spionieren - **a ver si te vas a ganar una bofetada** Du fängst gleich eine! - **tranqui** → *tranquilo*

la madrugada Tagesanbruch - **hacer dedo** trampen - **atracar** überfallen - **portarse** → *comportarse* - **echarle la bronca a algn.** jmdn. ausschimpfen

Bretécher, "Preocupación". En: Cartón-streep - Vocabularybuilder; Oxford University Press 2000

Comprensión

Opción A

1. Marca con una cruz la respuesta correcta `80500-04`.

2. Ahora resume el cómic con 2-3 frases. `M 5.2.2`

Opción B

Resume el cómic explicando por qué la madre riñe a su hija y con qué argumentos ésta responde a sus reproches. `M 5.2.2`

Trabajo con el texto

1. Inventa lo que dice la hija al final.

2. En parejas representad con un juego de rol la historia del cómic con vuestro final alternativo o con el original `80500-04`. `M 1.2`

Opción A

1. Compara con el tuyo el final original que tu profesor/a te va a mostrar y explica los motivos que llevaron a la chica a no llamar a su madre.

2. Caracteriza brevemente a la madre y a su hija. Comenta si se trata de caracteres típicos. `M 2.2.1 c`

Opción B

1. Tu profesor/a va a mostrarte el final original del cómic `80500-04`. Analiza en qué consiste el chiste.

2. Analiza la relación entre la madre y su hija. Comenta si se trata de una relación típica. `M 2.2.1 c`

Más allá del texto

 1. Lee el cómic otra vez y transfórmalo en un cuento. Piensa en una estructura clara: comienzo/exposición del problema, punto culminante/crisis, solución/conclusión.

 2. Durante la discusión entre la madre y su hija está presente un chico alemán que participa en un intercambio con el hijo de la familia y pasa tres semanas con esta familia española. Él no entiende lo que pasa y cuando la discusión ha terminado, se lo pregunta a su hermana de acogida. Ésta le resume la discusión en alemán. Escribe el diálogo entre las dos personas. M 3.

3.2 Hijos eternos

Acércate

1. Pensando en tu futuro ¿Cuándo piensas salir de casa de tus padres para vivir independientemente?

2. Elabora un católogo con las posibles razones (p. ej. , razones personales, emocionales, sociales, económicas, etc.) para seguir viviendo en casa de tus padres con más de 25 o 30 años.

3. Discutid cuáles pueden ser las ventajas de seguir viviendo en casa de los padres mucho tiempo. M 1.2

Foro: ¿Por qué no se van los jóvenes de casa?

Según los resultados del *Observatorio de emancipación del Consejo de la Juventud en España*, – un organismo dependiente del Ministerio de Sanidad - casi el 80 % de los jóvenes menores de 30 años vive con sus padres. Como es un tema muy discutido, el moderador de *Radio Nacional de España* hace una emisión con el tema *¿Por qué no se van los jóvenes de casa?* Escuchas a continuación a personas que hablan sobre la situación familiar de los jóvenes. M 5.1.1

Comprensión

Opción A

1. Escucha el texto una vez y elige la afirmación que mejor describe el tema en general. M 5.1.1

   Las personas del foro describen

   a) los problemas que tienen para encontrar un piso bonito.

   b) las comodidades que encuentran en casa.

   c) las ventajas y desventajas de permanecer en el hogar familiar.

   d) la relación íntima con su familia.

2. Escucha otra vez lo que dicen los jóvenes y apunta la información que falta. M 5.1.1

Perspectiva de un/a joven	
Perspectiva de un/a adulto/a	
Es una ventaja vivir en casa de los padres	
Es una desventaja vivir en casa de los padres	
Temática	

Opción B

1. Escucha el texto una vez y resume con una frase lo que dicen los jóvenes sobre su situación familiar. M 5.1.1

2. Después, vuelve a escuchar el texto y ordena la información según aparece en el texto. M 5.1.1

   a) Los padres no están solos y los jóvenes les sirven de compañía.

   b) Si se les hace todo a los jóvenes en casa, claro que se quedan.

   c) Viviendo en casa de los padres y con trabajo puedes permitirte algún lujo.

   d) La crisis económica afecta mucho al mercado laboral y a los sueldos.

   e) La vida en el hogar familiar es muy cómoda.

   f) Los apartamentos y los pisos son demasiado caros para lo que uno gana.

No dejan el nido

Acércate

d Intenta explicar el siguiente vocabulario con ayuda de tus conocimientos lingüísticos previos. Si en el texto hay más palabras desconocidas, busca su traducción en un diccionario bilingüe.

M 4.

palabra nueva	la entiendo por...	traducción al alemán
crecido/a	→ *crecer*	▨▨▨▨▨▨
rebajar	→ *bajar, bajo/a*	▨▨▨▨▨▨
la prestación culinaria	el contexto	▨▨▨▨▨▨
adicto/a	el inglés *addicted*	▨▨▨▨▨▨
refinado/a	▨▨▨▨▨▨	▨▨▨▨▨▨
▨▨▨▨▨▨	▨▨▨▨▨▨	▨▨▨▨▨▨

Hijos encantadores

Habían soñado siempre con ese día en que volverían a estar solos, los hijos ya crecidos y haciendo su camino. El problema era que los chicos no se iban de casa.

5 Para buscarle salida al asunto, la madre decidió rebajar la calidad de sus prestaciones culinarias. La niña, adicta a las hamburgueserías no pareció notar el cambio, y el chico, refinado gastrónomo, creyó entender que la madre atravesaba una cri-
10 sis, y cuando peor guisaba más cariñoso estaba con ella. En esa época él, en cambio, se evadió: frecuentaba los billares y llegó a ganar el campeonato del barrio. Después el chico acabó la carrera y luego la acabó también la chica y los dos
15 se pusieron a hacer cursillos con una afición por los estudios que nunca jamás habían demostrado hasta ese momento.

— ¿No crees que deberían buscar trabajo? -- preguntaba él.
20 — Como hay tanto paro ...

— Ya lo sé que hay paro. Pero es que éstos no buscan ...

— Será para no desanimarse. Ya sabes que el chico es muy sensible.

25 Un día el chico encontró trabajo. Y un mes después llegó a casa muy contento y anunció que tras la cena comunicaría una gran noticia. Lo hizo:

— He decidido dedicar mi primer sueldo a comprar un tresillo nuevo para la salita.

30 Los padres se miraron horrorizados. Para buscarle una salida al asunto, el padre decidió simular su ingreso en el Opus. Impuso el rezo del rosario en familia y obligó a todo el mundo a estar en casa antes de las diez. La niña, que había sufrido

35 recientemente un desengaño amoroso, aceptó el consuelo de la religión. El chico se había prendado de una presentadora de televisión y tampoco puso inconveniente al nuevo horario. Era exasperante. [...]
40 Los padres celebraron consejo de guerra.

— Esto es intolerable -- dijo él. --Lo es -- dijo ella. Creo que me fugaría con el primer hombre que me llevase a una casa para los dos solos.

-- Pero tú aún me quieres, ¿no? -- Te quiero. Po-
45 dríamos escribir al Defensor del Pueblo.

— No sé si lo entendería. Es un poco beato, ¿no? A fin de cuentas tenemos unos hijos encantadores. Supongo que muchos nos envidian.

— Pero yo quiero estar sola contigo -- dijo ella.
50 De modo que un día organizaron una gran excursión a ver a unos primos de Villamarga del Cacique Calvo y dijeron a los chicos que fuesen delante.

-- Rápido, tenemos apenas dos horas antes de
55 que se alarmen y envíen a la policía -- dijo ella. Empaquetaron cuatro cosas, dejaron una nota que decía "Tratado de comprendernos. Queremos estar solos", y abandonaron el domicilio familiar. El chico y la niña han prosperado y gastan una
60 enormidad en detectives particulares y anuncios en los periódicos que dicen "Padres, volved a casa. Sin preguntas. Sin reproches". Él hace versos en Australia y ella termina este año su licenciatura en cangurología. [...]

Josep Vicent Marqués: Hijos encantadores.
ESTILO 06.02.1987

Comprensión

Opción A

 ¿Correcto (C) o falso (F)? Di si las siguientes afirmaciones son correctas o falsas. Si una afirmación es falsa, tienes que corregirla. Di también dónde encontraste la información correspondiente. M 4.

	C	F	Lin.
a. Los padres están tristes porque sus hijos se quieren ir de casa.			
b. La familia consiste de un padre, una madre y dos hijas.			
c. Para que se vayan, los padres dejan de ofrecer una paga semanal a sus hijos.			
d. Después de haber acabado la carrera, los hijos buscan, pero no encuentran trabajo.			
e. Finalmente encuentra trabajo el chico y con su primer sueldo quiere comprar un nuevo coche a su familia.			
f. El padre se vuelve religioso para echar a sus hijos del hogar familiar.			
g. Por fin los padres aceptan la situación porque se dan cuenta de que tienen unos hijos encantadores.			

Opción B

1. Primero, explica el problema que tienen los padres con sus hijos. M 4.

2. Ahora busca en el texto todas las cosas que emprenden los padres para lograr su objetivo y la reacción por parte de los hijos en cada caso. M 4.

3. Finalmente describe con tus palabras cómo los padres resuelven su problema.

Más allá del texto

Opción A

1. Escribe un final alternativo (a partir de la línea 50 „de modo que un día ...") en el que encuentras otra solución para el problema de los padres. Puede ser una conversación entre padres e hijos u otra opción. Si tenéis ganas, podéis representar la escena en clase. M 2.2.2 d

2. En grupos de tres personas, elaborad un cátalogo con los mejores consejos para que los padres puedan echar a sus hijs de casa.

Opción B

1. Analiza los elementos cómicos que contiene este relato y la función que tienen. M 2.2.1 a

2. La madre tiene una conversación telefónica con una amiga suya. Durante la conversación se queja de sus hijos y le cuenta sus variados intentos de echarlos de casa. Está desesperada y no sabe qué hacer. En parejas escribid el diálogo por teléfono pensando también en consejos concretos para que la amiga ayude a solucionar el problema. Si tenéis ganas, podéis representar la llamada telefónica en clase. M 2.2.2 d

3. Escribe una carta de despedida desde la perspectiva de los padres en la que explicas sus motivos para tomar la decisión de irse a Australia y abandonar el hogar familiar. M 2.2.2 b

Opción A/B

1. Discutid si os podéis imaginar vivir tanto tiempo en el "hotel mamá". M 1.2

2. Mira el vídeo del anuncio publicitario con el título *Saliendo del hotel mamá* con el famoso comediante colombiano Andrés López 80500-01. M 5.3

   a) Antes de ver el vídeo, explica qué tipo de publicidad esperas y qué temas tratará.

   b) Ve el vídeo una vez y resume brevemente su contenido. ¿Para qué producto se hace la publicidad?

   c) Vuelve a verlo y apunta las ventajas y las desventajas que se muestran a lo largo del vídeo.

   d) ¿Qué te parece el anuncio publicitario? Explica por qué (no) te gusta.

3.3 El amor o algo así

Acércate

Elegid una de las siguientes tareas:

a) En grupos de tres personas cread un cartel que describa lo que es el amor para vosotros. ¿Qué asociáis con el amor? Podéis escribir, buscar fotos, canciones, etc. para ilustrar vuestras ideas.

b) Ilustrad una postal como en el ejemplo alemán con, al lado, una explicación de lo que es el amor.

c) Si no te gustan las manualidades, escribe 10 frases sobre lo que es el amor. Puedes empezar así *El amor es cuando ...*

liebe ist...

... seine Träume zu teilen.

Como agua para chocolate

El siguiente texto es un extracto de la novela *Como agua para chocolate*, escrita por la autora mexicana Laura Esquivel, que describe la vida de la mujer Tita. Tita es la menor de tres hermanas. Como en su familia existe la tradición de que la hija menor se quede en casa para cuidar de su madre, no puede casarse. Las cosas se complican cuando Tita se enamora del joven Pedro Muzquiz.

a. — Señorita Tita, quisiera aprovechar la oportunidad de poder hablarle a solas para decirle que estoy profundamente enamorado de usted. Sé que esta declaración es atrevida y precipitada, pero es tan difícil acercársele, que tomé la decisión de hacerlo esta misma noche. Sólo le pido

5   que me diga si puedo aspirar a su amor.

aprovechar la oportunidad
die Gelegenheit nutzen
atrevido/a gewagt - **precipitado/a** überstürzt - **acercarse** →
cerca - **aspirar a** streben nach

b. el amor no se piensa, se siente o no se siente. Yo soy hombre de pocas, pero muy firmes palabras. Le juro que tendrá mi amor por siempre. ¿Qué hay del suyo? ¿Usted también lo siente por mí?

firme treu, unerschütterlich

c. — ¡Sí! Sí, sí y mil veces sí. Lo amo desde esta noche para siempre. Pero

10   ahora tenía que renunciar a él. No era decente desear al futuro esposo

renunciar a verzichten auf
decente anständig

de una hermana. Tenía que tratar de ahuyentarlo de su mente de alguna manera para poder dormir. [...]

ahuyentar vertreiben

d. Mamá Elena le ordenó a Tita que fuera a la cocina por unos bocadillos para repartir entre todos los presentes. Pedro, que en ese momento pasaba por ahí, no por casualidad, se ofreció a ayudarla. Tita caminaba apresuradamente hacia la cocina, sin pronunciar una sola palabra.

15

repartir verteilen

por casualidad zufällig

apresuradamente hastig, eilig

e. – No sé qué responderle, deme tiempo para pensar.

f. Fue entonces cuando Pedro le confesó su amor.

g. La cercanía de Pedro la ponía muy nerviosa. Entró y se dirigió con rapidez a tomar una de las charolas con deliciosos bocadillos que esperaban pacientemente en la mesa de la cocina.
Nunca olvidará el roce accidental de sus manos cuando ambos trataron torpemente de tomar la misma charola al mismo tiempo.

20

la cercanía Nähe

la charola (LatAm) Tablett

el roce *el contacto físico*

ambos/as *los dos* - **torpemente** ungeschickt

h. – No, no podría, necesito una respuesta en este momento:

i. Intentó comer la torta de Navidad que Nacha le había dejado sobre su buró, junto con un vaso de leche. En muchas otras ocasiones le había dado excelentes resultados. Nacha, con su gran experiencia, sabía que para Tita no había pena alguna que no lograra desaparecer mientras comía.

25

el buró (LatAm) Nachttisch

lograr erreichen

Laura Esquivel: Como agua para chocolate. Barcelona: Mondadori, 2002.

Comprensión

Lee el extracto de la novela y pon en orden lógico las partes del texto. M 4.

Opción A

Responde a las siguientes preguntas:

a) ¿En qué lugar se desarrolla la acción?

b) ¿Y en qué situación?

c) ¿Quiénes son los personajes principales de esta escena de la historia?

d) ¿Qué relación tienen?

e) ¿Qué pasa la primera vez que Tita y Pedro se ven?

f) ¿Cómo reacciona Tita a la declaración de amor de Pedro?

Opción B

Resume este extracto de la novela con tus propias palabras (¿Quiénes? ¿Cuándo? ¿Dónde? ¿Qué? ...)
M 2.1

Trabajo con el texto

Opción A

1. Analiza la perspectiva narrativa del fragmento. ¿En qué persona se escribe? ¿Cuál es la relación entre la narradora y la protagonista? M 2.2.1 a

2. Explica la relación que existe entre la comida y el estado de ánimo de Tita.

3. Compara y comenta la relación entre Tita y su mamá y la relación entre padres e hijos en nuestra época y cultura.

Opción B

1. Explica de qué manera Tita es víctima de una tradición de la familia de Mamá Elena. M 2.2.1 a

2. Analiza la actitud de Tita con respecto a la comida. ¿Cómo se explica esta actitud?

3. Examina la relación entre Tita y los otros personajes mencionados en el extracto (Pedro, Mamá Elena, su hermana, Nacha).

4. Identifica en el texto las frases o expresiones que van creando una atmósfera mágica y construyendo gradualmente la situación hasta llegar al momento culminante de la declaración de amor de Pedro. M 4

Más allá del texto

1. De noche, Tita confiesa lo ocurrido en su diario. Escribe desde la perspectiva de Tita esta situación en tu diario. M 2.2.2 a

2. ¿Te parece realista la escena del primer encuentro entre Tita y Pedo? ¿Crees en el amor a primera vista? Explica por qué (no).

3. La historia del libro se desarrolla durante la época de la Revolución mexicana. Infórmate en Internet sobre esta época de la historia de México y prepara una charla de un minuto sobre las razones que llevaron a la revolución y la situación en México en este momento histórico. M 1.1

Quiéreme entera

Acércate

1. Termina la siguiente frase:
"Si me quieres ..."

2. Lee el poema de Dulce María Loynaz.

Si me quieres, quiéreme entera,
no por zonas de luz o sombra ...
si me quieres, quiéreme negra
y blanca. Y gris, y verde, y rubia,
quiéreme día,
quiéreme noche ...
¡Y madrugada en la ventana abierta!
si me quieres, no me recortes:
¡quiéreme toda ... o no me quieras!

Dulce María Loynaz, "Quiéreme entera".

En: Versos (1920-1938)

Comprensión

Describe brevemente de qué habla este poema.

Trabajo con el texto

1. Analiza el mensaje que quiere comunicar la autora. M 2.2.1 e

2. Analiza la perspectiva narrativa del poema. ¿Quién habla y a quién se dirige?

3. Examina los rescursos estilísticos de los que se sirve la autora. ¿Cuál es su función?

Más allá del texto

1. Explica por qué te gusta o no te gusta el poema.

2. Escribe una carta o un poema en el que el hombre responde las exigencias de la mujer presentadas en el poema. M 2.2.2 b

3. Este poema es muy metafórico. Transfórmalo en un cuadro que presente los sentimientos y emociones del yo lírico.

3.4 El nuevo papel de la mujer

Acércate

1. Con ayuda del dibujo describe el rol que desempeña la mujer hoy en la sociedad. M 5.2.2

2. Discute con tu compañero/a de clase si la representación del rol de la mujer actual mostrado en el dibujo corresponde al papel que se espera de la mujer en la sociedad. M 1.2

¿Verdadera igualdad?

Ley Orgánica 3/2007 de 22 de marzo, para la igualdad efectiva de mujeres y hombres

El artículo 14 de la Constitución española proclama el derecho a la igualdad y a la no discriminación por razón de sexo. [...]

La igualdad entre mujeres y hombres es un principio jurídico universal reconocido en diversos textos internacionales sobre derechos humanos, entre los
5 que destaca la Convención sobre la eliminación de todas las formas de discriminación contra la mujer, aprobada por la *Asamblea General de Naciones Unidas* en diciembre de 1979 y ratificada por España en 1983. [...]

El pleno reconocimiento de la igualdad formal ante la ley, [...] ha resultado ser insuficiente. La violencia de género, la discriminación salarial, la discrimina-
10 ción en las pensiones de viudedad, el mayor desempleo femenino, la todavía escasa presencia de las mujeres en puestos de responsabilidad política, social, cultural y económica, o los problemas de conciliación entre la vida personal, laboral y familiar muestran cómo la igualdad plena, efectiva, entre mujeres y hombres, [...] es todavía hoy una tarea pendiente que precisa de nuevos instru-
15 mentos jurídicos.

Resulta necesaria, en efecto, una acción normativa dirigida a combatir todas las manifestaciones aún subsistentes de discriminación, directa o indirecta, por razón de sexo y a promover la igualdad real entre mujeres y hombres, con remoción de los obstáculos y estereotipos sociales que impiden alcanzarla.

Agencia Estatal Boletín Oficial del Estado: Ley Orgánica 3/2007, de 22 de marzo, para la igualdad efectiva de mujeres y hombres. En: http://www.boe.es/buscar/doc.php?id=BOE-A-2007-6115, 23.03.2007

la ley orgánica Grundgesetz

proclamar *hier:* erklären, verkünden

jurídico/a rechtlich

destacar hervorstechen
la convención Abkommen
aprobar verabschieden
la Asamblea General Hauptversammlung - **ratificar** in Kraft setzen - **la violencia de género** geschlechtsspezifische Gewalt
salarial Lohn... - **la viudedad** Witwenstand - **escaso/a** nicht ausreichend - **la conciliación** Einigung - **pendiente** ungelöst
combatir bekämpfen - **subsistente** bestehend - **la remoción** Beseitigung - **el obstáculo** Hindernis **impedir** verhindern - **alcanzar** erreichen, erlangen

Comprensión

Lee el fragmento de la "Ley Orgánica" y explica en qué consiste - según el texto – la igualdad entre mujeres y hombres y a qué ámbitos de la vida se refiere. M 4.

Trabajo con el texto

1. Establece una relación entre el dibujo y el texto.

2. El texto legal dice que el "pleno reconocimiento de la igualdad formal ante la ley, [...] ha resultado ser insuficiente."(l. 8s.) ¿Conoces casos concretos de desigualdad? Habla de la desigualdad aún existente en la vida cotidiana según tus propias experiencias.

3. La mayoría de los casos de desigualdad y discriminación se refiere a la mujer. Discutid si también existen situaciones en las que se puede hablar de la discriminación y desigualdad para el hombre. M 1.2

4. En una charla de un minuto resume la evolución del papel de la mujer en la sociedad española hasta hoy en día. Si te falta información, infórmate antes en Internet. M 1.1

La mujer en el mundo del trabajo

Acércate

¿Piensas que hoy en día en Alemania la mujer tiene los mismos derechos y las mismas posibilidades que el hombre en el ámbito laboral? Justifica tu respuesta.

Día Internacional de la Igualdad Salarial

En España el 26 de febrero de 2010, el Consejo de Ministros acordó promover el reconocimiento del 22 de febrero como "Día Internacional por la Igualdad Salarial". [...] Según el informe del *INE Mujeres y Hombres en España 2010* la brecha salarial sigue siendo una realidad que no se puede
5 soslayar. Las mujeres siguen cobrando menos que los hombres sea cual sea su ocupación, su formación, su jornada laboral. En los niveles de ingresos más bajos, las diferencias salariales son mayores. [...]

Día de la Igualdad Salarial, En: http://www.torredelcampo.es/index.php?option=com_content&task=view& id=748&Itemid=166 , 16.03.2016

el Consejo de Ministros Ministerrat, Kabinett - **el reconocimiento** Anerkennung - **salarial** → *salario* **INE** *Instituto Nacional de Estadística* **la brecha** Lücke, Bresche - **soslayar** vermeiden - **cobrar** *ganar* - **la jornada laboral** Arbeitszeit - **los ingresos** Einkünfte

Comprensión

Describe y analiza el sello con motivo del *Día Internacional de la igualdad salarial*. M 5.2

Trabajo con el texto

1. Intenta explicar por qué existen diferencias salariales entre hombres y mujeres.

2. Infórmate en Internet cómo difieren por término medio los salarios de hombres y mujeres en España y compáralos con los de Alemania.

Imagen cedida por Correos

3.5 La violencia de género

Acércate

d 1. Busca en un diccionario o una enciclopedia la definición de lo que es la "violencia de género". M 4.

2. ¿Cómo se pueden manifestar los distintos tipos de violencia?

3. Mira la estadística sobre la violencia de género hacia la mujer en España y comenta la situación actual. M 5.2.3

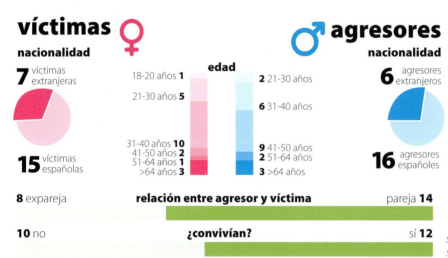

Según: Ministerio de Sanidad, Servicios Sociales e Igualdad, 2013

No soy nada sin él: un testimonio real

Comprensión

1. Escucha el texto y resume la situación de esta persona con tus palabras. M 5.1.1

2. Enumera todas las cosas negativas que le hacía y decía Luis a Alejandra cuando estaban juntos.

3. Describe los sentimientos de Alejandra antes y después de abandonar a Luis.

Trabajo con el texto

1. Explica las razones por las que Alejandra aguanta tanto tiempo con Luis.

2. ¿Qué señales de alarma o indicadores de aviso aparecen en el texto? ¿Por qué crees que la chica no los percibe?

3. Analiza las consecuencias psíquicas y físicas para Alejandra que resultan de esta relación abusiva.

4. Intenta explicar con tus palabras en qué consiste el "Síndrome de dependencia afectiva". Comenta también cuáles son las razones por las que surge.

5. ¿Pensáis que la sociedad toma suficientes medidas para evitar casos como el de Alejandra? ¿Qué más cosas se podrían o deberían hacer para mejorar esta situación? M 1.2

6. Comenta la afirmación siguiente de Eduardo Galeano, periodista y escritor uruguayo, sobre la violencia de género: "El racismo y el machismo beben de las mismas fuentes y escupen palabras parecidas". M 2.3

Bebe: Malo

Acércate

💬 Mira el título de la canción y explica qué conclusiones sacas de su contenido.

Comprensión

Opción A

🔊 1. Escucha ahora la canción `80500-02` y rellena los huecos con las palabras que faltan `80500-04`. `M 5.1.2`

mejor - el día - las mujeres (2x)
tonto, tonto, tonto (2x) – el silencio – el corazón (2x)
la puerta – el sol – puta – sí – una vez (4x)
tabaco – siempre – malo, malo, malo (4x)
inseguridad machista – el fuego (2x)
una noche fría – mi carita – tú – duele

📄 2. Lee la letra de la canción. ¿Cuál de los siguientes resúmenes corresponde a su contenido? `M 4.`

   a. Una mujer sola con sus hijos conoce a un hombre. Está impresionada por su comportamiento machista y se enamora. Pero el hombre siempre bebe mucho alcohol y grita a los niños por lo que la mujer lo abandona.

   b. Una mujer conoce a un hombre. Aunque tiene una apariencia que da miedo, se enamora de él y tienen hijos. Pero el hombre está obsesionado con su mujer y le pide siempre acostarse con él aunque ella está muy cansada por el trabajo. Finalmente, el hombre abandona a su familia por otra mujer.

   c. Una mujer conoce a un hombre y tienen hijos. Pero el hombre siempre vuelve a casa bebido y maltrata a su esposa. Ésta finalmente se rebela contra su marido.

📄 3. Vuelve a leer el texto de la canción e identifica las diferentes partes de la historia: el retrato del marido - la rebelión de la mujer - el dolor físico y moral de la mujer `M 4.`

Opción B

🔊 1. Escucha la canción `80500-02` y determina primero su tema general. `M 5.1.2`

🔊 2. Vuelve a escuchar la canción `80500-02` y resúmela describiendo las diferentes etapas de la historia. Ten también en cuenta los sentimientos de la mujer frente a la situación. `M 5.1.2`

Trabajo con el texto

Opción A

✏️ Formad tres grupos según las diferentes partes de la canción. Cada grupo analiza su parte bajo los siguientes aspectos. `M 2.2.1 e`

   a) ¿Quién habla? ¿A quién se dirige (la perspectiva narrativa)?

   b) ¿Qué relación tienen los protagonistas?

   c) ¿Qué actitud muestra la mujer?

Opción B

1. Explica qué es ser "malo" para la protagonista de la canción.

✏️ 2. Analiza los siguientes aspectos de la canción explicando la función de: `M 2.2.1 e`

   a) los protagonistas

   b) la estructura (→ la evolución de la relación y los cambios en la actitud de la mujer)

   c) la perspectiva narrativa

   d) los recursos estilísticos (p. ej. la aliteración, la metáfora, la repetición, etc. ...)

Más allá del texto

1. La mujer de la canción escribe un diario. Ponte en su lugar y escribe en él explicando la situación, tus sentimientos y tu decisión de cambiar algo. **M** 2.2.2 a

2. Después de haber abandonado a su marido la mujer hace público su caso para apoyar a otras mujeres maltratadas. Tú eres el reportero que escribe un artículo sobre la situación general en España y el caso de esta mujer. **M** 2.2.2 c

Las causas del maltrato

Acércate

1. Según vuestra opinión, ¿cuál es el objetivo del maltrato? ¿Qué consecuencias tiene?

2. ¿Cómo actuaríais si percibierais que alguna amiga o amigo está inmersa/o en una relación abusiva? Elaborad un catálogo con consejos concretos y factibles.

3. ¿Cómo crees que debería ser una relación de pareja para considerarla sana?

En lucha contra la violencia de género

En la *Ley contra la violencia doméstica - Medidas de Protección Integral contra la Violencia de Género*, vigente desde 2007, se menciona la puesta en marcha de un Plan Nacional de Sensibilización y Prevención de la Violencia de Género, con el cual, entre otras cosas, se fomenta la concienciación de la
5　sociedad española a través de los medios de comunicación y las campañas publicitarias.

Anne-Katharina Brosius

doméstico/a häuslich
la medida Maßnahme
vigente rechtskräftig
la puesta en marcha Ingangsetzung - **la prevención** Vorbeugung
fomentar fördern - **la concienciación** Bewusstmachung

Comprensión

1. Describe detalladamente esta campaña publicitaria. M 5.2.2

2. Después explica a quiénes se dirige y cuál es su mensaje. M 5.2.2

Trabajo con el texto

Estás durante un año de intercambio en España y tu amigo/a aleman/a te visita. Escucháis esta cuña de radio 80500-06 que llama la atención de tu amigo/a. Como no habla muy bien el español, quiere saber de qué trata. Explícale en alemán a tu amigo/a quiénes hablan, a quiénes se dirige y cuál es el mensaje. Piensa en añadir más información sobre la actualidad del tema en España basándote en los conocimientos adquiridos hasta ahora. M 3.

Más allá del texto

1. Trabajad en parejas o en pequeños grupos. Elaborad una campaña publicitaria como ésta para luchar contra la violencia de género.

2. Trabajad en parejas. Una persona representa a una mujer maltratada que llama al 016, la otra persona a una psicóloga de la línea telefónica contra la violencia de género. Escribid la conversación y representad la escena en un juego de rol delante de la clase. M 2.2.2 d

3. Infórmate en internet cómo es la situación en Alemania con respecto a la violencia de género (leyes, organizaciones de ayuda, cifras de personas maltratadas o asesinadas, concienciación de la sociedad, etc.). Presenta tus resultados en una charla de un minuto. M 1.1

4. Vivir en tiempos de crisis

4.1 Los Ni-Ni: Jóvenes que ni estudian ni trabajan

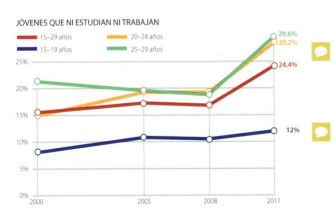

JÓVENES QUE NI ESTUDIAN NI TRABAJAN

- 15–29 años
- 20–24 años
- 15–19 años
- 25–29 años

29,6%
29,2%
24,4%
12%

Según: OCDE / El País, 2013

Comprensión

Mira la estadística. Describe y explica la evolución del fenómeno de los ni-ni en los últimos años. M 5.2.3

Más allá del texto

1. Discutid en clase qué otras causas, aparte de la crisis económica, existen por las que los jóvenes ni estudian ni trabajan. ¿Qué consecuencias para la sociedad actual y España en general puede tener este fenómeno? ¿Crees que le perjudica esta situación al país? M 1.2

2. Y a ti, ¿qué opinión te merecen los "ni-ni"? ¿Cómo ves su estilo de vida? ¿Puedes entender su comportamiento? ¿Existen también en Alemania? Redacta un breve comentario acerca del tema. M 2.3

3. Basándote en la estadística y los conocimientos adquiridos en clase, describe lo que es "la generación ni-ni". Comenta también en qué sentido la actitud de estos jóvenes refleja la situación de toda una sociedad.

4. Discutid en grupo de cuatro personas el fenómeno de la generación ni-ni. Adoptad las siguientes posiciones diferentes a favor / en contra y argumentad vuestra opinión: M 1.2

   a) un/a ni-ni que ni trabaja ni estudia

   b) los padres de un/a ni-ni que están desesperados

   c) un/a joven con carrera universitaria en paro que no puede entender la actitud del / de la ni-ni.

4.2 Vivir bajo el límite

Acércate

Pensando en la situación económica de mucha gente, ¿qué crees qué es un mileurista? Comprueba tu hipótesis consultando un diccionario monolingüe en Internet, luego intenta explicar la formación de la palabra "mileurista". M 4.

Generación 'nimileurista'

[…] Hace seis años, en agosto de 2005, una joven catalana escribió una carta a este periódico. Se titulaba "Yo soy mileurista", término que ella acuñó. Carolina Alguacil tenía entonces 27 años y se quejaba de la precariedad laboral de su generación [...].

5 Releer hoy aquella carta deja un sabor amargo. [...] El mileurismo ha dado paso a una versión aún más precaria de sí mismo, el *nimileurismo*. "Antes éramos mileuristas y aspirábamos a más. "Ahora la aspiración es ganar mil euros", resume la propia Alguacil, que estudió Comunicación Audiovisual, es autónoma y se ha mudado a Córdoba. "Ni mucho menos me imaginaba

10 yo entonces que la cosa iba a ir a peor". Ella ya no es mileurista, pero no cree que gane lo que debería: "No me conformo".

Desde 2005 las perspectivas económicas han dado un vuelco. [...] Solo un puñado de iluminados [...] supieron ver que se avecinaba un tsunami financiero, una enorme crisis que cuatro años después sigue tumbando fichas y

15 que está dejando a Europa exhausta y políticamente malherida. [...] El paro juvenil en España alcanza el 49,9%, según los datos de Eurostat para enero de 2012. La media europea es del 22,4%[.]

Ante este panorama, miles de jóvenes sienten que caminan hacia atrás. En 2005 el paro juvenil rondaba el 20%. Ahora araña el 50 % y hace tiempo

20 que duplicó la media europea (22,4%). La generación mejor preparada tiene las peores perspectivas desde la Transición [...]. Hasta ahora, muchos

---

acuñar prägen - **la precariedad** Unsicherheit

el sabor amargo bitterer Nachgeschmack - **precario/a →** *la precariedad* - **aspirar a** streben nach

mudarse umziehen

conformarse con sich zufrieden geben mit - **dar un vuelco** einen Umschwung erfahren - **el puñado** eine Hand voll - **avecinarse** sich nähern, bevorstehen - **tumbar** umwerfen - **malherido/a** schwer verletzt

atrás nach hinten, rückwärts

arañar erreichen

la Transición Übergang zur De-

de estos jóvenes han contado con la ayuda de sus padres. Pero a algunos se les ha agotado ese colchón. [...] "La sensación extendida es que no hay futuro", resume Guillermo Jiménez [...] de la asociación de universitarios
25 Juventud sin Futuro. [...]
En España viven 10.423.798 personas de entre 18 y 34 años. [...] [R]eman contra los elementos y un mercado laboral menguante mientras los ya viejos problemas empeoran y se alimentan salarios precarios, paro de larga duración, sobrecualificación, tardía emancipación, fuga de cerebros … Su
30 ingreso medio neto (incluyendo a los parados), es de 824 euros al mes. Y los que están trabajando, ganan de media 1.318 euros mensuales (datos del Consejo de la Juventud de España). [...]
Sólo quien ha vivido el paro de larga duración sabe lo que se siente cuando pasan los días y nada cambia, cuando la prestación por desempleo se
35 acerca a su fin. Y el 45% de los menores de 34 años en paro lleva más de 12 meses buscano empleo, según datos de Josep Oliver, catedrático de Economía Aplicada de la Universidad Autónoma de Barcelona.
[...] [M]uchos que habían logrado independizarse, han tenido que regresar al hogar familiar [...].
40 Ante la falta de expectativas, muchos cerebros de la generación mejor preparada siguen haciendo las maletas, protagonizando una fuga de cerebros "sin precedentes", en palabras de Fátima Báñez, ministra de Empleo y Seguridad Social. [...]
"Es muy serio lo que está pasando", dice la socióloga Almudena Moreno
45 [...]. "Cada semana me llaman expertos de otros países a consultarme. Todo esto se traduce en una grave pérdida de capital humano. Tenemos pocos jóvenes, que cada vez son menos, y los pocos que hay, se marchan. ¿Quién va a tener hijos? A largo plazo es un problema demográfico, económico y social muy serio". [...]

Carmen Pérez-Lanzac: Generación 'nimileurista'. En: http://politica.elpais.com/politica/2012/03/09/nimileurista/1331312384_412362.html, 11.03.2012

Glosario

mokratie in Spanien nach Francos Tod - **agotar el colchón** das finanzielle Polster aufbrauchen

la sensación *sentimiento*

remar sich abmühen, rudern

menguante abnehmend

empeorar → *peor*

la fuga de cerebros Abwanderung qualifizierter Fachkräfte

los ingresos Einkünfte

la prestación por desempleo Arbeitslosengeld

el/la catedrático/a *profesor /a universitario/a*

el hogar Zuhause

el cerebro Hirn, *aquí : persona bien formada e inteligente* - **la maleta** Koffer - **sin precedentes** beispiellos

la pérdida → *perder*

marcharse *irse*

a largo plazo auf lange Sicht

Comprensión

Opción A

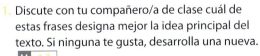 1. Discute con tu compañero/a de clase cuál de estas frases designa mejor la idea principal del texto. Si ninguna te gusta, desarrolla una nueva. **M** 1.2

A. La evolución de una nueva generación

B. La situación precaria de la juventud española

C. Las perspectivas laborales para los jóvenes empeoran.

Opción B

 Resume el artículo describiendo la situación de la generación nimileurista y explicando cómo ha cambiado entre 2005 y 2012. **M** 2.2.1 d

Opción A

2. Escribe la frase introductoria (tipo de texto, autora, título, fuente, fecha de publicación, tema principal).

3. Ordena las frases que resumen los diferentes párrafos del texto según su orden de aparición en el texto. M 4.

   A Los problemas financieros y la amarga realidad de esta generación de jóvenes españoles

   B La crisis económica como motivo de este fenómeno

   C El nacimiento de una nueva generación

   D Perspectivas oscuras para el futuro de España

   E La situación actual de los nimileuristas

   F La emigración de toda una generación cualificada

   G En búsqueda de trabajo

   H Las consecuencias de la crisis

4. Con ayuda de las afirmaciones anteriores y modificando el texto con conectores, escribe el resumen del artículo. M 2.1

Trabajo con el texto

Opción A

1. Caracteriza a un típico nimileurista completando su perfil personal. Podéis inventar la información que falta.

2. Compara la generación de los nimileuristas con la de los mileuristas. ¿Qué cambios se pueden constatar?

Opción B

1. Esboza el perfil personal de un típico nilimeurista. Antes de empezar, discutid en clase qué aspectos hay que tener en cuenta. Podéis inventar la información que falta.

2. Examina las razones por las que el mileurista se ha convertido en nimileurista.

3. Analiza la manera en la que la autora del artículo presenta la situación de esta generación de jóvenes españoles haciendo hincapié especialmente en los recursos estilísticos utilizados. M 2.2.1 d

Más allá del texto

Opción A

¿Cuál es tu opinión sobre el fenómeno del "nimileurismo"? Escribe un comentario refiriéndote a este artículo y comentando el fenómeno del "nimileurismo" desde tu perspectiva personal. M 2.3

Opción B

Ponte en el lugar de un/a nimileurista y escribe una carta de protesta al periódico *El País* en la que comentas el fenómeno del "nimileurismo" desde la perspectiva de un/a joven español/a. M 2.2.2 b

Opción A/B

Describe la viñeta explicando a qué problemas actuales alude y establece una relación con el texto. M 5.2.2

Palabras útiles

el portal	Tor
el cubo de basura	Mülleimer

Viñeta de José María Fandiño

Algunos testimonios

Alejandra Suárez, 23 años. Estudiante de quinto de Publicidad. Camarera en una cafetería, gana 320 euros al mes (por 12 horas semanales) con un contrato indefinido. Relacionado con sus estudios ha hecho prácticas sin remunerar en una agencia de publicidad. "Ahora tienes que dar las gracias por tener un trabajo y hacer currículum". Vive con sus padres y piensa que nunca podrá comprarse una casa. "La salida es irse de España".

el contrato indefinido unbefristeter Vertrag
sin remunerar unbezahlt

10 **Ana J., 29 años.** Psicóloga. Trabaja como educadora por 1.000 euros. Encontró en este trabajo en enero, días después de que la despidieran de su anterior empleo en el que estuvo cinco años. Reconoce que tuvo mucha suerte. Aunque podría independizarse, vive en 15 casa de sus padres porque quiere ahorrar para comprarse una vivienda con su novio.

despedir a algn. kündigen
reconocer anerkennen
ahorrar sparen
la vivienda *el piso, la casa*

Laura Blázquez, 28 años. Es actriz pero trabaja de camarera por 700 euros al mes. Vive de alquiler en el piso de una amiga. "El teatro se está muriendo por 20 los recortes de los Ayuntamientos, las compañías pequeñas no pueden sobrevivir solo de la taquilla". Ella ganó un premio en el Festival de Teatro de Conil de la Frontera hace tres años y todavía está esperando a que la paguen.

el alquiler Miete
los recortes Kürzungen - **el ayuntamiento** Rathaus, Stadtverwaltung - **la taquilla** (Theater)Kasse

25 **Andrés R., 24 años.** Argentino con nacionalidad española. Vive en España desde hace seis años y nunca le ha faltado trabajo. Ahora es dependiente en una zapatería y cobra 950 euros al mes. Vive de alquiler en Madrid con sus padres, su hermana y su abuela, con 30 los que comparte gastos. Se siente "afortunado", pero cree que en la capital un sueldo de menos de mil euros no es suficiente para independizarse.

el/la dependiente Verkäufer/in, Angestelle/r - **la zapatería** Schuhgeschäft - **cobrar** *ganar*
compartir gastos Ausgaben teilen

Jorge Valle, 29 años. Diseñador gráfico. Está en paro desde septiembre de 2011. Durante seis años trabajó 35 en varias agencias de publicidad, hasta que dejó su último empleo porque no progresaba. Su sueldo más alto ha sido de 1.200 euros. Dice que ha dejado de buscar en España porque en ninguna empresa ofrecen más de 800 euros y se marcha a Londres en pocas semanas.

el diseñador gráfico Grafikdesigner - **estar en paro** arbeitslos sein

Lucía Cuesta, 25 años. Nunca ha trabajado de lo suyo. Bueno, una vez, "pero era el festival de un colega, así que no cuenta". Es técnico superior de sonido y lleva un año en paro. Sale adelante con la pensión de 400 euros que le pasa su padre por estar separado de su madre. Con ese dinero paga el alquiler (comparte piso en Madrid), come, se viste, sale ... "Soy bastante ahorradora, me apaño bien". Este mes va a empezar a estudiar diseño gráfico. "Si no consigo trabajar de lo que quiero, me montaré algo por mi cuenta, aunque
50 sea un bar".

el técnico superior de sonido
Tontechniker

apañarse auskommen
conseguir erhalten, bekommen
montar algo etw. aufbauen
por mi cuenta eigenverantwortlich

Nimileuristas, en primera persona. En: http://elpais.com/elpais/2012/03/06/album/1331033997_805361.html
© EDICIONES EL PAÍS, SL 2012.

Comprensión

Lee las fichas de algunos jóvenes de la generación nimileurista que están hablando de sus retos, sueños y de los problemas con los que se enfrenta en su vida diaria. Completa la tabla con la información que falta. **M 4.**

nombre	edad	formación profesional	trabajo actual	salario mensual	domicilo	perspectivas / planes para el futuro
▨▨▨▨▨	▨▨	▨▨▨▨▨	▨▨▨▨▨	▨▨▨▨▨	▨▨▨▨▨	▨▨▨▨▨

Más allá del texto

1. Discutid algunos posibles consejos para solucionar o mejorar la situación de los jóvenes arriba mencionados. **M 1.2**

2. Jorge Valle decidió irse a Londres para mejorar su situación económica y les cuenta su decisión a sus padres que no quieren que se vaya. Preparad los diferentes roles y representad la discusión en clase. **M 1.2**

"Estudiar no sirve para nada"

Comprensión

Vas a escuchar a dos jóvenes que están hablando de su situación actual, su formación profesional y de los problemas con los que se enfrentan en su vida diaria. Explica por qué cada uno de ellos está contento o descontento con su vida actual. **M 5.1.1**

Más allá del texto

En esta época de crisis económica, ¿Opinas que estudiar realmente "no sirve para nada"? Ten en cuenta también tus propias experiencias y tus planes para el futuro. **M 2.3**

Las claves del paro juvenil en España

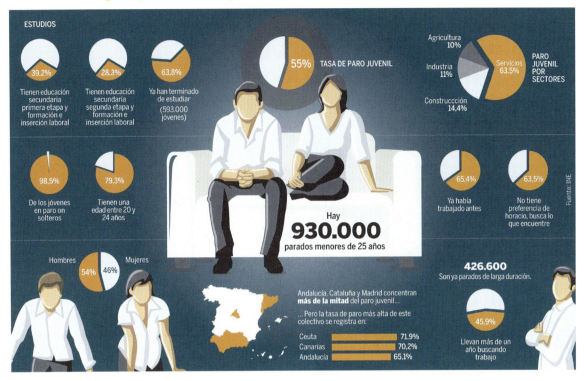

Las claves del paro juvenil en España. En: http://www.expansion.com/2013/02/05/economia/1360081866.html, 05.02.2013

Trabajo con el texto

Con ayuda del gráfico y los conocimientos adquiridos en clase traza el perfil del joven parado en España en una charla de entre 3 y 5 minutos. **M** 5.2.3

Más allá del texto

1. En parejas discutid las causas y las posibles soluciones para la situación de los jóvenes españoles. **M** 1.2

2. Estás de viaje con un/a amigo/a en Madrid y veis colgados por toda la ciudad los siguientes carteles. Tu amigo/a quiere saber por qué protestan los jóvenes en España. Explícale, con ayuda de estos carteles y con los conocimientos adquiridos sobre este tema en clase, la situación actual de los jóvenes en España y los motivos por los que salen a la calle. **M** 3.

🔗 cap. 7 / 2. España – país de inmigración y emigración

Más material: Jóvenes emprendedores 80500-05

el **curro** Job

cotizar (Sozialversicherungs)
Beiträge zahlen

el **desahucio** Zwangsräumung

4.3 Encuentros interculturales

Ampliar su horizonte: Hacer voluntariado

Acércate

1. ¿Qué es una organización no gubernamental (ONG)?
Busca información en un diccionario monolingüe o en
Internet. M 4.

2. Elige un país hispanohablante en el que te gustaría
hacer un voluntariado. Infórmate sobre las ONGs más
conocidas en ese país y elige la que más te interesa.
En una charla de un minuto presentas la ONG y su
trabajo a tus compañeros. No te olvides explicar por
qué elegiste esta ONG en particular. M 1.1

Comprensión

Tu amigo quiere hacer voluntarido en un país hispanohablante. Ha encontrado algunos carteles de ONGs que lo ofrecen. Como no habla muy bien español, le explicas en alemán de qué tipo de voluntariado se trata. Saca el máximo de información posible. M 3.

Más allá del texto

1. Escoge entre los carteles el voluntariado que más te interesa. Quieres solicitar una plaza como voluntario/a y escribes tu CV y una carta de solicitud. No te olvides presentar tus motivaciones y las cualidades que le podrían interesar a la ONG. M 2.2.2 b

2. Llega el día de la entrevista personal para la plaza de voluntariado en la ONG. Trabajad en parejas.

a) Ordenad los diferentes pasos de una entrevista personal.

inicio	núcleo	cierre

introducción   aclaración de dudas   acogida   saludo

aclaraciones respecto a la entrevista   conversación   despedida

condiciones   preguntas sobre la formación y los estudios

laborales deseadas   preguntas personales   experiencia personal

b) Uno/a de vosotros/as se prepara ahora para la entrevista como voluntario/a, la otra persona prepara el papel del/ de la seleccionador/a. Inventad algunas posibles preguntas sobre la motivación, la formación y los estudios, sobre las experiencias ya adquiridas y sobre las condiciones laborales deseadas. Después interpretad la situación.

3. Para aumentar su paga mensual, muchos jóvenes trabajan mientras estudian. Prepara un breve informe en el que expones las posibilidades para trabajar que tienen los jóvenes de tu edad y coméntalas.

4. Vas a ver un vídeo con el título Encuentra tu causa y muévete. Hazte voluntario 80500-01. Se trata de un proyecto de la Fundación de Ayuda contra la Drogadicción (FAD), en colaboración con el Ministerio de Sanidad, Servicios Sociales e Igualdad que pretende promover la acción voluntaria y la participación social entre los jóvenes. El vídeo muestra el ejemplo de una joven que habla sobre sus experiencias y motivaciones como voluntaria. M 5.3

a) Mira el vídeo sin sonido. Resume lo que se llega a saber sobre la chica y el voluntariado que hace.

b) Vuelve a ver el vídeo con sonido y responde a las siguientes preguntas.
- ¿Qué hace cuando no trabaja de voluntaria?
- ¿Desde cuándo trabaja para la Asociación Nueva Huella?
- ¿En qué consiste su trabajo?
- ¿Qué es la Asociación Nueva Huella? ¿A quiénes se dirige?
- ¿Cómo se le ocurrió la idea de hacer voluntariado en la Asociación Nueva Huella?
- ¿Qué le ha aportado a la joven y qué efectos ha tenido el voluntariado?
- ¿Cuál es su motivación para hacer este voluntariado?

Más material:
Con Erasmus en España
80500-05

2 La España histórica y moderna

💬 **1.** Relacionad las fotos con los títulos y justificad vuestra opinión.

Con la constitución llega la democracia

España está en crisis económica

El apoyo de Hitler durante la Guerra Civil española

España durante la Guerra Civil

El fin de la dictadura franquista

La transición a la democracia

El Rey abdica – viva el nuevo Rey

💬 **2.** Describid las fotos e intentad identificar a las personas y los sucesos que se muestran en ellas. M 5.2.1

3

4

Sí a la Constitución

Construir el futuro está en tu mano

5

6

7

1. La II República

Acércate

 1. En grupo: Comentad con los otros miembros del grupo qué es para vosotros una república. Escribid en común una lista con las características esenciales. M 1.2

 2. Busca información en un diccionario monolingüe o en Internet sobre qué es una república. Comparad vuestra lista con las características con la definición que habéis encontrado. M 4.

1.1 Una república para España

Antes de ser una república, España fue una "dictadura con rey". Ya que este sistema político sufrió una grave crisis socioeconómica, se empezaron a formar partidos democráticos. Estos partidos tuvieron mucho éxito en el pueblo español. ¡El pueblo quería una república!

Comprensión

 Lee atentamente las tareas. Vas a escuchar un texto sobre la II República de España 80500-06 que duró desde 1931 hasta 1936. Escucha dos veces el texto hasta el minuto 3:26 y trabaja las siguientes tareas. M 5.1.1

Palabras útiles

la caída	Fall	el autogobierno	Selbstverwaltung
la proclamación	Ausrufung	las condiciones de vida angustiosas	bedrückende Lebensumstände
la regeneración	Erneuerung		
la administración	Verwaltung	la racionalización	Rationalisierung
el campesinado	Bauernschaft	la secularización	Säkularisierung (Trennung von
la legislación	Gesetzgebung		Staat und Kirche)
la huelga	Streik	el sistema representativo	repräsentatives System (politisch)
el seguro de maternidad	Mutterschutz	el levantamiento	Aufstand
el caciquismo	Bonzenherrschaft	los partidos conservadores	konservative Parteien
descentralizar	dezentralisieren	el acontecimiento	Ereignis
obligatorio/a	verpflichtend		

Opción A

1. Indica si la información del texto se refiere a los españoles en general, trabajadores, la iglesia católica, los monárquicos, los grupos conservadores o los anarquistas. Alguna información se refiere a varios grupos.

	1) los españoles en general	2) los trabajadores	3) la iglesia católica	4) los monárquicos	5) los grupos conservadores	6) los anarquistas
a) perder mucho poder						
b) tener una vida mejor						
c) poder elegir entre varios partidos políticos						
d) ser representado por partidos políticos						

e) tener una vida más fácil						
f) estar descontento por reformas en vez de revolución						

2. En grupos: Comparad lo que habéis apuntado respecto a la tarea 1 y completad vuestros apuntes.

Opción B

1. Marca las 16 opciones correctas `80500-04`.

2. Enumera las razones de los diferentes grupos del pueblo español para estar a favor o en contra de los cambios que causó la II República. Si es necesario, escucha otra vez el texto.

   a) los trabajadores

   b) la iglesia católica

   c) los grupos conservadores

   d) los anarquistas

Opción A / B

Resume con tus palabras las reformas que puso en marcha el gobierno de la II República española.   M `2.1`

Trabajo con el texto

1. Escucha otra vez el texto `80500-06` desde el minuto 2:40 hasta el minuto 3:28. En el texto se dice que el "clima social" estaba "cada vez más deteriorado y conflictivo". Explica con ejemplos quiénes fueron los enemigos de la II República en España y por qué estaban en contra de ella.   M `5.1.1`

2. Explica además qué medidas usaron para perjudicar a la república.

1.2 Fases de la II República

a) Se aplican la reforma agraria, la educativa, la autonómica, la militar etc. con éxito irregular en un contexto de agitación social y crisis económica internacional. En 1932, el general Sanjurjo fracasó en su rebelión antirrepublicana.

> **aplicar** anwenden
>
> **la agitación** Unruhe

b) El "Frente Popular" fue la coalición de izquierda ganadora de las elecciones de febrero de 1936. Se intentó continuar con las reformas de Azaña, que ocupará la presidencia de la República al ser cesado Alcalá Zamora.

> **ocupar la presidencia** Präsident werden - **cesar** *hier:* absetzen

c) Las Cortes Constituyentes elaboraron una nueva Constitución. Tras intensos debates fue aprobada en diciembre la Constitución de 1931.

> **aprobar** *hier:* annehmen

53

d) "Bienio Conservador". [L]as elecciones de noviembre de 1933 [fueron] las primeras que contaron con el voto femenino […]. Los gobiernos de este período paralizaron las reformas del primer bienio. En octubre de 1934 se produjo una revolución popular que alcanzó su mayor intensidad en Asturias. Los mineros controlaron durante dos semanas el valle del Nalón, hasta que fueron duramente reprimidos.

el voto *hier:* Wahlrecht
paralizar lähmen

el minero Bergarbeiter
el valle Tal - **reprimir** *hier:* bezwingen
sosegar beruhigen

e) Los resultados de las elecciones de febrero no lograron sosegar la vida política. Durante los meses de abril a junio de 1936, los extremismos de la derecha y de la izquierda se desataron. El 18 de julio se produjo una sublevación militar que originó la Guerra Civil.

desatar entfesseln
la sublevación Aufstand

f) Sin embargo, las protestas de la izquierda por la lentitud de la reforma agraria dieron lugar a un alzamiento anarquista en Casas Viejas, que acabó de manera sangrienta: una matanza de campesinos por parte de la Guardia Civil. Este dramático episodio provocó la dimisión de Manuel Azaña en septiembre de 1933. El presidente de la República disolvió las Cortes y convocó nuevas elecciones.

la lentitud Langsamkeit
dar lugar a etwas verursachen
el alzamiento Aufstand
sangriento/a blutig - **la matanza** Gemetzel - **la dimisión** Rücktritt
disolver auflösen

g) "Bienio reformista". Desde el otoño de 1931 se suceden varios gobiernos presididos por Manuel Azaña, con ministros de izquierda y socialistas.

sucederse aufeinander folgen

España en el primer tercio del siglo XX. En: http://recursostic.educacion.es/kairos/web/ensenanzas/eso/contemporanea/sigloxx_02_00.html (adaptado), 31.08.2016

Comprensión

1. La II República se divide en tres períodos políticos claramente diferenciados: el bienio reformista, el bienio conservador y el período del Frente Popular. Lee con atención los párrafos anteriores y agrúpalos cronológicamente según los tres periodos. Justifica tu decisión. **M** 4.

2. Invéntate un nuevo título corto y expresivo para cada periodo político.

Más allá del texto

1. Realiza basándote en todos tus apuntes del capítulo sobre la II República un esquema que haga visible los logros y el fracaso de la II República.

para …	los trabajadores		
logros		la protección de la maternidad	
		La II República	
fracasos			reformas insuficientes
desde el punto de vista de …			los anarquistas

2. La II República terminó en 1936 con el comienzo de la Guerra Civil. ¿Cuál de los títulos de abajo pondrías a los años que van desde 1931 hasta 1936 que resuma brevemente lo ocurrido en este breve espacio de tiempo? Discute con tus compañeros. M 1.2

    a) La II República – una catástrofe para España
    b) La II República – demasiados enemigos para una república
    c) La II República – juntos contra un solo enemigo
    d) La II República – desde el principio se veía su trágico final
    e) La II República – lo mejor que le pudo pasar a España

1.3 ¿Por qué hubo una guerra civil en España?

[…] La República intentó transformar demasiadas cosas a la vez: la tierra, la Iglesia, el Ejército, la educación, las relaciones laborales. Suscitó grandes expectativas, que no pudo satisfacer, y se creó pronto muchos y poderosos enemigos.

5 La sociedad española se fragmentó, con la convivencia bastante deteriorada, y como pasaba en todos los países europeos, posiblemente con la excepción de Gran Bretaña, el rechazo de la democracia liberal a favor del autoritarismo avanzaba a pasos agigantados. [...] [La Guerra Civil] empezó porque un golpe de Estado militar no consiguió […] su objetivo funda-
10 mental, apoderarse del poder y derribar al régimen republicano, y porque, al contrario de lo que ocurrió con otras repúblicas del período, hubo una resistencia importante y amplia, militar y civil, frente al intento de imponer un sistema autoritario. Sin esa combinación de golpe de Estado, división de las fuerzas armadas y resistencia, nunca se habría producido una guerra
15 civil. [...]

Julián Casanova: La Guerra Civil que nunca se aprendió en las escuelas. En: http://blogs.elpais.com/historias/2014/04/la-guerra-civil-que-nunca-se-aprendio-en-las-escuelas.html, 01.04.2014

el ejército Heer - **suscitar** hervorrufen - **poderoso/a** mächtig

deterioado/a verschlechtert

el rechazo Ablehnung
el autoritarismo autoritäre Staatsform - **a pasos agigantados** mit Riesenschritten - **el golpe de estado** Staatsstreich - **apoderarse** sich bemächtigen - **derribar** *hier:* stürzen - **imponer** einführen

Comprensión

Resume las razones mencionadas en el texto del comienzo de la Guerra Civil en España. M 4.

Trabajo con el texto

1. En el texto se habla de los "poderosos enemigos" (l. 3s.) de la II República. Explica, basándote en tus conocimientos sobre la II República, cuáles eran estos enemigos.

2. Expón con tus propias palabras cuál era el "objetivo fundamental" (l. 9s.) del golpe de Estado y por qué no lo consiguió.

Más allá del texto

1. Mira detalladamente estos carteles de la propaganda electoral de la II República y marca las seis soluciones correctas. M 5.2.2

   a) El color que destaca es el rojo porque
   - es el color de las emociones fuertes como la rabia o el amor.
   - se asocia con el socialismo y el comunismo internacional.
   - en la iglesia católica es el color de los mártires dispuestos a morir por su fe.

   b) Las personas representadas en el centro de los carteles son
   - de grupos más bien marginados hasta ese momento.
   - los líderes de esa época en los que confiaba el pueblo español.
   - los enemigos del pueblo español que dan miedo a todos.

   c) Los gestos de los protagonistas de los carteles
   - parecen impotentes y desesperados.
   - muestran energía y valor.
   - se asocian con los partidos socialistas y comunistas.

   d) Las personas que aparecen en el centro de los carteles luchan por
   - los derechos de los trabajadores y las mujeres de España.
   - una España económicamente más fuerte.
   - una España fuerte y unida contra sus enemigos.

2. Relaciona los carteles con una orientación política de la II República española. ¿Son de partidos de izquierdas o de derechas? Justifica tu opinión.

3. Elige un cartel y opina. ¿Por qué (no) te parece que el cartel posea fuerza expresiva? ¿Qué título le pondrías para reflejar su intención?

🔗 Nuevos Enfoques. Spanisches Lesebuch für die Oberstufe. Canciones

El carácter fundamental de la Conferencia Internacional de Mujeres fué la de la lucha contra la guerra imperialista y en favor de la paz.

¡PASO a LA MUJER!

2. La Guerra Civil

La Guerra Civil española empezó el 17 de julio de 1936 después de un golpe de estado del ejército. El siguiente texto describe las circuncancias que llevaron a este golpe militar.

El 16 de febrero de 1936, se celebraron las terceras elecciones generales en la historia de España, y las que poco tiempo después fueron la consecuencia del violento final de la Segunda República. Las mismas tuvieron un resultado controvertido. Las cifras oficiales daban el 47,1% para el
5 Frente Popular (coalición de izquierdas que agrupaba diferentes partidos); el 45,6% para las derechas, agrupadas en la CEDA […], según datos del historiador Javier Tusell. Aunque por poco margen, la izquierda salía favorecida. La derecha denunció fraude, pero había sido utilizado el mismo sistema electoral que hizo que ellos fueran mayoría en 1933. La explica-
10 ción: buscaban la justificación para un golpe de fuerza.

España, 18 de julio de 1936, El Golpe de Estado que hundió a España (y su legado nos acompaña hasta hoy).
En: http://bajoelfuego.blogspot.de/2013/07/espana-18-de-julio-de-1936-el-golpe-de.html, 18.07.2013

controvertido/a umstritten
la CEDA *la Confederación Española de Derechas Autónomas* (Allianz politischer Parteien des rechten Spektrums) - **por poco margen** knapp
denunciar fraude Betrug vorwerfen
el golpe de fuerza Staatsstreich

Comprensión

Resume con tus propias palabras el resultado de las
elecciones de febrero del mismo año. M   4.

2.1 ¡Españoles! – El discurso de Francisco Franco del 18 de julio de 1936

El siguiente discurso se encuentra en una página
web de un grupo de personas que, a pesar de los sucesos históricos, glorifica al dictador español. Se trata
de un discurso muy polémico que usa las mismas
estrategias de manipulación como los discursos de
los dictadores contemporáneos, Hitler y Mussolini.

Información adicional

*Francisco Franco Bahamonde (1892-1975), dictador español de
1939 a 1975, impulsó el golpe de Estado del 18 de julio de 1936
y llevó a la victoria al bando nacionalista contra la Segunda
República en la siguiente Guerra Civil (1936-1939). Estableció
una dictadura con influencias fascistas en España que duró hasta
su muerte y que daría nombre a un periodo de la historia moderna
de España: el franquismo.* Cora Heinrich

¡En pie, Españoles!

¡Españoles! A cuantos sentís el santo amor a España, a los que en las filas
del Ejército y la Armada habéis hecho profesión de fe en el servicio de
la Patria, a cuantos jurasteis defenderla de sus enemigos hasta perder la
vida, la Nación os llama a su defensa. La situación de España es cada día

5   más crítica; la anarquía reina en la mayoría de los campos y pueblos […];
a tiro de pistola y ametralladora se dirimen las diferencias entre los ciudadanos que […] traidoramente se asesinan, sin que los poderes públicos
impongan la paz y la justicia. Huelgas revolucionarias de todo orden pa-
ralizan la vida de la población, arruinando y destruyendo sus fuentes de

10 riqueza y creando una situación de hambre que lanzará a la desesperación
a los hombres trabajadores. […]
¿Es que se puede consentir un día más el vergonzoso espectáculo que
estamos dando al mundo? ¿Es que podemos abandonar a España a los
enemigos de la Patria, con proceder cobarde y traidor, entregándola sin

15 lucha y sin resistencia?
¡Eso no! Que lo hagan los traidores; pero no lo haremos quienes juramos
defenderla. […]
Paz y amor entre los españoles; libertad y fraternidad […].
Trabajo para todos, justicia social llevada a cabo sin encono ni violencia, y

20 una equitativa y progresiva distribución de la riqueza, sin destruir ni poner
en peligro la economía española.
Pero, frente a esto, una guerra sin cuartel a los explotadores de la política,
a los engañadores del obrero honrado, a los extranjeros […], que directa y
solapadamente intentan destruir a España.

25 En estos momentos es España entera la que se levanta pidiendo paz, fraternidad y justicia; en todas las regiones, el Ejército, la Marina y fuerzas de
Orden Público se lanzan a defender la Patria. […]

a cuantos welche ihr

la fila Reihe - **la Armada** Kriegs-
marine - **hacer profesión de una
fe** sich zu einem Glauben beken-
nen - **la anarquía** Anarchie
reinar herrschen - **a tiro de** *hier:*
mit - **la ametralladora** Maschi-
nengewehr **dirimir** entscheiden,
schlichten - **traidoramente**
hinterhältig - **asesinar** umbringen
imponer *hier:* herstellen - **la huel-
ga** Streik - **el orden** Ordnung
paralizar lahmlegen - **lanzar** *hier:*
führen zu - **consentir** gestatten
vergonzoso/a beschämend
cobarde feige - **traidor** hinterhältig - **entregar** übergeben

el encono Groll
equitativo/a gerecht, gleichmäßig

no dar cuartel a algn. mit jmdm.
kein Pardon kennen
el/la explotador/a Ausbeuter/in
el /la engañador/a Betrüger/in
honrado/a ehrlich, anständig - **solapadamente** arglistig - **el orden
público** öffentliche Ordnung

[S]abremos salvar cuanto sea compatible con la paz interior de España y su […] grandeza, haciendo reales por primera vez y en este orden, la trilogía: fraternidad, libertad e igualdad.

30

Españoles: ¡¡Viva España!! ¡¡Viva el honrado pueblo español!!
Contra la España frentepopulista. Proclama del Alzamiento 18.07.1936. En: http://www.generalisimofranco.
com/discurso1.htm, 31.08.2016

Comprensión

Opción A

1. Lee el texto atentamente. Se trata de un discurso muy polémico del dictador Franco. Pon en orden correcto las siguientes afirmaciones sobre el discurso de Franco. M 4.

   a) Franco está muy contento por la rebelión de todos los españoles.

   b) Franco hace un llamamiento a todos los españoles que aman su patria.

   c) Franco se muestra muy preocupado por la imagen de España en el mundo.

   d) Según Franco, la culpa de la grave situación de España la tienen las huelgas y la anarquía.

   e) Franco explica que la situación en la que se encuentra España es muy grave.

   f) Franco amenaza a los enemigos de España.

   g) Franco promete una vida más justa y más pacífica para toda la gente honrada.

   h) Franco expresa su solidaridad con la rebelión de los españoles.

2. Lee otra vez el discurso. ¿Cuál de los siguientes resúmenes corresponde con el contenido del discurso? M 4.

   a) Franco está furioso por la situación actual de España. Le echa la culpa al gobierno actual. Llama a todos los españoles para que luchen con los militares para salvar a España.

   b) Franco está furioso por la situación actual de España. Le echa la culpa a los militares que se han levantado y están luchando contra el gobierno democrático de España. Llama a todos los españoles para que luchen contra los militares.

   c) Franco no está contento con la situación actual de España, pero tiene miedo de que, dentro de muy poco, la situación será mucho peor. Llama a todos los españoles para que luchen con los militares para defender el gobierno democrático de España.

Opción B

1. Resume con tus propias palabras cómo ve Franco la situación en la que se encuentra España. M 4.

2. Describe con tus palabras la España que quiere Franco.

Francisco Franco

Trabajo con el texto

Opción A

1. Analiza el estilo del discurso. ¿Según tu opinión, es **M** 2.2.1 d
   a) neutral?
   b) agresivo?
   c) apasionado?

2. Busca en el texto ejemplos de cómo se manifiesta este estilo. **M** 4.

3. ¿Qué estrategias de manipulación usa Franco? **M** 2.2.1 d

4. Examina qué argumentos formula Francisco Franco en su discurso y juzga si se argumentan bien.

5. ¿A quién se dirige Franco con su discurso? Justifica tu respuesta con el texto.

Opción B

1. Los discursos políticos se sirven mucho de algunos estilísticos para enfatizar su intencionalidad. Busca algunos recursos estilísticos y explica su función. **M** 2.2.1 d

2. Franco usa tres palabras para formular lo que para él es un lema: una frase que expresa una intención o una regla de comportamiento. Busca este lema en el texto y explica cuáles son sus ideas y a qué os recuerdan. **M** 4.

3. Comenta qué ideología, o sea qué valores y qué visión del mundo, se muestra en el discurso de Francisco Franco.

4. Explica de qué culpa Franco a los enemigos de España.

2.2 La cronología de la Guerra Civil

Aquí se enumeran los momentos y hechos más importantes de la Guerra Civil española.

1936

Fecha	Hecho	Vocabulario
18 de julio, 1936	Franco y su ejército de legionarios se sublevan contra el gobierno republicano democrático.	**el/la legionario/a** Legionär/in **sublevarse** sich auflehnen
19 de julio, 1936	Franco llega a Tetuán y manda un mensaje al presidente para que entregue el mando. Triunfa el alzamiento en más de 10 ciudades grandes como p. ej. Burgos, Segovia, o Zaragoza. Fracasa en más de 10 ciudades importantes como p.ej. en Barcelona, Bilbao, Valencia o Madrid.	**Tetuán** Stadt an der Mittelmeerküste Marokkos - **entregar el mando** die Macht übernehmen **fracasar** scheitern
27 de agosto, 1936	Primer bombardeo aéreo en Madrid.	
Octubre,1936	Empiezan a llegar a Madrid enormes caravanas de evacuados. Todo el mundo quiere refugiarse en Madrid, a causa del avance de los nacionales por el sur.	**el avance** Vorrücken
6 de noviembre, 1936	Las tropas nacionales ocupan gran parte de las afueras de Madrid, quedando solo a 6 kilómetros de la capital. El gobierno se traslada a Valencia.	**las afueras** Umgebung, Stadtrand **trasladarse** umziehen nach, sich begeben nach - **las Brigadas Internacionales** Internationale Brigaden (internationale Freiwilligenverbände, die auf Seiten der Spanischen Republik kämpften)
8 de noviembre, 1936	Entran en España las primeras Brigadas Internacionales, formadas por voluntarios antifascistas extranjeros.	

1937 18 de febrero, 1937	Bombardean Barcelona los nacionales. […]
1938 16 – 18 de marzo, 1938	Como el dictador de Italia, Benito Mussolini, colabora con Francisco Franco, los Italianos bombardean Barcelona, causando 160 muertos y 700 heridos.
1939 31 de enero, 1939	Combate en las afueras de Madrid.
1 de febrero, 1939	Las cortes republicanas intentan empezar a firmar la paz.
5 de febrero, 1939	Acaban de entrar en Francia, procedentes de Cataluña, 10.000 heridos y 230.000 civiles.
28 de marzo, 1939	Las tropas de Franco entran fácilmente en Madrid. Tres días después casi toda España está bajo el dominio franquista.
1 de abril de 1939	12.000 republicanos con armas se rinden. Desde Burgos se anuncia que la guerra ha terminado, con la clara victoria de los nacionales y sin firmar ningún acuerdo de paz.

el combate Gefecht, Kampf, Schlacht - **las cortes** Parlament

rendirse sich ergeben

Sergio Roldán: La Guerra Civil Española. En: http://html.rincondelvago.com/guerra-civil-espanola_3.html (adaptado), 31.08.2016

Comprensión

1. En la Guerra Civil española lucharon dos bandos que se denominaron con varios nombres. Busca en los sucesos mencionados anteriormente los nombres para el bando que luchó contra la II República y los nombres para el bando que la defendió. M 4.

2. ¿En qué momento tuvieron que aceptar los republicanos que habían perdido la guerra? Justifica tu respuesta basándote en los datos de esta cronología. M 4.

Trabajo con el texto

1. En grupo: con la ayuda del mapa de España 80500-04 y la cronología anterior, resumid con vuestras propias palabras el desarrollo de la Guerra Civil española. M 2.1

2. Franco dijo que "es España entera la que se levanta" (p. 57, l. 25). Juzga esa afirmación basándote en lo que puedes deducir del mapa 80500-04 .

2.3 Hambre y bombardeos diarios: la situación en Madrid

Tu profesor te va a eseñar una parte (minuto 9:00 hasta el minuto 13:26) de un vídeo 80500-01 sobre la difícil situación en la capital de España durante la Guerra Civil. Lee atentamente las siguientes tareas y consulta el vocabulario que no conoces. Haz después las siguientes tareas. M 5.3

Comprensión

Opción A

1. Mira los primeros 45 segundos del vídeo sin sonido. ¿Cuáles de estas imágenes ves? Basándote en lo que has visto, resume la situación en Madrid durante la Guerra Civil.

a) gente muy preocupada

b) armas

c) gente que llevan todas sus cosas

d) bombas

e) una manifestación contra la guerra

f) soldados luchando

g) un niño rescatado

h) una mujer preocupada

i) muchos soldados muertos

j) gente que vive en el metro

k) casas destruidas

l) un desfile militar

2. Mira y escucha ahora con sonido el fragmento completo del vídeo, y marca la solución correcta.

a) Durante la Guerra Civil, en el metro de Madrid …
- se transportaron miles de soldados y armas.
- en los andenes y los raíles vivieron permanentemente muchas personas
- no se podían transportar personas porque el uso de los trenes era demasiado peligroso.

b) De la comida que necesitaban los madrileños a diario …
- llegó solamente un cuarto.
- llegó solamente la mitad.
- llegaron solamente los alimentos más necesarios.

c) Respecto a la comida, …
- en Madrid la gente no tenía ni patatas ni harina.
- muchos madrileños robaban comida.
- los madrileños tenían que trabajar duramente para tener suficiente para comer.

d) Muchas mujeres y muchos niños madrileños …
- fueron evacuados de Madrid.
- se escondían en casa.
- lucharon en la guerra.

e) Durante una pequeña fiesta en un hotel que servía de hospital …
- sirvieron comida excelente.
- uno de los titiriteros se cayó por una escalera.
- echaron a todos los enfermos y heridos a la calle.

Opción B

1. Mira los primeros 45 segundos del vídeo sin sonido. Apunta las imágenes que ves.

a) ¿Qué te parece la situación en Madrid?

b) ¿Qué está pasando con la ciudad?

c) ¿Cómo se está comportando la gente?

2. Mira y escucha ahora con sonido el fragmento completo del vídeo y resume la situación de los madrileños durante la Guerra Civil, teniendo en cuenta la seguridad, el estado del transporte público y la situación alimentaria y sanitaria.

Trabajo con el texto

Al final del vídeo ves a una mujer que empieza a llorar. Analiza qué sentimientos estará recordando y por qué está teniendo estos sentimientos tanto en este momento. Redacta un monólogo interior.
`M` `2.2.2 a`

Más allá del texto

Ponte en el lugar de un padre de familia que vive en Madrid cuya familia se evacuó a Francia. Allí su esposa y sus dos hijas están viviendo con los abuelos. Redacta una carta del padre a su familia en la que describe la situación en Madrid, su miedo y sus esperanzas. `M` `2.2.2 b`

2.4 El *Comité de No Intervención*

Más material: El *Comité de No Intervención*
`80500-05`

2.5 El "Guernica" de Picasso

El bombardeo de Guernica

El bombardeo de Guernica […] fue un ataque aéreo realizado sobre esta población española el 26 de abril de 1937, en el transcurso de la Guerra Civil Española, por parte de la Legión Cóndor
5 alemana y la Aviación Legionaria italiana, que combatían en favor de los sublevados contra el gobierno de la Segunda República Española.

Bombardeo de Guernica. En: https://es.wikipedia.org/wiki/Bombardeo_de_Guernica, 31.08.2016

La ciudad de Guernica después del bombardeo

Pablo Picasso, "Guernica" (1937)

Palabras útiles

el dolor	Schmerz
la tristeza	Traurigkeit
la rabia	Wut
oscuro/a	düster
extender hacia arriba / adelante	nach oben / vorne strecken
la desesperación	Verzweiflung
gritar	schreien

Trabajo con el texto

1. Mira atentamente el cuadro y describe qué sentimientos te provoca. Ten en cuenta los colores del cuadro, las expresiones que muestran las caras de las personas y de los animales, y los gestos de las personas y de los animales. Si lo necesitas, usa un diccionario bilingüe. M 5.2

 2. Compara ahora tus sentimientos con el contexto histórico del suceso pintado. Discute con tus compañeros de qué manera Picasso refleja en su cuadro los sucesos de Guernica. M 1.2

@ 3. Busca información sobre la Legión Cóndor alemana y exponla en clase. M 1.1

i Información adicional

El «Guernica» de Picasso es uno de los cuadros más grandes (351 por 782 centímetros) y complejos. El Gobierno de la República Española se lo encargó a Picasso para exponerlo en el Pabellón Español durante la Exposición Internacional de 1937 en París. Quería que atrayera la atención del público hacia la causa republicana en la Guerra Civil española. El cuadro está lleno de figuras, símbolos y metáforas y se considera hoy una de las obras más importantes del arte del siglo XX: un símbolo de los terribles sufrimientos que significa una guerra para la población. Cora Heinrich

3. El franquismo

3.1 La victoria del bando nacional

Acércate

En grupos redactad una definición de qué es una dictadura. Presentad vuestras definiciones y discutid las diferencias y puntos en común. M 1.2

Comprensión

Lee atentamente las tareas, consulta el vocabulario que no conoces y realiza las siguientes tareas.

Opción A / B

Escucha con los ojos cerrados el vídeo sobre los años después del final de la Guerra Civil 80500-01 hasta el minuto 4:25. Apunta los sonidos que escuchas y qué ambiente y qué sentimientos te generan estos sonidos. Antes de escuchar aclara el vocabulario desconocido con ayuda del diccionario. M 5.1.1

sonidos:		ambiente / sentimientos:	
• música triste y solemne	• llanto	• alegría	• paz
• música heróica	• gritos de júbilo	• tristeza	• inseguridad
• disparos	• gorjeo de pájaros	• solemnidad	• confusión
• tañido de campanas	• ladrido de perros	• euforia	• tranquilidad
• trompetas	• gritos de miedo	• miedo	• rabia

Opción A

1. Vuelve a ver el vídeo 80500-01 hasta el minuto 2:00, ahora con los ojos abiertos, y marca la opción correcta 80500-04 . M 5.3

2. ¿Qué significa el nuevo gobierno de Francisco Franco para España y los diferentes grupos e instituciones españoles? Vuelve a ver el vídeo del minuto 02:00 hasta el minuto 04:28 y relaciona los grupos y las consecuencias. Para algunos grupos existen varias consecuencias. M 5.3

1) la iglesia católica	a) ser controlado por la censura del estado
2) el nuevo estado espa-ñol	b) ser totalitario
3) los sindicatos y los partidos políticos	c) perder los derechos de autonomía
4) los medios de comuni-cación	d) ser "confesor de la fe católica"
5) el País Vasco y Catalu-ña	e) tener que usar el salu-do fascista

Opción B

1. Vuelve a ver el vídeo hasta el minuto 04:28, ahora con los ojos abiertos, y contesta a las siguientes preguntas: M 5.3

a) ¿En qué fecha termina la Guerra Civil?
b) ¿Cuántos españoles murieron en la Guerra Civil?
c) ¿Cómo celebra el nuevo "caudillo" Francisco Franco su victoria en la Guerra Civil?
d) ¿Por qué se puede decir que Franco era "el gobernante que concentra el mayor grado de poder en toda [la] historia" de España?
e) ¿Qué consigna de la época expresa perfecta-mente el gran poder de Franco?
f) ¿Qué papel le corresponde a la iglesia católica?
g) ¿Qué medidas dictatoriales adopta Franco al principio de su dictadura?
h) ¿En qué tres pilares se va a apoyar la dictadura de Franco?

6) el pueblo español	f) tener que obedecer a Franco
	g) quedar prohibido
	h) dar la bendición al nuevo gobierno
	i) volver a tener la influencia perdida en la II República
	j) ser una dictadura militar
	k) no poder hablar su lengua nacional

2. Vuelve a ver el vídeo del minuto 02:00 hasta el minuto 04:28 y completa la tabla con los cambios que realizó Franco respecto a la II República. M 5.3

	cambio realizado
la iglesia católica	
la forma de Estado	
las libertades democráticas	
los partidos políticos	
los sindicatos	
el País Vasco y Calatuña	
los medios de comunicación	
el pueblo español	

Trabajo con el texto

1. Basándote en lo que has visto y apuntado, haz una tabla: ¿quiénes fueron los beneficiados de los cambios realizados por Francisco Franco y a quiénes perjudicaron?

2. Teniendo en cuenta lo que has aprendido con el vídeo, enumera las medidas que tomó el estado franquista para que en España no hubiera cambios o grupos que se defendieran contra los cambios que introdujo Franco.

Más allá del texto

Durante el franquismo los sonidos que acompañan el vídeo tratado fueron típicos para los eventos y los programas de la radio y la tele. Discutid en clase qué imagen del nuevo estado franquista querían generar en los españoles. M 1.2

3.2 La "otra España": los españoles que perdieron la guerra

Acércate

1. ¿Quiénes podrían ser los españoles de la "otra España" que perdieron la guerra? Discutid en clase. M 1.2

2. Busca información en un diccionario sobre qué es un "estado de guerra" o "estado de sitio".

Comprensión

En los siguientes minutos del vídeo, del minuto 4:28 hasta el minuto 7:05 80500-01 , vas a saber qué pasó con „la otra España", con los republicanos que perdieron la Guerra Civil. Lee atentamente las tareas y consulta el vocabulario que no conoces. Después mira dos o tres veces este fragmento del vídeo. M 5.3

Comprensión

Opción A

Ve el vídeo una primera vez y elige la respuesta correcta `80500-04`.

Más allá del texto

1. Describe el gráfico. `M` `5.2.3`
2. Analiza las razones que tenían los exiliados para elegir sus destinos. `M` `5.2.3`

🔗 cap. 7 / 2.6 España – país de emigración

Opción B

1. Describe qué pasó con los españoles que decidieron huir de España.
2. Resume con tus propias palabras cómo trató el nuevo estado franquista a los perdedores de la Guerra Civil que se quedaron en España.

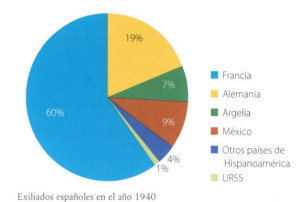

Exiliados españoles en el año 1940

Franco, tuya es la hacienda

Franco, tuya es la hacienda,
la casa,
el caballo
y la pistola.
Mía es la voz antigua de la tierra.
Tú te quedas con todo y me dejas desnudo
y errante por el mundo …
Mas yo te dejo mudo … ¡mudo!,
y ¿cómo vas a recoger el trigo
y a alimentar el fuego
si yo me llevo la canción?

mudo/a stumm

el trigo Weizen

León Felipe: Franco, tuya es la hacienda. En: http://archivo.juventudes.org/le%C3%B3n-felipe/
franco-tuya-es-la-hacienda, 31.08.2016

Trabajo con el texto

Opción A

1. Lee el poema y haz una tabla con dos columnas: ¿Qué símbolos pertenecen al yo lírico? ¿Qué símbolos pertenecen a Franco? `M` `2.2.1 e`
2. Apunta qué ideas y sentimientos te provocan estos símbolos.

Opción B

Interpreta el poema. `M` `2.2.1 e`

3.3 Fundamentos del franquismo

[…] [D]e 1939 a 1975 el país vivió sometido a una Dictadura Militar de carácter personal; […] [S]urgió a partir de un acontecimiento trágico de nuestra historia, la Guerra Civil de 1936 a 1939, y finalizó con el fallecimiento del principal personaje de aquella: el general Francisco Franco. […]

5 El general Francisco Franco Bahamonde (1892-1975) suprimió las libertades públicas, disolvió los partidos de izquierda, unificó los de la derecha en el Movimiento Nacional (1937), abolió las autonomías regionales y prohibió los órganos legislativos de elección popular.

José Emilio Castelló: España – Siglo XX, 1939-1978. Anaya 2006, p. 4
Ramón Tamames / Sebastian Quesada: Imágenes de España. Edelsa 2006, p. 127.

Se instaló un gobierno dictatorial, con un partido único, el Movimiento
10 Nacional, que concentraba todo el poder en manos de Franco como Jefe de Estado. Se suprimieron todas las libertades y derechos de los ciudadanos: se restablece la pena de muerte, se prohíben el divorcio y el matrimonio civil.

Amalia Balea / Pilar Ramos: Cultura Española. 2006, p. 56s.

someter unterwerfen

el fallecimiento Tod

suprimir unterdrücken
disolver auflösen - **unificar** vereinheitlichen, *hier:* gleichschalten
abolir abschaffen

instalar einsetzen

restablecer wiedereinführen
la pena de muerte Todesstrafe
el divorcio Scheidung
el matrimonio civil standesamtliche Trauung (im Gegensatz zur kirchlichen)

Comprensión

Describe las características que nos presentan los textos sobre el período de la dictadura franquista. M 4.

Trabajo con el texto

Lee otra vez tu definición de "dictadura" del principio de este capítulo y justifica, basándote en el texto, por qué se puede decir que los españoles bajo Franco vivían en una dictadura.

🔗 cap. 3 / 3. La situación de las lenguas de España durante la época de Franco

Los pilares del régimen

Los apoyos más destacados que tuvo la dictadura franquista fueron el Ejército, la Iglesia, la Falange, los tradicionalistas […] y la derecha más conservadora. […] Franco distribuyó hábilmente los cargos políticos, […] sin comprometerse nunca del todo con ninguna y haciendo la vista gorda ante
5 la corrupción, que no podía denunciarse por la falta de libertad de prensa. Los militares fueron el apoyo más decidido y fiel de la dictadura franquista. Muchos ministros, gobernadores civiles y altos cargos burocráticos del régimen franquista eran militares. […]
La jerarquía eclesiástica y buena parte del clero constituyeron el "poder
10 legitimador" de la dictadura ante la opinión católica nacional e internacional. A cambio de este apoyo, la Iglesia, sobre todo a partir de […] 1953,

el pilar Stützpfeiler
destacado/a herausragend
la Falange *partido político de ideología fascista* - **distribuir** verteilen
hábilmente geschickt - **el cargo** Amt, Posten - **comprometerse** sich verpflichten, sich festlegen
hacer la vista gorda absichtlich übersehen - **denunciar** anzeigen
fiel treu - **la jerarquía** Hierarchie
eclesiá-stico/a Kirchen-... - **el clero** Klerus - **constituir** bilden, darstellen

obtuvo importantes concesiones, como la presencia en las más altas instituciones del régimen. […]

La Falange, principalmente, y los tradicionalistas […] constituyeron tam-
15 bién pilares ideológicos fundamentales del sistema franquista. La Falange, predominante en la primera etapa del régimen, constituía un cuerpo burocrático del Estado, con funciones de propaganda […]. A partir de 1958 se impuso la denominación de Movimiento Nacional […].

El franquismo contó también con el apoyo social de los terratenientes, los
20 financieros, los empresarios, los pequeños y medianos propietarios agrarios y la clase media de las zonas rurales. A todo esto se añade […] el proceso de desmovilización política de la sociedad española, en buena parte inducido por la propaganda, el recuerdo de la Guerra Civil y la censura. Este fenómeno social se conoce como mayoría silenciosa, mayoría ausente
25 o franquismo sociológico.

J. Prats / J. E. Castelló: Historia 2° Bachillerato. Anaya, 2000. p. 355-356

obtener erzielen - **la concesión** Genehmigung, Zugeständnis

el terrateniente Großgrundbesitzer - **el/la empresario/a** Unternehmer(in) - **el/la propietario/a** *hier:* Grundbesitzer(in) **rural** ländlich - **la desmovilización política** Entpolitisierung (keine Beteiligung am polit. Leben) **inducir** *hier:* verursachen

Comprensión

1. Nombra a los grupos que apoyaban el régimen franquista. M 4.
2. Realiza un gráfico que muestra cómo apoyaron los diferentes grupos a Franco.

Trabajo con el texto

1. Examina el papel que tenía Franco dentro de este régimen. M 2.2.1 d
2. En parejas analizad las razones de los diferentes grupos para apoyar a Franco.
3. Analiza qué es el "franquismo sociológico" (l. 25).

Más allá del texto

1. Mira las imagenes y descríbelas detalladamente. Puedes utilizar un diccionario bilingüe si te falta vocabulario. M 5.2
2. Intenta interpretar las imágenes. ¿Cómo se presenta Franco? M 5.2

Paco Ribera, "La guerra ha terminado" (1939)

Reque Meruvia Arturo, "Alegoría de Franco y la Cruzada" (1948/9)

3.4 Economía y política exterior bajo Franco

La España de posguerra (años 40)

Las industrias, las infraestructuras y los campos quedaron asolados tras la Guerra Civil. Para la reconstrucción se puso como objetivo la autarquía […]. Por esta razón se diseñó una economía caracterizada por el intervencionismo del Estado y cuyo objetivo era producir en España todos los
5 productos básicos. En este modelo, el Estado fijaba los precios, regulaba la importación y la exportación, favorecía ciertos sectores industriales, etc. Fueron años de hambre: la escasez de productos de primera necesidad llevó al gobierno a practicar el racionamiento. Esta medida creó un mercado negro de alimentos y medicinas vendidos a precios muy elevados […].

Kalipedia (adaptado)

asolar verwüsten

la autarquía Autarkie (wirts. Unabhängigkeit eines Landes)

diseñar *hier:* entwerfen

el intervencionismo Einmischung - **favorecer** bevorzugen

la escasez Mangel

el racionamiento Rationierung

Los años 50: el fin de la autarquía

El evidente fracaso del modelo autárquico llevó a que desde los inicios de los años cincuenta se produjera un giro en la política económica.
Se aplicó una liberalización parcial de precios y del comercio y la circulación de mercancías. En 1952 se puso fin al racionamiento de alimentos.
5 […] El año 1955 marcaba el fin del aislamiento, con la entrada de España en la ONU.
El incipiente desarrollo trajo, sin embargo, una fuerte inflación que propició un fuerte malestar social. La necesidad de reformas estructurales en la economía era evidente. Finalmente, Franco, tras veinte años de políticas
10 económicas nocivas, permitió la entrada en el gobierno en 1957 de un grupo de "tecnócratas" […]. Estos nuevos ministros diseñaron el giro definitivo en la política económica: el Plan de Estabilización de 1959.

Evolución económica y social 1939-1959. En: http://www.historiasiglo20.org/HE/15a-3.htm (adaptado), 31.08.2016

el fracaso Scheitern

el giro Umschwung

parcial teilweise - **la circulación de mercancías** Warenverkehr

el aislamiento Isolierung - **la ONU** UN (Vereinte Nationen)

incipiente anbrechend - **propiciar** begünstigen

nocivo/a schädlich

La sociedad española de los años 60

Durante estos años, la sociedad española cambia y se moderniza […]. La situación económica mejora y la natalidad aumenta. Algunas familias pueden comprar un televisor o un pequeño coche – el SEAT 600 –, otros, sin embargo, se ven obligados a salir fuera de España para conseguir trabajo.
5 En los años 60 la emigración interior del campo a la ciudad aumentó de manera considerable y también a Europa: más de 1.000.000 de españoles viajaron a Francia, Alemania, Suiza o Bélgica a trabajar.

Amalia Balea / Pilar Ramos: Cultura Española. 2006, p. 57

la natalidad Geburtenrate

considerable beträchtlich

🔗 cap. 7 / 2.6 España – país de emigración

Comprensión

1. Describe a la España de los años 40, 50 y 60 escogiendo de los textos los aconte-cimientos más importantes.   M   4.

2. Presenta las características de una política autárquica tal como están descritas en el texto.   M   4.

Trabajo con el texto

1. Analiza por qué Franco en 1957 inició un cambio en su política económica.

2. Explica la relación entre la mejoría de la economía y una tasa de natalidad más alta.

Más allá del texto

Comenta el gráfico y establece una relación con los textos.   M   5.2.3

PIB por habitante, en pesetas de 1980

4. La Transición democrática

4.1 Después de la muerte de Franco

El 20 de noviembre muere Francisco Franco, el dicta-dor de España. Ya en 1969, Franco había nombrado como sucesor a Juan Carlos de Borbón, con el título de Príncipe de España. Éste juró ser leal a Franco y a los principios del Movimiento Nacional.

Comprensión

Interpreta el título y las imágenes de la portada de este periódico.   M   5.2

Trabajo con el texto

1. Escribe una definición de lo que significa "ser leal" y comprueba tu definición con ayuda del diccionario monolingüe.   M   4.

2. Analiza qué significaba "ser leal" a los principios del Movimiento.

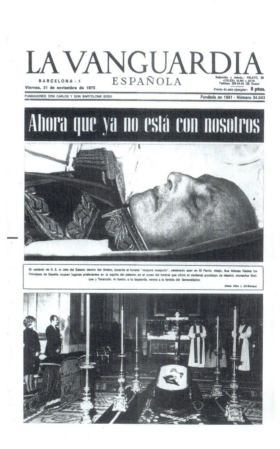

El Rey Juan Carlos, figura clave de la transición democrática

[…] El nuevo Rey sorprendió al mundo impulsando, entonces, una transición pacífica de la dictadura a la democracia desde la legalidad vigente. Tan pronto como pudo se deshizo del último presidente del gobierno nombrado por Franco, Arias Navarro, y nombró en su lugar a un joven
5 más abierto y liberal: Adolfo Suárez (1976). Con el apoyo continuo del Rey, éste llevó adelante la reforma política (1977) y reunió unas Cortes Constituyentes democráticas, de las que salió consensuada la Constitución que el pueblo español aprobó en referéndum en 1978.

En tal proceso, Don Juan Carlos renunció a la mayor parte de los poderes
10 que había heredado de la dictadura, quedando convertido en un monarca parlamentario con poderes meramente simbólicos y representativos, similares a los que poseen los demás Reyes de Europa occidental. Con ello adquirió un gran prestigio internacional y una popularidad generalizada entre los españoles, pilares que han asegurado la continuidad de la monar-
15 quía que él encarna. […]

El Rey Juan Carlos, figura clave de la transición democrática en nuestro país. En: http://www.antena3.com/
noticias/espana/rey-juan-carlos-figura-clave-transicion-democratica-nuestro-pais_2014060200056.html
(adaptado), 02.06.2014

impulsar vorantreiben
vigente rechtskräftig
deshacerse *hier:* sich entledigen

las Cortes Constituyentes verfassungsgebende Versammlung
consensuar beschließen - **aprobar** genehmigen - **renunciar** verzichten - **heredar** erben
convertirse sich entwickeln
meramente nur, bloß
adquirir erlangen

encarnar verkörpern

Comprensión

Opción A

Decide si las frases son correctas (C) o falsas (F). Ⓜ
4.

	C	F
a. Todo el mundo esperaba del rey que iniciara una transición a la democracia.	☐	☐
b. El proceso de transición que inició Juan Carlos I no cambió mucho respecto a la dictadura franquista.	☐	☐
c. Juan Carlos I cambió al presidente de gobierno franquista por uno más democrático.	☐	☐
d. El rey y el presidente de gobierno trabajaron juntos para que hubiera una democracia en España.	☐	☐
e. El rey y el presidente de gobierno querían que todo el pueblo español participara en el proceso de transición hacia una democracia.	☐	☐
f. Juan Carlos I fue la persona con más derechos y más poder en la nueva democracia.	☐	☐
g. Los españoles no estuvieron de acuerdo con las medidas del rey y del presidente de gobierno.	☐	☐

Opción B

Completa la tabla con los sucesos que inició Juan Carlos I después de 1975. Ⓜ 4.

	suceso iniciado por Juan Carlos I
el presidente de gobierno	
las Cortes Constituyentes	
la Constitución	
los poderes del Rey	
la relación entre el gobierno y los españoles	

Trabajo con el texto

✏ Comenta la actitud del rey después de la muerte de Franco teniendo en cuenta que había jurado ser leal a Franco y a los principios del Movimiento Nacional. **M** 2.3

4.2 La Constitución de 1978

La Constitución española de 1978 fue ratificada en un referéndum el 6 de diciembre de 1978. España dió un paso importante en la transición de una dictadura a una democracia.

Acércate

💬 Haz un mapa mental de los elementos que te parecen imprescindibles para una democracia y compara los resultados con los de tus compañeros.

La Constitución española de 1978. Preámbulo. En: http://www.congreso.es/ consti/constitucion/indice/titulos/articulos.jsp?ini=1&tipo=1, 2003

Comprensión

💬 Compara tu mapa mental con esta introducción de la Constitución: ¿qué aspectos que tú consideras importantes para una democracia se mencionan en él? ¿qué aspectos faltan? **M** 4.

PREÁMBULO

La Nación española, deseando establecer la justicia, la libertad y la seguridad y promover el bien de cuantos la integran, en uso de su soberanía, proclama su voluntad de:

Garantizar la convivencia democrática dentro de la Constitución y de las leyes conforme a un orden económico y social justo.

Consolidar un Estado de Derecho que asegure el imperio de la ley como expresión de la voluntad popular.

Proteger a todos los españoles y pueblos de España en el ejercicio de los derechos humanos, sus culturas y tradiciones, lenguas e instituciones.

Promover el progreso de la cultura y de la economía para asegurar a todos una digna calidad de vida. [...]

4.3 La *Ley de la Memoria Histórica*

Acércate

💬 1. ¿Qué ideas asocias con el término "Memoria Histórica"? ¿A qué puede referirse?

💬 2. Describe detalladamente la foto. **M** 5.2.1

💬 3. Deduce en qué situación fueron tomadas las dos fotos. ¿Quién estará mirando la foto y por qué?

El texto de la ley

La presente Ley tiene por objeto reconocer y ampliar derechos a favor de quienes padecieron persecución o violencia, por razones políticas, ideológicas, o de creencia religiosa, durante la Guerra Civil y la Dictadura, promover su reparación moral y la recuperación de su memoria personal y familiar, y adoptar medidas complementarias destinadas a suprimir ele-

5

ampliar ausweiten

padecer persecución Verfolgung erleiden

mentos de división entre los ciudadanos, todo ello con el fin de fomentar la cohesión y solidaridad entre las diversas generaciones de españoles en torno a los principios, valores y libertades constitucionales.

Ley de la Memoria Histórica (Ley 52/2007 de 26 de Diciembre). En: http://leymemoria.mjusticia.gob.es/cs/Satellite/LeyMemoria/es/memoria-historica-522007, 26.12.2007

Después de tanta memoria …

Los pasados traumáticos, de guerras y dictaduras, suelen provocar conflictos entre diferentes memorias, individuales y de grupos, entre distintas maneras de mirar a la historia. Aunque a muchos españoles les parece que eso de tener memorias divididas y enfrentadas sólo nos pasa a nosotros, en
5 realidad esa fractura ha ocurrido y ocurre en todos los países que sufrieron regímenes políticos criminales, como la Alemania nazi, la Rusia estalinista, las dictaduras militares del Cono Sur o la España de Franco. En esos casos, como declaró hace ya dos décadas el historiador conservador alemán Ernst Nolte a propósito del nazismo, el pasado no quiere irse. […]
10 La llegada al Gobierno de José Luis Rodríguez Zapatero abrió un nuevo ciclo. Por primera vez en la historia de la democracia, una democracia que cumplía ya treinta años, el poder político tomaba la iniciativa para reparar esa injusticia histórica. Ése era el principal significado del proyecto de ley presentado a finales de julio de 2006, conocido como *Ley de Memoria His-*
15 *tórica*. Con una ley, la memoria adquiriría una discusión pública sin precedentes y el pasado se convertiría en una lección para el presente y el futuro. El proyecto no entra en las diferentes interpretaciones del pasado, no intenta delimitar responsabilidades ni decidir sobre los culpables. Y tampoco ha creado una Comisión de la Verdad que, como en otros países, registre
20 los mecanismos de muerte, violencia y tortura, e identifique a las víctimas y a sus verdugos. Aun así, ha encontrado airadas reacciones políticas de la derecha (Mariano Rajoy declaró que anularía la ley cuando el PP llegara al Gobierno), de la Iglesia católica y de sus medios de comunicación. […]

Julián Casanova: Después de tanta memoria … En: http://elpais.com/diario/2007/09/20/opinion/1190239212_850215.html, 20.09.2007

---

fomentar la cohesión den Zusammenhalt fördern

enfrentado/a entgegengesetzt
la fractura Bruch

el Cono Sur Argentinien und Chile - **declarar** erklären - **la década** Jahrzehnt

el ciclo *hier:* Abschnitt
reparar wiedergutmachen

adquirir erlangen - **sin precedentes** beispiellos

delimitar abgrenzen

el verdugo Henker - **airado/a** zornig

Comprensión

1. Decide si las siguientes frases son correctas (C) o falsas (F). Depués corrige la información falsa.   **M**   4.

	C	F
a. La ley es para las familias de los muertos de la Guerra Civil.	▪	▪
b. La ley quiere apoyar la solidaridad entre todos los españoles.	▪	▪

c. Según esta ley, todos los ciudadanos españoles tendrán el derecho a informarse sobre el destino de su familia durante la Guerra Civil y el franquismo.	▨	▨
d. En la ley se promete castigar a los culpables de los crímenes contra los derechos humanos.	▨	▨
e. La ley quiere que no haya división entre los ciudadanos españoles.	▨	▨
f. Según la ley, a las víctimas de la Guerra Civil y del Franquismo se les pagará dinero para compensarlos.	▨	▨

2. Reúne en una tabla qué se quería lograr y qué era lo que se quería evitar con la *Ley de Memoria Histórica*. ▣ M 4.

Con la *Ley de Memoria Histórica* se quería…

… lograr:	… evitar:
- que el pueblo español viviera en paz mucho tiempo.	- que los conflictos de la Guerra Civil se reabrieran.
- …	- …

Trabajo con el texto

Opción A

1. Examina cuáles son los grupos de la población española que tienen "distintas maneras de mirar a la historia" (l. 2s.).

2. El texto cita a un historiador que dice "el pasado no quiere irse" (l. 9). Explica estas palabras.

3. Analiza en qué sentido la *Ley de Memoria Histórica* quiere "fomentar la cohesión y solidaridad entre las diversas generaciones de españoles" (l. 6s.). M 2.2.1 d

Opción B

1. Explica en qué sentido "los pasados traumáticos" (l. 1) provocan "conflictos entre diferentes memorias" (l. 1s.).

2. Discute y comenta si la *Ley de Memoria Histórica* te parece una manera adecuada de manejar la memoria de la Guerra Civil y el franquismo. M 2.3

Más allá del texto

1. Describe la viñeta detalladamente e interprétala. M 5.2.2

2. Preparad un debate en el curso sobre la pregunta: ¿consideráis adecuada y justa la *Ley de Memoria Histórica* de 2007? Basándoos en lo que sabéis sobre la II República, la Guerra Civil y la Transición elaborad una tabla con argumentos a favor y en contra de esta ley.

3. En clase discutid la pregunta de la tarea 2. M 1.2

Faro / Da Col (www.e-faro.info)

Más material: "Die Wahrheit muss aufgedeckt werden" - Spanien blockiert die Aufklärung der Franco-Ära 80500-05

🔗 cap. 5 / 4.8 ¿Cómo abordar la historia?

5. La España actual

5.1 Los partidos políticos

Los años socialistas

Durante cuatro legislaturas, desde la de 1982 a la de 1996, casi catorce años, España estuvo gobernada por el *Partido Socialista Obrero Español* [PSOE] [...].

En década y media de gobierno socialista, España experimentó otro importante impulso hacia el cambio. Ello fue notable especialmente en el terreno internacional – ingreso de España en la CEE y en la OTAN –, en la economía, aunque con altibajos, en el nivel de vida de la población, el bienestar y en la estabilidad política. La sociedad española evolucionó en la década de los 80 y en la primera mitad de los 90 de forma indudable,
10 en todos los parámetros de la "modernidad", hacia el modelo de los países más desarrollados.

Historia de España Siglo XX, pp. 311-312

gobernado/a regiert

la década Jahrzehnt - **experimentar** *hier:* erfahren - **el impulso** Anstoß - **el terreno** Gebiet - **la CEE** *la Comunidad Económica Europea* (EWG), *en 1993 incorporado en la Unión Europe*a - **la OTAN** *la Organización del Tratado del Atlántico Norte* (NATO) - **los altibajos** (Konjunktur)Schwankungen
el bienestar *hier:* Wohlstand
indudable zweifellos

Los años del PP

Hacia el final de la era socialista, el PSOE sufrió un gran desgaste y fue sacudido por una serie de escándalos de corrupción. En las elecciones de 1996 ganó el *Partido Popular* (PP), liderado por José María Aznar. Aunque muchos asociaban al PP con el franquismo, su elección fue un signo de
5 normalidad. Durante la primera legislatura, el gobierno de Aznar consiguió cumplir los criterios del *Tratado de Maastricht* [...] con una liberalización económica muy eficaz, y España se adscribió al Euro en 1998.

Durante la segunda legislatura (2000-2004) el crecimiento económico siguió siendo constante y por encima de la media europea. Pero a partir
10 de 2002 el gobierno de Aznar fue distanciándose de la sociedad. Con su mayoría absoluta radicalizó el rechazo a las reivindicaciones nacionalistas, mientras que la gestión del desastre ecológico del petrolero *Prestige* ante las costas de Galicia fue muy criticada por tardía e ineficaz. Por otro lado, el apoyo de Aznar a la guerra de Irak (2003) creó muchísima controversia y
15 no fue aceptado por la mayoría de la sociedad.

Montserrat Varela Navarro: España: su historia explicada. Stuttgart: Schmetterling, 2007, p. 74

la era Ära - **el desgaste** Verschleiß
sacudir erschüttern
liderar anführen

adscribirse sich einschreiben
el crecimiento Wachstum

radicalizar *hier:* verschärfen - **el rechazo** Ablehnung - **la reivindicación** Forderung - **la gestión** *hier:* Krisenmanagement
tardío/a langsam - **ineficaz** inkompetent

Comprensión

1. Apunta los cambios que se produjeron en España durante los catorce años del gobierno del PSOE. M 4.

2. Resume los logros de la primera legislatura del PP y los problemas de la segunda. M 4.

Trabajo con el texto

Opción A

Elige dos nuevos títulos para los textos sobre los años socialistas y los años del PP. Justifica tu elección.

a) Casi 14 años de letargia
b) Más estabilidad para la democracia en España
c) El proyecto "modernización de España"
d) La derecha ya pertenece a la democracia
e) La economía sobre la democracia
f) Aumenta la calidad de vida en España
g) Dos legislaturas muy distintas

Opción B

Evalúa cuáles podrían considerarse algunos parámetros de la "modernidad" (l. 10).

Más allá del texto

1. Busca información sobre la historia del PSOE y sobre la del PP y exponla en clase. Explica por qué "muchos asociaban al PP con el franquismo" (l. 4). M 1.1

2. Infórmate sobre el desastre del petrolero *Prestige* y el rol del PP en este asunto. Expon la información en clase. M 1.1

5.2 El 11-M

El 11 de marzo de 2004 fue uno de los días más tristes de España.

Acércate

1. Describe la foto de abajo detalladamente. M 5.2.1
2. ¿Qué crees que ha pasado? Formula suposiciones.

Los sucesos del 11 de marzo de 2004

Comprensión

Lee atentamente las tareas y consulta el vocabulario que no conoces. Mira el vídeo 80500-01 y trabaja las siguientes tareas. M 5.3

Nuevos Enfoques. Spanisches Lesebuch für die Oberstufe. Canciones

Opción A

Decide si las frases son correctas (C) o falsas (F).

	C	F
a. El vídeo es un fragmento del telediario del mismo día del atentado.	☐	☐
b. Se informa de que ETA ha cometido un atentado muy grave.	☐	☐
c. El atentado ha ocurrido en Barcelona.	☐	☐
d. Se han matado a más de 73 personas.	☐	☐
e. Hay más de 900 heridos.	☐	☐
f. El atentado se ha cometido en el aeropuerto.	☐	☐
g. En cinco minutos han estallado 13 bombas.	☐	☐
h. Las bombas han sido escondidas en mochilas y bolsas.	☐	☐
i. El atentado se ha cometido a las 8:00 de la tarde.	☐	☐

Opción B

1. Resume con tus propias palabras los acontecimientos del 11-M.

 2. Imagínate que eres un alumno español que ha vivido los sucesos del 11-M directamente porque ha estado en la estación de Atocha. Lo que has visto te impresiona profundamente, y para superarlo escribes en tu diario sobre las cosas que han pasado y tus sentimientos. Redacta este texto. M 2.2.2 a

ⓘ Información adicional

Euskadi Ta Askatasuna („País Vasco y Libertad") es un grupo terrorista nacido en 1958, durante la dictadura franquista. Su objetivo es la independencia del País Vasco y la construcción de un estado socialista. Para conseguirlo usó el terrorismo. Hasta la muerte del dictador Franco contó con el apoyo de una parte de la población, pero después lo fue perdiendo. En 1998 se firmaron varios acuerdos entre ETA y el estado español. En octubre de 2011, ETA terminó oficialmente sus actividades terroristas. El ministerio del interior habla de 864 víctimas de ETA.
Cora Heinrich

🔗 cap. 3 / 4. El País Vasco – una región especial

Más allá del texto

 Estás pasando dos semanas en Madrid haciendo un intercambio escolar. En la asignatura de Ciencias Sociales tu curso está realizando un proyecto sobre el peligro del terrorismo en Europa: los alumnos publican un blog en internet. Para participar en el proyecto redactas una entrada para el blog basándote en el artículo de prensa que has encontrado en la página del *Deutschlandradio* en la que escribes sobre lo que pasó el 11 de marzo de 2004, quiénes fueron los responsables y qué consecuencias tuvo el atentado para la política en España. M 3.

Anschlag auf Züge in Madrid

[...] Am 11. März 2004 explodierten zwischen 7 Uhr 36 und 7 Uhr 40 in vier voll besetzten Madrider Vorortzügen zehn Sprengsätze. Beim schwersten Attentat in der spanischen Geschich-
5 te, drei Tage vor den Parlamentswahlen, starben 191 Menschen, fast 1.900 wurden verletzt. Sofort stand für die meisten Medien und Politiker fest: Verantwortlich könnte nur die baskische Untergrundorganisation ETA sein. [...]

10 **Die Indizien sprechen gegen baskische Separatisten**
Doch bald mehrten sich Hinweise, dass der Terror einen anderen Hintergrund haben könnte. In einem Transporter fanden sich am Nach-
15 mittag Sprengstoffspuren und ein Tonband mit Koranversen. Bei einer Londoner Zeitung ging ein islamistisches Bekennerschreiben ein. In der Nacht stieß die Polizei auf eine bei den zerstörten Zügen gefundene Sporttasche: Weder der
20 darin befindliche Sprengstoff noch die Spreng-

kapseln und die Zündung per Handy deuteten auf die baskische Terrororganisation. Dennoch betonte Innenminister Angel Acebes: *„Ja, die ETA steht weiter im Zentrum der Ermittlungen. Es gibt zum* 25 *jetzigen Zeitpunkt keinen Grund, warum das anders sein sollte."* Die Regierung wies ihre Botschaften an, die Theorie der ETA-Täterschaft offensiv zu vertreten – und blieb auch dabei, als die ETA sich bereits vom Anschlag distanziert hatte.

30 **Politisch motivierte Fehlinformation**

Ein Täuschungsmanöver aus wahltaktischem Kalkül: Ein islamistisches Attentat konnte nur als Abstrafung von Aznars umstrittener Außenpolitik verstanden werden. Als eines der wenigen 35 europäischen Länder war Spanien Teil der „Koalition der Willigen", mit der US-Präsident George W. Bush nach den Anschlägen vom 11. September den islamistischen Terrorismus und seinen vermeintlichen Rädelsführer Saddam Hussein 40 bekämpfen wollte. 1.300 Soldaten hatte Aznar 2003 in den Irak geschickt, gegen den Willen der Bevölkerung.

Die Informationspolitik der Regierung löste landesweit Proteste aus. „Vor den Wahlen wollen wir 45 die Wahrheit" skandierten Tausende in Madrid und Barcelona. Nachdem ein Bekennervideo aufgetaucht und die Polizei erste Verdächtige festgenommen hatte - drei Marokkaner und zwei Inder - musste Innenminister Acebes einlenken:

50 *„Dieses Video ist ein Bekennervideo über die Verantwortung für das Attentat vergangenen Donnerstag. Es ist auf arabisch verfasst, von einem Mann mit marokkanischem Akzent. Er behauptet, im Namen des militärischen Sprechers des Al Kaida Netzwerkes in Europa* 55 *zu sprechen, Abu Dujan Al Afghani."*

Das Attentat sei, so Al Afghani, die Strafe für die Zusammenarbeit mit Bush [...]. In Spanien hatte der 11. März 2004 politische Konsequenzen: José-Luis Zapatero von der sozialdemokrati-60 schen PSOE wurde neuer Ministerpräsident und ordnete als eine seiner ersten Amtshandlungen den Truppenrückzug an. [...]

Julia Macher: Anschlag auf Züge in Madrid.
En: http://www.deutschlandradiokultur.de/terror-anschlag-auf-zuege-in-madrid.932.de.html?dram%3Aarticle_id=279669, 11.03.2014

Palabras útiles

verantwortlich	responsable
Untergrundorganisation	la organización clandestina
Transporter	la furgoneta
Sprengstoff	el explosivo
Spur	el rastro
Koranvers	el versículo del Corán
Tonband	la cinta
Botschaft	la embajada
Täuschungsabsicht	el truco
Abstrafung	el castigo
Außenpolitik	la política exterior
Koalition der Willigen	la coalición de la voluntad
Truppenrückzug	la retirada de las tropas

5.3 España: una monarquía constitucional

Acércate

Describe a las personas y la sala que ves en esta foto. ¿De qué situación se podría tratar? M 5.2.1

La proclamación como Rey de España

Comprensión

Opción A

Escucha los fragmentos del discurso inaugural de Felipe VI y pon en orden correcto las siguientes afirmaciones. M 5.1.1

a) Muestra su empatía con la gente más vulnerable.
b) El nuevo Rey quiere animar a los españoles para que sean más optimistas.
c) Felipe VI hace énfasis en la importancia de la solidaridad de los españoles.
d) Felipe afirma que para él la constitución es la base del estado español.
e) Agradece a su padre todo lo que ha hecho por España.
f) Asegura que cree firmemente en España.

Opción B

Escucha los fragmentos del discurso inaugural de Felipe VI y resume brevemente cada parte. M 5.1.1

Trabajo con el texto

Opción A

1. Escucha otra vez los fragmentos del discurso inaugural, decide qué valores defiende Felipe VI en su discurso y justifica tu opinión: M 5.1.1

a) amistad
b) libertad
c) franqueza
d) responsabilidad
e) solidaridad
f) tolerancia
g) valentía

2. ¿Qué sentimientos quiere causar don Felipe en sus oyentes?

a) amor
b) alegría
c) confianza
d) entusiasmo
e) paciencia
f) optimismo

Opción B

1. Escucha otra vez los fragmentos del discurso inaugural y trabaja las siguientes tareas: M 5.1.1

a) Evalúa cuál es el mensaje central del discurso.
b) Examina qué idea de España proyecta don Felipe en su discurso.
c) Analiza cómo define don Felipe el papel del Rey de España.

2. "Unidad que no es uniformidad". Analiza qué quiere decir Felipe VI con esta frase. M 2.2.1 d

g) rebeldía

h) valentía

Explica en qué (la estructura, los recursos estilísticos, el vocabulario / las expresiones, la perspectiva, etc.) basas tu elección.

3. Evalúa la despedida de Felipe VI: "Muchas gracias. Moltes gràcies. Eskerrik asko. Moitas grazas."

Más allá del texto

En otra ocasión Felipe se definió como un "rey constitucional", "un jefe de Estado leal y dispuesto a escuchar, comprender, advertir y aconsejar y a defender siempre los intereses generales". En 1975, su padre se presentó como "el primer soldado de la nación", "el rey que es y se siente profundamente católico". Compara los dos modos de ver el papel del Rey de España. M 2.3

5.4 España en crisis

En el año 2008 empezó la llamada "crisis española" que es una crisis económica, política y territorial. Aparte del desempleo estructural, un factor importante de la crisis económica fue la "burbuja inmobiliaria" que estalló en 2008 y que produjo un aumento del desempleo y de desahucios en
5 España. Causa de la crisis política es la corrupción tanto dentro del PP como del PSOE que se vieron implicados en cientos de causas contra políticos por aceptar el llamado "dinero negro". Esta crisis política tuvo como consecuencia la fundación de dos nuevos partidos políticos en España – *Podemos* y *Ciudadanos* – que hizo imposible la formación del gobierno
10 después de las elecciones generales del 20-D de 2015. La crisis territorial se manifiesta en el proceso soberanista de Cataluñya que quiere independizarse de España.

Cora Heinrich

el desempleo Arbeitslosigkeit
la burbuja inmobiliaria Immobilienblase - **estallar** *hier:* platzen
el desahucio Zwangsräumung

20-D span. Parlamentswahlen am 20. Dezember 2015 - **el proceso soberanista** Unabhängigkeitsbestrebungen

Comprensión

1. Enumera los ámbitos de la vida de los españoles que más estaban afectados por la crisis. M 4.

2. Hablad en clase de lo que puede significar la expresión "burbuja inmobiliaria" (l. 3) y formulad una definición. Si no podéis formularla, buscad la definición en un diccionario monolingüe.   M 4.

3. Explica qué es el "dinero negro" (l. 7).

Trabajo con el texto

Discutid en clase las consecuencias que tiene la crisis para los españoles.   M 1.2

5.5 Nuevos partidos ponen la política en marcha

Acércate

 1. Describe detalladamente los dos carteles de propaganda electoral. M 5.2.2

2. ¿Qué ideas relacionas con los nombres de los dos partidos políticos?

3. Analiza los mensajes que transmiten los carteles. ¿Qué problemas prometen abordar? ¿A quiénes se dirigen? M 5.2.2

Trabajo con el texto

En tu instituto hay un/a nuevo/a alumno/a que hace poco ha emigrado de España a Alemania porque su padre ha encontrado un nuevo trabajo en este país. Todavía no habla muy bien alemán pero le interesa mucho un artículo sobre las elecciones de su país que habéis visto en la asignatura de Ciencias Sociales. Resúmele el contenido del artículo. M 3.

Darum wird in Spanien schon wieder gewählt

[...] Die Wahl im Dezember 2015 rüttelte das Parteiengefüge in Spanien durcheinander. Erstmals seit der Entstehung der spanischen Demokratie in den späten 1970er Jahren gelang es kei-
5 ner der zwei bis dahin dominierenden Parteien - dem konservativen Partido Popular (PP) oder dem sozialdemokratischen Partido Socialista Obrero Español (PSOE) - eine Mehrheit der 350 Parlamentssitze zu erringen. Der Grund: Mit der
10 linken Podemos (Wir können) und den liberalen Ciudadanos (Bürger) zogen neue Parteien mit zweistelligen Ergebnissen ins Parlament ein.
Die Bildung einer Koalition misslang. Mit dem Wahlsieger PP und seinem Parteichef, Minister-
15 präsident Mariano Rajoy, wollte keiner zusammengehen. Die Konservativen gelten vielen wegen [...] den fortdauernden Korruptionsskandalen als diskreditiert.

[...] Anfang Mai löste deshalb König Felipe VI.
20 das Parlament per Dekret [...] auf und setzte Neuwahlen an. [...]
Die im Vergleich recht guten Umfragewerte verdankt der PP wohl vor allem der guten wirtschaftlichen Lage. Spanien, dem es in der
25 Eurokrise zeitweise ähnlich schlecht ging wie Griechenland, verzeichnet heute ein für die EU überdurchschnittliches Wachstum. Ministerpräsident Rajoy kann sich daher damit brüsten, das Land erfolgreich aus der Krise geführt zu haben -
30 auch wenn die Arbeitslosigkeit nach wie vor sehr hoch ist. [...]
Bei der jüngsten Wahl traten Podemos und Ciudadanos erstmals auf die nationale politische Bühne Spaniens. Und da bleiben sie wohl auch.
35 Die neuen Parteien wollen mit dem alten, korrupten System aufräumen. Ansonsten gibt es zwi-

schen ihnen keine Gemeinsamkeiten.

Die linksalternative Podemos will Steuern für Reiche erhöhen und Spanien weniger abhängig
40 von EU-Vorgaben machen. Sie plädiert für mehr direkte Demokratie. In Barcelona und Madrid stellt sie bereits die Bürgermeisterinnen. Ihr Jeans und Pferdeschwanz tragender Chef Pablo Iglesi-

as [...] ist eine Art Popstar der Politik. [...]
45 Die Ciudadanos machen eine liberale Politik rechts der Mitte. Sie wollen keine höheren Steuern, stehen zu den Defizitvorgaben der EU und sind, anders als Podemos, strikt gegen ein Referendum über die katalanische Unabhängigkeit.
50 [...]

Barbara Galaktionow y Benedikt Peters: 7 Fakten zur Spanien-Wahl.
En: http://www.sueddeutsche.de/politik/neuwahl-fakten-zur-spanien-wahl-1.3044448, 24.06.2016

Palabras útiles

wählen	votar	**koalieren**	formar una coalición
Parlamentssitz	el escaño	**Neuwahlen**	las nuevas elecciones
Wahlsieger	el ganador de las votaciones	**Umfrage**	el sondeo
diskreditiert	desacreditado/a	**Defizitvorgabe**	la reducción del déficit

Más allá del texto

En grupos elegid uno de los siguientes temas, estudiad el material que os va a dar el/la profesor/a y elaborad una exposición:

a) la burbuja inmobiliaria (2008-2014) y los desahucios durante la crisis económica
b) la corrupción política en España
c) *Podemos* – un nuevo partido político
d) *Ciudadanos* – un nuevo partido político
e) el resultado de las elecciones generales del 20-D de 2015

🔗 cap. 1 / Jóvenes: su realidad diaria y sus perspectivas para el futuro

🔗 cap. 7 / 2.6 España – país de emigración

3 España entre regionalismo y unidad nacional

La Constitución española de 1978

Artículo 2

La Constitución se fundamenta en la indisoluble unidad de la Nación española, patria común e indivisible de todos los españoles, y reconoce y garantiza el derecho a la autonomía de las nacionalidades y regiones que la integran y la solidaridad entre todas ellas.

la constitución Verfassung
fundamentarse sich stützen
indisoluble unauflöslich
indivisible ↔ *divisible* →
dividir - **integrar** bilden

La Constitución Española de 1978. En: http://www.congreso.es/consti/constitucion/indice/titulos/articulos.jsp?ini=1&fin=9&tipo=2, 16.03.2016

1. Explica con tus propias palabras el significado de las expresiones "indivisible", "derecho a la autonomía" y "la solidaridad entre todas ellas" presentes en el artículo 2 de la Constitución.
2. Cada una de las regiones del mapa político es una Comunidad Autónoma. Mira el mapa e intenta sacar el mayor número de información sobre ellas. M 5.2
3. Haced en clase una lluvia de ideas sobre lo que ya sabéis de estas regiones.

División autonómica de España

- La Coruña
- GALICIA
- Vigo
- (PRINCIPADO DE) ASTURIAS
- CANTABRIA
- Santander
- PAÍS VASCO, EUSKADI
- Bilbao
- San Sebastián
- (COMUNIDAD FORAL DE) NAVARRA
- Pamplona
- ANDORRA
- León
- CASTILLA Y LEÓN
- LA RIOJA
- Huesca
- CATALUÑA, CATALUNYA
- Valladolid
- Zaragoza
- ARAGÓN
- Barcelona
- Salamanca
- (COMUNIDAD DE) MADRID
- MADRID
- PORTUGAL
- Toledo
- Palma de Mallorca
- Cáceres
- EXTRE- MADURA
- Badajoz
- CASTILLA- LA MANCHA
- Valencia
- (COMUNIDAD) VALENCIA(NA)
- BALEARES
- Alicante
- Córdoba
- Huelva
- Sevilla
- ANDALUCÍA
- Granada
- Murcia
- (REGIÓN DE) MURCIA
- Málaga
- Almería
- Cádiz
- GIBRALTAR

CANARIAS
- Santa Cruz de Tenerife
- Las Palmas de Gran Canaria

3

1. Información básica sobre España y sus Comunidades Autónomas

Datos y hechos

Nombre completo:	(Reino de) España
Capital:	Madrid
Superficie:	504.645 km^2
Clima:	clima muy variado; debido a su situación geográfica hay gran diversidad de zonas climáticas
Población (2014):	47.021.031 habitantes
Lengua oficial:	español o castellano, aparte de tres lenguas cooficiales: gallego, vasco, catalán
Religión:	libertad religiosa, el catolicismo es la religión predominante
Moneda:	euro (€)
PIB (nominal):	1.049.181 mill. (2013)
Ingreso per cápita:	22.300 € (2013)
Línea de costa:	7921 km
División administrativa:	17 Comunidades Autónomas
Forma de gobierno:	Monarquía parlamentaria
Presidente del gobierno	Mariano Rajoy (Partido Popular)
Jefe del estado:	Felipe VI
Economía:	la economía española es la quinta más grande de la Unión Europea (2010); el sector terciario o sector servicios predomina

Trabajo con el texto

💬 Mira la tabla con la información básica sobre España. En parejas intercambiad ideas, preguntas y primeras impresiones. M 1.2

Más allá del texto

Opción A

1. Mira el vídeo publicitario sobre España una vez 80500-01, 0:00-2:55. Ordena los temas según su aparición en el vídeo. M 5.3

> el ambiente - las características de España -
> el clima - la situación geográfica - el paisaje -
> la diversidad arquitectónica

2. Vuelve a ver el vídeo y responde a las siguientes preguntas. M 5.3

   a) Entre las ciudades más importantes destacan
   - Barcelona, Valencia, Salamanca.
   - Madrid, Barcelona, Málaga.
   - Madrid, Sevilla, San Sebastián.

   b) Algunas características de España son entre otras
   - el flamenco y las tapas.
   - la calidez de la gente y las fiestas populares.
   - las playas y las corridas de toros.

   c) En el paisaje predominan
   - bosques y grandes ciudades.
   - ciudades y montañas.
   - grandes urbanizaciones y selva tropical.

   d) La diversidad arquitectónica se caracteriza por
   - palacios barrocos y catedrales románicas.
   - construcciones de vanguardia y palacios románicos.
   - palacios musulmanes y construcciones modernistas.

   e) En España hay un ambiente especial porque a la gente le gusta
   - divertirse, comer y beber.
   - dormir la siesta, comer e ir de fiesta.
   - divertirse, bailar y relajar.

   f) En España viven alrededor de
   - 47.021.031 personas.
   - 47.210.031 personas.
   - 47.210.310 personas.

Opción B

1. Mira el vídeo informativo sobre España una vez y toma apuntes sobre los temas que se mencionan. ¿Qué imagen transmite el vídeo sobre España? M 5.3

2. Mira el vídeo otra vez y completa las frases siguientes con la información que falta: M 5.3

   a) España se encuentra en ▓▓▓▓▓▓ de Europa.

   b) Sus ciudades más importantes se llaman ▓▓▓▓▓▓.

   c) Un legado histórico muy conocido de España es ▓▓▓▓▓▓.

   d) Otros aspectos por los que es conocida España son ▓▓▓▓▓▓.

   e) Aparte de todo esto España nos ofrece en su interior ▓▓▓▓▓▓, ▓▓▓▓▓▓ y ▓▓▓▓▓▓.

   f) En el sur se encuentran las famosas ▓▓▓▓▓▓.

   g) Por los palacios musulmanes, catedrales barrocas y construcciones modernistas, se puede decir que España ofrece ▓▓▓▓▓▓.

   h) A los españoles les gusta ▓▓▓▓▓▓.

   i) En España el clima es ▓▓▓▓▓▓, pero predomina ▓▓▓▓▓▓.

3. En el vídeo se dice que "España es un país de muchas facetas". Explica por qué.

Las Comunidades Autónomas de España

Nuestra Constitución establece que el territorio epañol está organizado en Comunidades Autónomas. Cada Comunidad Autónoma está formada por una o varias provincias que tienen una organización política y económica común. España está formada por 17 Comunidades Autónomas y los muni-
5 cipios de Ceuta y Melilla.

Organización de las Comunidades Autónomas
Cada Comunidad tiene un Parlamento y un Gobierno autonómico que organizan asuntos de la Comunidad.

El Parlamento autonómico es una asamblea formada por los representantes
10 que han sido elegidos por los ciudadanos. Este Parlamento elabora las leyes autonómicas, que se aplican en el territorio de la Comunidad.

La ley más importante de una Comunidad es el *Estatuto de Autonomía*. En él se definen las competencias autonómicas y se establece la capital, la lengua o lenguas oficiales, el territorio, los símbolos ....
15 El Gobierno Autonómico dirige los asuntos de la Comunidad Autónoma.
[...]

Las competencias autonómicas
[…] Las Comunidades Autónomas pueden gestionar la educación, la sanidad, el cuidado del medio ambiente, etc. Hay otros asuntos, como la
20 política exterior, que son competencia del Estado.

Las leyes de la Comunidad Autónoma no pueden contradecir a la Constitución española.

Las elecciones autonómicas
Cada cuatro años hay elecciones en la Comunidad.
25 • Los ciudadanos mayores de dieciocho años votan y eligen a sus representantes en el Parlamento autonómico.
• Los representantes se reúnen y eligen al Presidente.
• El Presidente nombra a los consejeros y forma el Gobierno de la Comunidad Autónoma.

Las Comunidades Autónomas. En: http://thales.cica.es/rd/Recursos/rd98/Historia/03/la_comunidades_auto-nomas.html, 16.03.2016

la constitución Verfassung
establecer festlegen

el municipio Gemeinde

el gobierno Regierung - **autonó-mico/a** autonom - **el asunto** Angelegenheit - **la asamblea** Versammlung - **elegir** wählen
el/la ciudadano/a (Staats)bürger
elaborar ausarbeiten - **la ley** Gesetz - **aplicar** anwenden
el Estatuto Statut, Satzung
la competencia Zuständigkeit, Aufgabenbereich

gestionar *hier:* selbst entscheiden, lenken

contradecir wiedersprechen

las elecciones Wahl

votar wählen

el/la consejero/a Ratsmitglied

Comprensión

Opción A

Responde las siguientes preguntas: **M** 4.

a) ¿Qué es el *Estatuto de Autonomía*?

b) ¿Cuál es la función del gobierno autonómico?

c) ¿Qué competencias tiene cada Comunidad Autónoma?

d) ¿En qué se diferencian las competencias de las Comunidades Autónomas y las del Estado español?

Opción B

1. Organiza la información del texto sobre la organización política de España en un mapa mental.  **M** 4.

2. Con ayuda del mapa mental presenta la organización política de las Comunidades Autónomas a un/a compañero/a de clase.

Más allá del texto

1. ¿Por qué se puede decir que cada Comunidad Autónoma es un pequeño estado dentro del estado español?

2. Participas en un intercambio escolar con España. En clase de geografía, la profesora te pide que hables de Alemania y de su organización territorial. Prepara y realiza esta presentación. **M** 1.1

2. Lengua e identidad

Acércate

1. En España hay Comunidades Autónomas con dos lenguas oficiales. Completad la tabla en vuestros cuadernos con las palabras en castellano. Después escuchad el CD y comprobad si lo habéis hecho bien. **M** 5.1.1

catalán / valenciano	gallego	vasco	castellano
hola	ola	kaixo	
adéu	adeus	agur	
bon dia	bos días	egunon	
bona nit	boas noites	gabon	
no	non	ez	
si us plau	por favor	mesedez	
sí	si	bai	
moltes gràcies	moitas gracias	eskerrik asko	
de res	de nada	ez horregatik	

2. ¿Por qué creéis que es tan fácil comprender muchas de las palabras de la tabla?

3. ¿En qué lenguas es más difícil? ¿Por qué crees que es así?

4. ¿Sabéis de qué lengua son las siguientes palabras y qué siginifican?

> olá – s'il vous plaît – de rien – bom dia – boa noite – adieu

La diversidad lingüística de España

"En España todas las personas disfrutan de la siesta, beben vino o sangría, comen paella y hablan español." No se puede afirmar que la frase anterior sea totalmente falsa, tampoco que sea cierta, sino que no se ajusta a la realidad. En las líneas que aquí empiezan no se hablará de gastronomías
5 o de costumbres, pero sí de esa parte esencial de la cultura que suponen los idiomas y de cómo las lenguas están fuertemente ligadas a la identidad de la gente.

Los españoles hablan español, pero no solo español; una gran parte de la población es bilingüe. En la actualidad son cuatro las lenguas más habla-
10 das en España y tres tienen su origen en el latín: español, catalán y gallego. En la Comunidad Valenciana, por razones políticas, el catalán se denomina valenciano o lengua valenciana. La cuarta lengua es más antigua y su origen no ha podido ser determinado, se trata de la lengua vasca o eusquera (euskera en vasco) que es el único idioma que resistió la intensa romani-
15 zación del territorio peninsular. A éstas cabe añadir el aranés hablado en el Valle de Arán, que también recibe un tratamiento de lengua cooficial en su territorio. Por otra parte, el aragonés y el leonés son dos grupos de hablas que, procedentes del latín, no llegaron a adquirir el reconocimiento de lenguas y hoy son considerados dialectos del español.
20 La situación actual de las lenguas habladas en España es muy desigual, el español es hablado en todo el territorio nacional y, además, desde el último cuarto del siglo XX, se ha producido un proceso de reconocimiento y recuperación de las distintas identidades culturales y lingüísticas.

Javier Cubero: La diversidad lingüística en España. En: http://www.elcastellano.org/artic/lenguas.htm (adaptado), 16.03.2016

disfrutar de genießen
afirmar bestätigen
ajustarse sich anpassen an

las costumbres Sitten, Gebräuche
suponer voraussetzen, annehmen - **ligar** (ver)binden

denominarse sich nennen

peninsular Halbinsel-... - **cabe añadir** es ist hinzuzufügen
el tratamiento Behandlung
el habla → *hablar* - **procedente** (stammen) aus - **llegar a +
inf.** schaffen, erlangen - **adquirir** erwerben - **el reconocimiento** Anerkennung - **considerar** betrachten - **la recuperación** Wiedererlangung

Comprensión

Opción A

Decide qué título corresponde a cada párrafo.
M   4.

párrafo 1	"Las lenguas de España hoy"
párrafo 2	"Las lenguas en España"
párrafo 3	"Estereotipos españoles"

Opción B

Identifica las afirmaciones falsas (F) y corrígelas.
M   4.

	C	F
a. Todos los españoles saben hablar dos lenguas.	■	■
b. Las lenguas habladas en España tienen todas su origen en el latín.	■	■
c. Las diferentes lenguas habladas en España reciben últimamente más importancia y valor.	■	■

Trabajo con el texto

 1. ¿Cuál es la diferencia entre "un dialecto" y "una lengua oficial"? Pon un ejemplo. Escribe una breve entrada de diccionario explicando los dos términos.

2. Con la ayuda del texto y del mapa decide si son lenguas o dialectos del castellano. Copia el siguiente esquema en tu cuaderno y complétalo.

> leonés – gallego – aranés – vasco – andaluz – valenciano – catalán - aragonés

lengua	comunidad/donde se habla
gallego	Galicia, ...
...	...
dialecto del castellano	comunidad/donde se habla
andaluz	...

Más allá del texto

1. La primera frase del texto presenta algunos estereotipos de España. Busca la definición de la palabra "estereotipo" en un diccionario monolingüe. M 4.

2. ¿Conoces más estereotipos sobre España? Escríbelos.

3. Mira estos chistes y deduce cuáles son los estereotipos sobre las siguientes Comunidades Autónomas y la gente que vive en ellas: Cataluña, Galicia, País Vasco. Puedes usar el diccionario bilingüe. M 4.

Un catalán se encuentra con un amigo: • Pero tío, ¿dónde está tu anillo de matrimonio? • Es que esta semana lo lleva mi esposa.	A un catalán le robaron su tarjeta de crédito pero decidió no cancelarla porque el ladrón estaba gastando menos que su esposa.	**tío** *hier:* (*ugs.*) Alter, Kumpel **el anillo de matrimonio** Ehering **la tarjeta de crédito** Kreditkarte **cancelar** *hier:* sperren - **el ladrón** Dieb
Un gallego le dice a otro: • Oye, Manolo, pásame otro champú. • Pero si ahí en el baño hay uno. • Sí, hombre, pero éste es para cabello seco y yo ya me lo he mojado.	En un bar: • Les voy a contar unos chistes de gallegos. • Pues señor, le aviso que yo soy gallego. • No importa, yo se los explico luego.	**el cabello** Haar - **mojarse** sich nass machen - **avisar** Bescheid geben
Dos vascos: • Patxi, ¿tus vacas fuman? • No. • Pues entonces se está quemando tu casa.	En el cuartel: • ¡Atención reclutas! ¡Armas al hombro!... ¡¡Arrr!! • ... • A ver, el de Bilbao, ¡baja el tanque, coño!	**la vaca** Kuh - **quemar** brennen **el cuartel** Kaserne - **el/la recluta** Rekrut - **el arma (f.)** die Waffe - **el hombro** Schulter - **el tanque** Panzer - **coño** (*ugs.*) verdammter Mist

4. ¿Hay también estereotipos sobre las distintas regiones de Alemania y sus habitantes? Primero apunta algunas palabras clave y después comenta tus ideas a tus compañeros.

3. La situación de las lenguas de España durante la época de Franco

 cap. 2 / 3. El franquismo

Acércate

Mirad la siguiente tabla, interpretadla e intentad explicar los datos teniendo en cuenta la situacion histórica. M 5.2.3

	catalán 1975	catalán 1986	catalán 2011
habla	53,1 %	59,1 %	65 %
entiende	74,3 %	90,3 %	92 %
no entiende	25,7 %	11,0 %	8 %

Trabajo con el texto

1. Describe las fotos. Después relaciónalas con los textos. M 5.2.1
2. Escribe un titular de periódico para cada foto.
3. Busca en un diccionario monolingüe el significado de "lengüicidio". ¿Existe esta palabra en alemán? Si no es así, explícala con tus palabras. M 4.
4. Denomina el campo semántico central de los textos. Haz una lista temática con el vocabulario más importante. M 4.

Información adicional

En España, durante los años del franquismo (1939-1975), la única lengua oficial del Estado Español era el castellano. El gallego, el catalán y el vasco (el euskera) estaban prohibidos en todos los sectores de la vida cotidiana. La Constitución democrática de 1978 reconoce el derecho de todos los españoles a hablar su propia lengua. Desde entonces, Navarra, Galicia, el País Vasco (Euskadi), la Comunidad Valenciana y Cataluña son comunidades bilingües.

el franquismo das System und die ideologische Untermauerung der Diktatur von Francisco Franco Bahamonde in Spanien

el euskera *el vasco*

prohibir verbieten

1 En España, a pesar de la enorme represión franquista, también hubo una gran revuelta en las universidades que se intentó ocultar. Días más tarde, el 18 de mayo, el cantautor Raimon ofreció un concierto en catalán en la Facultad de Ciencias Políticas y Económicas de la Complutense como protesta contra la dictadura de Franco y en defensa de las libertades de ese país.

la represión Unterdrückung
la revuelta Revolte, Tumult
el/la cantautor/a *el/la cantante & el/la autora* - **la Complutense** *una de las universidades públicas de Madrid*

2 Francisco Franco Bahamonde, conocido como Francisco Franco o simplemente Franco, fue un militar y dictador español, golpista integrante del pronunciamiento militar de 1936 que desembocó en la Guerra Civil Española.

el/la golpista Putschist/in
el pronunciamiento militar Militärputsch - **desembocar en** münden in, führen zu

3 España sufría una terrible represión. El uso de las lenguas regionales se tomaba como un signo de oposición. Se estima que las ejecuciones políticas entre 1939-1945 fueron más de 28.000. En su mayoría se realizaron entre 1939 y 1940.

la ejecución Hinrichtung

4 El intento de lengüicidio de la dictadura franquista comenzó cuando el 5 de abril de 1938 las tropas de Franco entraron en territorio catalán dejando sin efecto el Estatuto de Autonomía de Cataluña. Por esta razón la lengua catalana, que era la oficial junto con el castellano, quedó fuera del Parlamento de Cataluña, de la Administración, la escuela y la Universidad. Se podían leer letreros públicos con sentencias ofensivas como 'Prohibido escupir y hablar en catalán'.

el letrero Schild - **la sentencia** Urteil - **ofensivo/a** schädlich
escupir spucken, *aquí: hablar*

3.1 La dictadura y la persecución de todo idioma que no fuera el castellano

la persecución Verfolgung

Las Comunidades Autónomas de Cataluña, el País Vasco y Galicia se conocen como las comunidades históricas por su fuerte identificación como pueblo o nación desde hace siglos, y fueron precisamente estas regiones las que sufrieron una gran represión durante la dictadura franquista (1939 –
5 1975). El lema de la época "España una, grande y libre" da buena cuenta de la importancia que Franco daba a la unidad del país. El régimen dictatorial estaba fuertemente en contra de cualquier pensamiento de pluralidad nacional, reprimiendo muy severamente los movimientos nacionalistas y las particularidades culturales de cada región, hasta llegar al extremo de
10 prohibir el uso de las lenguas regionales.
Aquí tenemos dos ejemplos de leyes franquistas:
• El 23 de abril de 1941 una orden ministerial prohíbe la proyección de películas que no estén en castellano.

el lema Grundgedanke, Devise
dar cuenta de Bericht erstatten über
reprimir → *la represión*
la particularidad Besonderheit

la ley Gesetz
la orden Befehl

- Proyecto de Ley del 8 de junio de 1957, sobre el Registro Civil, que
15 dice "tratándose de españoles los nombres deberán consignarse en
    castellano […]."

Las represiones durante la dictadura provocaron reivindicaciones nacionalistas que tuvieron su expresión más radical en el nacimiento del grupo terrorista vasco ETA (1959). Tras la muerte del dictador Franco (1975) y una
20 vez recuperadas las libertades democráticas, la Constitución de 1978 reconoció la pluralidad lingüística y estableció que las demás lenguas españolas fueran también oficiales en las respectivas Comunidades Autónomas.

consignar (schriftlich) niederlegen

la reivindicación Forderung
el nacimiento Geburt

recuperar wiedererlangen
reconocer anerkennen - **establecer** festlegen

Comprensión

Opción A

1. Busca 5 preguntas que se refieran al contenido del texto y preguntaos mutuamente. Tenéis que corregiros y controlar las respuestas. M 4.

2. Busca en el texto ejemplos de cómo se manifiesta la represión de la lengua catalána, gallega y vasca. M 4.

Opción B

Describe brevemente con tus propias palabras la situación de Cataluña, el País Vasco y Galicia durante la dictadura franquista según el texto. M 4.

Trabajo con el texto

Intenta explicar por qué el régimen dictatorial de Franco estaba completamente en contra de cualquier pensamiento de pluralidad nacional.

Más allá del texto

1. Eres un/a catalán/a durante la época franquista. Escribe una entrada en tu diario en la que describes tus reacciones a la prohibición del uso de las lenguas regiona-les. M 2.2.2 a

2. Completa la tabla cronológica con los acontecimientos históricos más importan-tes sobre las lenguas españolas basándote en el texto y en la información hasta ahora adquirida.

fecha	acontecimiento	explicación
1936 – 1939	La Guerra Civil	
1939 – 1975		
1975		
1978		

3.2 La situación de la lengua catalana

A continuación puedes leer una entrevista a Andreu Moll Ferrer, profesor de catalán de la Universidad de Barcelona, que habla de la situación de la lengua catalana antes, durante y después de la época franquista hasta hoy.

Entrevistador ¿Cómo se desarrolló la importancia del catalán desde la Edad Media hasta la Guerra Civil?

Moll Ferrer Ya en el siglo XIII se empezó a escribir mucha literatura en catalán. En el siglo XX el filólogo Pompeu Fabra desarrolló normas
5 ortográficas y una gramática catalana y en 1933 publicó el *Diccionari General de la Llengua Catalana*. Durante la Guerra Civil se crearon diarios, películas, literatura, teatro, etc. en catalán.

E Igual que otras lenguas, el catalán fue muy reprimido durante la dictadura de Franco. ¿Cómo se manifestó esta persecución en concreto?

10 **MF** La persecución del catalán fue intensa y sistemática, sobre todo durante los años cuarenta y cincuenta. El régimen de Franco prohibió su uso en prácticamente todos los ámbitos en la educación, en la edición de libros, periódicos o revistas, en las conversaciones telefónicas, en películas, en el teatro, en la radio y en la televisión. La señalización
15 viaria y la comercial también era en castellano.

E Con esa represión masiva, ¿cómo era posible la conservación de la lengua catalana?

MF Una explicación es que el pueblo catalán daba mucho significado a su lengua que fue una de las armas de resistencia más importantes
20 durante este periodo. A pesar de todo, el catalán siempre se hablaba en las familias. Sin embargo, cuando terminó la dictadura franquista, el número de hablantes de catalán se había reducido a 53%.

E ¿Qué pasó con la literatura catalana?

MF A pesar de la persecución masiva del catalán, hubo en ese periodo
25 muchos escritores que escribieron, muchos de ellos desde el exilio, como Josep Pla, Carles Riba o Mercè Rodoreda.

E ¿Cómo se desarrolló el idioma catalán después de la transición a la democracia?

MF El fin de la dictadura y la llegada de la democracia hicieron posibles
30 el reconocimiento oficial de las lenguas regionales. El parlamento de Cataluña aprobó leyes que introdujeron el catalán en la escuela, la administración y los medios de comunicación. También el catalán ha ido recuperando presencia en la prensa, de modo que actualmente el 25 % de la prensa de información general es en catalán y cada año se
35 incrementa de manera constante.

Generalitat de Catalunya: El Catalán, lengua de Europa. En: www.gencat.cat/llengua, 2011

---

desarrollarse sich entwickeln

el siglo Jahrhundert

prohibir verbieten

el uso → *usar* – **el ámbito** Bereich

la señalización viaria Straßenbeschilderung

el significado Bedeutung

el arma (f.) Waffe

a pesar de trotz

la transición Übergang

el reconocimiento Anerkennung

recuperar wiedererlangen

la prensa Presse

incrementarse ansteigen

Comprensión

Opción A

Decide si las siguientes frases son correctas (C) o falsas (F) y corrige las que son falsas. M 4.

	C	F
a. El catalán tiene una historia larga como idioma escrito y hablado que empieza en el siglo XIII.		
b. Durante la dictadura solo fue permitido usar el catalán en ámbitos privados.		
c. Los catalanes siguieron usando el catalán en casa.		
d. Durante la dictadura sólo fue posible publicar literatura en catalán fuera de España.		
e. En la democracia el uso del catalán aumenta en todos los ámbitos de la vida.		

Opción B

Resume brevemente la situación de la lengua catalana antes, durante y después de la época franquista. M 4.

Trabajo con el texto

Opción A

Examina los diferentes ámbitos de la vida en los que el catalán tiene importancia antes, durante y después del franquismo.

Opción B

"La lengua es una de las armas de resistencia más importantes". Desarrolla esta frase a partir de tus propios argumentos. M 2.3

Más allá del texto

Quieres estudiar un semestre en una universidad de España. Te ofrecen ir a Barcelona. Apunta los argumentos a favor y en contra de aceptar esta oferta e intercambia tus ideas con tus compañeros. Al final tienes que contar al resto del grupo lo que has decidido. M 1.2

4. El País Vasco – una región especial

Acércate

 1. Infórmate en internet sobre el País Vasco y completa la siguiente ficha con los aspectos más importantes.

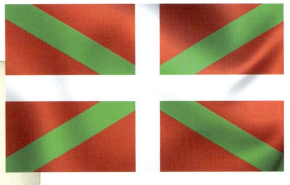

Nombre: _____

Nombre en vasco: _____

Capital: _____

Situación geográfica: _____

Superficie: _____

Provincias: _____

Población: _____

Idioma(s) oficial(es): _____

Paisaje: _____

Clima: _____

Ríos: _____

Economía: _____

 2. A continuación ve el vídeo publicitario del grupo vasco *La Oreja de Van Gogh* que fueron denominados "embajadores de Euskadi" 80500-01 . 5.3

Comprensión

Opción A

 Marca las seis soluciones correctas. M 5.3

1. La música y el vídeo transmiten una atmósfera de
a) tranquilidad y serenidad.
b) melancolía y tristeza.

2. Según *La Oreja de Van Gogh* lo que destaca en el País Vasco es/son
a) el mar.
b) las montañas.
c) las hermosas playas.
d) los preciosos lugares.
e) la zona del puerto.

3. La ciudad de San Sebastián es
a) donde nació el grupo.
b) donde vive el grupo.
c) una ciudad cosmopolita.

Opción B

1. Apunta el mayor número de temas con los que el grupo promociona el País Vasco. M 5.3

2. ¿Qué imagen transmite el vídeo del País Vasco?

 3. El vídeo forma parte de la campaña promocional *Euskadi – Saboréala* de 2012 del *Departamento de Industria, Innovación, Comercio y Turismo* del Gobierno Vasco. Elige un tema del vídeo que represente al País Vasco y – con ayuda de internet – explica por qué te gustaría ser embajador de Euskadi. M 1.1

4.1 El euskera

 En tu clase hay una nueva alumna , Adriana de México, que está de intercambio. No entiende muy bien el alemán y le explicas la situación lingüística de España y también el origen y, en concreto, la situación actual de la lengua vasca. **M** 3.

Baskisch – Europas älteste Sprache

In Spanien gibt es vier anerkannte Sprachen: Spanisch, Katalanisch, Galizisch und Baskisch. Baskisch ist die einzige dieser Sprachen, die keine romanischen Wurzeln hat. Noch bis heute ist ihr Ursprung unbekannt.

5 Wenn Maripi Odriozabala mit Mann und Tochter unterwegs ist, schwirren drei Sprachen durch die Luft: Die Eltern reden Spanisch miteinander, der Vater mit der Tochter Katalanisch und die Mutter wendet sich auf Baskisch an das Kind. Seit zehn
10 Jahren lebt die Familie in der Nähe von Barcelona; ihre Muttersprache pflegt Maripi weiterhin. „Ich könnte in gar keiner anderen Sprache mit Iraia reden", sagt Maripi und streicht der Fünfjährigen über den Kopf. „Das ist die Sprache, die
15 mir in die Wiege gelegt wurde."
Aufgewachsen ist die junge Frau in Villabona, einem Dorf in der Provinz Gipuzkoa, einer von drei Provinzen des spanischen Baskenlandes. Baskisch oder Euskera ist dort Erstsprache. [...]
20 27 Prozent der Basken sprechen Baskisch, Tendenz steigend. Die Straßenschilder sind ebenso wie alle offiziellen Dokumente zweisprachig.
Es ist das Ergebnis einer Förderpolitik, die mit dem Beginn der Demokratie einsetzte. Davor,
25 während der Diktatur des Generals Francisco Franco, war das Baskische ebenso verboten wie alle anderen regionalen Sprachen Spaniens. „Wenn meine Mutter in der Schule Spanisch sprach, gab es was hinter die Ohren", erzählt Ma-
30 ripi Odriozabala. Sie selbst lernte Baskisch auf einer Privatschule. [...]

Seit das baskische Autonomiestatut von 1979 die Bildung in die Hand der Regionalregierung legte, haben Eltern grundsätzlich die Wahl: Sie
35 können ihre Kinder entweder ausschließlich auf Baskisch oder Spanisch unterrichten lassen oder sich für eine Schule entscheiden, in der zur Hälfte auf der einen, zur Hälfte auf der anderen Sprache unterrichtet wird. Inzwischen schicken auch im-
40 mer mehr spanischsprachige Eltern ihre Kinder auf eine „ikastolak", eine rein baskische Sprachschule. „Häufig sind das Eltern, die selbst gerne Baskisch gelernt hätten, aber von der Diktatur daran gehindert wurden", sagt Aitor Arruti vom
45 baskischen Kulturverein Euskal Etxea.
Doch der Trend hat nicht nur mit dem wieder erwachten Stolz auf die kulturelle Eigenständigkeit zu tun, sondern auch mit praktischen Überlegungen: Im öffentlichen Dienst sind Bas-
50 kisch-Kenntnisse ein Plus und so nebenbei, beim Spielen auf der Straße, lässt sich Euskera kaum lernen.
Die Sprache mit den vielen „Ks" und „Xs" und „Zs" ist weder mit den romanischen noch mit
55 den indogermanischen Sprachen verwandt. Über den Ursprung des Baskischen rätseln Linguisten noch heute. Vermutlich war es die Sprache, die auf der nördlichen iberischen Halbinsel - vor der Invasion der Indogermanen - gesprochen wurde.
60 Isoliert durch die hohen Berge und zerklüfteten Küsten überlebte sie über die Jahrhunderte. [...]

Julia Macher: Baskisch - Europas älteste Sprache. En: http://www.dw.com/de/baskisch-europas-%C3%A4lteste-sprache/a-4700331, 17.09.2009

Palabras útiles

eine anerkannte Sprache	*aquí:* una lengua oficial	**die Muttersprache**	la lengua materna
die Wurzel	la raíz	**die Straßenbeschilderung**	la señalización
der Ursprung	el origen	**die Förderpolitik**	la política de apoyo

das Autonomiestatut	el estatuto de autonomía	**indogermanisch**	indogermánico/a
die Eigenständigkeit	la autonomía	**verwandt sein**	estar emparentado/a con
die Kenntnisse	los conocimientos		
der öffentliche Dienst	la administración pública		

4.2 Foro: ¿Por qué los vascos se quieren separar de España?

Rb3m

[...] Los vascos son una nación bastante antigua [...] que han conservado más o menos su identidad desde hace mucho tiempo, separada de los pueblos que llegaron en migraciones posteriores (francos, godos, visigodos, etc.) que posteriormente se convirtieron en los demás pueblos ibéricos que hoy conforman España.

[...] Aunque hoy tienen autonomía para muchas cosas, todavía hay que referirse a Madrid, además que siempre está el temor de que en algún momento a España se le ocurra cambiar de políticas y hacer otra vez como cuando Franco quería que todo fuera igual [...], muchos vascos no creen que esa sea la mejor forma de ver por sus intereses.

Por otro lado, siendo parte de España tienen algunas ventajas económicas y políticas, sobre todo cuando se trata de cuestiones europeas e internacionales, repartición de impuestos, mercado laboral, etc. [...]

convertirse sich verwandeln

los demás die übrigen - **conformar** bilden

el temor Furcht - **ocurrirse** einfallen, in den Sinn kommen

la repartición de impuestos Aufteilung der Steuern

Mr_Doberman

[...] [Sé] que hay vascos aislados que se pasan años sin hablar castellano ..., su lengua es muy diferente de la castellana, su cultura también es algo diferente ..., su tierra es única, se sentirán muy vascos, ¿a lo mejor por eso?

Yo soy valenciano, en casa y por la calle casi siempre hablo valenciano, la cultura y las costumbres de Valencia son únicas, mi Valencia tiene unas tierras y unas costas inmejorables, su historia increíble, en definitiva que me siento profundamente valenciano ... pero no por eso me voy a sentir menos español. España tiene cien veces más historia que cualquier gran país de la actualidad. No sé cómo algunos vascos no se pueden identificar con su país ESPAÑA. [...]

aislado/a isoliert

las costumbres Sitten und Gebräuche

cualquier/a irgendein/e/r

El novio de Cele

[...] En la época antigua (hace unos 2000 años) los territorios con presencia de vascones tanto de la actual España como de Francia fueron parte del Imperio romano (como prácticamente toda Europa), después en la Edad Media, cuando España aún no existía como nación, los territorios vascos pasaron a formar parte de los distintos reinos que

la Edad Media Mittelalter

pasar a übergehen zu - **el reino** Königreich

existían en la Península Ibérica y en Francia, pero siempre conservaron la noción de pertenecer a una tierra común Euskalherria (País Vasco).

Es en el siglo XIX sin embargo cuando comienza a desarrollarse el nacionalismo vasco moderno, con el declive del nacionalismo español de la época, la pérdida de las colonias españolas y el surgimiento de las ideas socialistas y revolucionarias que promueven la emancipación de los pueblos. Hoy en día ese sentimiento nacionalista se mantiene entre una parte de la población vasca (en torno al 50% de la misma), contando con partidos políticos democráticos de orientación separatista.

Lamentablemente también existe un grupo terrorista que, enarbolando la bandera del independentismo, lleva 50 años cometiendo actos criminales con el objetivo de lograr influenciar o mover el estatus actual de los territorios vascos dentro de España y de Francia hacia un estatus de soberanía propia. [...]

la noción Vorstellung - **pertenecer a** gehören zu

desarrollarse sich entwickeln

el declive Niedergang

la pérdida Verlust

el surgimiento Auftauchen

promover fördern

mantenerse sich halten

el partido político politische Partei

enarbolar la bandera die Fahne hochhalten - **el objetivo** Ziel

lograr schaffen

la soberanía propia Hoheitsgewalt

Comprensión

1. ¿Cuál es el tema de la discusión en el foro? M 4.
2. Resume qué contestan los usuarios del foro con referencia al tema. M 2.1
3. Enumera las razones que se mencionan en el texto a favor y en contra de una separación del País Vasco de España.

Trabajo con el texto

1. Explica con ayuda del texto lo que se entiende por "nacionalismo moderno" y "separatismo".
2. Agrupa en un mapa mental toda la información sobre el País Vasco basándote en el texto y en tus conocimientos.

Más allá del texto

Opción A

1. Escribe una entrada para el foro en la que das tu opinión sobre las aspiraciones a la independencia del País Vasco. M 2.2.2 e

2. Discute con tu compañero/a si también en Alemania u otras partes de Europa existen regiones o países con tendencias separatistas. M 1.2

3. En la última entrada del foro se habla de "un grupo terrorista". Busca más informaciones acerca del grupo terrorista ETA *(Euskadi Ta Azkatasuna),* su historia y sus objetivos y escribe una breve entrada de enciclopedia.

Opción B

Rb3m dice que los vascos "siendo parte de España tienen algunas ventajas económicas y políticas, sobre todo cuando se trata de cuestiones europeas e internacionales, repartición de impuestos, mercado laboral etc.". Infórmate en internet sobre este tema y presenta tus resultados al resto de la clase. M 1.1

5 . La vida en una Comunidad Autónoma bilingüe: Cataluña

5.1 La Constitución de 1978 y el Estatuto de Cataluña

La Constitución española de 1978

Artículo 3:

1. El castellano es la lengua oficial del Estado. Todos los españoles tienen el deber de conocerla y el derecho a usarla.
2. Las demás lenguas españolas también son oficiales en sus respectivas
5 Comunidades Autónomas de acuerdo con sus estatutos.
3. La riqueza de las distintas modalidades lingüísticas de España es un patrimonio cultural que será objeto de especial respeto y protección.

La Constitución Española de 1978. En: http://www.congreso.es/consti/constitucion/indice/titulos/articulos. jsp?ini=1&fin=9&tipo=2, 16.03.2016

el deber Pflicht - **el derecho** Recht - **respectivo/a** entsprechend - **el estatuto** Statut (hier wird der Status der zweiten Amtssprache geregelt) - **la riqueza** Reichtum – **el patrimonio cultural** kulturelles Erbe

Estatuto de Autonomía de Cataluña de 2006

Artículo 1 CATALUÑA

Cataluña, como nacionalidad, ejerce su autogobierno constituida en Comunidad Autónoma de acuerdo con la Constitución y con el presente Estatuto, que es su norma institucional básica.

ejercer ausüben - **el autogobierno** Selbstverwaltung

5 #### Artículo 6 LA LENGUA PROPIA Y LAS LENGUAS OFICIALES

1. La lengua propia de Cataluña es el catalán. Como tal, el catalán es la lengua de uso normal y preferente de las Administraciones públicas y de los medios de comunicación públicos de Cataluña, y es también la lengua normalmente utilizada como lengua vehicular y de aprendizaje
10 de la enseñanza.
2. El catalán es la lengua oficial de Cataluña. También lo es el castellano, que es la lengua oficial del Estado español. Todas las personas tienen derecho a utilizar las dos lenguas oficiales y los ciudadanos de Cataluña el derecho y el deber de conocerlas. Los poderes públicos de Catalu-
15 ña deben establecer las medidas necesarias para facilitar el ejercicio de estos derechos y el cumplimiento de este deber. De acuerdo con lo dispuesto en el artículo 32, no puede haber discriminación por el uso de una u otra lengua.
3. La Generalitat garantizará el uso normal y oficial de los dos idiomas,
20 adoptará las medidas necesarias para asegurar su conocimiento y creará las condiciones que permitan su plena igualdad en lo que se refiere a los derechos y los deberes de los ciudadanos de Cataluña.

Estatuto de Autonomía de Cataluña. En: http://www.congreso.es/consti/estatutos/estatutos.jsp?com=67&tipo= 2&ini=1&fin=14&ini_sub=1&fin_sub=1, 16.03.2016

la administración pública öffentliche Verwaltung
la lengua vehicular Verkehrssprache - **la lengua de aprendizaje** Unterrichtssprache

el/la ciudadano/a Staatsbürger
el poder *hier:* Staatsgewalt
establecer errichten - **la medida** Maßnahme - **el ejercicio** Ausübung - **el cumplimiento** Erfüllung - **disponer** anordnen
la Generalitat autonome Regierung Kataloniens

Comprensión

 Acabáis de leer los artículos de la Constitución española y del Estatuto de Autonomía de Cataluña que hablan del estado oficial del castellano y del catalán. Leedlos atentamente y decidid si las siguientes afirmaciones son correctas (C) o falsas (F). Si una frase es falsa, tenéis que corregirla. M 4.

	C	F
a. Cada ciudadano de España sabe hablar castellano.	☐	☐
b. El Estatuto de Autonomía de Cataluña sustituye la Constitución en Cataluña.	☐	☐
c. En los programas de televisión catalana se habla catalán.	☐	☐
d. En la enseñanza pública las clases se imparten en catalán.	☐	☐
e. En toda España el castellano, el catalán, el gallego y el vasco son oficiales.	☐	☐
f. Los catalanes solo hablan catalán.	☐	☐
g. Los poderes públicos catalanes deben garantizar los derechos del uso libre del castellano.	☐	☐
h. Si una familia procedente de otra región de España o del extranjero se muda a Cataluña, tiene que aprender el catalán.	☐	☐

Más allá del texto

Mira y describe las siguientes estadísticas sobre la situación del castellano en Cataluña. M 5.2.3

a) ¿Qué conclusiones puedes sacar sobre la importancia del castellano en Cataluña?

b) Teniendo en cuenta el pasado histórico de Cataluña intenta explicar el cambio significativo del uso de las dos lenguas por parte de la población mayor de 44 años.

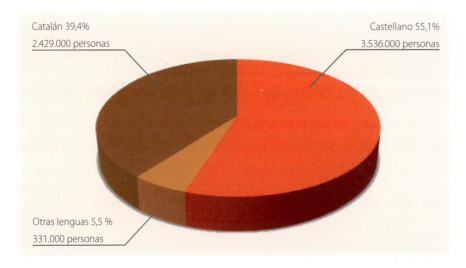

Catalán 39,4%
2.429.000 personas

Castellano 55,1%
3.536.000 personas

Otras lenguas 5,5 %
331.000 personas

Según: Barómetro de la Comunicación y la Cultura de la Fundación Audiencias de la Comunicación y la Cultura (FUNDACC), 2010

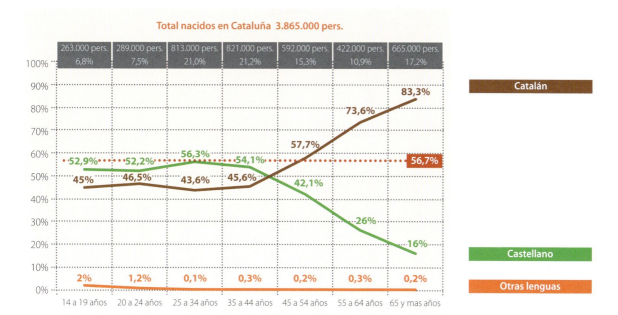

Según: Barómetro de la Comunicación y la Cultura de la Fundación Audiencias de la Comunicación y la Cultura (FUNDACC), 2010

5.2 Los latinoamericanos "solo" hablamos castellano

Hola, soy peruano y llegué hace un mes a Barcelona para estudiar aquí durante un año. Ya el primer día de clase el profesor empezó a hablar en catalán y no entendí ni jota. Al principio pensé que era solo este y que los demás hablarían en castellano pero enseguida vi que no. Los siguientes
5 días lo mismo. Me sentía perdidísimo, hasta que conocí a Montse y me explicó un poco como funciona aquí. Aquí se habla otro idioma, en las oficinas, los colegios, la universidad. ¡Puf!

Me parece increíble que no se pueda estudiar en español. ¡Al menos podrían poner clases para los extranjeros! Me molesta que no les interesen los
10 problemas que nos causa a los que "solo" hablamos castellano. He hablado con otros latinoamericanos y piensan lo mismo. Yo entiendo que para ellos es importante que su idioma no se pierda, pero lo que me parece mal es que sean tan extremistas. Vamos, me parece increíble que además de Ingeniería ahora tenga que aprender catalán.

entender ni jota *no entender nada -* **los demás** *die übrigen*
perdidísimo/a *muy perdido/a*

poner clases Kurse einrichten

la Ingeniería Ingenieurswissenschaften

Comprensión

Resume con tus propias palabras la situación de este estudiante peruano.

Trabajo con el texto

Analiza la actitud de este estudiante peruano ante el problema planteado.

Más allá del texto

1. En los colegios de Cataluña la mayoría de las clases se imparte en catalán, otras en castellano. ¿Qué ventajas tiene una educación bilingüe y qué problemas puede haber? Habla con tu compañero/a y apuntad los argumentos a favor y en contra de una educación bilingüe. M 1.2

2. Escríbele una carta al chico peruano en la que le comentas el caso concreto y la situación general de Cataluña. M 2.2.2 b

3. ¿Qué te parece que muchos catalanes defiendan el catalán en el contexto europeo? Discute con tu compañero/a. M 1.2

Multas lingüísticas en Cataluña

*Desde el 9 de febrero de 2005 las **Oficinas de Garantías Lingüísticas (OGL)** son el órgano de la Secretaría de Política Lingüística de la Generalidad de Cataluña que controlan el cumplimiento de la legislación lingüística catalana. Desde entonces muchos empresarios catalanes han sido multados por no escribir en catalán el nombre de sus comercios y/o el material informativo o publicitario de sus negocios.*

5.3 El rótulo incriminado

En octubre 2003 se me presenta un inspector del Ayuntamiento de Barcelona para informarme de que mi rótulo "atenta contra la normativa" ya que elude una tilde sobre un vocal, obligatoria en el catalán. Me levanta un acta pero me informa que si cambio el rótulo me subvencionan el 20%
5 de la operación y no me sancionan.

A mi izquierda hay un bar de paquistaníes con todos los rótulos en su lengua y a mi derecha un "Night club". Les pregunto y ninguno de los dos recibe la visita del "amable" inspector. Cambio el rótulo [...] y luego me niegan la subvención porque "sobrepasa 15mm las dimensiones estableci-
10 das por la normativa municipal."

Mi nombre y dos apellidos llevan tilde y nunca ninguna institución pública catalana las pone en las comunicaciones oficiales y "panfletos" que me envían. Así son los hechos y lo demás literatura.

http://nacionalismo.blogs.com/byebyespain/

---

el rótulo (Firmen)Schild - **incriminar** öffentlich an/beschuldigen
el ayuntamiento Rathaus
atentar contra verstoßen gegen
la normativa (gesetzliche) Regelungen - **eludir** vermeiden
la tilde Akzent - **levantar acta** etw. protokollieren

sobrepasar überschreiten - **establecido/a** festgelegt - **municipal** Gemeinde-...
el panfleto Hetzschrift

Comprensión

Explica usando tus propias palabras cuál es el motivo por el que el inspector del Ayuntamiento litiga contra el autor del artículo. M 4.

Trabajo con el texto

Opción A

1. ¿Cómo reacciona el autor del texto ante la visita del inspector?
2. Analiza cómo la perspectiva narrativa y el uso de la lengua reflejan su reacción. M 2.2.1 a

Opción B

Comenta la actitud del autor con referencia al tema teniendo en cuenta las distintas opiniones que ya conoces. M 2.3

Más allá del texto

1. ¿Qué opinas sobre las multas lingüísticas? ¿Crees que así se puede fomentar el uso del catalán? ¿Por qué (no)?

2. Mira la siguiente viñeta sobre la situación actual en Cataluña y descríbela. ¿Qué conclusiones puedes sacar sobre la relación entre Cataluña y España?
M 5.2.2

3. Infórmate en internet sobre la situación actual de la Cataluña independista. Escribe un breve informe con los datos encontrados en internet mencionando también algunos inconvenientes y algunas ventajas de una supuesta independencia de Cataluña. M 2.2.2 c

6. Galicia – donde la gente que viene se quiere quedar

Acércate

1. A continuación mira el vídeo de la campaña promocional *Turismo Galicia 2014* 80500-01 . Elige las tres palabras que describen mejor Galicia. Explica tu elección. M 5.3

especial

turístico

moderno

tradicional

salvaje

verde

2. Vuelve a ver el vídeo sobre Galicia y apunta el mayor número de características que se mencionan en el vídeo. M 5.3

3. ¿Qué imagen transmite el vídeo de Galicia?

4. Explica por qué la música que acompaña a la canción le va bien al vídeo.

5. Trabajas durante las vacaciones en la oficina de turismo de Galicia y tienes que escribir el texto para el folleto que acompaña a la campaña promocional. Intenta que tu texto sea atractivo para los turistas. M 2.2.2 c.

6.1 El gallego - en defensa de una lengua

Queremos Galego convoca una manifestación el 8 de febrero para defender la lengua gallega

El colectivo denuncia el nivel más bajo del uso del gallego entre la sociedad

Queremos Galego, una plataforma ciudadana en la que están incluidas más de seiscientas asociaciones, ha convocado una manifestación el 8 de febrero en defensa del idioma propio del país, después de que la encuesta del *Instituto Galego de Estatística* reflejase que el uso del gallego sigue cayendo y es ya minoritario entre la población más joven.

El colectivo culpa de esta situación a la política de la Xunta, con medidas como la modificación de la *Lei de Función Pública*, que exime a los opositores de la prueba de gallego, o el nuevo decreto del plurilingüismo en la enseñanza, que redujo el número de materias que deben impartirse en gallego respecto a la norma del bipartito.

Queremos Galego hizo un llamamiento especial a los padres y madres que aunque no usen el gallego de forma habitual quieren que sus hijos tengan competencia en este idioma, y a los que utilizando el gallego ven como la escuela "é un elemento de desgaleguización".

5
10
15
20
25
30

E. Ávarez: Queremos Galego convoca una manifestación el 8 de febrero para defender la lengua gallega. En: http://www.lavozdegalicia.es/noticia/galicia/2014/12/18/queremos-galego-convoca-manifestacion-8-febrero-defender-lengua-gallega/0003141892089471279353.htm, 18.12.2014

ciudadano/a bürgerlich - **convocar** zusammenrufen - **la manifestación** Demonstration
la encuesta Umfrage - **caer** abfallen - **minoritario/a** in der Minderheit - **culpar** beschuldigen
la Xunta galicisches Regierungsorgan - **la medida** Maßnahme
la modificación Ver-/Abänderung - **la Lei** *galicisch: la ley* - **eximir** der Verantwortung entheben
el/la opositor/a Gegner/in
la prueba Beweis, Nachweis
el decreto Erlass - **la materia** (Schul)Fach - **impartirse** erteilen
bipartito/a Zweiparteien-…
el llamamiento Aufruf

Comprensión

Opción A

1. Además del castellano el gallego es también lengua oficial de Galicia. Resume la situación de la lengua gallega según está descrita en el texto. M 4.

2. ¿Quién tiene la culpa de esta situación según *Queremos Galego*?

3. ¿Qué exige *Queremos Galego*?

Opción B

Completa las siguientes frases con ayuda del texto. Escríbelas en tu cuaderno. M 4.

Queremos Galego organizó ▬▬▬▬▬ porque el gallego ▬▬▬▬▬ debido a ▬▬▬▬▬. La escuela ▬▬▬▬▬.

Trabajo con el texto

Opción A

1. ¿Qué puede significar la palabra "desgaleguiza-ción"?
2. Explica por qué la escuela "é un elemento de desgaleguización" (l. 31).

Opción B

 Teniendo en cuenta la función comunicativa de una lengua y su función para construir una Europa más unida, analiza y comenta las posibles consecuencias de la decisión de la Xunta de fomentar el uso de las dos lenguas oficiales de Galicia en la enseñanza.

M 2.3

Más allá del texto

1. Infórmate en internet sobre la actual legislación lingüística de Galicia (por ejemplo el *Estatuto de Galicia* de 1981, el *Decreto 79* o la *Ley de Función Pública*) y presenta tus resultados en clase.

M 1.1

2. Elige uno de los dos carteles y analízalo. M 5.2.2

DEFENDER O FUTURO DUNHA LINGUA É DEFENDER O FUTURO DUN POBO

POLA **REPÚBLICA** DA **GALIZA!**

Polas fillas dos nosos fillos

MANIFÉSTATE POLA LINGUA!

Domingo, 8 de febreiro de 2015 ás 12:00 h
Alameda de Santiago de Compostela

6.2 El Camino de Santiago

La Edad Media gallega está marcada por el descubrimiento de la tumba del Apóstol Santiago que convirtió a Santiago de Compostela en una de las tres ciudades santas de la cristiandad, junto con Jerusalén y Roma y fue un foco de atracción para millones de peregrinos llegados desde los

5 países más lejanos. En esta época se forjó el Camino de Santiago o camino jacobeo, jalonado por iglesias y monasterios que aún se pueden apreciar como herencia de la época, siendo su obra cumbre la Catedral de Santiago de Compostela.

Anne-Katharina Brosius

la Edad Media Mittelalter
el descubrimiento → *descubrir*
la tumba Grab - **convertir**
verwandeln - **el/la peregrino/a**
Pilger - **forjarse** *hier*: sich
etablieren - **jalonado/a** geprägt
apreciar schätzen, wahrnehmen
la herencia Erbe
la obra cumbre Meisterwerk

Comprensión

 1. ¿Por qué los peregrinos van a Santiago de Compostela? M 4.
2. Describe qué hay a lo largo del Camino de Santiago. M 4.

La historia y la leyenda de Santiago de Compostela

Si a alguien le dijeran que en España existe un museo cuyas salas se extienden a lo largo de más de ochocientos kilómetros, no se lo creería. Y, sin embargo, el tramo español del Camino de Santiago, que va desde Somport o desde Roncesvalles hasta Compostela, es un verdadero museo. La piedad
5 de mil años ha dejado allí un tesoro de arte románico, gótico, renacentista o barroco. [...]
En el Camino de Santiago, la historia se mezcla con la leyenda y en ocasiones no se sabe dónde empieza una y acaba otra. No está demostrado, históricamente, que Santiago el Mayor [...] predicara en España, aunque
10 algunas fuentes lo dan por cierto. La tradición quiere que la Virgen María, que aún vivía en Nazaret, se le apareciera dos veces, [...] la segunda, cuando llegó a la playa de Muxía en la Costa de la Muerte gallega, navegando en una barca de piedra que aún puede verse varada sobre la arena.
Los que afirman que Santiago estuvo en España reconocen que logró muy
15 pocas conversiones. Desanimado quizá por su escaso éxito, volvió a Palestina, donde Herodes Agripa I le mandó decapitar. Dos discípulos suyos [...] pusieron su cuerpo en una barca, la cual, gobernada por ellos o navegando por sí sola, pues en esto no están de acuerdo los autores, pasó las columnas de Hércules, el Estrecho de Gibraltar para entendernos, y llegó
20 a las costas de Galicia. [...]
Pasaron ocho siglos y, en el año 814 – otros autores creen que en el 834 – un ermitaño llamado Pelagio vio un gran resplandor sobre el bosque y fue a comunicárselo al obispo de Iria Flavia, Teodomiro, dejando así a su prelado la gloria del descubrimiento. [...]
25 El lugar del descubrimiento se llamó Compostela o Campo de la Estrella, aunque es más probable que la palabra venga de compositum, en latín "cementerio".

Luis Carandell: El camino de Santiago. Prologo. En: http://cvc.cervantes.es/artes/camino_santiago/prologo.htm, 16.03.2016

extenderse sich ausbreiten	
el tramo Strecke	
la piedad Frömmigkeit	
el tesoro Schatz - **renacentista** Renaissance-...	
mezclarse sich vermischen	
demostrar beweisen	
predicar predigen	
la fuente Quelle	
aparecer erscheinen	
navegar *ir en barco* - **la barca** *un barco pequeño* - **la piedra** Stein - **varado/a** verankert - **la arena** Sand - **afirmar** bestätigen, behaupten - **lograr** schaffen, erreichen - **la conversión** Bekehrung - **desanimado/a** mutlos	
escaso/a *muy poco/a* - **el éxito** Erfolg - **mandar** befehlen - **decapitar** köpfen - **el/la discípulo/a** Schüler - **gobernar** regieren - **la columna** Säule - **el Estrecho de Gibraltar** Meerenge von Gibraltar	
el/la ermitaño/a Eremit - **el resplandor** Leuchten - **el bosque** Wald - **el obispo** Bischof - **el prelado** Prälat - **la gloria** Ruhm	
el cementerio Friedhof	

Comprensión

1. Explica a qué se refiere el texto al hablar de un "museo cuyas salas se extienden a lo largo de más de ochocientos kilómetros" (l. 1s.). M 4.

2. Resume con tus propias palabras la leyenda de Santiago de Compostela. M 4.

Trabajo con el texto

Analiza el nombre de Compostela y piensa cuál de las dos opciones que da el texto te parece más lógica y por qué.

Más allá del texto

1. Investiga con ayuda de internet las diferentes posibilidades para realizar el Camino de Santiago. ¿Qué manera preferirías tú y por qué?

2. ¿Te gustaría hacer el Camino de Santiago? Explica por qué (no) e infórmate sobre el punto de partida más cercano a tu instituto. ¿Cuántos kilómetros hay aproximadamente hasta Santiago de Compostela? Traza tu supuesta ruta en un mapa y apunta las ciudades más grandes que estén más cerca de tu camino.

3. Explica por qué crees que la gente realiza el Camino de Santiago. ¿Está de moda?

4. ¿Por qué la concha es el símbolo de la peregrinación a Santiago de Compostela? En parejas intercambiad vuestras respuestas y comprobadlas con ayuda de internet.

5. Tu amiga de intercambio, Rosana de Navarra, lee la portada de "Ich bin dann mal weg" de Hape Kerkeling. Como no entiende mucho alemán le explicas de qué trata este libro y le dices también si a ti te gustaría leerlo. M 3.

Hape Kerkeling, Deutschlands vielseitigster TV-Entertainer, geht zum Grab des heiligen Jakob – 600 Kilometer durch Frankreich und Spanien bis nach Santiago de Compostela – und erlebt die außergewöhnliche Kraft einer Pilgerreise. Es ist ein sonniger Junimorgen, als Hape Kerkeling, be-
5 kennende »couch potato«, endgültig seinen inneren Schweinehund besiegt und in Saint-Jean-Pied-de-Port aufbricht. Sechs Wochen liegen vor ihm, allein mit sich und seinem elf Kilo schweren Rucksack: über die schnee-bedeckten Gipfel der Pyrenäen, durch das Baskenland, Navarra und Rioja bis nach Galicien zum Grab des heiligen Jakob, seit über 1000 Jahren Ziel
10 für Gläubige aus der ganzen Welt. Mit Charme, Witz und Blick für das Besondere erschließt Kerkeling sich die fremden Regionen, lernt er die Einheimischen ebenso wie moderne Pilger und ihre Rituale kennen. Er erlebt Einsamkeit und Stille, Erschöpfung und Zweifel, aber auch Hilfsbe-reitschaft, Freundschaften und Belohnungen – und eine ganz eigene Nähe
15 zu Gott. In seinem Buch über den Wert des Wanderns zeigt der beliebte Spaßmacher, wie er auch noch ist: abenteuerlustig, weltoffen, meditativ.

Piper Verlag. En: http://www.piper.de/buecher/ich-bin-dann-mal-weg-isbn-978-3-89029-312-7, 16.03.2016

Palabras útiles

pilgern	peregrinar	**der Comedian**	el/la cómico/a	**die Erschöpfung**	el agotamiento
die Pyrenäen	los Pirineos	**der Fernsehstar**	la estrella de televisión	**der Rucksack**	la mochila
der Pilger	el/la peregrino/a	**der Gläubige**	el/la creyente	**der Zweifel**	la duda
das Grab	la tumba	**faul**	perezoso/a, vago/a	**hilfsbereit**	dispuesto/a a ayudar
die Pilgerreise	el viaje de peregrinación	**die Einsamkeit**	la soledad	**die Nähe**	la cercanía
		unsportlich	poco deportivo/a	**wandern**	caminar

4 Enfoque a Andalucía

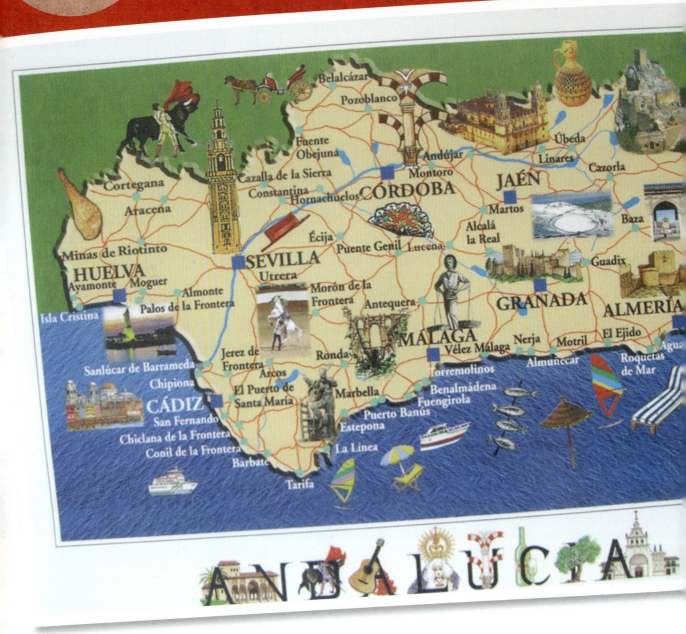

1. Mira estas dos postales de Andalucía. En parejas, elegid cada uno/a una postal y describid mutuamente lo que veis. M 5.2

2. Escribid "la oferta turística" de Andalucía y "las actividades" que puedes hacer.

3. Y a ti, ¿qué te gustaría hacer? ¿Qué oferta o qué actividad te gusta más? Explícale a tu compañero/a por qué.

4. ¡A debatir! ¿Cuál de las dos postales representa mejor a Andalucía? Da tu opinión y habla con tu compañero/a. M 1.2

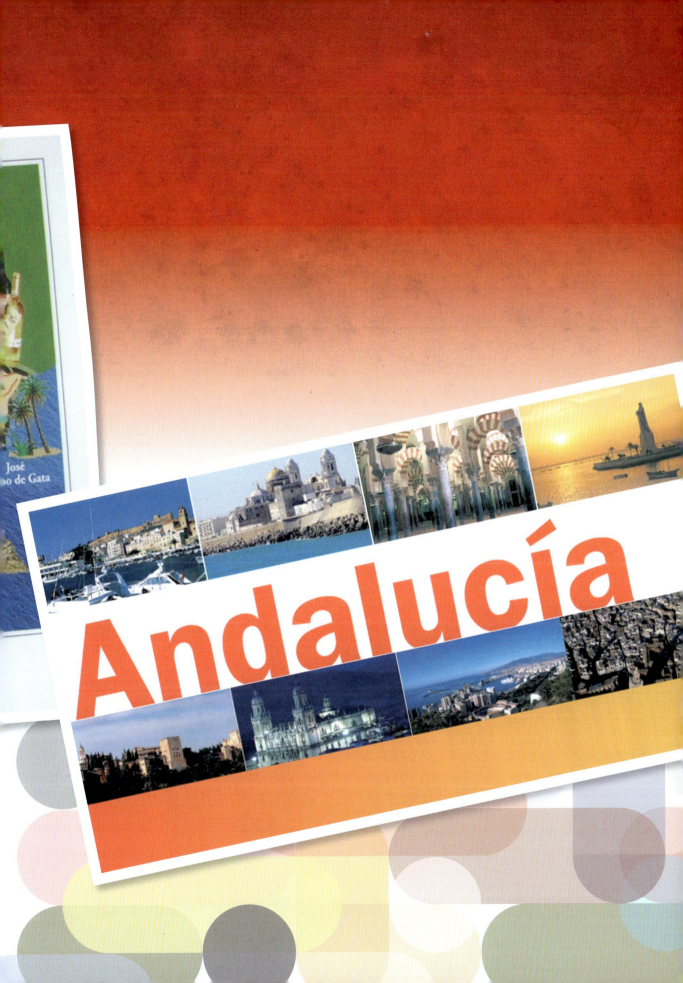

1. La diversidad cultural e histórica

1.1 Aprender en etapas

Para conocer la diversidad cultural de Andalucía te presentamos un tema dividido en cuatro etapas. Vas a conocer diferentes facetas (tapas, flamenco, ...) realizando las actividades indicadas (trabajo individual o trabajo en parejas o en grupos).

Después de cada etapa puedes comprobar tus resultados con las soluciones. Al final en parejas diseñaréis un crucigrama sobre Andalucía. Para esto formulad 15 preguntas sobre los contenidos de las etapas (p.ej. ¿Cómo se llama un baile típico de Andalucía? → flamenco) y intercambiad los crucigramas con otra pareja.

Etapa 1: Las tapas

Acércate

Trabaja con tu compañero/a y completa las siguientes frases. Comentad vuestras ideas.

a) Mi comida favorita es/son ▨▨▨▨▨▨ porque ▨▨▨▨▨▨.

b) Creo que una comida tradicional/típica de Alemania es/son ▨▨▨▨▨▨.

c) Cuando pienso en la cocina española pienso en ▨▨▨▨▨▨.

d) Algunos platos españoles que ya conozco son ▨▨▨▨▨▨.

e) A mí me gusta(n) más ▨▨▨▨▨▨.

Para Antonio Romero, propietario de uno de los restaurantes de tapeo más famosos de Sevilla, el pulpo a la gallega, el pescaíto frito de sabor andaluz, el queso viejo, las patatas alioli, las empanadillas, las gambas o la sepia a la plancha son las tapas que más éxito tienen en su taberna. An-
5 tonio comenta que "los turistas aprenden con mucha facilidad el arte del tapeo y les encanta probar de todo. Las tapas con jamón siempre son las más demandadas".

El verbo "tapear" nace del hábito que existe en muchas localidades españolas de salir con amigos para ir a un bar, consumir un tentempié junto con
10 una cerveza o un vino y luego cambiar de establecimiento para degustar más tapas o pinchos. Esta práctica ha ido sustituyendo cada vez más comidas y cenas convirtiéndose en una nueva forma de compartir la variedad gastronómica española.

Hay tapas para todos los gustos. Las creaciones se mueven entre las tapas
15 tradicionales de toda la vida (como la broqueta de salchichas, la tortilla española o el jamón) y otras de un concepto más moderno (p.ej. la tapa compuesta por yema de huevo, foie y trufa).

el pulpo a la gallega Tintenfisch nach galicischer Art - **el pescaíto** → *el pescado* - **la empanadilla** gefüllte Teigtasche - **la gamba** Garnele - **la sepia a la plancha** in der Pfanne gebratener Tintenfisch

demandar bestellen - **el hábito** (An)Gewohnheit - **el tentempié** Imbiss - **el establecimiento** *aquí: el bar, el restaurante* - **degustar** verkösten - **el pincho** *una tapa pequeña* - **sustituir** ersetzen

la broqueta de salchichas Wurstspieß - **la yema** Eigelb **el foie** Pastete - **la trufa** Trüffel

Madrid, País Vasco y Andalucía son las estrellas en cuestión de tapeo y la costumbre de salir de tapas está cada vez más extendida en España, que
20 se ha convertido en una seña de identidad de la cultura gastronómica del país.

Se dice que el origen de las tapas surgió en el siglo XIII con el reinado de Alfonso X "el Sabio". Éste debía tomar vino a causa de una enfermedad, y para evitar los efectos del alcohol, tomaba pequeños bocados acompa-
25 ñando a la bebida. Tras recuperarse, ordenó a las tabernas castellanas que sirvieran una porción de comida para acompañar el vino y evitar que éste se subiera a la cabeza.

la estrella Star
extender ausbreiten
la seña Zeichen

surgir aufkommen - **el reinado** Herrschaft
evitar verhindern - **el bocado** Bissen - **recuperarse** sich erholen, genesen

Carmen Boronat: Nos vamos de tapas. En: http://www.veintemundos.com/magazines/77-en/#articulo, 08.04.2016

Comprensión

1. Lee los diferentes párrafos del texto y busca un título para cada uno. `M` `4.` Después pon en orden los fragmentos del texto.

2. Comparad vuestras propuestas en clase. ¿Qué estructura os parece más lógica?

3. Contesta las siguientes preguntas con tus palabras:
   a) ¿Qué es una tapa?
   b) ¿En qué comunidad es más común ir de tapas?
   c) ¿Cuáles son las tapas más típicas?
   d) ¿Qué tiene de especial "ir de tapas"?
   e) ¿En qué consiste hacer un tapeo?

Trabajo con el texto

Tus padres van a viajar a Sevilla. En las vacaciones quieren disfrutar de la gastronomía andaluza. Déjales una nota en alemán en la que les explicas lo que sabes sobre las tapas. `M` `3.`

Más allá del texto

Observa el menú de la foto a la derecha. Alrededor de ella hay cuatro fotos de platos típicos. ¿Puedes encontrar los nombres de los platos en el menú? Comprueba tus respuestas con ayuda de un diccionario. Explica los otros platos del menú también con ayuda del diccionario. `M` `4.`

TAPAS
PULPO A LA GALLEGA 12.50
GAMBAS AL AJILLO 8,40
CALAMAR ROMANA 5,30
RABAS 5,40
CHIPIRONES 6,70
CHAMPIÑONES AL AJILLO 4,60
PIMIENTOS DE PADRON 4.50
BACALAO SALSA DE PIQUILLO 6,50
GULAS Y GAMBAS AL AJILLO 9,60
ALBÓNDIGAS CASERAS 5,20
CHORICITOS A LA SIDRA 4,50
ESPARRAGOS A LA PLANCHA 5,30
TORTILLA ESPAÑOLA 4,50
PINCHO MORUNO "ZORZA" 5,20

Etapa 2: El flamenco

Acércate

1. ¿Qué sabes del flamenco? Anota lo que sabes completando el acróstico según el ejemplo. Si te faltan una o dos palabras puedes añadirlas más tarde mientras realizas los ejercicios.

2. Compara tus anotaciones con las de tu compañero/a. ¿Hay diferencias o ideas comunes?

G
U
I
T
A
R
R
A

FLAMENCO

Niña Pastori: Tú me camelas

Estribillo
Tú me camelas,
tú me camelas;
me lo han dicho tus acais,
que me lo han dicho, primo, tus acais;
5 tú me camelarás.
Tú me camelas,
tú me camelas,
tú me camelarás.

Si te vas y me dejas triste,
10 si te vas ¡ay qué soledad!
Si no estás ...,
el cielo no se poblará de estrellas;
si no estás,
ay ¿por quién despertar?

Estribillo

15 Lleva mi niña un traje
con sus volantes, con sus volantes;
el pelo negro al aire,
negro azabache, negro azabache.
Bésame,
20 como las olas besan a la orilla
Bésame,
ay como besa el hambre al pan.

Estribillo

Con la mirada distante,
con la sonrisa pintá,
25 mi niña se echa palante;
sopa de estrellas y luz de coral.
Mi niña se hace gigante,
y juega a la luna con la ciudad.

Estribillo

---

camelar verführen

los acais *los ojos* (auf Romani)

la soledad → *solo/a*

el cielo Himmel - **poblar** bevölkern

Album: Entre dos puertos, 1996

el traje *hier:* Flamencokleid - **el volante** Rüsche

negro azabache pechschwarz - **pintá** *pintado/a*

palante *para adelante* - **la sopa de estrellas** Sternenhimmel

luz de coral korallenfarbiges Licht

Comprensión

 1. Escucha este ejemplo de música flamenca `80500-02` e intercambia tus impresiones sobre los efectos musicales con tu compañero/a de clase (melodía, ritmo, voz). `M` `5.1.2`

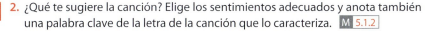

2. ¿Qué te sugiere la canción? Elige los sentimientos adecuados y anota también una palabra clave de la letra de la canción que lo caracteriza. **M** 5.1.2

a. ■ la alegría - palabra clave:

b. ■ la pena – palabra clave:

c. ■ la agresión – palabra clave:

d. ■ el orgullo – palabra clave:

e. ■ la soledad – palabra clave:

f. ■ la nostalgia – palabra clave:

g. ■ el amor – palabra clave:

h. ■ la desesperanza – palabra clave:

3. Describe y explica la situación y los sentimientos del yo lírico.

Trabajo con el texto

1. La canción contiene varios recursos estilísticos. Busca una anáfora, una personificación y una interrogación retórica para después analizar su función. **M** 4.

recurso estilístico	línea	función
anáfora		
personificación		
interrogación / pregunta retórica		

2. Escribe una cuarta estrofa teniendo en cuenta el estilo de la canción. Posibles temas: la amistad, el futuro, la nostalgia, etc.

Más allá del texto

1. Describe las siguientes imágenes de manera detallada. **M** 5.2

2. ¿Qué nuevos detalles sobre el flamenco puedes sacar de las siguientes imágenes (qué, cómo, dónde, quién, cuándo)? Fíjate en las expresiones, las personas, los lugares, etc. ¿Puedes decir algo más sobre el flamenco? Escribe una lista resumiendo la información que tienes. **M** 5.2

Palabras útiles

el tablao	Flamencolokal
el poster	Poster
el traje de flamenco	Flamencokleid
el cante	Gesang
el toque	(Gitarren) Musik
el baile	Tanz

3. Dibuja un gráfico (p. ej. un mapa conceptual) del flamenco, ordenando los conceptos principales. Une los conceptos con conectores (p. ej. *consiste en, se encuentra en, elementos son ...*) para poder presentar tu gráfico oralmente. Si puedes, añade más aspectos.

M 1.1

castañuelas

Cádiz

el abanico

la percusión

el cante

Sevilla la tradición cultural

el traje de flamenco

la guitarra

Andalucía

el toque Córdoba

el baile

el tablao

el flamenco

el Patrimonio cultural de la Humanidad

Palabras útiles

el huevo de pascua	Osterei
buscar	suchen
varios colores	bunt
esconder	verstecken
pintar	bemalen
la iglesia	Kirche
el cordero	Lamm
la hoguera de pascua	Osterfeuer

Etapa 3: La Semana Santa

Acércate

Habla con tu compañero/a: ¿Cómo celebráis la Pascua en Alemania?

La Semana Santa en España

Con la entrada de la primavera, llega la Semana Santa, una de las festividades más auténticas, emotivas y con más siglos de historia que se celebran en España. Las calles de la gran mayoría de ciudades y pueblos se convierten en escenarios de fervor y devoción religiosa, en los que se entre
5 mezclan el duelo y el recogimiento al recordar la muerte de Cristo, con la música, el arte, el colorido y la magia de las procesiones, desfiles solemnes en los que numerosas personas acompañan a las imágenes religiosas.

Toda España conmemora la Semana Santa, una celebración que en cada zona y rincón de nuestro país tiene sus propias características. Esta festivi
10 dad, además de estar enraizada en el imaginario popular desde hace siglos, también está muy vinculada con el arte. Lo demuestran, por ejemplo, las numerosas imágenes religiosas de Jesucristo y la Virgen, iconos tallados con realismo y maestría por escultores como Juan de Juni, Pedro Berruguete o Gil de Siloé. Estas obras excepcionales del arte religioso español,
15 muchas de ellas con más de cinco siglos de antigüedad, salen a la calle para ser contempladas por miles de personas, que las admiran con devoción y respeto.

La Semana Santa en España #Easterinspain.
En: http://www.spain.info/es/reportajes/la_semana_santa_en_espana.html,
08.04.2016

emotivo/a → *la emoción*
convertirse en sich verwandeln in - **el fervor** Hingabe - **la devoción** Verehrung - **entremezclar** vermischen - **el duelo** Trauer - **el recogimiento** Andacht - **el desfile** *la procesión* - **solemne** festlich **conmemorar** gedenken - **la celebración** → *celebrar* - **el rincón** Ecke **enraizado/a** verwurzelt - **el imaginario** Gedankenwelt - **vinculado/a** *relacionado/a* - **el icono** *la imagen* **tallar** schnitzen - **la maestría** Geschick

contemplar *mirar*

Comprensión

 1. Decide si estas afirmaciones son correctas (C) o falsas (F) y justifica tu respuesta. M 4.

	C	F
a. La Semana Santa tiene lugar antes del verano.	☐	☐
b. Esta festividad tiene un carácter espontáneo y divertido.	☐	☐
c. Existe desde hace poco tiempo.	☐	☐
d. En España se conmemora la muerte de Cristo con procesiones con imágenes religiosas.	☐	☐
e. En toda España se celebra de igual forma.	☐	☐
f. Las figuras de madera fueron talladas por escultores muy importantes del siglo pasado.	☐	☐

2. Los días de la Semana Santa se celebran en Andalucía de forma diferente. Busca en internet cómo se celebran los siguientes días y expón la información en clase. M 1.1
a) el Domingo de Ramos
b) el Jueves Santo
c) el Viernes Santo
d) el Lunes Santo

3. Indica las diferencias y semejanzas entre España y Alemania con respecto a la Semana Santa.

Etapa 4: La herencia árabe en Andalucía

Acércate

A continuación aparecen cuatro mapas de la Península Iberica durante la Edad Media. Míralos durante un minuto. ¿Qué potencias hay en la península? ¿Cómo se desarrolla su extensión, o sea, su zona de influencia a través de los siglos? ¿Cuáles son los reinos más importantes? Coméntalo con tu compañero/a. M 1.2

Reino de Navarra · Condado de Barcelona · Oviedo · Santiago de Compostela · León · Burgos · Pamplona · Jaca · Reino de León · Dominios musulmanes independientes · Oporto · Salamanca · Zaragoza · Barcelona · Toledo · Emirato de Córdoba · Valencia · Lisboa · Mérida · Córdoba · Sevilla · Granada
REINOS PENINSULARES DURANTE LA RECONQUISTA
910

Reino de Navarra · Condado de Barcelona · Oviedo · Santiago de Compostela · León · Burgos · Pamplona · Reino de Aragón · Ribagorza · Jaca · Reino de León y Castilla · Oporto · Salamanca · Zaragoza · Barcelona · Toledo · Reinos de Taifas · Valencia · Lisboa · Mérida · Córdoba · Sevilla · Granada
REINOS PENINSULARES DURANTE LA RECONQUISTA
1037

REINOS PENINSULARES DURANTE LA RECONQUISTA
1150

REINOS PENINSULARES DURANTE LA RECONQUISTA
1492

El dominio musulmán en la Península Ibérica

A partir del año 711 se expandió un nuevo poder por la Península Ibérica. Cruzando el Estrecho de Gibraltar los bereberes, un pueblo musulmán, conquistaron grandes partes de los territorios cristianos. Llamaron a sus tierras Al-Ándalus, palabra de la que procede el nombre actual de Anda-
5 lucía.

Las zonas gobernadas por los musulmanes se dividieron en califatos, siendo el Califato de Córdoba uno de los más importantes de la época. En cada califato había un califa que era la persona que tenía la máxima autoridad política y religiosa.

10 El dominio musulmán se impuso en la Península casi ochocientos años, por lo que dejó una gran influencia cultural: hoy en día se nota todavía, por ejemplo, en las matemáticas ya que se siguen utilizando las cifras árabes. En la agricultura los bereberes introdujeron el cultivo de plantas antes desconocidas, como el arroz, las naranjas o el azafrán. En la artesanía
15 y en la industria desarrollaron la fabricación de objetos de cuero, tejidos, vidrio y cerámica. Muchas palabras del castellano tienen origen árabe, como Guadalquivir, azulejo, almohada, alcachofa. Pero donde se percibe más notablemente la huella musulmana es en las hermosas construcciones que dejaron en la Península Ibérica. Entre ellas destacan:

20 • La Alhambra de Granada: un palacio donde residían los últimos reyes musulmanes.

• La Mezquita de Córdoba: una de las mezquitas más hermosas del mundo.

• La Giralda de Sevilla: el minarete de la antigua mezquita de la ciudad.

25 Los reinos cristianos deseaban reconquistar los territorios. Desde el norte de la Península iniciaron la Reconquista para expulsar a los musulmanes. En el año 1492 vencieron al último rey árabe del Reino de Granada.

Sebastian Bolz

---

el dominio Herrschaft

musulmán/a muslimisch

expandirse sich ausbreiten

la Península Ibérica Iberische Halbinsel (Spanien und Portugal)

conquistar erobern - **proceder** abstammen

el califato Kalifat (islamisches Herrschaftsgebiet)

árabe arabisch - **introducir** einführen - **el cultivo** Anbau

el azafrán Safran - **el cuero** Leder

el tejido Stoff - **el vidrio** Glas

el azulejo Kachel - **la almohada** Kopfkissen - **la alcachofa** Artischocke - **percibir** wahrnehmen

la huella Spur - **residir** wohnen, ansässig sein

la mezquita Moschee

el minarete Minarett

expulsar vertreiben

vencer besiegen

Comprensión

1. Revisa las frases siguientes. ¿Son correctas (C) o falsas (F)? M 4.

	C	F
a. Los nuevos soberanos de la Península proceden de África.	☐	☐
b. El islam tiene un papel importante para los bereberes.	☐	☐
c. Los musulmanes conquistaron la Península Ibérica en el año 800.	☐	☐
d. Las palabras "cuero", "tejido" y "vidrio" tienen un origen árabe.	☐	☐
e. El minarete de la Mezquita de Córdoba se llama Giralda.	☐	☐
f. Al final del siglo XV desapareció el poder árabe por la Reconquista cristiana.	☐	☐

2. Diseña un mapa mental sobre el tema "Al-Ándalus" utilizando las palabras claves del texto (la conquista musulmana, la influencia cultural, los monumentos, la reconquista, etc.).

Trabajo con el texto

Basándote en tus conocimientos anteriores, comenta la importancia de la época musulmana para la España de hoy (p.ej. para el turismo, la economía o la cultura). M 2.3

Más allá del texto

1. Observa y describe la imagen arriba. Busca las palabras que necesites en el diccionario. Presentale la imagen a tu compañero/a utilizando también el vocabulario para describir imágenes. M 5.2.1

2. En la siguiente página web 80500-03 puedes hacer una visita virtual de la Alhambra.
  a) Busca el lugar de la foto anterior. ¿Cómo se llama ese lugar?
  b) ¿Cuál es tu impresión sobre el palacio? Coméntalo con tu compañero/a.
  c) Elige el lugar del palacio que más te guste. Decribe lo que hay y explícale tu elección a tu compañero/a.

3. Imagínate que has visitado la Alhambra en las vacaciones. Escribe una postal a tu mejor amigo/a de Alemania con la información más importante sobre este monumento y la época musulmana en España. M 3.

i

Información adicional

La Alhambra es un bellísimo castillo árabe situado en Granada.
Alhambra significa "la roja" en árabe por el color rojizo de sus torres y de sus murallas. No es sólo el más bello, sino también el mejor conservado y más antiguo de todos los palacios árabes que quedan en el mundo. Es una de las atracciones turísticas más visitadas de Europa.

!

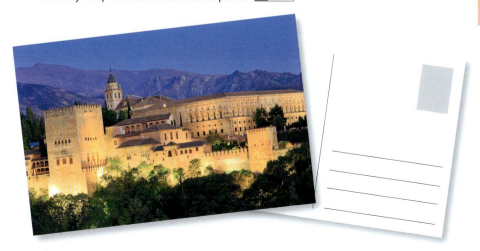

1.2 La tauromaquia

Acércate

1. Describe la foto utilizando las palabras útiles del recuadro. M 5.2.1
2. ¿Qué palabras asocias con las corridas de toros? Mira la imagen y escribe 5 sustantivos y 5 adjetivos que asocias con ellas.

Palabras útiles

el toro	Stier
el torero	Stierkämpfer
la muleta	rotes Tuch
el estoque	Stoßdegen

La historia de las corridas de toros

La corrida de toros es un espectáculo que consiste en lidiar varios toros bravos, a pie [o a caballo], en un recinto cerrado para tal fin, la plaza de toros.

En la lidia participan varias personas, entre ellas los toreros, que siguen 5 un estricto protocolo tradicional, [...] regido por la intención estética; sólo puede participar como matador el torero que ha tomado la alternativa.

Es el espectáculo de masas más antiguo de España y uno de los más antiguos del mundo. Como espectáculo moderno realizado a pie, fija sus normas y adopta su orden actual a finales del siglo XVIII en España, donde la 10 corrida finaliza con la muerte del toro.

Las corridas de toros son consideradas una de las expresiones de la cultura hispánica. Se practican también en Portugal (donde [...] no se le da la muerte al toro en la plaza), en el sur de Francia y en diversos países de Hispanoamérica como México, Colombia, Ecuador, Perú, Venezuela y 15 Costa Rica.

Corrida de toros. En: http://arteynobleza.jimdo.com/fiesta-nacional/corridas-de-toros/, 08.04.2016

consistir en bestehen aus

lidiar *torear* - **bravo/a** wild

el recinto Gelände

la lidia → *lidiar*

regir bestimmen

tomar la alternativa die Ausbildung zum Torero absolvieren

considerar halten für

Comprensión

Opción A

Lee las siguientes frases y di si son correctas (C) o falsas (F). Corrige las frases falsas. M 4.

Opción B

Lee el texto y anota 5 palabras claves. Con la ayuda de estas palabras prepara un resumen oral del texto. M 4.

	C	F
a. Las personas se enfrentan al toro tanto a pie como a caballo.		
b. Las corridas de toros son el espectáculo más antiguo de España.		
c. Al final de la corrida el toro todavía está vivo.		
d. Las corridas de toros son una expresión de la cultura española.		
e. El toreo es una tradición que sólo existe en España.		

Más allá del texto

1. El toreo es tema de muchas obras de arte ¿Por qué crees que es motivo de tantas obras de arte? Coméntalo con tu compañero/a. M 1.2

2. Busca en internet:

   a) ¿Qué pintores se inspiraron en el toreo? Escribe tres pintores famosos.

   b) Elige una de sus obras de arte más importantes y preséntasela a tu compañero/a siguiendo estos tres pasos: M 1.1
      - datos de la obra (pintor, título, año en el que se pintó, tamaño, ...)
      - descripción (elementos, colores, composición, ...)
      - intención (¿Qué mensaje transmite la obra?)

La corrida de toros – ¿Tradición o tortura?

Acércate

1. Trabajad en parejas. Describid los dos carteles. M 5.2.2

2. Explica la intencionalidad de los carteles analizando el modo de representar este tema. M 5.2.2

Cataluña prohíbe los toros

El Parlamento ha aprobado la *Iniciativa Legislativa Popular* (ILP) para prohibir las corridas de toros en Cataluña. (La propuesta ha salido adelante con 68 votos a favor, 55 en contra y 9 abstenciones, un margen incluso algo mayor del que se esperaba.) Tras la votación han llegado los gritos y los aplausos de los abolicionistas que ocupaban la tribuna. También entonces se han vivido, al otro lado, tristeza y lágrimas de los defensores de la fiesta.

Eva Belmonte: Cataluña prohíbe los toros. En: http://www.elmundo.es/elmundo/2010/07/25/barcelona/1280081754.html, 28.07.2010

Más allá del texto

En grupos de 4 comentad si la corrida de toros debería ser abolida también en Andalucía: En una ciudad, últimamente ha habido muchas protestas antitaurinas y las autoridades se ven obligadas a reaccionar. Se organiza un debate entre representantes de las diferentes posiciones para llegar a un acuerdo. M 1.2

a) Preparad una introducción (un monólogo corto) para introducir vuestra posición sobre este asunto.

b) Preparad argumentos para apoyar vuestra posición.

c) Anticipad contraargumentos.

d) Llegad a un acuerdo.

Repartid en el grupo los siguientes roles:

un representante de la ciudad	un miembro de la organización PETA	un miembro de una organización antitaurina	un político local
no le gusta que descienda el número de corridas de toros porque aportan beneficios económicos a la ciudad	considera las corridas de toros un crimen y una crueldad	advierte de los aspectos inhumanos que conlleva la tauromaquia	quiere que se proteja el toreo ya que forma parte de la cultura española

1.3 Los gitanos

Acércate

1. ¿En qué pensáis al escuchar el término "gitano"?

2. ¿Por qué pensáis así? ¿Habéis tenido también alguna experiencia personal?

Origen e historia

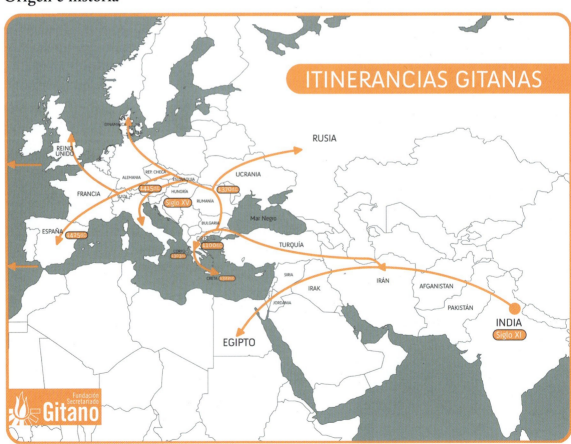

Trabajo con el texto

1. Ordena las frases sobre la migración de los gitanos con la ayuda del mapa.

A.	En el siglo XI el Islam invade la India y los indios [...] emprenden una gran migración hacia el oeste.
B.	A mediados del siglo XIV se detectan ya asentamientos gitanos en casi todas las islas del Mediterráneo y en la Grecia continental.
C.	El camino empezó en la India.
D.	Poco a poco los grupos gitanos se fueron extendiendo por toda Europa.
E.	Se casaron entre sí, se mezclaron en Persia y allí formaron un pueblo denominado *Dom* o *Rom*.
F.	La esperanza de encontrar unas mejores condiciones de vida en otra tierra hicieron que poco a poco diversos grupos de gitanos viajasen en pos del Sol, atravesando el Bósforo y llegando a Europa.

Orígen histórico. En: http://www.unionromani.org/pueblo_es.htm, 19.04.2016

2. Presenta la migración de los gitanos en una charla de un minuto. M 1.1

La sociedad gitana a través de los ojos de Juan de Dios Ramírez-Heredia

Acércate

1. Teniendo en cuenta lo que sabes sobre los gitanos y con la ayuda del dicho siguiente, diseña la bandera de los gitanos.
"Somos gitanos, ciudadanos del mundo. Nuestro techo es el cielo y la tierra toda, nuestra patria."

2. Presentad vuestras banderas. Elegid la que más os guste y explicad por qué.

3. Comparad las banderas con la bandera original que vuestro/a profesor/a os va a mostrar. ¿Qué similitudes y diferencias se pueden observar?

4. Analiza la bandera original explicando su significado. M 5.2

Comprensión

1. Escucha la primera parte de la entrevista a Juan de Dios Ramírez-Heredia, el presidente de la Unión Romaní Española, y anota cuáles de las siguientes palabras escuchas. M 5.1.1

la piel   la comida   la frontera   la historia   las guarderías

la etnia   el pueblo   el absentismo   la indignación   el racismo

2. Escucha toda la entrevista sobre la situación de los gitanos en España. M 5.1.1

Opción A

Termina las frases de Juan de Dios Ramírez-Heredia:

a) El racismo contra los gitanos forma parte del ▨▨▨.

b) Formamos un pueblo que a lo largo de la historia ▨▨▨.

c) La lucha contra el barroquismo gitano ▨▨▨.

d) Si el gitano sale ▨▨▨, la sociedad paya que buena y generosa es que se rompe las manos aplaudiéndole.

e) La gitaneidad es ▨▨▨.

Opción B

Lee las siguientes frases y decide si son correctas (C) o falsas (F). Corrige las frases falsas.

	C	F
a. El racismo al que se ven enfrentados los gitanos es una tendencia nueva.	▨	▨
b. En el lenguaje coloquial existen expresiones despectivas que incluyen la palabra "gitano".	▨	▨
c. Ramírez-Heredia clasifica la tendencia de los gitanos a distanciarse como un modo de autodefensa.	▨	▨
d. Sentirse gitano y español a la vez no es posible.	▨	▨
e. Todos los gitanos viven en lugares de marginalidad.	▨	▨
f. Todavía existe un número muy alto de personas gitanas que no saben leer y escribir.	▨	▨
g. Ramírez-Heredía critica el modo con el que los payos ven a los gitanos que son toreros o bailaoras.	▨	▨
h. La gitaneidad consiste en el respecto hacia los mayores (entre otros) y debería ser trasmitida a la sociedad.	▨	▨

Trabajo con el texto

 Explica y comenta la siguiente parte de la entrevista: M 2.3

"Me da mucho miedo que pueda prevalecer algo que yo llamo «la discriminación de la indiferencia». Si el gitano sale artista, torero, bailaora, pintor, la sociedad paya que buena y generosa es que se rompe las manos aplaudiéndole y le tiene allá arriba. Lo hacen sinceramente, sin ningún tipo de prejuicio y les importa un carajo que sea gitano. Es más, hasta le ven una gracia al hecho que sea gitano."

prevalecer sich durchsetzen

salir *hier:* werden - **el/la bailaor/a** Flamencotänzer/in - **payo/a** *no gitano* - **importar un carajo** völlig egal sein

El racismo a través de las viñetas

Trabajo con el texto

1. Elige una de las dos viñetas y descríbela. M 5.2.2
2. Analízala, haz anotaciones y prepara una presentación corta. M 5.2.2
3. Expón en clase la viñeta elegida.

Más material:
1.4 Federico García Lorca:
La casa de Bernarda Alba 80500-05

2. Las dos caras del turismo

Ilegales en España: esperanzas ahogadas en un mar de plástico

Muchos inmigrantes ilegales arriesgan su vida en el camino hacia Europa. Pero en vez del paraíso soñado, muchos terminan trabajando en los invernaderos de Andalucía.

Steffen Leidel. En: http://www.dw.de/ilegales-en-espa%C3%B1a-esperanzas-ahogadas-en-un-mar-de-pl%C3%A1stico/a-2440937, 12.04.2007

ahogado/a ertränkt

el invernadero Gewächshaus

Andalucía es la Comunidad Autónoma con más costa artificial de toda España

Comunicado de prensa. En: http://www.greenpeace.org/espana/es/news/2013/Agosto/Andalucia-es-la-Comunidad-Autonoma-con-mas-costa-artificial-de-toda-Espana/, 08.08.2013

Actualidad al día. Turismo Sostenible. Andalucía

Andalucía aprueba la formulación del Plan General del Turismo Sostenible para el horizonte 2014-2020

Celia Gonzalo Miguel. En: http://www.actualidadjuridicaambiental.com/?p=9715, 10.05.2013

sostenible nachhaltig

aprobar genehmigen

Andalucía refuerza el liderazgo en agricultura ecológica con 949.000 hectáreas

EFE. En: http://www.diariocordoba.com/noticias/cordobalocal/andalucia-refuerza-liderazgo-agricultura-ecologica-949-000-hectareas_844405.html, 22.11.2013

reforzar stärken - **el liderazgo** Führungsposition

Andalucía, Ceuta, Melilla, Canarias y Extremadura son las regiones con mayor paro de la UE

En: http://www.20minutos.es/noticia/2114654/0/andalucia-ceuta-melilla/canarias-extremadura/regiones-mayor-paro-ue/#xtor=AD-15&xts=467263, 15.04.2014

el paro Arbeitslosigkeit

La sequía castiga a más de medio millón de hectáreas de cultivos y pastos en Andalucía

Concha Araújo. En: http://www.eldiario.es/andalucia/enclave_rural/Claves-amenaza-produccion-agrariaandaluza_0_263174466.html, 28.05.2014

la sequía *la falta de agua*
castigar bestrafen - **el pasto** Weide(land)

Comprensión

¿Cuáles son - según los títulos de los periódicos – los retos para Andalucía? M 4.

Trabajo con el texto

¿Qué sabes ya sobre los temas mencionados en los títulos?

2.1 Andalucía – un destino fabuloso

Acércate

El turismo mundial vivió un fuerte cambio en el siglo XX, de un turismo de minorías pasó a un turismo de masas. ¿Cuáles son las posibles razones de este cambio? ¿Y por qué Andalucía se transformó en uno de los destinos favoritos? Discute con un/a compañero/a. M 1.2

Turismo, de mito romántico a motor económico

A medida que avanzaron las décadas de los años cincuenta y sesenta del siglo pasado fue creciente el número de hogares europeos y norteamericanos con capacidad económica y temporal para practicar actividades turísticas. El turismo dio entonces un salto de gigante. Las minorías, es decir, los
5 turistas tradicionales, que no desaparecieron, dieron paso a las masas. Eso fue posible, entre otros factores, por la prosperidad experimentada por la economía mundial entre 1950 y 1973, el aumento de las rentas personales de sectores cada vez más amplios de la población, el avance experimentado a escala internacional por los medios de transporte, especialmente el aéreo,
10 la generalización de las vacaciones pagadas y el aumento del tiempo libre. Todo ello contribuyó a que entre los años 1950 y 1975 las llegadas turísticas internacionales crecieran a una tasa anual acumulada del 9,1%, siendo los lugares con climas cálidos del sur de Europa y de Norteamérica los más atractivos para los nuevos turistas.

15 **Los años del boom**

[...] Ya desde el siglo XIX Andalucía fue centro receptor de visitantes, atraídos por su riqueza artística, sus balnearios y por la bondad de su clima. Debido a esto, Andalucía no se mantuvo ajena al turismo de masas y, además, resultó ser uno de los destinos más favorecidos en esta nueva etapa
20 del turismo mundial, convirtiéndose ya en las décadas de los sesenta y setenta del siglo pasado en uno de los principales centros de atracción de visitantes. Son muchas las razones que hicieron que Andalucía se convirtiera en uno de los destinos turísticos preferidos por las grandes corrientes de ciudadanos que buscaban un lugar para pasar su periodo vacacional. Cabe
25 destacar la bondad de su clima, su variedad paisajística, su rico patrimonio artístico y cultural,[...] sus precios muy competitivos y la cierta proximidad

---

a medida que in dem Maße wie

avanzar voranschreiten - **el hogar** Haushalt

dar un salto *hier:* in die Höhe schnellen - **desaparecer** verschwinden - **dar paso a** Platz machen für - **la prosperidad** Wohlstand, Wirtschaftsaufschwung

el aumento Zunahme - **la renta personal** persönliches Einkommen - **el avance** Fortschritt

contribuir a beitragen zu

el balneario Badeort

mantenerse ajeno/a a sich fern halten von

convertirse en sich verwandeln in

cabe destacar es bleibt noch hervorzuheben - **el patrimonio** Kulturgut

geográfica con las principales naciones emisoras de turistas. Y es que, a pesar de situarse en el sur de España, lo que la coloca en una ubicación comparativamente peor frente a otras regiones españolas, gracias a la generalización del transporte aéreo se logró minimizar esta desventaja: de hecho, si en 1950 llegaron a Andalucía por vía aérea 44.350 viajeros, en 1975 la cifra ascendía a 3,8 millones. Todos los factores anteriores determinaron que Andalucía, y principalmente la provincia de Málaga, lograse un papel protagonista en lo que se dio a conocer como el boom turístico.

Carmelo Pellejero Martínez: Turismo, de mito romántico a motor económico. En: Andalucía en la Historia, N° 37 2012.

lograr erreichen

Comprensión

Opción A

1. Lee el primer texto y busca las explicaciones que da el texto acerca del auge del turismo de masas. M 4.

2. Ahora lee el segundo texto y encuentra las razones por las que España es un destino atractivo para muchos turistas. M 4.

Opción B

Lee el texto y comprueba si vuestras ideas acerca del auge del turismo de masas en Andalucía son ciertas. M 4.

Trabajo con el texto

Explica por qué se habla del "boom turístico".

Más allá del texto

La *Junta de Andalucía* ha lanzado una campaña de promoción del turismo en Andalucía. Mira el vídeo de la campaña *Tu mejor tú* 80500-01 .

Opción A

Mira el vídeo de la Junta de Andalucía y apunta las actividades turísticas que se presentan en el vídeo. M 5.3

Opción B

Mira el vídeo de la Junta de Andalucía. Analiza la imagen de Andalucía que se transmite en el vídeo teniendo en cuenta el título de la canción: M 5.3

a) ¿A quién se dirige?
b) ¿Con qué intención?
c) ¿Qué papel desempeña la música?

2.2 El turismo y la economía andaluza

Acércate

Utiliza la información de los gráficos para redactar un texto sobre la situación económica de Andalucía. M 2.2.2 c

Estructura productiva de Andalucía

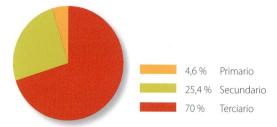

	4,6 %	Primario
	25,4 %	Secundario
	70 %	Terciario

Distribución sectorial del empleo

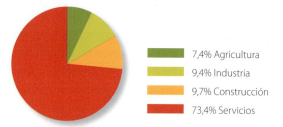

	7,4% Agricultura
	9,4% Industria
	9,7% Construcción
	73,4% Servicios

El sector primario:	El sector secundario o industrial:	El sector terciario o servicios:
• La agricultura • La ganadería • La pesca • La minería • La explotación forestal	• La industria agroalimentaria • La industria energética • La construcción	• El comercio • El turismo • El transporte

la ganadería Viehzucht - **la pesca** Fischerei - **la minería** Bergbau - **la explotación forestal** Forstwirtschaft - **agroalimentario/a** zur Verarbeitung landwirtschaftlicher Produkte

Tasa de paro en Andalucía

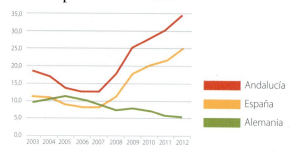

Andalucía
España
Alemania

Andalucía prevé que 2014 sea el mejor año turístico de la historia

prever vorhersehen

La comunidad cerraría diciembre con 45 millones de pernoctaciones hoteleras.

Andalucía espera que 2014 sea "el mejor año turístico de la historia", con una previsión al cierre del ejercicio de 45 millones de pernoc-
5 taciones hoteleras (un 4,3% más que el ejercicio anterior), según ha afirmado este lunes la presidenta de la Junta, Susana Díaz, durante la jornada inaugural de la feria turística *World Travel Market* (WTM) de Londres. Díaz, que ha garantizado que no habrá recortes presupuestarios en Turismo, ha señalado que entre enero y septiembre de este año los hoteles de la
10 comunidad han alojado a 12,4 millones de viajeros y que han generado 37 millones de estancias, lo que representa el mejor dato de la serie estadística. La presidenta también ha destacado la importancia del turismo para la recuperación económica. "Es un sector estratégico, de arrastre, con un peso del 13% en el PIB andaluz", ha matizado. [...]

EFE: Andalucía prevé que 2014 sea el mejor año turístico de la historia. En: http://ccaa.elpais.com/ ccaa/2014/11/03/andalucia/1415030032_738484.html, 03.11.2014

el ejercicio Geschäftsjahr - **la pernoctación** Übernachtung
la jornada inaugural Eröffnungstag - **la feria** Messe ·
el recorte Kürzung - **presupuestario/a** Budget-...
alojar beherbergen, unterbringen
la estancia Aufenthalt
destacar hervorheben
la recuperación Erholung - **de arrastre** Antrieb für die Wirtschaft

Trabajar en verano para vivir en invierno

Miles de malagueños cuentan los días para que llegue la temporada estival y con ella una oportunidad para trabajar.

Con la llegada del verano a la Costa del Sol también llega la esperanza

el/la malagueño/a Einwohner/in von Malaga

para muchas personas que encuentran en esta época estival un balón de
5 oxígeno para su situación económica. Estas personas, que llegan a ser miles, abandonan las filas del paro por unos meses para conseguir el dinero
que les permitirá sobrevivir durante el invierno. Detrás de una barra de un
bar, en un chiringuito, en un hotel, acomodando o animando a los turistas,
cocinando para ellos o vigilando por su seguridad. En definitiva, facilitan-
10 do las vacaciones y días de descanso a todos aquellos que vienen a Málaga
a disfrutar de la playa o las piscinas. Son oficios de verano, trabajos tem-
porales que reactivan la economía gracias al turismo y desinflan la cifra de
parados. De hecho, sólo en el mes de julio, la bajada más significativa de
Andalucía se registró en Málaga, con 4.953 desempleados menos, lo que
15 supone un descenso del 2,51% respecto al mes anterior.

Carmen Romera: Trabajar en verano para vivir en invierno. En: http://www.laopiniondemalaga.es/mala-
ga/2012/08/27/trabajar-verano-vivir-invierno/529282.html, 27.08.2012

la época estival *el verano*	
el oxígeno Sauerstoff	
abandonar verlassen	
el chiringuito Imbiss, kleines Geschäft am Strand - **acomodar** unterbringen - **vigilar por** wachen über - **facilitar** vereinfachen	
desinflar vermindern	
el/la parado/a Arbeitslose/r	
el descenso Rückgang	

Comprensión

Opción A

Decide si las siguientes frases son correctas o falsas.
Corrige las frases falsas. M 4.

	C	F
a. En 2014 45 millones de turistas viajaron a Andalucía.	▢	▢
b. El número de pernoctaciones aumentó un 4,3% desde 2013.	▢	▢
c. El número creciente de turistas en Andalucía no ayuda a salir de la crisis económica.	▢	▢
d. El turismo saca a muchos malagueños del paro durante el verano.	▢	▢
e. Los trabajos en el sector turístico son trabajos de baja cualificación.	▢	▢

Opción B

1. Apunta todas las cifras y datos acerca del turismo en el año 2014. M 4.

2. ¿Que tipos de trabajo ofrece el turismo estival en Andalucía? M 4.

Trabajo con el texto

1. Explica la importancia del turismo para Andalucía.
2. Relaciona la información de los textos con las gráficas anteriores.

Más allá del texto

Prepara una ficha informativa acerca del turismo en Andalucía. Incluye el desarrollo, algunas cifras actuales y la importancia para Andalucía.

2.3 El turismo andaluz y el medio ambiente

Acércate

1. Describe y compara los dos carteles. M 5.2.2
2. ¿Quién los publicó?
3. ¿Con qué intención?

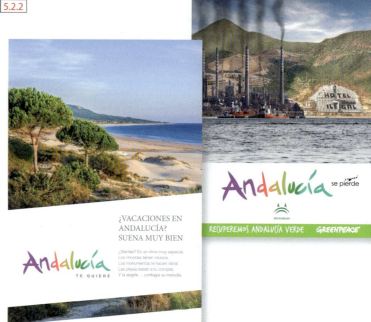

Aquí tienes el texto del cartel:

¿Sientes? Es un ritmo muy especial.
Los rincones tienen música.
Los monumentos te hacen vibrar.
Las playas bailan a tu compás.
Y la alegría … contagia su melodía.

---

el rincón Ecke - **vibrar** vibrieren, schwingen - **el compás** Takt - **contagiar a algn.** jmdn. anstecken

Trabajo con el texto

Mira la siguiente gráfica. Expresa tu opinión contestando estas preguntas: ¿Cuáles de los problemas ecológicos que preocupan a los andaluces están relacionados con el turismo de masas? ¿De qué manera influye el turismo de masas en el medio ambiente de Andalucía? M 5.2.3

¿Podría decirme los dos problemas ambientales más importantes que, en su opinión, tiene hoy Andalucía?

(Multirrespuesta)

Los incendios forestales	51,6%
La contaminación	24,1%
El deterioro de playas y mares	23,4%
La pérdida de paisajes y parajes naturales	17,8%
La desaparición de especies vegetales y animales	16,7%
La erosión de los suelos y la desertificación	16,6%
El deterioro de ríos, humedales y aguas subterráneas	14,7%
La falta de agua	6,2%
Otros	2,4%
Ninguno	2,1%
NS/NC	6,6%

la contaminación Verschmutzung, Verseuchung
el paraje natural naturbelassene Gegend - **la desaparición de especies** Artenschwund - **la erosión** Abtragung, Auswaschung (des Bodens) - **el suelo** Boden - **la desertificación** Wüstenbildung

Consejería de Medio Ambiente y Ordenación del Territorio de la Junta de Andalucía: ECObarómetro de Andalucía 2013.

¿Jugar al golf en Andalucía?

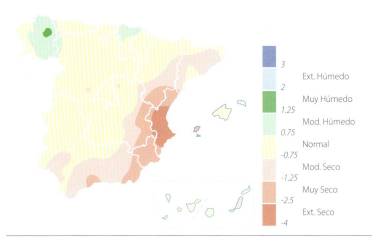

3 — Ext. Húmedo
2 — Muy Húmedo
1.25 — Mod. Húmedo
0.75 — Normal
-0.75 — Mod. Seco
-1.25 — Muy Seco
-2.5 — Ext. Seco
-4

húmedo/a feucht - **seco/a** trocken - **precipitaciones** Niederschläge

Según: Agencia Estatal de Meteorología. Ministerio de Agricultura, Alimentación y Medio Ambiente. Mapa del Índice de Precipitaciones Estandarizado 2014.

Comprensión

Describe la gráfica. ¿Qué nos dice acerca del clima de Andalucía? M 5.2

Trabajo con el texto

Compara la foto y la gráfica. ¿Qué te llama la atención? M 5.2.1

Más allá del texto

¿Cuáles son, según tu opinión, las consecuencias ecológicas de los campos de golf?

Un paraíso perdido y sepultado en cemento

Acércate

1. Describe y compara las dos fotos de la ciudad andaluza de Torremolinos. M 5.2.1
2. ¿Te gustaría pasar las vacaciones en Torremolinos tal como es hoy? ¿Por qué (no)?

Torremolinos en el año 1964   Torremolinos hoy

Las consecuencias del turismo de masas

En un artículo de periódico el exdirector de la *Agencia Europea de Medio Ambiente*, Domingo Jiménez Beltrán da su opinión sobre las urbanizaciones de la costa mediterránea. Aquí tienes algunas de sus citas:

- "Estamos convirtiendo el Mediterráneo en un gran paseo marítimo. [...] De los 47.000 kilómetros de costa mediterránea que tiene Europa, 25.000 están construidos."

5
- "Hay una espiral populista que obliga a construir más y más. Lo malo es que, si un alcalde intenta frenarlo, probablemente no salga elegido. La gente lo pide. Los que ganan con la venta y la construcción de lo que ahora llaman resorts, convencen a la población de que eso es bueno para todo el mundo, cuando la realidad es que sólo ganan ellos."

10
- "Las zonas que aún tienen litoral virgen y de gran valor, como Murcia o Almería, hacen lo posible para acercarse [al] 50% urbanizado."

- "La costa hay que dejarla medianamente libre porque es lo que pone en valor todo lo que hay detrás. Si saturas el litoral, lo que está a 20 kilómetros no vale. Hay que construir de menos a más, pero aquí lo hacemos al revés: el rascacielos lo ponemos en primera línea. Entre los
15
pueblos costeros no hay carreteras, sino bulevares."

- "¿Qué queremos ser, California, un litoral con zonas de investigación y conocimiento, o Florida, una costa exclusivamente residencial? Aún estamos a tiempo de escoger."

Las urbanizaciones ocupan el 34% de la costa mediterránea. En: http://noticias.spainhouses.net/2010/06/las-urbanizaciones-ocupan-el-34-de-la-costa-mediterranea/, 01.06.2010

---

convertir en verwandeln in

la espiral Spirale
el/la alcalde/sa Bürgermeister/in
frenar algo etw. bremsen

el litoral Küste - **virgen** jungfräulich, *hier:* unbebaut

medianamente einigermaßen, ziemlich - **saturar algo** etw. überlasten (*hier:* durch Bebauung)
de menos a más von wenig zu mehr - **hacer algo al revés** das Gegenteil (von etw.) tun - **el rascacielos** Wolkenkratzer
residencial Wohn-...
escoger (aus)wählen

Comprensión

Opción A

Confecciona una tabla en la que expones:
a) los aspectos que Beltrán crítica.
b) las soluciones y alternativas que propone.

Opción B

Explica la última cita de Jiménez Beltrán teniendo en cuenta las otras citas anteriores. M 4.

Trabajo con el texto

Imagínate que acabas de pasar unas vacaciones en Torremolinos. Estás muy decepcionado/a por tu estancia porque tenías una idea diferente de Andalucía.
Por eso escribes un comentario en un blog de la Junta de Andalucía. M 2.2.2 e

Más allá del texto

Escoge una de las imágenes. Descríbela y explica qué relación tiene con el turismo en Andalucía.
M 5.2

2.4 Hacia un turismo responsable

Acércate

1. Con ayuda del mapa describe los diferentes tipos de turismo que existen en Andalucía. M 5.2

2. ¿Cómo te imaginas los diferentes tipos de turismo (el alojamiento, las actividades de los turistas)?

3. ¿Qué tipo de turismo prefieres? ¿Por qué?

ANDALUCÍA
Turismo

🏛 Turismo cultural
⛱ Turismo de playa
⛷ Turismo de invierno
👑 Turismo rural
🌿 Turismo natural

Nuevos tipos de turismo

Dividid la clase en dos grupos: Un grupo trabaja con el texto A, otro grupo trabaja con el texto B. Dentro de cada grupo trabajáis en parejas.

Acércate

Texto A)

Discute con tu compañero/a:
Según vuestra opinión, ¿cuáles son las características de un turismo alternativo y sostenible? Apuntad vuestras ideas en una lista y presentadlas en vuestro grupo. Añadid las ideas de otras parejas si hace falta.
M 1.2.

Texto B)

Discute con tu compañero/a:
Según vuestra opinión, ¿cuáles deberían ser las características del ecoturismo? Apuntad vuestras ideas en una lista y presentadlas en vuestro grupo. Añadid las ideas de otras parejas si hace falta. M 1.2

A) Turismo alternativo

El turismo […] sostenible tiene como objetivo lograr el desarrollo económico, social y ambiental. Según la *Organización Mundial del Turismo* (OMT), el turismo sostenible tiene tres objetivos principales.

El primero, es "asegurar que las actividades económicas sean viables a largo plazo, beneficiando a todos los agentes involucrados con una distribución justa de los beneficios, incluyendo oportunidades de empleo estable,
y servicios sociales para las comunidades anfitrionas, contribuyendo a la
reducción de la pobreza".

Por otro lado, hay que respetar la cultura de los países de acogida y generar
un intercambio de culturas, pero conservando sus "valores tradicionales".
Y, finalmente, no desperdiciar los recursos naturales, sino fomentar "la
conservación de la diversidad biológica".
El turista alternativo se diferencia del turista de masas en muchos aspectos.
Para empezar, el tipo de frecuentación está repartida a lo largo del año. Es
decir, que el turista alternativo no viaja de forma masificada y estacional
como lo hace el otro tipo de turista. Su contacto con el territorio es íntimo
porque participa de la cultura, de la naturaleza y de la gastronomía del
país receptor; a diferencia del turista de masas que goza solamente de vacaciones monotemáticas – sol y playa. Además, el hecho de que el viajero
responsable se hospede en hoteles pequeños, y no en grandes complejos
turísticos, contribuye al desarrollo del país.

Alba Franco Pascual: Hacia un turismo responsable. En: http://semiperiodisme.blogspot.de/2008/05/hacia-un-turismo-responsable.html, 29.05.2008

B) El ecoturismo

El ecoturismo es un movimiento importante en Andalucía. Tanto empresas como organizaciones no gubernamentales trabajan para promover el
concepto tanto dentro de la comunidad autónoma como en el exterior. [...]
Organizaciones como ANDECO también persiguen usar el turismo como
un modo de conseguir paz, entendimiento e igualdad en el mundo.
Aunque la palabra "ecoturismo" nos hace pensar en el medio ambiente,
la promoción de valores sociales también es una parte integral del movimiento y la industria está desarrollándose a su alrededor. Educar a turistas
y viajeros para que respeten la cultura local, apoyen el comercio justo o,
simplemente, consideren el impacto que pueden tener en la gente con la
que se encuentren, es una parte importante del trabajo de los ecoturistas.
La *Unión Internacional para la Conservación de la Naturaleza* (IUCN) define
el ecoturismo como un viaje ambientalmente responsable a las áreas naturales para el disfrute y la apreciación de la naturaleza (acompañada de
elementos culturales del pasado y del presente) que promueve la conservación, tiene [...] pocos visitantes y vela por los beneficios activos socio-
económicos que incluyen a la gente local.

Brenda Padilla: Turismo y viajes – Ecoturismo. En: http://www.esp.andalucia.com/turismo/ecoturismo.htm, 05.04.2016

viable durchführbar, realisierbar - **a largo plazo** langfristig - **los agentes involucrados** die Beteiligten
el/la anfitrión/a Gastgeber/in

el país de acogida *hier:* Gastge-berland
desperdiciar verschwenden
fomentar fördern, unterstützen

repartido/a aufgeteilt
estacional saisonabhängig

gozar de algo etw. genießen

hospedarse (en) unterkommen (in) - **contribuir a** einen Beitrag leisten zu

gubernamental Regierungs-…
promover fördern, *hier:* ver-markten
la paz Frieden

a su alrededor in ihrem Umfeld

el impacto (en) Auswirkung (auf)

el disfrute Genuss - **la aprecia-ción** Würdigung, Wertschätzung
velar por wachen über

Comprensión

Grupo A

Leed el texto sobre el turismo alternativo. Exponed las características del turismo alternativo o sostenible que se mencionan y comparadlas con las vuestras. ¿Qué aspectos son nuevos? M 4.

Grupo B

Leed el texto sobre el ecoturismo. Exponed las características del turismo alternativo o sostenible que se mencionan y comparadlas con las vuestras. ¿Qué aspectos son nuevos? M 4.

Trabajo con el texto

Formad parejas (un miembro del grupo A y uno del grupo B):

a) Presentaos mutuamente el contenido de vuestro texto y vuestras propias ideas sobre el tema.
b) Completad vuestra lista de apuntes con las ideas del otro grupo.
c) Escribid juntos/as un texto para una campaña publicitaria que tiene como objetivo convencer a mucha más gente para que se decida por un turismo responsable, sostenible y ecológico.

Más allá del texto

Visita la siguiente página 80500-03 , elige una oferta concreta de ecoturismo en Andalucía y preséntala en clase. Da también tu opinión sobre el viaje elegido. M 1.1

La intervención en el entorno natural

El vídeo que vas a ver (80500-01 , 0:00 – 4:00) se dirige a las empresas turísticas y quiere convencerlas de las ventajas que ofrece un turismo sostenible en Andalucía.

Acércate

Antes de ver el vídeo mira estas imágenes. Adivina: ¿Cuáles de estas imágenes son reales y cuáles son ficticias? M 5.2

Comprensión

 Mira la primera parte del vídeo **80500-01** (0:00-1:56) y comprueba tus respuestas.
M **5.3**

Trabajo con el texto

1. ¿Para qué sirven las fotos en el vídeo?

2. Según el vídeo, ¿qué papel desempeñan las empresas turísticas en la conservación del medio ambiente y la protección de la naturaleza?

Estrategias sostenibles

Comprensión

Opción A

 Mira la segunda parte del vídeo **80500-01** (1:56 - 4:00). ¿Las siguientes afirmaciones son correctas (C), falsas (F) o no están en el vídeo? M **5.3**

	C	F
a. Los empresarios deben sacar partido del ecoturismo en Andalucía para que haya más personas que quieran hacerlo.	☐	☐
b. Los parques nacionales españoles todavía no son muy atractivos para los turistas.	☐	☐
c. Hay cuatro parques nacionales en Andalucía.	☐	☐
d. Los espacios naturales de Andalucía son perfectos para el turismo sostenible.	☐	☐
e. La inversión en este tipo de turismo es importante también para el futuro económico de la comunidad autónoma y de sus habitantes.	☐	☐
f. La tasa de paro en Andalucía es muy alta.	☐	☐
g. Los empresarios tienen que tomar medidas concretas para fomentar la sostenibilidad en los hoteles.	☐	☐

Opción B

 1. Mira la segunda parte del vídeo. ¿Qué ventajas tiene el ecoturismo para las empresas? Completa los argumentos con las palabras que faltan: M **5.3**

a) El ecoturismo es un mercado en claro ▭ .

b) Los parques nacionales españoles reciben más de ▭ de visitas cada año y las cifras se elevan en los espacios ▭ a 50.000.000 de personas.

c) Los empresarios tienen la oportunidad de crear ▭ en los sectores de ofertas de alojamiento, restauración, artesanía y actividades de ocio.

d) De esta forma pueden contribuir a revitalizar la ▭ de las localidades de la zona y también a evitar la ▭ .

2. Según el vídeo: ¿Qué medidas tienen que tomar los empresarios/hoteleros para garantizar un turismo sostenible? Escribe las letras de las afirmaciones correctas en tu cuaderno. Tienen que ...

a) ... ahorrar energía y agua.

b) ... ofrecer una gran variedad de actividades de ocio.

c) ... poner a disposición más habitaciones.

d) ... disminuir y reciclar los residuos.

e) ... certificarse como hotel 3 estrellas.

f) ... minimizar la contaminación.

Más allá del texto

¿Cómo planear las próximas vacaciones en Andalucía? Preparad argumentos para los siguientes roles. Comentadlos en parejas. Luego algunas parejas presentan su debate en clase. M 1.2

Papel A

Prefieres el turismo de masas 'todo incluido' por su buen precio, su comodidad y la variedad de las atracciones que ofrece (la animación, las piscinas, los campos de golf etc.).

Papel B

Has leído mucho sobre los efectos negativos del turismo de masas en Andalucía y quieres convencer a tu amigo/a de las ventajas del turismo sostenible y del ecoturismo.

3. La huerta de Europa

Acércate

Cuando vamos al supermercado, estamos acostumbrados/as a que siempre podemos comprar cualquier tipo de fruta y verdura. ¿Alguna vez has reflexionado acerca del origen de lo que consumes a diario?

Opción A

Comenta con tu compañero/a las siguientes preguntas:

a) ¿Dónde compráis la fruta y la verdura que consumís?

b) ¿Os fijáis de dónde viene la fruta y la verdura que compráis? ¿Por qué (no)?

c) ¿Os fijáis en la temporada de la fruta y de la verdura que queréis comprar? ¿Por qué (no)?

d) ¿Compráis productos orgánicos? ¿Por qué (no)?

Opción B

Contesta las preguntas del cuestionario *Mi actitud consumista* 80500-04 . Luego comenta con tus compañeros/as los resultados.

3.1 Mar de plástico

En la [...] imagen del satélite *Terra* de la NASA aparece la Península Ibérica prácticamente libre de nubes. Me gustaría llamar su atención sobre una de las manchas blancas que aparecen en ella. Todas menos

5 una se sitúan en zonas de montaña, ya que se trata de la nieve que había en esos momentos depositada sobre el suelo. Destaca sobre todo la de los Pirineos, aunque podemos apreciar también algunas pequeñas manchas en la Cordillera Cantábrica, el Sistema Central y, más al sur, en el entorno de Sierra Nevada. Tomando esa última manchita como referencia, comproba-

10 rá como hay otra de tamaño similar en la costa almeriense, junto al mar

la nube Wolke - **la mancha** Fleck

destacar hervorstechen

el entorno Umgebung - **comprobar** festellen - **el tamaño** Größe

almeriense *de la región de Almería*

Mediterráneo. Dicha mancha no es el reflejo de la nieve sino de los miles de invernaderos que se concentran en la comarca almeriense de Campo de Dalías.

Una gran parte de las piezas de fruta que tiene en este momento en el fru-

15 tero de su casa ha sido cultivada en uno de esos invernaderos que tapizan esa gran extensión de nuestro territorio, y que pueden verse sin problemas desde el espacio. Si ponemos el zoom y seleccionamos una imagen a mayor resolución, podemos llegar a apreciar el impresionante mar de plástico que cubre casi en su totalidad la referida comarca almeriense.

el reflejo Spiegelung

el frutero Obstschale
cultivar anbauen - **el invernadero** Gewächshaus - **tapizar** überziehen, tapezieren - **el espacio** All
la resolución Auflösung
cubrir bedecken

20 Ya desde las cercanías de la superficie, una fotografía tomada a vista de pájaro sirve para darnos idea de la enorme extensión que
25 ocupan los invernaderos.

la superficie (Erd) Oberfläche

Deja un comentario

Nombre

Correo electrónico

Web

Comentario

JM Viñas: Mar de plástico. En: http://noticias.eltiempo.tv/mar-de-plastico/, 18.05.2016

Trabajo con el texto

 Lee el blog y deja tu comentario acerca del tema planteado. [M] 2.2.2 e

3.2 Los invernaderos – ¿una historia de explotación?

Acércate

Opción A

¿Agricultura intensiva o agricultura sostenible? Relaciona las siguientes expresiones con uno de estos conceptos:

Agricultura intensiva	Agricultura sostenible

la sobreexplotación - los plaguicidas - la sensibilidad
la producción ecológica - los residuos
la lucha biológica contra las plagas
el impacto sobre el medio ambiente
el consumo de agua

Opción B

¿Conoces las diferencias entre la agricultura intensiva y la agricultura sostenible? Apunta algunas ideas.

Agricultura intensiva en Almería: ¿futuro sostenible?

La llamada "huerta de Europa" despliega sus invernaderos en la costa Almeriense. Son más de 30 mil hectáreas de cultivos bajo invernadero que han convertido a esta provincia andaluza en una de las principales productoras mundiales de hortalizas (principalmente tomates, pimientos, pepinos
5 y calabacines).

El impacto sobre la economía de este rincón de nuestra geografía ha sido brutal, como también lo ha sido el impacto sobre el medio ambiente, del cual son conscientes los propios agricultores.

Teniendo en cuenta que el consumo medio de una hectárea de invernadero
10 es de 5500m³ de agua al año, podemos entender el estado de sobreexplotación de los acuíferos.

La gestión de las miles de toneladas de residuos generadas por el mar de plásticos no ha sido gestionada correctamente. Hasta hace poco era práctica común el enterramiento e incluso la incineración descontrolada de los
15 residuos.

La agricultura intensiva basada en la masiva utilización de plaguicidas químicos también tiene su impacto en la salud de los agricultores. Durante mucho tiempo, la aplicación de estos productos altamente peligrosos se ha realizado sin las mínimas medidas de seguridad.
20 Actualmente los problemas del sector se multiplican. Los costes [...] se han disparado, mientras los precios siguen bajando.

Por si esto no fuera suficiente las condiciones en las cuales viven y trabajan los miles de inmigrantes del campo Almeriense se han puesto en evidencia incluso a nivel internacional, tal como denunciaba hace un año el periódi-
25 co británico *The Guardian*.

desplegar entfalten, öffnen

convertirse en sich verwandeln in - **la hortaliza** Gemüse

el impacto (en/sobre) Effekt, Auswirkung (auf) - **consciente** bewusst
la sobreexplotación *hier:* Ausbeutung - **el acuífero** Grundwasservorkommen - **la gestión** Verwaltung - **el residuo** Abfall
generar erzeugen, produzieren
gestionar bearbeiten, abwickeln
el enterramiento Vergraben - **la incineración** Verbrennung - **los plaguicidas químicos** chemische Pflanzenschutzmittel - **las medidas de seguridad** Sicherheitsvorkehrungen - **dispararse** in die Höhe schnellen
ponerse en evidencia *hier:* bekannt werden - **denunciar** anklagen, beklagen

Las actuaciones presentes del sector de la agricultura intensiva en Almería indican que las cosas van cambiando. Actualmente la lucha biológica contra las plagas está desplazando al uso de plaguicidas. También el cambio de producción de agricultura convencional a producción integrada (con una mayor sensibilidad en el uso de los recursos) e incluso a producción ecológica es una realidad. Pero, ¿hay un futuro sostenible en el modelo Almeriense?

30

Agricultura intensiva en Almería: ¿futuro sostenible? En: http://www.esderaiz.com/z11-articulos/agricultura-intensiva-en-almeria-futuro-sostenible/, 05.04.2016

la actuación Vorgehen
indicar hinweisen auf
la plaga Plage - **desplazar** verdrängen - **la producción integrada** nachhaltige Landwirtschaft
los recursos Ressourcen

Comprensión

Opción A

1. Decide qué título corresponde a cada párrafo: [M] 4.
   - Los costes
   - Cambios actuales
   - El consumo de agua
   - Las condiciones de trabajo
   - Almería: hortalizas para el mundo entero
   - Un fuerte impacto
   - La gestión de los residuos
   - Los plaguicidas
2. Apunta la información más importante de cada párrafo. [M] 4.

Opción B

1. Lee el texto y apunta cuáles son los problemas que lleva consigo la agricultura intensiva en Almería. [M] 4.
2. La autora menciona algunos cambios positivos en los últimos años. ¿Cuáles son? [M] 4.

Más allá del texto

Opción A

Eres miembro de una iniciativa por la agricultura sostenible. Prepara un cartel de protesta contra la agricultura intensiva.

Opción B

Acabas de leer este artículo en el periódico y te ha emocionado mucho. Escribe una carta al director en la que expresas tu opinión acerca de la agricultura intensiva en Almería. [M] 2.2.2 b

Opción A/B

Estás haciendo unas prácticas en el WWF de Andalucía. Eva Hernández te pide que redactes un artículo para la página de Internet del WWF Andalucía acerca del impacto que causa el cultivo de fresas en el parque nacional de Doñana. [M] 3.

Ein paar Früchtchen zu viel

Viele Erdbeeren, wenig Wasser: Weil Bauern illegal Grundwasser abzapfen, ist ein spanischer Nationalpark gefährdet.

[...] Erdbeeren, Erdbeeren, Erdbeeren: Der großflächige Anbau der frischen Sommerfrüchte sorgt in Spanien für Probleme – denn die *Unesco* schlägt Alarm. Sie bemängelt, dass der wichtige

5 südspanische Doñana-Nationalpark unter anderem unter dem starken Wasserverbrauch der spanischen Erdbeerbauern leidet.

Hinzu komme ein „sich summierender Einfluss einer ganzen Reihe von Bedrohungen für seinen besonders hohen natürlichen Wert", heißt es 10 in einem Bericht des für Welterbe zuständigen *World Heritage Centers* von Ende Juni. „Falls diese Probleme nicht angegangen werden, könnte der Park bald schon die Bedingungen erfüllen, um auf die Liste für bedrohte Welterbe zu kommen", bilanziert die *Unesco* – ein klares Signal an die spanischen Behörden.

Die Lagunen und Sumpfgebiete am Unterlauf des Guadalquivir sind Brutgebiete und Rastplatz für Wasser- und Zugvögel und stellen somit eine für Südeuropa einmalige Landschaft dar. 60 Prozent der in Spanien produzierten Erdbeeren stammen von hier. Viele Landwirte bewässern ihre Pflanzen mit illegal geschlagenen Brunnen. 1.000 nicht genehmigte Bohrlöcher zählen die Behörden auf den 6.000 Hektar Erdbeerfeldern. Rund 50 Prozent des Wassers für die landwirtschaftlichen Felder werden, so eine Studie der Umweltschutzorganisation WWF, ohne Genehmigung dem Grundwasser entnommen. Die Auswirkungen auf die Feuchtgebiete sind verheerend. „Der Wasserspiegel ist so weit gesunken, dass die Lagunen an der Küste mittlerweile selbst in sehr regenreichen Jahren austrocknen", berichtet die für Wasser zuständige WWF-Biologin Eva Hernández. [...]

Hernández beklagt diese Missstände schon seit Jahren. Doch die Behörden gehen nur langsam gegen die illegale Wassernutzung vor. Schließlich bringt das Geschäft mit der Erdbeere 400 Millionen Euro pro Jahr. 4,5 Millionen Arbeitstage sind nötig, um die Felder zu bestellen. Und Jobs sind in Südspanien besonders rar.

Die meisten Früchte werden nach Mittel- und Nordeuropa geliefert. „Wir haben bereits vor längerem bei den Verbrauchern und bei den großen Abnehmern eine Aufklärungskampagne gestartet", erklärt Hernández. Mit Erfolg. Einige Supermarktketten wie die deutsche *Rewe* oder die Schweizer *Coop* und *Migros* kaufen nur noch Erdbeeren, bei denen sie die Wasserwirtschaft nachvollziehen können.[...]

Doch die Landwirtschaft ist längst nicht die einzige Bedrohung für das Naturschutzgebiet Doñana. Die *Unesco* beklagt auch die hohe Dichte an Infrastruktur rundherum. Die Küste am Atlantik ist Urlaubsgebiet. Die einstigen kleinen Fischerdörfer sind zu riesigen Bettenburgen angewachsen. [...] Nach den deutlichen Warnungen sind nun die spanischen Behörden gefragt: Sie müssen handeln, wenn der Park nicht als bedrohtes Welterbe eingestuft werden soll.

Reiner Wandler: Ein paar Früchtchen zuviel.
En: http://www.taz.de/!5063717/, 08.07.2013

Palabras útiles

la laguna	Lagune	**el cultivo del fresón**	Erdbeeranbau
la marisma	sumpfiges Küstenland	**el pozo**	Brunnen
la zona de reproducción	Brutgebiet	**extraer agua**	Wasser abzapfen
el regadío	Bewässerung	**regar**	bewässern
el acuífero	Grundwasser	**la organización para la defensa del medio ambiente**	Umweltschutzorganisation
el nivel del acuífero	Grundwasserspiegel		
el patrimonio de la humanidad	Welterbe		

3.3 El trabajo en los invernaderos

Acércate

Lee la siguiente introducción de un artículo acerca de la industria de los invernaderos. ¿Por qué crees que hay tantos inmigrantes trabajando en ellos?

La agricultura e industria de invernadero emplean en Almería y Granada a 110.000 trabajadores, el 36% inmigrantes

El sector hortofrutícola bajo plástico genera en las provincias de Almería y Granada un total de 110.000 empleos, de los cuales el 36 por ciento
5 (más de 27.500) están ocupados por inmigrantes, fundamentalmente de Marruecos, Rumanía y Ecuador, según la primera *Radiografía del empleo en la horticultura andaluza e invernadero* elaborada por la *Organización Interprofesional de Frutas y Hortalizas de Andalucía (Hortyfruta)*.

Europa Press: La agricultura e industria de invernadero emplean en Almería y Granada a 110.000 trabajadores, el 36% inmigrantes. En: http://www.20minutos.es/noticia/849534/0/, 21.10.2010

emplear beschäftigen

hortofrutícula Gartenbau-…
generar schaffen

la horticultura Gartenbau
elaborar erstellen

La puerta a Europa

Acércate

Describe y comenta las imágenes y el título: ¿cómo te imaginas la vida de los inmigrantes en los invernaderos? M 5.2.1

🔗 cap. 7 / 2. España – país de emigración e inmigración
🔗 **DVD:** Spanien – das Gewächshaus Europas,
   C.C. Buchner Verlag

Das Tor nach Europa – Leben zwischen den Treibhäu

Comprensión

1. Ahora vas a ver un fragmento de un documental alemán acerca de las condiciones en las que viven y trabajan los inmigrantes indocumentados en los invernaderos de Almería 80500-01 . Apunta las palabras claves en alemán acerca de M 5.3
   a) las condiciones de vida de estos inmigrantes.
   b) las condiciones de trabajo para los inmigrantes sin papeles.
   c) la relación entre estas condiciones y las grandes cadenas de supermercados alemanas.

2. Luego trabajad en grupo, intercambiad vuestros apuntes y buscad las traducciones en un diccionario. M 4.

Trabajo con el texto

Acabas de ver este documental y escribes un email a un amigo español en Almería en el que le comentas lo que has visto y le preguntas si de verdad es así. M 3.

Más allá del texto

Al final del fragmento del reportaje la abogada Laura Góngora dice :
"Si aquí en Almería no hubieran venido los inmigrantes que han venido aquí, la industria del sector agrícola bajo plástico no se hubiera desarrollado. "
En parejas: Explicad y comentad esta frase.   M   1.2

La verdura a bajo precio

Acércate

Formad grupos y reflexionad por qué las condiciones de trabajo en los invernaderos son tan malas.   M   1.2

Comprensión

Opción A

A continuación podéis leer algunas citas de personas que están relacionadas con el trabajo en el campo andaluz. Tratan de explicar el porqué de las malas condiciones de trabajo. También se proponen algunas ideas para mejorar la situación.
Repartid las citas en vuestro grupo 80500-04 .
Cada uno lee su texto y luego presenta al grupo con sus propias palabras la información del texto: ¿Quién habla? ¿Qué dice de las causas de las malas condiciones de trabajo? ¿Qué propone para mejorar la situación?   M   4.

Opción B

A continuación escucháis algunas citas de personas que están relacionadas con el trabajo en el campo andaluz. Tratan de explicar el porqué de las malas condiciones de trabajo. También se proponen algunas ideas para mejorar la situación.
Escuchad sus opiniones, copiad la tabla en vuestro cuaderno y rellenadla.   M 5.1.1

¿Quién habla?	¿Qué dice de las causas de las malas condiciones de trabajo?	¿Qué propone?

Trabajo con el texto

Anotad las ideas de las personas entrevistadas y, si queréis, podéis añadir vuestras propias propuestas:¿Qué tienen que cambiar los agricultores / los supermercados / los consumidores?

Más allá del texto

Comentad: ¿Pensáis que estas propuestas son realistas? ¿Por qué (no)? ¿Podéis hacer algo vosotros mismos para cambiar la situación?   M   2.3

Más material:
3.4 La bioagricultura andaluza 80500-05

5 El camino histórico y sociocultural de Latinoamérica

1

2

3

1. En grupos, cada grupo elige y describe una foto y le pone un título que describa un tema / aspecto típico de Latinoamérica. **M** 5.2.1

2. Presentadlo delante de la clase y discutid de qué aspectos de Latinoamérica podría tratar el capítulo y qué temas os interesan. **M** 1.2

3. ¿Qué contrastes se pueden identificar en un país tran grande como Latinoamérica?

4. Mirad las citas de abajo, explicadlas y ponedlas en relación con vuestras respuestas.

"Latinoamérica es una región de grandes contrastes."

"Es un compendio de diferencias notorias […] desde nuestros nativos hasta nuestros tiempos."

"La verdadera definición de América Latina es haber sido el activo crisol de la absorción recíproca de lo ibérico, lo indígena y lo africano durante los tres últimos siglos."

José Joaquín Brunner: Latinoamérica es grande! En: culturalatinoaméricaucn.blogspot.com, 13.03.2013

notorio/a *claro, evidente*

el crisol Schmelztiegel - **la absorción** Aufnahme

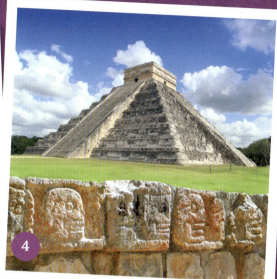

4

5

6

7

9

LA riqueza de
POCOS
se apoya en la pobreza
DE MUCHOS

8

10

1. Del mundo prehispánico a la cibercultura

1.1 La vida de los pueblos precolombinos antes de la conquista

Acércate

Los tres imperios más importantes eran los mayas, los incas y los aztecas: ¿Cómo se llaman hoy los territorios donde vivían? Apúntalos trabajando con el mapa actual de la parte interior de la cubierta del libro. M 5.2

Palabras útiles

poblar	besiedeln, bewohnen
estar ocupado/a	besetzt sein
la civilización	Zivilisation, Kultur
extenderse	sich erstrecken über

Las grandes civilizaciones precolombinas

Los pueblos que habitaban América antes de la conquista europea tenían diversas formas de organización política, social y económica. Los aztecas y los mayas, en América Central, y los incas, en la región andina, habían desarrollado sociedades urbanas complejas. Contaban con una organiza-
5 ción social fuertemente jerarquizada: los guerreros y los sacerdotes, una minoría privilegiada, ejercían el gobierno; el resto de la población, los campesinos, trabajadores urbanos y comerciantes, estaba obligado a pagar cuantiosos tributos. Respecto a la organización política, estas sociedades estaban gobernadas por fuertes estados teocráticos, llamados así porque
10 toda la autoridad residía en los sacerdotes y porque el jefe de Estado era considerado un dios. A la llegada de los españoles, sólo existían las sociedades aztecas e inca, pues la cultura maya había desaparecido en el siglo XI d.C.

La antigua civilización maya ocupaba una extensión aproximada de
15 500.000 km² . […] No constituían un estado unificado sino que se organizaban en varias ciudades-Estados, independientes entre sí. Estas ciudades compartían las mismas creencias y se sometían a sacerdotes cuyo poder provenía de sus conocimientos en astronomía, matemáticas y numerología. Descubrieron el valor del cero y eran capaces de predecir eclipses. Tam-
20 bién desarrollaron un sistema sofisticado de calendario y escritura jeroglífica. […]

Los aztecas se establecieron en el valle de México a principios del siglo XIV d.C. Aquí fundaron su capital, Tenochtitlán, sobre la que se asienta la actual México D.F. Tenochtitlán era una ciudad amurallada, con canales y
25 jardines flotantes, y ubicada en la zona del lago Texcoco. Grandes conocedores de la astronomía, la medicina y la escritura, la mayoría de la po-

---

urbano/a städtisch

jerarquizado/a hierarchisch

el sacerdote Priester - **ejercer** ausüben, leiten

cuantioso/a *alto/a*

teocrático/a theokratisch, d.h. die Staatsgewalt ist religiös legitimiert (Gottesstaat) - **considerado/a** angesehen als

unificado/a *hier:* einheitlich

la ciudad-Estado Stadtstaat

la creencia → *creer* - **someterse** sich unterwerfen - **provenir de** *venir de* - **predecir eclipses** Sonnenfinsternisse voraussagen - **sofisticado/a** *aquí: muy desarrollado/a*

amurallado/a ummauert

flotante schwimmend

blación no tenía acceso al saber, reservado exclusivamente a los sacerdotes. De hecho, la religión formaba parte de cada momento de la vida de este pueblo. Tenían el Quetzacoatl, conocido como la serpiente emplumada, su
30 dios más importante. […]

Los Incas establecieron la capital de su imperio en Cuzco. […] Cerca de ésta, erigida sobre la cúspide de la montaña […], se encuentra Machu Pichu, ciudadela andina construida con fines religiosos y militares. Al frente del imperio […] estaba el Inca, y las zonas conquistadas estaban dirigi-
35 das por gobernadores de provinicia. Durante los 33 años de gobierno de Pachacutx, el estado Inca se convirtió en un poderoso imperio, algo que sucedió en la época en que Colón iniciaba su viaje a los desconocido.

Miguel Ángel Miguel Miguel: Las culturas precolombinas de América. TECLA. Revista de la Consejería de Educación en Reino Unido e Irlanda. En: http://www.mecd.gob.es/dctm/ministerio/educacion/actividad-internacional/consejerias/reino-unido/tecla/2006/c-10-03-06.pdf?documentId=0901e72b80b61a43, 10.03.2006

el acceso Zugang

la serpiente emplumada gefiederte Schlange

erigido/a *levantado/a* - **la cúspide** *la cima* (Gipfel) - **la ciudadela** *el castillo* - **el fin** Zweck

Comprensión

1. Ordena la información del texto de los tres grandes imperios con un mapa mental (territorio, época, conocimientos, etc.). M 4.

2. Describe la jerarquía de la estructura social de las sociedades precolombinas en forma de un pirámide. M 4.

Más allá del texto

Elige una de las grandes civilizaciones indígenas y busca más información acerca del tema (modo de vida, religión, etc.) en internet para completar tu mapa mental. Después presenta libremente la información delante de la clase. M 1.1

Calendario maya

Al mismo tiempo en Europa – La época de las exploraciones

Hasta comienzos del siglo XV, con los primeros viajes portugueses a África, los europeos sabían muy poco acerca del resto del mundo. El objetivo de los viajes europeos de exploración era llegar a "las Indias", antiguo nombre dado a Asia. Las Indias incluían todas las tierras de Oriente, desde
5 India y Japón. Los europeos sólo tenían una vaga idea de dónde se hallaban esos lugares. Lo que sí sabían con certeza es que eran ricas en especias, oro, joyas y seda, todos aquellos artículos escasos y muy cotizados en Europa, y con los que querían hacerse.

La tierra es redonda. Y está habitado un sexto del globo, y la séptima parte está cubierta por las aguas. […] Entre el fin de España y el comienzo de la India hay un estrecho mar que se puede navegar en pocos días con viento favorable.
CARDENAL PIERRE D'AILLY, Imago Mundo 1410

acerca de *sobre*
la exploración Erforschung

vago/a *aquí: poco concreto*
con certeza *con seguridad* - **la especia** Gewürz - **la joya** Schmuck
escaso/a selten - **cotizado/a** *estimado/a* - **hacerse** bekommen

cubierto/a → *cubrir*

Peter Chrisp: Cristóbal Colón. El descubridor del Nuevo Mundo, Madrid:Ediciones SM, 2001.

Comprensión

1. Resume cómo los europeos se imaginaban el nuevo mundo. M 4.

2. Explica con ayuda del texto por qué el nuevo mundo era tan interesante para los europeos. M 4.

Más allá del texto

1. Describe la situación que se ve en la imagen relacionándola con el tema del texto anterior. M 5.2

2. ¿Qué sabes de los descubridores? Informaos en grupos sobre los grandes descubridores de las Américas: Cristobal Colón, Hernan Cortés, Francisco Pizarro. Haced breves presentaciones en las que habláis sobre sus viajes y descubrimientos. M 1.1

1.2 La Malinche – una protagonista ambigua

Acércate

Describe la situación que se ve en la imagen. Muestra el encuentro entre el emperador azteca Moctezuma y el descubridor Hernán Cortés. ¿Qué puedes decir sobre la mujer del centro de la imagen? M 5.2

Malinche – su biografía

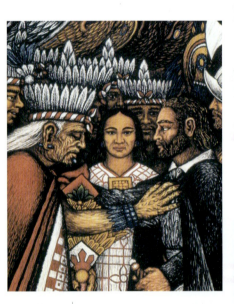

Malinche
(Coatzacoalcos, actual estado de Veracruz, ~1505–1527).
Indígena mesoamericana, intérprete y compañera de Hernán Cortés, cuya labor fue fundamental en el proceso de conquis-
5 ta de México. Nacida con el nombre de Malinali, era hija de un cacique del Imperio azteca y su lengua era el náhuatl. […]
Malinche fue vendida por sus padres a un cacique de Tabasco, donde aprendió la lengua maya propia del territorio. Cuando el conquistador Hernán Cortés llegó a la zona, el 12 de marzo de 1519,
10 recibió como regalo veinte jóvenes esclavas, entre las cuales se encontraba quien, pese a que fue bautizada como Marina, pasaría a ser más conocida como Malinche. Las jóvenes fueron repartidas entre los hombres de Cortés […]. Desde entonces, Malinche se convirtió en la amante de Cortés así como en su intérprete (gracias a ella Cortés podía comunicar con los
15 indígenas y sus líderes formando alianzas). En un principio contó con la colaboración en la traducción de Jerónimo de Aguilar (él sabía hablar tanto el español como el maya) pero pronto habló la lengua de los españoles.

el/la intérprete *el/la traductor/a*
el cacique Häuptling - el náhuatl
mittelamerikanische Indianer-
sprache - pese a que *aunque*
bautizar a algn. jmdn. taufen
repartir *verteilen* - convertirse
en *werden zu* - el/la amante
Geliebte/r - contar con *hier:* sich
verlassen auf

En 1523, Malinche tuvo un hijo de Cortés, Martín, el primogénito aunque ilegítimo del conquistador. […] Por entonces, fue repudiada por Cortés y
20 se casó con uno de sus hombres de confianza, Juan Jaramillo, de quien dio a luz una hija, llamada María, poco antes de fallecer.

el primogénito *el primer hijo*	
repudiar a algn. jmdn. verstoßen	
fallecer *morir*	

Malinche. En: http://www.biografiasyvidas.com/biografia/m/malinche.htm (adaptado), 26.09.2016

Comprensión

Opción A

1. Presenta a la Malinche en una ficha. M 4.
2. Describe el rol que esta mujer desempeña en la conquista de México. M 4.

Opción B

1. Lee el texto. M 4.
2. La silla caliente: Eres Malinche y los otros alumnos de la clase te hacen preguntas acerca de tu vida.

Trabajo con el texto

Basándote en el texto, intenta explicar la actitud del autor frente a Malinche. M 2.2.1 d

Más allá del texto

1. ¿Cómo creéis que juzgan en aquella época los indios el comportamiento de Malinche y qué consecuencias puede tener para la conquista de los aztecas? Discutid en clase. M 1.2

2. Lee la entrada del diccionario de al lado sobre lo que define "el malinchismo" hoy en día y explica esta postura con lo que has leído antes.

3. ¿Cuál es vuestra opinión? Discutid la pregunta: "La Malinche -¿una traidora, heroína o víctima?" M 1.2

> Hoy en día las palabras "malinche" y el "malinchismo" tienen muchas connotaciones:
>
> - **malinche:** *f. coloq. Hond* Persona, movimiento, institución, etc., que comete traición.
> - **malinchismo:** *m. Am.* Actitud de quien muestra apego a lo extranjero con menosprecio de lo propio.
>
> *Real Academia Española: malinche. En: http://lema.rae.es/drae/?val=malinche, 26.09.2016*
> *Real Academia Española: malinchismo. En: http://lema.rae.es/drae/?val=malinchismo, 26.09.2016*

1.3 La conquista y la lucha de los indios

Acércate

El título del siguiente texto es "Porque aún lloramos".
Intenta explicar:
a) ¿Quién habla?
b) ¿Por qué lloran?

Porque aún lloramos

Después de varios meses de recios combates, unos tras otros morían los guerreros. Vimos nuestras aldeas arrasadas, nuestras tierras entregadas a nuevos dueños, nuestra gente obligada a trabajar para los encomenderos. Vimos a los jóvenes púberes separados de sus madres, enviados a trabajos
5 forzados, o a los barcos desde donde nunca regresaban. A los guerreros

recio/a *duro* - **el combate** Schlacht - **la aldea** Dorf	
arrasado/a dem Erdboden gleichgemacht - **el encomendero** *hier:* Verwalter - **púber** *aquí: joven*	

capturados se les sometía a los más crueles suplicios; los despedazaban los perros o morían descuartizados por los caballos. Desertaban hombres de nuestros campamentos. Sigilosos desaparecían en la oscuridad resignados para siempre a la suerte de los esclavos. Los españoles quemaron nuestros templos: […] ardieron los códices sagrados de nuestra historia; una red de agujeros era nuestra herencia. Tuvimos que retirarnos a las tierras profundas, altas y selváticas del norte, a las cuevas en las faldas de los volcanes. Allí recorríamos las comarcas buscando hombres que quisieran luchar, preparábamos lanzas, fabricábamos arcos y flechas, recuperábamos fuerzas para lanzarnos de nuevo al combate. Yo recibí noticias de las mujeres de Teguzigalpa. Habían decidido no acostarse más con sus hombres. No querían parirle esclavos a los españoles.

© Gioconda Belli, c/o Schavelzon Graham Agencia Literaria, www.schavelzongraham.com

someter unterziehen - **el suplicio** *la tortura* - **despedazar** *cortar algo en muchas partes* - **descuartizar** *cortar algo en 4 partes* **desertar** fahnenflüchtig werden **sigiloso/a** *secreto/a* - **resignarse** sich fügen - **quemar** niederbrennen - **ardir** *quemar* - **el códice** Handschrift - **el agujero** Loch **retirarse** sich zurückziehen - **la cueva** *(engl.) the cave* - **recorrer** durchqueren - **la comarca** Gegend - **recuperar** wiedererlangen **lanzarse** sich stürzen auf - **el arco** Bogen - **la flecha** Pfeil - **parir** gebären

Comprensión

Opción A

Decide si la afirmación es correcta (C), falsa (F) o no está en el texto. M 4.

	C	F
a. Muchos indios fallecieron por las duras luchas y las torturas.	☐	☐
b. Los españoles destruyeron los pueblos y forzaron a los indios a trabajar en encomiendas.	☐	☐
c. Algunos de los indios no querían seguir luchando por miedo a perder a su familia.	☐	☐
d. Los españoles respetaban la religión indígena.	☐	☐
e. La población indígena huyó a la selva y se preparó para más combates.	☐	☐
f. Las mujeres indígenas deseaban tener muchos hijos.	☐	☐

Opción B

Resume las consecuencias de la conquista para los indios. M 4.

Trabajo con el texto

Opción A

Observa el comportamiento de los españoles (¿qué hacían?, ¿por qué y con qué objetivo?) y la reacción de los indígenas (¿cómo reaccionaron y por qué?).

Opción B

Analiza cómo la manera de describir los acontecimientos subraya la situación narrada. M 2.2.1 a

Más allá del texto

Eres parte de una delegación de indios. Convence al rey español para que mejore la situación de los indios exponiéndole tus quejas y exigencias. Haz anotaciones para tu discurso. M 1.1

Palabras útiles

su Alteza Real	Eure Königliche Hoheit
es un gran honor para mí	es ist eine große Ehre für mich
le suplico que + subj.	ich flehe Sie an
exijo que + subj.	ich fordere / verlange

El 12 de octubre de 1492 - ¿Encuentro o descubrimiento?

Información adicional

El 12 de octubre de 1492 lleva en España el nombre oficial de "Fiesta Nacional de España y Día de la Hispanidad" en el que se celebra el primer contacto de España con América.

Comprensión

Describe detalladamente la viñeta y ponle un título adecuado. M 5.2.2

Trabajo con el texto

1. Comenta la intencionalidad del dibujante haciendo hincapié en la pregunta si con la conquista se trata más de un encuentro o de un descubrimiento. M 2.3

2. Lee la cita de al lado y formula, basándote en ella, tu hipótesis sobre las consecuencias de "la invasión de hombres blancos" para la sociedad y la vida en América: ¿a qué ámbitos de la vida afecta?

> América, aislada del resto del mundo durante miles de años, tuvo una historia diferenciada, libre de influencias externas [...]. [D]e repente experimentó un golpe brutal y sin precedentes: la invasión de hombres blancos de Europa, el choque con un mundo completamente diferente.

sin precedentes beispielslos, noch nie dagewesen

Tomás Elías Zeitler: La colonización de América y sus consecuencias. En: http://www.monografias.com/trabajos81/colonizacion-america-y-sus-consecuencias/colonizacion-america-y-sus-consecuencias2. shtml#citasynota#ixzz379qXzYvU, 16.03.2016

Más material: La vida económica en las Indias 80500-05

Una mirada a la sociedad hispanoamericana

El número de indígenas descendió drásticamente desde los primeros momentos de la conquista, […] la cantidad de españoles y criollos fue muy pequeña en el siglo XV (apenas mil) y aumentó hasta superar los tres millones. Pero creció aún más el número de mestizos, que en 1650 eran unos
5 600.000, y en 1825 eran ya unos 5 millones. Los africanos, esclavos y libres, eran muy pocos en el siglo XV, 1650 eran 715.000 aproximadamente y en 1825 eran casi dos millones.
La sociedad fue relativamente abierta durante la conquista, pero se fue

descender *hier:* zurückgehen

el/la criollo/a *descenciente de europeos nacido/a en las colonias*

el/la mestizo/a *descendiente de blancos y indios*

10 cerrando paulatinamente con la colonización hasta convertirse en una organización rígidamente estratificada. Los españoles peninsulares y criollos tenían derecho a ser propietarios y acceso a la educación. Los mestizos por su parte, no tenían acceso a los puestos importantes en el gobierno y no podían ser protectores de indios. Los negros no tenían ningún tipo de libertad ni derechos. Los indígenas tampoco tenían amplias libertades aun-
15 que por lo menos tuvieron acceso a las primeras letras y algunos aspectos de la legislación les favorecían. El desprecio y el prejuicio hacia la mezcla racial fueron elementos importantes de la sociedad de la época.

Esta estratificación no estaba basada sólo en la riqueza y el poder político, sino también en el color de la piel y la fisonomía, la llamada "pigmento-
20 cracia", dando origen a una organización piramidal, en cuyo vértice se encontraba la aristocracia blanca española, y en la base la mayoría de la población, formada por los indios, negros y mestizos.

La sociedad Hispanoamericana. En: http://mas-historia.blogspot.de/2011/06/la-sociedad-hispanoamericana. html, 16.03.2016

paulatinamente allmählich

rígidamente *rigurosamente*

estratificado/a in Schichten gegliedert - **peninsular** *aquí: de Espana*

el desprecio Verachtung - **racial** → *la raza*

la fisonomía *el aspecto físico*
el vértice *el punto más alto*

Comprensión

 Lee el texto y explica la sociedad hispanoamericana del siglo XIX. M 4.

Trabajo con el texto

1. Clasifica las siguientes funciones y cargos de los siguientes grupos copiando la pirámide en tu cuaderno:
   - encomenderos y hacendados, con accesso a cargos en los cabildos que podían ingresar en comunidades religiosas
   - virreyes, gobernadores, presidentes y oidores de Audiencia, (arz)obispos, curas, superiores de comunidades religiosas, funcionarios y comerciantes de la corona
   - trabajadores en minas y plantaciones
   - peones agrícolas, artesanos, carpinteros, albañiles de las ciudades que podían ingresar en el clero
   - encomendados a españoles y criollos que suministran trabajadores para minas y haciendas

   Busca las palabras que no conozcas en el diccionario.
   M 4.

2. Explica por qué se habla de una sociedad heterogénea y estratificada y expón el concepto de la "pigmentocracia".

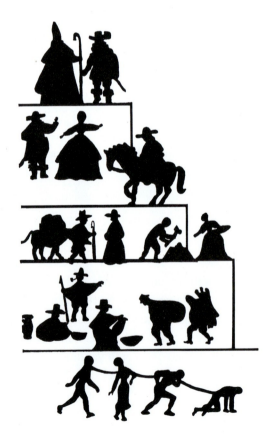

1.4 La independencia

El deterioro de los imperios ibéricos

En el siglo XVIII, España y Portugal ya no eran ricos imperios. El oro y los metales preciosos que trajeron de América fueron utilizados para consumir los productos industriales de otras regiones europeas y no para desarrollar la industria local. [...] Ambos reinos tenían inmensas deudas con
5 banqueros de [...] otros países europeos, lo cual afectaba su política interna y externa. Además, el gobierno despótico, el crecimiento de la población y la influencia de las ideas liberales causaron gran inestabilidad social. Por su parte, las colonias ibéricas en el Nuevo Mundo producían una inmensa riqueza que acrecentó el poder de los criollos, quienes compraban los
10 puestos gubernamentales como si fueran mercancías [...].

A estas tensiones coloniales se sumaron también las rebeliones de indígenas, esclavos y campesinos mestizos o mulatos. No hay que olvidar que estos tres sectores oprimidos formaban el 85% de la población de las colonias. [...] En 1780 ocurrió una inmensa sublevación indígena que se
15 extendió por zonas del Perú, Bolivia y el norte de Argentina. El líder de esta rebelión [...] se proclamó el nuevo monarca inca con el título de Túpac Amaru II, y con el lema: "Campesino: el patrón ya no comerá más de tu pobreza". En [este caso], la represión española fue implacable, sometiendo a sangrientas torturas a los sublevados. [...]

20 Al mismo tiempo, las ideas liberales florecían en las colonias. Las reformas de Carlos III de Borbón en los dominios españoles produjeron gran inconformismo entre los criollos, que ahora tenían mayores impuestos y menos participación en el gobierno. Los jesuitas, expulsados de América en 1767, realizaron en el exilio una labor de abierta oposición al régimen
25 absolutista.

Enrique Yepes: Las independencias nacionales en América Latina. Brunswick: Bowdoin College, 2007

Columna de vocabulario

el reino → *el rey* - **la deuda** Schuld(en) - **el/la banquero/a** Bankier - **afectar** beeinträchtigen **despótico/a** tyrannisch

acrecentar *aumentar* **el puesto** Amt - **la mercancía** Ware - **la tensión** Spannung

oprimir unterdrücken **la sublevación** *la rebelión* **extenderse** sich ausbreiten **proclamar** ausrufen **el lema** Motto **implacable** unerbittlich - **someter** unterziehen - **sangriento/a** blutig **el/la sublevado/a** Aufständische/r **florecer** (er)blühen - **el dominio** → *dominar* - **producir** *aquí: causar* **el inconformismo** Unzufriedenheit - **el impuesto** Steuer - **expulsar** vertreiben - **la labor** *el trabajo*

Comprensión

Resume los factores que debilitaban a los gobiernos peninsulares y los aspectos que fortalecían las ideas revolucionarias en América. M 4.

Más allá del texto

Basándote en el lema de Túpac Amaru II "Campesino: el patrón ya no comerá más de tu pobreza", pronuncia un discurso que contenga las quejas y las exigencias de los campesinos. M 1.1

Los libertadores

Las guerras por la independencia de España duraron casi quince años en Suramérica, dirigidas desde el norte por el venezolano Simón Bolívar, y desde el sur por el argentino José de San Martín, por eso llamados los "Libertadores". Después de difíciles y heroicas campañas de generales criollos
5 al mando de soldados indígenas y mestizos, los ejércitos de Bolívar y de San Martín se encontraron en Lima y declararon la independencia definitiva de las colonias continentales españolas. Paradójicamente, las élites suramericanas decidieron aceptar la independencia para evitar las reformas liberales que comenzaron en España en 1820 y que ponían en peligro los
10 privilegios de los criollos. Así, la independencia política no implicó una reforma social sino, por el contrario, una manera de continuar la dominación de la élite local. [...] Los cuatro virreinatos españoles se transformaron, en pocas décadas, en dieciocho países soberanos, y muchos de ellos con repetidas guerras civiles. No es sorprendente que, poco antes de morir en
15 1830 y después de ver la división de su anhelada Gran Colombia en tres países diferentes, Simón Bolívar afirmara: "América es ingobernable. Los que hemos servido a la revolución hemos arado en el mar".

Enrique Yepes: Las independencias nacionales en América Latina, Brunswick: Bowdoin College, 2007

la campaña Feldzug
estar al mando de das Kommando haben über

implicar mit sich bringen - **la dominación** → *dominar*

la década *diez años* - **soberano/a** souverän
la división Teilung - **anhelar** ersehnen - **ingobernable** *imposible de gobernar* - **arar** pflügen

Comprensión

Resume las ideas principales del texto.

Trabajo con el texto

1. Explica la afirmación de Simón Bolívar "América es ingobernable. Los que hemos servido a la revolución hemos arado en el mar."
2. Analiza a quiénes benefició finalmente el proceso de independencia de los países hispanoamericanos.

Más allá del texto

Comentad en clase por qué la independencia latinoamericana causó la división del continente en vez de su unión en un solo país.

Simón Bolívar   José de San Martín

Los comienzos de la vida independiente

La lucha por la independencia tuvo serias implicaciones en los recién independizados territorios. Los conflictos regionales se agudizaron después de la guerra. Las tensiones sociales y raciales polarizaron las sociedades de los nuevos países y generaron un clima de confusión, desorganización e
5 inestabilidad. El poder político de las naciones independizadas fue débil, y promovió el desarrollo del caudillismo. Aunque la Guerra terminó con el

la implicación *la consecuencia*
agudizarse sich verschärfen
la tensión Spannung - **polarizar** polarisieren - **generar** *causar*

promover *favorecer* - **el caudillis-**

monopolio español, las naciones latinoamericanas quedaron a merced de la influencia económica de los Estados Unidos e Inglaterra, que dominaban el mercado atlántico. Esto representó un problema adicional, pues el

10 fuerte desarrollo económico de los norteamericanos resultaba demasiado competitivo para los nuevos países.

Esas dificultades de tipo político y económico que atravesaron las naciones latinoamericanas después de la independencia causaron la digresion de los estados. Además, las potencias extranjeras – como Estados Unidos – veían

15 con gran recelo la unidad latinoamericana, pues podía poner en peligro sus intereses sobre la región.

Al concluir el siglo XIX, América Latina quedó dividida en 19 naciones y unos territorios incorporados, inmersos en un proceso de formación de nacionalidades que se caracterizó por la violencia que generó la política de

20 los recién nacidos países, en torno a asuntos como la anarquía, los gobiernos dictatoriales y la definición de fronteras. [...] La inexperiencia política de los criollos, junto con las luchas civiles y la ambición imperialista de otros países, propició la intervención continua de potencias extranjeras como los Estados Unidos e Inglaterra.

Alexis Melo: Lucha por la Independencia Hispanoamericana.
En: http://www.monografias.com/trabajos/indephispa/indephispa.shtml, 1999

mo Despotismus - **a merced de**
abhängig von

la digresión Abweichung
la potencia Großmacht
el recelo Argwohn

inmerso/a versunken

en torno a um ... (herum)

la ambición Bestrebung
propiciar *favorecer*

Comprensión

1. Enumera las causas que contribuyeron a la divisíon de América Latina en diferentes países.
   M 4.

2. Basándote en el texto expón los efectos que tuvo la lucha por la independencia en el continente americano. M 4.

Trabajo con el texto

Analiza el papel que desempeñaron los Estados Unidos e Inglaterra en el proceso de formación de los estados.

1.5 Indigenismo

Los pueblos indígenas

Acércate

1. Mira la infografía y saca toda la información posible sobre la situación actual de los pueblos indígenas en el mundo y en México en particular.
   M 5.2.3

2. ¿Qué intencionalidad persigue esta infografía? ¿Cuál es la ocasión por la que fue publicada?
   M 5.2.3

🔗 cap. 8 / 1.1 La difícil situación de los pueblos indígenas

Trabajo con el texto

1. Ve una primera vez el vídeo sobre el *Día Internacional de los Pueblos Indígenas* 80500-01 y describe cómo se ve la gente indígena a sí misma en el contexto de la celebración de este día. M 5.3

2. Vuelve a ver el vídeo e intentad explicar su intencionalidad. Además analiza qué medios se utilizan y qué aspectos se mencionan para subrayar esta intencionalidad. M 5.3

3. Compara el mensaje del vídeo con el de la infografía.

4. Lee la información adicional de al lado y relaciona el vídeo con el tema del indigenismo.

Más material: Anuncios publicitarios: ¿mediadores de racismo? 80500-05

Información adicional

[E]l indigenismo solicita un trato igualitario y mayor participación ciudadana y social para los indígenas, para que de una vez por todas puedan superarse e integrarse a ese mundo que los desprecia por considerarlos diferentes. [...]

Definición de Indigenismo. En: http://definicionabc.com/social/indigenismo.php, 26.09.2016

Información adicional

indigenismo

De indígena e -ismo.

1. m. Estudio de los pueblos indios iberoamericanos que hoy forman parte de naciones en las que predomina la civilización europea. [...]

Real Academia Española: indigenismo. En: http://dle.rae.es/?id=LOUggi7, 26.09.2016

También la lluvia

Acércate

1. Trabajad en parejas: Cada alumno describe uno de los carteles a su pareja. Podéis trabajar con el diccionario bilingüe si hace falta. M 5.2

2. Comentad de que podría tratar la película *También la lluvia*.

3. Mira ahora el tráiler alemán 80500-01 y comprueba tus hipótesis. M 5.3

Trabajo con el texto

Opción A

Apunta el tema principal de la película. M 5.3

Opción B

Apunta los diferentes tramas de la narración y los problemas que tiene que afrontar el equipo de rodaje. M 5.3

Más allá del texto

Opción A

¿Por qué (no) quieres ver la película? Justifica tu opinión con una frase.

Opción B

Quedas con tu amigo español y queréis ir al cine. A diferencia de él conoces el tráiler y le explicas la acción de la película. Le explicas también por qué (no) quieres ver la película *También la lluvia*. M 3.

La guerra del agua

Trabajo con el texto

Describe la viñeta e intenta explicar la situación mostrada. M 5.2.2

Palabras útiles

el grifo	Wasserhahn
la gota	Tropfen
vigilar	bewachen

Más allá del texto

Opción A

Imagínate que participas en esta manifestación. Ponte en el lugar de la población que está desesperada y furiosa y elabora carteles con tus exigencias.

Opción B

1. Eres reportero y escribes un artículo sobre los acontecimientos que se ven en esta viñeta. M 2.2.2 c

2. Elabora una presentación sobre la *Guerra de Agua* en Cochabamba en el año 2000. Busca información en la red, p.ej. en 80500-03 M 1.1

Opción A/B

Siete años después el director reflexiona si vale la pena seguir con el rodaje en Cochabamba. Tú trabajas en su empresa y debes comprobar cómo se ha desarrollado la situación y tienes que justificar si esta acción es recomendable para la empresa. Elabora basándote en el siguiente texto un informe, resumiendo la información principal sobre la *Guerra de Agua* y su transcurso. Justifica tu decisión. M 3.

Das blaue Wunder von Cochabamba

[…] Auch sieben Jahre nach dem *Guerra de Agua* gibt es hier in Mineros, einige Kilometer südlich vom Stadtzentrum Cochabambas, der drittgröß-ten Stadt Boliviens, keine Wasserleitungen. […]
5 Von der Privatisierung des Wassers versprachen sich die Regierenden eine Verbesserung der Infrastruktur durch ausländische Privatinvestoren. […] Dazu gehörte auch die Konstruktion von Tiefbrunnen in den ländlichen Regionen um 10 die Stadt. Diese sollten die Wasserversorgung der Stadt verbessern. Die Bohrungen stießen auf erheblichen Widerstand durch die Landbevölkerung, die sich schon längere Zeit unabhängig von dem Wasserunternehmen selbst 15 versorgte. Sie befürchteten negative Folgen für den eigenen Wasserhaushalt, da das Wasser in die Stadt geleitet werden sollte. In der Auseinandersetzung um die Bohrungen entstand die

FEDECOR, ein Lobbyverband kleiner und mitt-
20 lerer LandbesitzerInnen mit Zugang zu Wasser.
FEDECOR entwickelte sich in den Unruhen gegen die Privatisierung (des öffentlichen Unternehmens SEMAPA) zu einem der wichtigsten
Akteure des Widerstands gegen die Konzession
25 der Wasserrechte an das private Unternehmen
Agua de Tunari. […] Insbesondere für die ar-
men Bevölkerungsschichten waren die erfolgten
Preiserhöhungen katastrophal. Die Proteste waren so massiv, dass sich *Agua de Tunari* bereits
30 vier Monate nach der Übernahme der Konzession wieder aus dem Wassergeschäft zurückziehen musste. […] Die WasserbesitzerInnen von
FEDECOR erhielten daraufhin ihre Wasserrechte zurück und SEMAPA wurde wieder in die
35 öffentliche Hand überführt. In die neue Struktur des Unternehmens wurde eine Bürgerbetei-
ligung verankert. […] Preiserhöhungen wurden
zurückgenommen und die alte Rechtssituation
wieder hergestellt. Hatte der Protest gegen die
40 Privatisierung noch alle geeint, traten nach deren Verhinderung die Partikularinteressen der

verschiedenen Akteure offen zu Tage. Die an die
öffentliche Wasserversorgung angeschlossenen
EinwohnerInnen im Norden der Stadt verloren
45 nach der Rücknahme der Preiserhöhungen ihr
Interesse am Thema. Die FEDECOR hatte die
Wasserrechte ihrer Mitglieder gesichert. Nur die
BewohnerInnen der südlichen Stadtteile blieben
weiterhin von der öffentlichen Versorgung aus-
50 geschlossen. Bis heute werden in Cochabamba
nach offiziellen Statistiken ein Fünftel der Bevölkerung durch Tanklastwagen versorgt. Die
Dunkelziffer, so schätzen Experten, ist wegen
des anhaltenden Zuzugs in die Stadt deutlich
55 größer. Die Qualität des Wassers aus den Tank-
wagen ist katastrophal und die BewohnerInnen
klagen immer wieder über verseuchtes Wasser.
Der Preis des schlechten Wassers aus den Tanks
beträgt ein Vielfaches dessen, was die zumeist
60 wohlhabenderen BürgerInnen im Stadtzentrum
für das Leitungswasser bezahlen müssen. […]
Der weitere Ausbau der öffentlichen Trinkwas-
serleitungen steht in den Sternen. […]

Thomas Guthmann: Das blaue Wunder von Cochabamba. Lateinamerika Nachrichten, Nr. 406 (2008). En: http://
lateinamerika-nachrichten.de/?aaartikel=das-blaue-wunder-von-cochabamba, 17.03.2016

Palabras útiles

Wasserleitung	la tubería de agua
Investor	el/la inversor/a
Brunnen	el pozo
Bohrung	la perforación
Lobbyverband	la asociación del lobby
Konzession	la licencia
Nutzungsrecht	el derecho de usufructo
Enteignung	la expropiación
Verhinderung	el impedimento
Tanklastwagen	el camión petrolero
verseucht	contaminado/a
nachhaltig	sostenible

2. ¡Vamos al Caribe! – Cuba, una isla ambigua

Trabajo con el texto

Mira y lee el material sobre Cuba y coméntale a tu compañero/a tu primera impresión sobre la isla contestando las siguientes preguntas:

a) ¿Cuáles son los aspectos que más te llaman la atención?

b) ¿Qué imagen de la isla se transmite? ¿Qué asociaciones puedes hacer?

c) ¿Por qué (no) te gustaría pasar tus vacaciones allí?

Acércate

💬 Describe dónde está situada Cuba.

> „Aunque tengamos una sola lengua, el español, somos un país con una diversidad cultural, pues Cuba tiene de españoles, africanos, chinos y yucateros; sin estos elementos no somos Cuba."
>
> *Miguel Barnet, escritor cubano*
>
> **el/la yucatero/a** *personas de la península de Yucatán en México*

2.1 La revolución

Acércate

🖊 1. ¿Qué significa la palabra "revolución"? Define la palabra escribiéndo una entrada corta para un diccionario.

📄 2. Compara tu definición con la de un diccionario monolingüe, por ejemplo con la de la *Real Academia Española*. M 4.

Cuba antes y después de la revolución

En los primeros años de la década de 1950 se incrementaron las acusaciones de corrupción (contra el gobierno) y ante las movilizaciones de protesta, un sector del ejército apoyado por compañías norteamericanas y empresarios cubanos dio un golpe de Estado. El nuevo dictador fue Fulgencio
5 Batista. La dictadura sólo se sostuvo mediante una violenta represión. En poco tiempo, comenzó la resistencia, que unía en sus reclamos la lucha contra las injusticias y desigualdades del orden social con los planteos de independencia económica y autonomía y, por lo tanto, contrarios a la injerencia de Estados Unidos en el país y en la región. […]
10 **El inicio de las acciones guerrilleras:** En 1956, los integrantes del *Movimiento 26 de Julio* (entre otros Fidel Castro, Che Guevara, Camilo Cienfuegos) organizaron desde México una expedición para ingresar clandestinamente en Cuba. A bordo de un pequeño barco [...] desembarcaron en las playas de la Isla y se establecieron en Sierra Maestra, donde crearon
15 un foco guerrillero. [...] [E]n enero de 1959, tomaron La Habana, capital de Cuba. La lucha antidictatorial por el retorno a las formas democráticas de gobierno pronto se transformó en una verdadera revolución social. Una vez en el poder, se adoptaron un conjunto de medidas que modificaron de raíz el orden social en Cuba. […]
20 **Los cambios revolucionarios:** Para modificar las enormes desigualdades económicas que caracterizaban a la sociedad cubana, el gobierno revolucionario comenzó a aplicar la Reforma Agraria. Una primera ley de 1959 estableció que serían expropiadas todas aquellas tierras que excedieran las 400 hectáreas, por lo cual se respetaría la propiedad de pequeños y me-
25 dianos productores. No obstante, en 1963 otra ley decidió la expropiación de todas las parcelas mayores de 63 hectáreas. La mayor parte de las tierras fueron distribuidas entre los campesinos que carecían de éstas y el resto pasó a formar parte de las haciendas estatales, las cuales ofrecieron trabajo a los desocupados de las zonas rurales. […]
30 Los cambios en la economía fueron acompañados por reformas en otras áreas, que buscaban transformar a la sociedad cubana. [...] Se iniciaron campañas masivas de alfabetización, se crearon nuevas escuelas y universidades [...]. En cuanto a la salud, se implementó una red sanitaria para garantizar en forma gratuita la asistencia a toda la población, se crearon
35 nuevos hospitales y clínicas [...].
Una nueva ley de alquileres redujo su valor en un 50%. Además, se otorgaron créditos a largo plazo para que los inquilinos pudieran comprar sus casas. Se estableció la gratuidad de todos los servicios (agua, luz, gas, teléfonos, etc.) y el establecimiento de una ración de alimentos y vestimenta
40 para cada uno de los cubanos. También se intentó reducir las diferencias salariales entre los trabajadores.

Portal Planeta Sedna: La Revolución Cubana. En: http://www.portalplanetasedna.com.ar/cubana.htm, (adaptado), 29.10.2014

---

incrementarse *crecer; aumentar*

apoyado/a por algn. unterstützt durch - **el golpe de Estado** Staatsstreich - **sostenerse** *mantenerse*

el planteo *(argent.)* Protest
la injerencia Einmischung

desembarcar von Bord/an Land gehen
el foco guerrillero *hier:* Guerrillanest

modificar *cambiar*

aplicar anwenden
expropiar a algn. jmdn. enteignen

carecer de algo etw. entbehren
estatal → *el estado*

la red sanitaria gesundheitliches Versorgungsnetz

otorgarse *dar*
el/la inquilino/a Hausbewohner/in, Mieter/in
la ración de alimentos y vestimenta Zuteilung von Lebensmitteln und Kleidung - **salarial** → *el salario*

Comprensión

Opción A

 Lee el texto y contesta las siguientes preguntas.
[M] [4.]

a) ¿Cómo llegó Fulgencio Batista al poder?

b) ¿Qué sistema político dominó antes de la revolución?

c) ¿Qué quería alcanzar la resistencia?

d) ¿De dónde llegaron los líderes del *Movimiento del 26 de julio*?

e) ¿Qué querían modificar?

f) Reformaron especialmente 4 sectores: ¿cómo se llaman?

g) ¿Que hacían con las tierras expropiadas?

h) ¿Qué pasos se tomaron para llegar a la alfabetización?

i) ¿Cuáles son las características del sistema sanitario de Cuba?

Opción B

Explica con tus propias palabras cómo se desarrolló la revolución cubana. [M] [4.]

Más allá del texto

Opción A

Discutid en clase las reacciones a la revolución de los diferentes grupos de la sociedad, por ejemplo de los latifundistas, los obreros, etc. [M] [1.2]

Opción B

Discutid en grupos sobre la pregunta: ¿hay más ganadores o perdedores en la revolución? [M] [1.2]

2.2 Relaciones políticas: Cuba y los Estados Unidos

Acércate

Explica la relación entre Cuba y los EE. UU. a partir del año 1960 y la de hoy en día mediante las siguientes viñetas. [M] [5.2.2]

A partir de 1960

2016

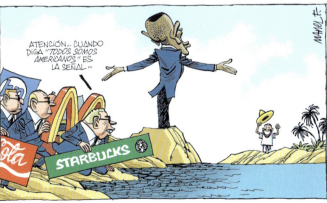

el embargo *la prohibición del comercio y/o transporte de armas u otros productos, decretada por un gobierno*

Trabajo con el texto

En la clase de Historia presentas en el contexto de "La guerra fría" un informe sobre las relaciones e intereses entre los EE. UU. y Cuba. Expón con ayuda de la información en alemán un cartel con flechas y apuntes que represente la relación entre los EE. UU., Cuba, los exiliados, la URSS y la Unión Europea y preséntalo en clase. **M** 3.

El nuevo régimen cubano

Fracasado su intento de establecer relaciones diplomáticas o comerciales con Estados Unidos, Cuba negoció acuerdos sobre armamento, créditos y alimentos con la Unión de Repúblicas Socialistas Soviéticas (URSS) […]. Nacionalizó los recursos cubanos, afrontó una profunda reforma agra-
5 ria basada en la colectivización de propiedades y estableció un Estado socialista de partido único […] que llevó a un gran número de cubanos ricos al exilio. Estados Unidos vio con disgusto cómo el nuevo régimen embargaba las empresas de titularidad estadounidense, y en 1960 anuló los acuerdos comerciales que mantenía, a lo que Castro respondió en sep-
10 tiembre de ese año con la *Primera declaración de La Habana*, reafirmando la soberanía cubana frente al imperialismo estadounidense. Un grupo de exiliados cubanos recibió el respaldo del gobierno de Estados Unidos, en un infructuoso intento por derrocarlo que tuvo lugar en abril de 1961 y pasó a ser conocido como el desembarco de bahía de Cochinos.
15 Desde ese momento, Castro se alineó abiertamente con la URSS, depen-
diendo cada vez más de su ayuda económica y militar. En 1962, estuvo a punto de producirse una guerra nuclear, cuando la URSS situó en Cuba cabezas nucleares de alcance medio, ante la oposición estadounidense. La llamada crisis de los misiles de Cuba concluyó tras la celebración de nego-
20 ciaciones entre el presidente estadounidense, John Fitzgerald Kennedy, y el máximo dirigente soviético, Nikita Jruschov.
[…] Con el inicio del proceso de desintegración de la URSS […] en 1990, los problemas económicos de Cuba empeoraron. En 1993 […] Castro aprobó reformas económicas limitadas que legalizaron algunas empresas
25 privadas.
En 1996, el Congreso de Estados Unidos aprobó la denominada *Ley Helms-Burton*, que articulaba legalmente el boicoteo económico a Cuba, al pretender penalizar a las empresas que mantuvieran relaciones comerciales con otras en la isla. Por su parte, la Unión Europea (UE), en clara
30 oposición, presentó una serie de medidas aprobadas por los ministros de Asuntos Exteriores de los países miembros para neutralizar los efectos de la *Ley Helms-Burton*.

latiniando: Fidel Castro, todo una época. En: http://www.monografias.com/trabajos/fidel/fidel.shtml, 16.03.2016

---

negociar verhandeln - **el armamento** → *armas* (Bewaffnung, Aufrüstung) - **los recursos** Geldmittel
el partido único Einheitspartei

embargar beschlagnahmen

la soberanía Souveranität, Oberhoheit - **el respaldo** Rückendeckung - **derrocar** stürzen, entmachten - **la bahía de Cochinos** Schweinebucht (Bucht an der Südküste Kubas) - **alinearse con algn.** sich jmdm. anschließen
cabezas nucleares de alcance medio atomare Sprengköpfe mittlerer Reichweite - **el misil** Rakete

empeorar ↔ *mejorar*

aprobar algo (una ley) genehmigen, (ein Gesetz) verabschieden
el boicoteo Boykott - **penalizar** *castigar*

Asuntos Exteriores Außenpolitik

2.3 La vida cotidiana

Total, que me despabilé con el buchito de café, me lavé los dientes, desayuné agua con azúcar prieto y la cuarta parte de los ochenta gramos del pan de ayer. He administrado muy bien el pan de nuestro de cada día. Cuando hay -¡si es que hay!- lo pico en cuatro: un pedazo en el almuerzo, otro
5 en la comida, el tercero antes de acostarme, si no lo he compartido antes cuando tengo visita, y el cuarto es el destinado al desayuno. Después volví a lavarme los dientes. Tengo pasta dental gracias a una vecina que me la cambió por el picadillo de soya, porque yo sí es verdad que no ingiero eso, sabrá Dios con qué fabrican esa porquería verdosa y maloliente. Me han
10 vuelto vegetariana a la fuerza, aunque tampoco hay vegetales.
Me vestí con el primer ropaje cómodo y fresco que encontré, recogí mi pelo, eché una última ojeada al espejo: me veía bien, como siempre lista para la batalla. En la sala, saqué la bicicleta de detrás del sofá, verifiqué que las llantas estuvieran bien de aire, me eché la mochila a la espalda,
15 abrí la puerta y bajé los ocho pisos por la escalera con el vehículo chino de dos ruedas a cuestas; además de que el ascensor jamás funciona, tocaba apagón. Vencí los altos peldaños a oscuras y cuando llegué a la entrada del edificio podía exprimir el vestido para quitarle el sudor.
Ya estoy en la calle, pedaleando como cada mañana, pensando en las mu-
20 sarañas, en cualquier momento me aplasta un camión. Voy hacia la oficina.
[…]
Pues en la oficina estoy hasta las dos de la tarde, porque ya en ningún lugar se trabaja hasta las cinco. Regreso pedaleando y pensando en lo de siempre: las musarañas. Llego a casa, no hay luz. Me meto a cocinar des-
25 de las tres, pero en lo que el gas va y viene me dan las ocho o las nueve de la noche. A esa hora si logro comer me puedo considerar una mujer realizada. La mayoría de las veces he comido a medianoche. En lo que la cazuela se eterniza en la hornilla me da tiempo de bañarme, cargar agua de la esquina, subir los ocho pisos con un cubo en cada mano en tres y
30 hasta cuatro idas y venidas. Como riego tanta agua por los pasillos debo secar la escalera con una toalla vieja porque las frazadas de piso cuestan un dólar cincuenta en el diplomercado de la Setenta. A la hora que termino de cenar limpio la casa y antes de acostarme leo algo, o veo alguna película en vídeo, si para entonces han puesto la electridad. Esto es lo que hago, más
35 o menos, cada día de mi vida.

Zoé Valdés: La nada cotidiana, Ediciones Emecé/Salamandra 1995/2001, Planeta 2010.

despabilarse *despertarse* - **el buchito** Schluck - **prieto/a** *negro/a*

el pedazo Stück

el picadillo de soya Sojahack
ingerir *hier:* herunterbekommen
la porquería verdosa grünlicher Schweinefraß
la ojeada *la mirada*

las llantas *hier:* Reifen

a cuestas huckepack
el apagón *el corte de electricidad*
los peldaños *las escaleras* - **exprimir** auswringen - **pensar en las musarañas** in Gedanken sein

lograr *alcanzar*
realizado/a *aquí: contento/a*
la cazuela (Schmor)Topf - **eternizar** → *eterno/a* - **la hornilla** → *el horno* (Herd) - **cargar** *aquí: recoger* (holen) - **el cubo** Eimer - **regar** verschütten - **las frazadas del piso** Wischlappen - **el diplomercado** *tienda donde se paga con dólares*

Comprensión

Opción A

Decide si las afirmaciones son correctas o falsas. Si son falsas, corrígelas. M 4.

	C	F
a. Por la mañana Yocandra toma una taza de café y come un bocadillo con mantequilla y queso y mucha fruta.	▪	▪
b. Yocandra corta el pan en cuatro trozos porque no tiene suficiente. Los come durante el día.	▪	▪
c. Si quiere tener pasta dental, la cambia por comida con la vecina.	▪	▪
d. Yocandra quiere ser vegetariana.	▪	▪
e. El ascensor nunca funciona. Por eso baja con la bicicleta por las escaleras.	▪	▪
f. En la oficina trabaja hasta las cinco.	▪	▪
g. En su piso hay agua corriente, electricidad y luz.	▪	▪
h. Cena muy tarde porque, primero, ve alguna película.	▪	▪

Opción B

Nombra los problemas cotidianos a los que la mujer tiene que enfrentarse. M 4.

Trabajo con el texto

Opción A

Analiza el fragmento buscando las partes irónicas y/o cómicas y explicando su efecto en el lector. M 2.2.1 a

Opción A/B

Explica la siguiente cita con ayuda del texto: "La mitad de Cuba vive del mercado negro. Y la otra mitad depende de él."

Opción B

1. Analiza el estilo con el que la narradora cuenta en primera persona la historia. M 2.2.1 a
2. Descríbela, basándote en lo anterior.

Más allá del texto

A pesar de "la nada cotidiana" que está presente en la vida cubana, los hoteles de 4 y 5 estrellas ofrecen a los turistas todo lo que desean. Hay comida, bebidas y electricidad en abundancia. Discute con tu compañero/a: ¿Es justo y humano o no? Uno de vosotros/as está a favor, el/la otro/a en contra. M 1.2

2.4 ¿Cuba libre? – Los medios en Cuba

Acércate

1. Lee los títulos de los siguientes artículos periodísticos y explica la situación de los medios de comunicación en Cuba.
2. Compara la importancia y el significado que tiene el internet en Cuba y en Alemania.

Renuncia el jefe de redacción de la revista *Unión* por un escándalo de censura

renunciar verzichten, abdanken

Donde rompen libros, rompen personas

romper brechen, kaputtmachen

Cuba sigue a la cola del mundo en libertad de prensa, junto a Corea del Norte e Irán

Internet desde las casas, un cuento de 'Las mil y una noches'

el cuento Märchen

http://www.diariodecuba.com/etiquetas/censura.html

Trabajo con el texto

Eres un/a alumno/a de Berlín y estás entusiasmado/a con la visita de esta bloguera. Escribes un correo electrónico al colegio de intercambio de Cuba. Presenta a la bloguera y su trabajo y explica lo que te impresiona. M 3.

Bloggerin Yoani Sánchez: Kubas Kämpferin für Freiheit

Yoani Sánchez wurde verschleppt, geschlagen, bedroht, weil sie mit ihrem Blog das kubanische Regime gegen sich aufbringt. Erstmals seit Jahren haben die Mächtigen in Havanna sie jetzt
5 ausreisen lassen […].

[…] Yoani Sánchez ist Kubas berühmteste Bloggerin, seit fünf Jahren provoziert sie die Mächtigen mit Worten. In ihrem Blog beschreibt sie das Kuba jenseits von Touristenprospekten oder
10 offizieller Propaganda, einen sozialistischen Staat mit Schwarzmarkt, Stromausfällen, maroden Häusern und vor allem: Unfreiheit. Was den Machtapparat gegen sie aufbringt, bringt ihr auf der ganzen Welt Preise ein – die sie nie entge-
15 gennehmen konnte. Bis jetzt. 20-mal wurde ihr in den vergangenen Jahren die Ausreise aus Kuba verwehrt, erst mit den neuen Reisebestimmungen

änderte sich das. […]
Sánchez hat fast 500.000 Follower bei Twitter;
20 ihren Account füttert sie in Kuba seit 2008 per SMS, denn Internet hat kaum ein Einheimischer. Ihre Blog-Einträge verschickt sie in der Heimat oft über den Internetzugang in Hotels. Die Technik – das ist ihre Brücke in die Freiheit. […] Kuba
25 ist für sie zu einem Land geworden, in dem sich Menschen hinter Masken verstecken, weil sie nie sagen dürfen, was sie wirklich denken, weil sie Geheimnisse mit sich herumtragen müssen, wie die verbotene Parabolantenne hinter dem Was-
30 sertank oder die Schuhe, die die Großmutter aus den USA geschickt hat. "Und irgendwann wird die Maske zu einem Gesicht, weil du nicht mehr weißt, wer du wirklich bist."
Mit solchen Äußerungen ist Sánchez zum Sym-

35 bol für Zivilcourage geworden. Barack Obama hat ihr ein schriftliches Interview gewährt, das Magazin "Time" zählte sie 2008 zu den 100 einflussreichsten Menschen der Welt. […] Die offizielle Propaganda stilisierte sie dagegen zum 40 Feindbild. Vor einigen Jahren blockierte die Regierung ihren Blog, so dass er auf Kuba nicht mehr gelesen werden konnte. "Aber nichts ist verlockender als das Verbotene", sagt Sánchez, und so ist er wieder freigeschaltet worden. […] 45 Sie weiß, dass ihr Telefon überwacht wird und dass sie beschattet wird. Wenn sie auf ihrer Reise zu Hause anruft, sagt sie nicht genau, wann sie wohin als Nächstes reisen wird. […]

Katharina Graça Peters: Bloggerin Yoani Sánchez: Kubas Kämpferin für Freiheit. En: http://www.spiegel.de/politik/ausland/yoani-sanchez-bloggen-gegen-das-regime-in-havanna-a-898951.html, 10.05.2013

3. La vida en Argentina: de la dictadura a la memoria histórica

3.1 Ausencias – un proyecto fotográfico de Gustavo Germano

1975
Omar Darío Amestoy
Mario Alfredo Amestoy

2006
…
Mario Alfredo Amestoy

1976
Orlando René Mendez
Laura Cecilia Mendez Oliva
Leticia Margarita Oliva

2006
…
Laura Cecilia Mendez Oliva
…

1974
Fernando Amestoy
Fettolini

Aurora Yturbide

Martin Amestoy
Yturbide

María del Carmen
Fettolini

Maria Eugenia
Amestoy Fettolini

2006
…

Aurora Yturbide

Martin Amestoy
Yturbide

…

…

Trabajo con el texto

1. Mira las fotos y los pies de foto y describe las similitudes y las diferencias. Explica con pocas palabras la idea principal del proyecto. M 5.2.1

2. Apunta todas tus preguntas relacionadas con el tema "dictadura argentina". Utiliza el vocabulario temático.

3.2 ¿Qué pasó? – Los hechos más importantes de la dictadura argentina

La dictadura militar argentina (1976-1983)

a) La Junta de Comandantes asumió el poder, integrada por el Teniente General, Jorge Rafael Videla (Ejército), el Almirante Eduardo Emilio Massera (Armada) y el Brigadier Gral Orlando R. Agosti (Fuerza Aérea). Comenzó el autodenominado "Proceso de reorganización Nacional".

5 b) En medio de la crisis política, económica y social del régimen militar, tropas argentinas recuperaron las Islas Malvinas el 2 de abril de 1982 y empezó la Guerra de Malvinas (Falklandkrieg) contra el Reino Unido. La guerra concluyó el 14 de junio, con la rendición argentina. La derrota marcó el derrumbe político del régimen.

10 c) Algunas acciones del nuevo gobierno fueron p.ej. la suspensión de la actividad política y la disolución del Congreso, la suspensión de los derechos de los trabajadores (también la prohibición de sindicatos y huelgas), la censura de los medios de comunicación.

d) Designó como nuevo presidente de facto a Jorge Rafael Videla.

15 e) La "desaparición" fue la fórmula más siniestra de la "guerra sucia": el "objetivo" era secuestrado ("chupado") por un comando paramilitar ("grupo de tareas") donde, convertido en un número y sin ninguna garantía legal, quedaba a merced de sus captores. La desaparición de personas fue un programa de acción, planificado con anticipación […]

la Junta de Comandantes Militärjunta - **asumir el poder** die Macht übernehmen - **intregrar** bilden - **el teniente** Leutnant - **la Fuerza Aérea** Luftwaffe - **autodenominar** selbst ernennen - **las Islas Malvinas** Falklandinseln **la rendición** Kapitulation - **la derrota** Niederlage - **el derrumbe** *hier:* Zusammenbruch **la suspensión** Einstellung - **la disolución** Auflösung - **el sindicato** Gewerkschaft

siniestro/a unheilvoll **el objetivo** *hier:* Zielperson **secuestrar** entführen - **chupar** *hier:* einkassieren - **paramilitar** militärähnlich - **a merced de** aus-

20 arrojando a los "desaparecidos" al Río de la Plata desde aviones o heli-
cópteros militares.

f) El régimen militar puso en marcha una represión implacable sobre todas
las fuerzas democráticas: políticas, sociales y sindicales, con el objetivo
de someter a la población mediante el terror de Estado para instaurar te-
25 rror en la población y así imponer el "orden" sin ninguna voz disidente.

g) Con este clima económico, la Junta Militar impuso el terrorismo de
Estado que, fuera de enfrentar las acciones guerrilleras, desarrolló un
proyecto planificado, dirigido a destruir toda forma de participación
popular.

30 h) La derrota de las tropas argentinas marcó el derrumbe político del régimen y favoreció la caída de la tercera junta militar. En las nuevas
elecciones del 30 de octubre de 1983 triunfó Raúl Alfonsín, candidato
de la Unión Cívica Radical.

i) El 24 de marzo de 1976 […] la presidenta del Gobierno constitucional,
35 Isabel Perón, fue detenida.

j) José Martínez de Hoz fue designado ministro de Economía y, el 2 de
abril de 1976, anunció su plan para contener la inflación, detener la
especulación y estimular las inversiones extranjeras. [...] Durante este
período, la deuda empresaria y las deudas externas pública y privada se
40 duplicaron.

k) Estudiantes, sindicalistas, intelectuales, profesionales y otros fueron se-
cuestrados, torturados, asesinados y "desaparecieron" – más de 30.000
víctimas. Mientras tanto, mucha gente se exilió.

En: http://www.me.gov.ar/efeme/24demarzo/dictadura.html (adaptado)

---

geliefert - **el/la captor/a** Fänger/in

con anticipación im Voraus

arrojar *hier:* werfen - **implacable** unerbittlich

el terror de Estado Staatsterror

instaurar *hier:* hervorrufen - **disi-dente** anders denkend

guerrillero/a Guerrilla-...

planificado/a geplant

detener festnehmen

contener im Zaum halten - **la especulación** Spekulation

estimular anregen - **la deuda empresaria** Unternehmensanlei-hen - **el/la sindicalista** Gewerk-schafter/in - **torturar** foltern

---

Comprensión

📄 **1.** Lee los fragmentos del texto y pon los 11 acontecimientos en un orden cronológico. M   4.

> **Ayuda:**
> n°1 = i / n°6 = f / n°9 = k

📄 **2.** ¿Has entendido todo? Resume brevemente el contenido principal sobre M   4.

- el principio de la dictadura
- el gobierno

- acciones y "méto-dos"
- la guerra sucia
- el fin.

Más allá del texto

💬 **1.** Describe el cartel. Di cuál es la palabra clave.
M 5.2.2

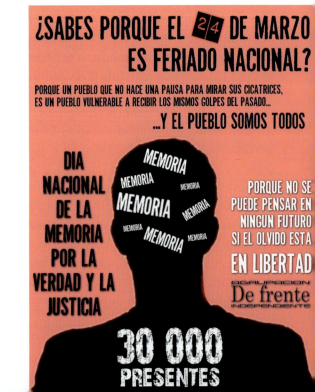

2. Explica el significado del 24 de marzo hoy en día teniendo en cuenta la información del texto anterior y mirando otra vez las fotografías del proyecto "Ausencias" de Gustavo Germano: ¿A qué se refiere? ¿por qué se llama así?

 cap. 5 / 3.1 Ausencias – un proyecto fotográfico de Gustavo Germano

3.3 ¿Quién fue Rodolfo Walsh?

Acércate

Expon tus ideas: ¿qué función tienen los escritores en la vida cotidiana y en un sistema político? ¿Cuándo la vida puede ser peligrosa para ellos?

Información adicional

*El argentino **Rodolfo J. Walsh** (1927-1977) fue escritor, periodista y traductor, pero el intelectual fue comprometido en el movimiento revolucionario durante la dictadura argentina. El día anterior a su detención y asesinato por un pelotón especializado escribió esta última carta. La firmó con su nombre y el número de su carné de identidad para repartirla a familiares y conocidos que la reproducían escrito a mano.*

Clara Theis

el pelotón especializado *hier:* Exekutionskommando

Carta abierta de un escritor a la Junta Militar

```
La censura de prensa, la persecución a intelectua-
les, el allanamiento de mi casa en el Tigre, el ase-
sinato de amigos queridos y la pérdida de una hija
que murió combatiéndolos, son algunos de los hechos
5  que me obligan a esta forma de expresión clandesti-
na después de haber opinado libremente como escri-
tor y periodista durante casi treinta años.
```

el allanamiento Abriss

La última carta de Rodolfo Walsh. En: http://www.elhistoriador.com.ar/documentos/dictadura/la_ultima_carta_de_rodolfo_walsh.php, 27.09.2016

Comprensión

Lee el comienzo de la carta abierta y decide por qué la escribe Rodolfo Walsh. M 4.

Rodolfo Jorge Walsh

Más allá del texto

Mira las siguientes palabras útiles. Las vas a necesitar para entender el vídeo.
Después escucha la segunda parte de la carta en 80500-06 y apunta las respuestas correctas. M 5.1.1

Palabras útiles

el/la preso/a	Häftling	militar	militärisch
exiliarse	ins Exil gehen	el secuestro	Entführung
la cárcel	Gefängnis	el habea corpus	Gesetz, nach welchem niemand ohne. Gerichtsbeschluss in Haft gehalten werden darf
el castillo	Burg		
el/la juez /a	Richter/in	la petición	Gesuch
el/la abogado/a	Anwalt / Anwältin	el potro	Folterbank
el juicio	Gerichtsverfahren	el despellejamiento	Häutung
la tortura	Folter	la sierra	Säge
el fusilamiento	Erschießung	la picana eléctrica	elektrischer Knüppel
el procedimiento	Vorgehensweise	el submarino	jmdn. ertränken

1. ¿Qué consecuencias del terror enumera?

  a) hay 15.000 desaparecidos

  b) hay sólo pocas víctimas

  c) hay 10.000 presos

  d) hay 40.000 muertos

  e) hay 4.000 muertos

  f) miles se exiliaron

2. ¿Qué construyó el régimen?

  a) cárceles ordinarias

  b) guarnisones de castillos

  c) campos de concentración sólo en la capital

  d) campos de concentración en todo el país

3. En estos lugares

  a) no hay jueces ni abogados ni periodistas.

  b) sólo algunos observadores militares e internacionales tienen acceso.

  c) se practica una tortura sin límite y fusilamientos sin juicio.

4. ¿Cómo se llaman estas detenciones?

  a) procedimientos militares

  b) tortura

  c) secuestros

5. ¿Cuántas peticiones de habeas corpus rechaza el régimen en el primer año?

  a) más de 7.000

  b) más de 700.000

  c) más de 70.000

6. ¿Qué instrumentos/métodos de tortura se aplica?

  a) el potro

  b) el despellejamiento en vida

  c) la sierra

  d) morir de hambre y sed

  e) la picana (eléctrica)

  f) el submarino

7. ¿Con qué argumento justifica el régimen la tortura absoluta?

  a) son métodos intemporales y crueles

  b) quieren destruir la guerrilla

  c) quieren mantener la información

3.4 Los niños desaparecidos

Acércate

1. Fíjate en los carteles de la imagen y las personas: ¿quiénes son, qué hacen, cómo son, qué quieren? Ponles un título adecuado. M 5.2.1

2. Formula una hipótesis sobre lo que expresa el pañuelo blanco de las mujeres y por qué esta famosa organización se llama "Madres y Abuelas de la Plaza de Mayo".

Chiquitos desaparecidos

Niños de nadie
criaturas de todos,
¿quiénes son?
Huellas frágiles sobre la arena.
5 ¿Donde están?
estrellitas en el alto cielo
son las sonrisas perdidas del país,
pequeños pétalos de flor
que el viento se llevó.

10 Pintaron sus rostros de gris
para tapar su color,
les cambiaron los nombres
y a algunos la nación.
Dicen que no saben,
15 que nunca sucedió,
dicen que son suyos
y que nada se extravió.

Niños de nadie
criaturas de todos
20 son recuerdo del pasado,
búsqueda del presente.
Ya no son inocentes duendes;
son hombres y mujeres que el
tiempo creció
25 y aunque les hallan cambiado
la mente y la razón
tienen en su sangre y corazón
la verdad y el amor.

*Marcela Gomez: Chiquitos desaparecidos. En: http://www.desaparecidos.
org/arg/voces/lit/poesia/gomezm.html, 27.09.2016*

la huella Spur - **el pétalo** Blütenblatt - **extraviar** verloren gehen
el duende Kobold - **hallar** *hier:* vorfinden

Comprensión

1. Lee el poema y di cuál es el tema central. M 4.

2. Apunta las palabras que se refieren a los niños y las que se refieren a "las otras personas" y exponlas brevemente delante de la clase. M 4.

Trabajo con el texto

Opción A

1. Expón cómo el poeta presenta a los niños incluyendo el título "Chiquitos desaparecidos". Explica la intención del poeta. M 2.2.1 e

2. Preparad la lectura del poema: ¿en qué tono y con qué entonación queréis leer los versos? ¿quién(es) lee(n) qué versos? Representadlo en clase.

Opción B

1. Busca algunos recursos estilísticos u otros elementos y explica su función y el efecto, p.ej. preguntas abiertas, un paralelismo, metáforas, un diminutivo, una aliteración, etc. M 2.2.1 e

2. Comenta qué sentimientos provoca el poema en ti.

Más allá del texto

En la página web donde está publicado el poema "Chiquitos desaparecidos" aparece un artículo informativo sobre las *Abuelas de Plaza de Mayo* como una de las organizaciones más famosas que busca a desaparecidos y a sus hijos. Reúne información sobre ellas de la página web 80500-03 y presenta a estas mujeres, su trabajo y sus objetivos. M 1.1.

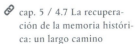 cap. 5 / 4.7 La recuperación de la memoria histórica: un largo camino

3.5 Jordi Sierra i Fabra: La memoria de los seres perdidos

Acércate

💬 **1.** Basándote en tus conocimientos previos acerca de este tema formula hipótesis sobre el significado del título "La memoria de los seres perdidos" y el contenido de la novela.

📄 **2.** Lee la sinopsis siguiente del libro y dibuja una portada para el libro que corresponda con el contenido y el título. M 4.

Estela era una niña de tan solo cuatro años cuando ella y su familia, su madre Petra Puigbó, su padre Armando Lavalle y su hermana Alexandra, se mudaron desde Argentina (debido a las convulsiones políticas del momento) hasta Barcelona, [...] para formar allí una nueva vida.

5 Ya con 19 años, felizmente ligada con su novio Miguel, era una chica comprometida a la que le gustaba ayudar, y por eso trabajaba en sus ratos libres en una ONG llamada AAD, *Acción de Ayuda Directa*. Estela comenzó a ver seguidamente a una mujer en todos los lugares a los que iba, hasta que, un día, la mujer fue a hablarle.

Ruben Castillo: La memoria de los seres perdidos. En: http://vegadeloslibros.blogspot.de/2013/02/la-memoria-de-los-seres-perdidos.html (adaptado), 24.02.2013

la convulsión *la agitación, el rumor*

estar ligado/a con algn. liiert sein mit

Una conversación que cambia toda una vida

Después de perseguir muchos días a Estela, Ana Cecilia Mariani le pide que tome un café con ella. Le cuenta la historia de Graciela Mariani, su hermana.

[...]
- Graciela era una mujer muy especial, muchísimo. He conocido a muchas personas buenas, sobre todo en estos últimos años, pero ninguna como ella. Era abnegada, ayudaba a los demás de muchas maneras, estaba dis-
5 puesta para cualquier sacrificio, y, por supuesto, se comprometía siempre, siempre. No importaba la causa o el problema, las motivaciones o las dificultades. Si ella creía en algo, se volcaba, sin reparar en nada más. Así que por supuesto desde la adolescencia y mientras estudiaba, comenzó a militar en organizaciones de derechos humanos, ligas en pro de diversas
10 causas, sindicatos, comités ... [...]
Pero, por supuesto era una persona incómoda para algunos. No es de extrañar que cuando los militares iniciaron la represión, con detenciones constantes y masivas de todos aquellos que fuesen sospechosos de estar involucrados en alguna actividad considerada ilegal o antipatriótica, ellos
15 se volvieran más precavidos y, al mismo tiempo, arreciaran en su lucha. Era cuando más se les necesitaba, y siguieron en primera línea, aunque ya no por mucho tiempo. Las desapariciones fueron un rosario incesante des-

abnegado/a aufopferungsvoll
comprometerse sich engagieren

volcarse *hier:* mit Begeisterung etw. machen
militar *ser miembro activo*

precavido/a vorsichtig - **arreciar en** *intensificar*
el rosario Serie, Reihe
incesante *constante*

pués del golpe de Estado del 76, entre 1977 y 1979. ¿Conoces la historia reciente de Argentina?

20 - Algo, manifestó Estela insegura.

- Graciela se quedó embarazada. Iba a cumplir veintitrés años por aquel entonces y Claudio y ella decidieron casarse. [...] – [P]or un instante pareció que la memoria le flaqueaba. Pero no se trataba de la memoria. El nudo albergado en su garganta se hizo evidente cuando tragó saliva para

25 deshacerlo. Bebió un segundo sorbo de café. Volvió a mirar a Estela para recuperar las fuerzas y continuar.

- Una noche, los milicos llegaron a la casa de Claudio y Graciela. [...] Se los llevaron y ésa fue la última vez que alguien los vio con vida, aparte de sus secuestradores.

30 Ahora era Estela quien tenía la garganta seca. Cogió el vaso y casi apuró la mitad de su bebida de un trago. La inquietud que había sentido desde el mismo instante en que se dio cuenta de que aquella mujer la estaba espiando, se convertía ahora en un peso que ya no podía eludir. Su miedo era ahora que continuase. Pero ya no podía evitarlo.

35 - ¿Les...? – comenzó a decir sin que pudiera terminar la frase.

- No sólo los mataron, a los tres, sino que les torturaron al interrogarles – dijo Ana Cecilia Mariani. Fueron conducidos a la siniestra *Escuela de Mecánica de la Armada*, el campo de exterminio más espantoso del mundo después de los que los nazis levantaron para matar impunemente a seis

40 millones de judíos. Por lo que se ha podido saber, a Claudio y a Roberto les arrojaron vivos y maniatados desde un avión en alta mar, junto a otros cientos de hombres y mujeres. A Graciela, y debido a su estado, la retuvieron los dos meses que le faltaban para dar a luz. Dio a luz una niña en la misma *Escuela de Mecánica de la Armada*, esposada. Y esa misma noche se

45 la arrancaron de las manos. Le prometieron que volvería a verla si colaboraba, pero ...

La mujer se detuvo. El océano de sus ojos amenazaba con desbordarse, lo mismo que un lago dominado por una crecida de sus aguas. Estela tenía ahora la respiración entrecortada. Pese a ello, la ayudó a seguir.

50 - ¿Qué pasó? – susurró.

-Mi hermana murió a los pocos días, víctima de aquellas torturas, y su cadáver fue entregado bajo de una sarta de mentiras, algunos días después. [...]

Cayeron las dos primeras lágrimas.

55 - Perdone, pero ... ¿qué tiene que ver esta historia conmigo? Yo ya no ... Ni siquiera entiendo ...

Ana Cecilia Mariani hundió en ella sus ojos nublados por la emoción. Sus siguientes palabras fueron un grito pronunciado en voz baja, un golpe emitido con la dulzura de la verdad más simple.

60 - Te he contado la historia de tu nacimiento, mi niña. Graciela era tu ma-

---

flaquear *perder fuerza*

el nudo Knoten - **tragar** hinunterschlucken - **la saliva** Speichel

el sorbo Schluck

apurar austrinken

eludir *hier:* loswerden

siniestro/a *oscuro/a*

el campo de exterminio Vernichtungslager - **impunemente** ungestraft

arrojar *echar, tirar* - **maniatado/a** *con las manos atadas*

esposado/a mit Handschellen gefesselt - **arrancar** entreißen

desbordarse überströmen

la respiración entrecortada Schnappatmung - **susurrar** flüstern

la sarta *hier:* Reihe

hundir versenken

la dulzura Sanftheit

dre. […] He tardado demasiado en encontrarte, eso es todo. Lo siento, ¡lo siento! ¿Crees que no corrí? ¿Crees que tu abuela y yo no removimos cielo y tierra buscándote? Llevamos casi quince años en ello! ¡Quince años! Pero él borró muy bien las huellas.

65 - ¿Qué huellas?

- Tu desaparición.

- ¿Y quién se supone que es ... él?

Otro aldabonazo. Creía que ya estaba similándolo, pero no era así.

- Tu padre – dijo la mujer.

70 - ¿Mi ... padre?

- ¿Es que no lo comprendes? Él era uno de ellos.

Jordi Sierra i Fabra: La memoria de los seres perdidos. Madrid: Ediciones SM, 1998.

> **borrar** löschen, verwischen
>
> **el aldabonazo** *hier:* unangeneh-me Überraschung

Comprensión

1. Lee el texto hasta la línea 53 y apunta la información principal sobre la biografía de Graciela Mariani: ¿Qué hace antes de la dictadura, qué le sucede después del Golpe de Estado? M 4.

2. Lee la segunda parte (l. 54) y explica con un gráfico la relación (familiar) entre Estela, Graciela y Ana Mariani y "el padre" de Estela. Describe con una frase lo que hizo "el padre". M 4.

La reacción de Estela

Acércate

Di como será la reacción de Estela: ¿Qué podría decir?

[...]

- Mi padre no pertenecía al Ejército.

- ¿Te dijo eso? – ya ante el silencio de Estela continuó. ¿Qué te contaron acerca de tu adopción?

5 - ¡Yo no fui adoptada, maldita sea! ¿Lo ve? ¿Por qué no busca a sus fantasmas en otra parte? Nací en Argentina, sí, ¿y qué?

[…] [La mujer] llevaba el bolso en el regazo. Un bolso pequeño, discreto, en el que parecía no caber casi nada. Lo abrió por primera vez desde que se habían sentado allí. No tuvo que buscar demasiado. Sólo introdujo la

10 mano y la volvió a sacar con una fotografía que tendió a Estela. Al ver que ella no la cogía, la depositó en la mesa, frente a los ojos de la muchacha. Estela dio la impresión de no querer mirarla. Pero acabó haciéndolo.

- Es tu madre con sólo un año más que tú.

El parecido con ella misma era aún más asombroso que el de los ojos o la

15 sonrisa de Ana Cecilia Mariani. [...] La mujer de la fotografía le sonreía a la cámara con descaro y jovialidad, con el poder y la seguridad de sus veinte años. Era muy guapa, mucho. [...]

> **maldita sea** verdammt nochmal
>
> **el regazo** Schoß
>
> **tender** *hier:* reichen
>
> **asombroso/a** erstaunlich
>
> **descaro y jovialidad** *frescura y alegría*

Estela ya no pudo apartar la mirada de aquella imagen. Aun así, no hizo nada por coger la fotografía. […] Empezó a temblar. Tuvo deseos de llorar,
20 de gritar, de echar a correr.

- Esto es demasiado – acabó diciendo – […] Mucha gente se parece entre sí. Simplemente se ha confundido.

- Tú naciste un 4 de septiembre.

Estela logró sonreír, aunque más bien fue una mueca en busca de una ale-
25 gría que no sentía.

- ¿Lo vé? Se ha equivocado. Por unos días, pero se ha equivocado. Yo nací el 9 de septiembre.

- Naciste un 4 de septiembre, pero tu padre debió de inscribirte unos días después, por el papeleo o por la razón que fuese. […]
30 - Mi padre no hizo eso.

La mujer guardó silencio un instante antes de volver a hablar. Y esta vez lo hizo con una inusitada contundencia, mirándola fijamente a los ojos con dureza.

- Tu padre hizo algo más que adoptarte, Estela. Mató a tu madre y te robó
35 tu identidad. Él era el milico que la estuvo interrogando y torturando a lo largo de aquellos dos meses.

Jordi Sierra i Fabra: La memoria de los seres perdidos. Madrid: Ediciones SM, 1998.

temblar zittern	
la mueca Grimasse	
el papeleo Papierkram	
inusitado/a ungewöhnlich - **la contundencia** *impresión convincente en el ánimo*	
el milico Militär, Soldat	

Comprensión

Lee la segunda parte. Describe las reacciones de Estela y lo que hace Ana. M 4.

Trabajo con el texto

Opción A

1. Explica el significado de las siguientes frases. ¿Qué revelan sobre Graciela?, ¿Y sobre su padre adoptivo? M 2.2.1 c

   a) "Era abnegada, ayudaba a los demás de muchas maneras, estaba dispuesta para cualquier sacrificio, y por supuesto, se comprometía siempre, siempre. […] Pero por supuesto era una persona incómoda para algunos." (l. 4s.)

   b) "¿Es que no lo comprendes? Él era uno de ellos. […] Tu padre hizo algo más que adoptarte, Estela." (l. 71 / l. 34s.)

2. Explica el recurso estilístico que utiliza el autor y analiza el efecto: M 2.2.1 a

   a) "El océano de sus ojos amenazaba con desbordarse, lo mismo que un lago dominado por una crecida de sus aguas." (l. 47s.)

   b) "¿Crees que tu abuela y yo no removimos cielo y tierra buscándote?" (l. 62s.)

Opción B

1. Explica los sentimientos de Estela con ayuda de este gráfico. M 2.2.1 c

2. Analiza el comportamiento de Estela teniendo en cuenta sus reacciones y la descripción de su mímica y sus gestos. M 2.2.1 c

c) "¡Yo no fui adoptada, maldita sea! ¿Lo ve? ¿Por qué no busca sus fantasmas en otra parte? Nací en Argentina, ¿y qué?" (l. 5s.)

Frase	recurso estilístico	contenido	¿qué se acentúa?
▬	▬	▬	▬

Más allá del texto

Opción A

Estela vuelve a su casa y se encierra en su habitación. Ponte en su lugar y redacta una entrada en el diario incluyendo sus pensamientos y sentimientos.
M 2.2.2 a

Opción B

Después de la conversación Estela sólo quiere hablar con su novio Miguel para informarle detalladamente de todo. ¿Qué dice? ¿Qué quiere hacer ahora? ¿Cómo se siente? ¿Qué contesta Miguel? Representa esta conversación.

3.6 ¡Nunca más! – Caminos a la democracia

Acércate

1. Explica: ¿Qué importancia/significado tiene la democracia en el contexto argentino?

> **Información adicional**
>
> *Raúl Alfonsín (1927 – 2009) fue el primer presidente democrático después de la dictadura (de 1983 a 1989).*

"TENEMOS UNA META: LA VIDA, LA JUSTICIA Y LA LIBERTAD. TENEMOS UN MÉTODO PARA CONSEGUIRLO: LA DEMOCRACIA."

RAÚL ALFONSÍN

2. Imagínate que tú eres un/a argentino/a en el exilio y recibes la noticia de que hay un nuevo presidente, Raúl Alfonsín. Expresa tus deseos y tus demandas después de la dictadura. Decide quién eres – ¡eso influye en tu perspectiva!
   • un militar en un puesto alto y con responsabilidad
   • una madre que tiene dos de sus tres hijos desaparecidos y que no sabe nada sobre ellos
   • un escritor político que fue perseguido y torturado

Trabajo con el texto

Tu amigo/a de Buenos Aires te escribe que ha participado en la ceremonia de la inauguración del nuevo monumento en honor a Raúl Alfonsín en la Plaza de Mayo, Buenos Aires. Como no conoces bien a este presidente, te informas y encuentras este artículo. Escribe un email a tu amigo/a explicándole, basándote en este artículo, por qué es una buena decisión honrarle de esta manera. M 3.

Argentinien trauert um seinen Helden

[…] Raúl Alfonsín war mehr als nur ein Ex-Präsident. […] Die Symbolfigur schlechthin der Rückkehr Argentiniens zur Demokratie nach langen Jahren einer brutalen Militärdiktatur, erlag 82-jährig in seinem Haus in 5 *Buenos Aires einem Lungenkrebsleiden. […]*

Als die Militärjunta immer mehr an Zustimmung verlor und geschwächt aus dem verlorenen Krieg gegen Großbritannien um die Falkland-Inseln hervorging, wurden für 1983 Wahlen ausgeru-
10 fen: Alfonsin gewann mit rund 50 Prozent und begann als erster ziviler Präsident nach dem Ende einer der grausamsten Diktaturen des lateinamerikanischen Kontinents, das Land zu demokratisieren.

15 Mit dem Politiker der linksliberalen Radikalen Bürgerunion UCR verband sich die Hoffnung auf ein neues Zeitalter. "Se va acabar, esta costumbre de matar" - "Es ist vorbei mit der Schlachterei" -, sangen Hunderttausende in der Wahlnacht auf
20 den Straßen der Hauptstadt. Und er enttäuschte sie zunächst nicht. Mit seinen ersten Entscheidungen begründete er seinen Ruf als kompromissloser Verfechter der Rechtsstaatlichkeit.

Drei Tage nach seiner Amtseinführung mach-
25 te Alfonsín […] den Weg frei für die Prozesse gegen die Angehörigen der Streitkräfte wegen Menschenrechtsverbrechen während der Diktatur. Unter seiner Regierung mussten sich die bis dahin allmächtigen Militärs für zehntausendfa-
30 chen Mord, Folter und Entführung von Regimegegnern verantworten. 1985 wurden die führenden Vertreter der Militärkaste in einem Aufsehen erregenden Prozess zu langjährigen Haftstrafen verurteilt. […]

35 Alfonsín setzte auch eine Kommission ein, die die Fälle tausender Verschwundener - zumeist Oppositioneller - aufarbeitete und das brutale Regime der Militärherrscher dokumentierte. All das provozierte, wie kaum anders zu erwarten, den
40 Widerstand der zuvor Mächtigen. Drei Mal versuchte das Militär zwischen 1987 und 1988, den demokratisch gewählten Präsidenten abzusetzen. Mehr als einmal stand Argentinien am Rande eines Bürgerkrieges.

45 Um das Land zur Ruhe zu bringen, verabschiedete das Parlament Amnestiegesetze. Doch die Immunität für niedere Ränge sollte nicht ewig währen: Im Jahr 2005 hob der Oberste Gerichtshof die Amnestiegesetze endgültig auf, nachdem
50 das Parlament schon 2003 in gleichem Sinne entschieden hatte. Damit war die Möglichkeit geschaffen, Hunderte von Verfahren gegen die Schergen der früheren Militärjunta wieder aufzunehmen. […]

Michael Schmidt: Argentinien trauert um seinen Helden. En: http://www.zeit.de/online/2009/14/argentinien-raul-alfonsin/komplettansicht, 01.04.2009

Más allá del texto

Busca más detalles sobre el actual enfrentamiento crítico (Vergangenheitsbewältigung) de la dictadura en Argentina. Elige uno de estos temas y elabora una presentación. M 1.1

a) las *Leyes de Amnistía* y su anulación, p.ej. en 80500-03

b) los juicios contra los responsables de la *Escuela de Mecánica de la Armada*, p.ej. en 80500-03

c) el *Espacio Memoria y Derechos Humanos* (ex ESMA) en Buenos Aires, p.ej. en 80500-03. Consulta también el mapa interactivo.

4. ¡Descubre Chile!

🔗 cap. 6 / La diversidad cultural de Latinoamérica

Trabajo con el texto

Mira las fotos y relaciónalas con la categoría correspondiente. Apunta el lugar
y las actividades que pueden hacer los turistas y elige los adjetivos que asocias
con ellas. **M** 5.2.1

n° de la foto	tema	actividades y lugares
	bienestar y descanso	
	deporte aventurero	
	patrimonio cultural y ancestral	
	inspiración natural en el paisaje	
	impresiones de una metrópoli	

adjetivos

impresionante emocionante vivo/a

exótico/a relajante angustioso/a

abandonado/a intacto/a idílico/a

gigante fascinante enorme

Opción A

Elige la foto que más te anima a viajar a Chile. Explica por qué.

Opción B

Escribe, basándote en las fotos, eslóganes convincentes para una campaña de turismo.
Ejemplo:
"Si buscas desafíos deportivos en la montaña y la nieve, ¡ven a Chile!"

Más allá del texto

Chile se presenta en una feria de turismo. Preparad una pequeña exposición sobre otras atracciones turísticas y culturales del país. ¡Vuestro objetivo es motivar a que se viaje a Chile! Repartid los siguientes temas y buscad información en la red, p.ej. en 80500-03 . Presentad los resultados en un gallery-walk.

a) Deporte y aventura
b) Naturaleza y zonas climáticas del país
c) Cultura y patrimonio
d) Patagonia y la Isla de Pascua
e) La vida urbana en Santiago
f) País de poetas y escritores: Gabriela Mistral, Pablo Neruda e Isabel Allende

4.1 Chile: datos útiles

Acércate

Prepara preguntas sobre los datos básicos de Chile. Pregunta a tu compañero/a, que contesta la primera pregunta y sigue después con la suya.   M 1.2

extensión Norte-Sur	4.270 kilómetros
superficie total	756.096 km²
población total	17.575.853
pueblos indígenas	4,6% (de estos: 87,3% mapuches)
capital	Santiago de Chile (el 40% de los habitantes vive allí)
principales áreas metropolitanas	Gran Santiago, Gran Valparaíso, Gran Concepción, Gran Serena
territorio	dividido en 17 regiones
gobierno	república democrática (presidente actual: Michelle Bachelet)
religión	cristiana (católica 87%)
moneda	Peso Chileno
idioma oficial	español

Chile: Datos Útiles. En: http://www.exteriores.gob.es/Embajadas/SAN-TIAGODECHILE/es/VivirEn/Paginas/Establecerse.aspx, 14.09.2016

4.2 La economía de Chile

* y Silvicola
Fuentes: FMI, Banco Central

Comprensión

Describe el gráfico e intenta sacar el mayor número de información. M 5.2.3

Trabajo con el texto

Explica en una charla de un minuto por qué Chile tiene una situación económica relativamente estable. Incluye estos datos en tu explicación: M 1.1

	Chile	Argentina	Brasil
renta anual	12.077€	8.375€	8.047€
tasa de desempleo	6,5%	8,0%	6,0%
inflación	6,3%	36,4%	6,3%
deuda pública en proporción del PIB	4,3%	37,9%	59,0%

¿Cuál es el PIB de América del Sur? En: http://eleconomista.com.mx/infografias/america-sur/2015/05/07/cual-pib-america-sur, 07.05.2015 y Durchschnittliches Einkommen weltweit. En: https://www.laenderdaten.info/durchschnittseinkommen.php

4.3 Una mirada a Santiago de Chile

Comprensión

Ve el vídeo en 80500-01 y elige cuáles son las características de la capital Santiago de Chile que aparecen en el vídeo. M 5.3

a) un sistema de transporte rápido

b) muchos parques y árboles repartidos por la ciudad

c) una zona peatonal con tiendas pequeñas y originales

d) muchos rascacielos

e) un valle rodeado de montañas

f) una infraestructura muy elaborada (avenidas, calles largas) y mucho tráfico

g) barrios de miseria en el sur de la ciudad

h) edificios altos de oficinas y pisos

i) chabolas

j) torres de vidrio

k) escasez de iluminación

l) *Costanera Center* (tiendas, restaurantes, oficinas; el edificio más alto de América del Sur)

m) una arquitectura urbanista y moderna

Trabajo con el texto

Opción A

Explica cómo se refleja esta cita en el vídeo: "Santiago de Chile es considerada la segunda mejor ciudad para hacer negocios de América Latina, así como la tercera ciudad de Sudamérica con mejor calidad de vida."

Opción B

Gracias a una oferta laboral puedes trabajar y vivir en Santiago de Chile. Habla con tu amigo/a y coméntale por qué (no) te gustaría vivir y trabajar allí refiriéndote a los aspectos mencionados en el vídeo.

4.4 ¿Una sociedad única o compleja?

Portavoz con Staylock: El otro Chile

Acércate

Mira el vídeo oficial de la canción "El otro Chile" sin sonido `80500-01`. Formula una hipótesis sobre el posible tema de la canción. ¡Presta atención a los cantantes, a su mímica y sus gestos y las imágenes! `M` `5.2`

Comprensión

Mira y escucha el vídeo. Apunta las palabras que faltan en la hoja con la letra de la canción `80500-04`. `M` `5.1.2`

> Viva Chile   alegrías   mensaje   murieron   trabajadores   metro
> clase media   oficiales   terremoto   casas   banderas   hospitales   iguales
> penas   comerciales   mineros   subvencionado   sufrió   noche
> pobres   obreros   fuerza   pueblo líder   Chile   universitarios   menos
> monopolio   realidad   páginas sociales   discursos   sociedad

Opción A

1. Elige a qué aspectos se refiere el cantante. `M` `5.1.2`

   a) la descripción de la vida cotidiana de la clase alta

   b) la infancia del cantante en ese "otro Chile"

   c) las circunstancias en las que viven la clase media y baja

   d) la desigualdad en la sociedad

   e) las profesiones diferentes y frecuentes en Chile

   f) la falta de reputación

2. Después compara estos aspectos con tus primeras ideas sobre el tema de la canción.

Opción B

Explica la información sobre "ese Chile que definen de clase media" con tus propias palabras. `M` `5.1.2`

Trabajo con el texto

Opción A

Analiza lo que quieren transmitir Portavoz y Staylock con esta canción teniendo en cuenta el grupo al que se dirigen. M 5.1.2

Opción B

Como habéis visto, termina el vídeo con la cita del escritor alemán Bertold Brecht: *"Schönster aller Zweifel aber (ist), wenn die verzagten Geschwächten den Kopf heben und an die Stärke ihrer Unterdrücker nicht mehr glauben!"* Explica a través de la letra la relación entre el mensaje de la canción, la cita y la música. M 5.1.2

Más allá del texto

1. Portavoz y Staylock tematizan la situación socioeconómica en la canción - ¿qué datos y cifras hay que añadir? Expón un perfil de la sociedad chilena y explica la siguiente cita incluyendo la información de la tabla.

> "El real problema de la distribución de la riqueza en Chile: […] Se obtiene que el ingreso per cápita del 1% más rico es 40 veces mayor que el ingreso per cápita del 81% de la población."
>
> *Según: http://www.biobiochile.cl/2013/03/29/distribucion-de-la-riqueza-en-chile-el-real-problema-esta-en-el-1-mas-rico.shtml, 29.03.2013*

CHILE	2013
población total	17.575.833
pueblos indígenas	4,6% (de estos: 87,3% mapuches)
PIB per cápita	23.165$ el 50% de la sociedad apenas gana 5.000$ al año
tasa de desempleo	6,1 %
tasa de escolarización/finalización del nivel primario (=8 años de la educación básica y gratuita)	96,6%
esperanza de vida	81,2 años
tasa de incidencia de pobreza	14,4%
tasa de incidencia de pobreza extrema (no se puede satisfacer las necesidades básicas)	0,9-2,8%
abonos de teléfonos celulares (por cada 100 personas)	134,3
usuarios de Internet (por cada 100 personas)	72,4

Javier Muñoz: PIB per cápita crece pero la desigualdad se mantiene. En: http://radio.uchile.cl/2014/10/08/pib-per-capita-crece-pero-la-desigualdad-se-mantiene, 08.10.2014

y http://datos.bancomundial.org/pais/chile, 12.05. 2016

2. Hay muchos proyectos sociales como por ejemplo *Techo para Chile* o la *Fundación visocial*. Busca información sobre estos proyectos sociales en 80500-03 o también en la página web de la *Fundación Visocial* 80500-03: ¿Qué hacen y qué objetivos tienen? Elige una campaña / un cartel publicitario y preséntala/lo y explica su mensaje. M 1.1

3. Escribe una carta de motivación en la que te presentas y explicas por qué quieres trabajar 6 meses como voluntario en este proyecto. M 2.2.2 b

4. Ya has visto algunos vídeos sobre (Santiago de) Chile y tienes mucha información concreta. Explica en un artículo informativo con el título "Las diferentes caras de Chile" por qué es un país y una sociedad de contrastes. M 2.2.2 c

4.5 Los Mapuches

🔗 cap. 5 / 1.5 Indigenismo

Acércate

💬 Describe la foto y relaciónala con las estadísticas.
¿Qué puedes decir/deducir sobre los mapuches?

M 5.2.1

Genética de la población chilena

- ■ Europeos (52%)
- ■ Amerindios (42%)
- ■ Africanos (6%)

el/la amerindio/a *los indígenas/indios, los pobladores originarios de América*

Población indígena de Chile

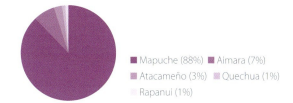

- ■ Mapuche (88%) ■ Aimara (7%)
- ■ Atacameño (3%) ▨ Quechua (1%)
- ■ Rapanui (1%)

Mapuches, "la gente de la tierra"

"La gente de la tierra"

Los mapuches, "la gente de la tierra" en *mapudungún*, son uno de los pueblos más castigados de América Latina a la par que de los más luchadores. El pueblo mapuche proviene en su mayoría de [...] tribus amerindias her-
5 manadas [...]. Tribus ancestrales, precolombinas, coetáneas en tiempo y en espacio al Imperio Inca [...].

Actualmente se encuentran presentes en Chile y en Argentina. En la vertiente chilena habitan en Santiago pero también en la Araucanía, en la Región del Bío Bío, en la Región de los Lagos y en la Región de los
10 Ríos. [...] Diversas organizaciones pro derechos humanos estiman que existen en Chile entre 800.000 y 1.500.000 mapuches, mientras que en Argentina los sitúan en torno a las 300.000 personas. Esto difiere mucho de las cifras oficiales que defienden los gobiernos chileno y argentino. El Censo de Chile de 2002 registró 604.349 mapuches mientras que la
15 *Encuesta Complementaria de Pueblos Indígenas 2004-2005 de Argentina* cifró a la población mapuche de su territorio en casi 105.000 personas. Voces críticas con las estimaciones oficiales sugieren un intencionado genocidio estadístico que tiene por objetivo rebajar la verdadera representatividad del pueblo mapuche.
20 ### Cultura y territorio

[...] En lo referente a su patrimonio cultural pueden presumir de una riquísima herencia. Poseen abundantes características diferenciadoras en su vestimenta, música, danza, religión, ritos, leyendas, y en fin, una cosmología propia. Aunque por un lado los mapuches conocen y hablan a la per-

a la par *al mismo tiempo*
amerindio/a *indianisch*
coetáneo/a *contemporáneo/a*

la vertiente *el lado*
el Bío Bío Fluss in Chile

diferir → *la diferencia*

la estimación (Ein)Schätzung - **el genocidio** Völkermord

presumir de algo sich etw. einbilden auf
la vestimenta *la ropa*

25 fección el castellano por el otro atesoran un idioma propio, el *mapudungún*, considerado por los lingüistas como una lengua aislada. […] Desde la *Asociación en Defensa de los Pueblos Amenazados* (GFBV) calcula que de las 30 millones de hectáreas originarias quedan hoy solamente 250.000 para los mapuches; o lo que es lo mismo, la práctica totalidad (el 30 87% del total) de las áreas que antiguamente les pertenecían les ha sido progresivamente expropiada.

atesorar → *el tesoro*

En el pasado y en la actualidad

[…] En la dictadura militar de Augusto Pinochet (1973-1990) la visibilidad del pueblo mapuche desaparece casi por completo. Se refleja en primer lugar en la frase pronunciada por el dictador en 1979. "Ya no existen mapuches porque todos somos chilenos". El concepto de indígena se hace desaparecer a golpe de ley, lo que equivale a una aniquilación legal de entre el 5 y el 10% de la sociedad chilena.

la aniquilación *la destrucción para siempre*

En segundo lugar el *Decreto Ley 2675* elimina la propiedad comunal de la 40 tierra como figura jurídica. A partir de ahí las empresas interesadas en la adquisición de terreno mapuche lo tienen más fácil para comprar […]. La presencia y expansión de empresas transnacionales en territorio mapuche cuenta con el visto bueno del Gobierno central. [...]

la adquisición de terreno Landerwerb

Paz con Dignidad Illes Ballears: Mapuches, "La gente de la tierra". En: http://www.pazcondignidad.org/files/ MapuchesDocumentoCastellano%281%29.pdf (adaptado), 16.03.2016

Comprensión

Lee el texto y decide si las afirmaciones son correctas (C) o falsas (F) e indica las líneas del texto (L) a las que se refieren. Si son falsas, corrígelas. M 4.

	C	F	L
a. Aunque los mapuches han sufrido mucho son al mismo tiempo luchadores.	■	■	■
b. Son una tribu homogénea.	■	■	■
c. Viven tanto en la capital como en el campo.	■	■	■
d. En Chile hay muchos debates sobre la cuantificación exacta del número de los mapuches.	■	■	■
e. Su único patrimonio cultural es la riqueza lingüística.	■	■	■
f. En el pasado poseían aproximadamente 3 millones de hectáreas de territorio.	■	■	■
g. Según la Asociación de los Pueblos Amenazados perdieron el 87% de su terreno como consecuencia de las expropiaciones.	■	■	■
h. El dictador Pinochet no aceptó a los mapuches como un pueblo propio.	■	■	■
i. Se respeta su propiedad comunal a través de leyes.	■	■	■
j. Para las empresas es difícil adquirir territorio de los mapuches.	■	■	■

Trabajo con el texto

Opción A

Explica las palabras clave y el contexto en que se encuentran.

> gente de la tierra, genocidio estadístico, patrimonio cultural, *mapudungún*, "Ya no existen mapuches porque todos somos chilenos"

Opción B

Haz un mapa mental de los mapuches con los datos más importantes.

¡PROTESTA! – Las reivindicaciones de los mapuches

Organizaciones sociales

[…] El *Consejo de Todas las Tierras* (*Aukiñ Wallmapu Ngulam* en *mapudungún*) es sin duda la asociación más importante en la defensa de los derechos del pueblo mapuche en Chile. [...] Otra agrupación similar es la *Coordina-*
5 *dora Arauco-Malleco* (CAM), fundada en 1998. Al igual que el *Aukiñ*, esta asociación reivindica la dignidad del pueblo mapuche, [...] además, opera la *Coordinación de Identidades Territoriales Mapuche*, que se encarga de mantener el contacto con los mapuches de la vertiente argentina con el fin de reforzar la conciencia nacional de este pueblo [...].
10 […] Ya en una entrevista realizada en 2005 [la activista Eugenia] Calquín resumió las principales reivindicaciones de los mapuches chilenos: el reconocimiento en la Constitución de un Estado plurinacional, la redacción de una ley indígena y la concesión de mayor autonomía y autogobierno para su pueblo. En este sentido, dentro de la lucha para el logro de estos objeti-
15 vos y la protección de su pueblo y sus territorios, activistas mapuches han protagonizado sonadas huelgas de hambre en los últimos años, la última en [...] 2011. [...] El futuro de los mapuches está en juego. [...]

Paz con Dignidad Illes Ballears: Mapuches, "La gente de la tierra". En: http://www.pazcondignidad.org/files/MapuchesDocumentoCastellano%281%29.pdf (adaptado), 16.03.2016

encargarse *hier:* sich kümmern um
reforzar (ver)stärken

la concesión Bewilligung, Gewährung

sonado/a *famoso/a*

Comprensión

Resume los objetivos de las organizaciones sociales y de Eugenia Calquín. M 4.

Más allá del texto

Opción A

La *Asociación en Defensa de los Pueblos Amenazados* (GFBV) organiza una reunión informativa sobre la situación de los mapuches. Para crear un cartel publicitario añade a la siguiente foto bocadillos. Formula, basándote en el siguiente texto alemán, sus exigencias y la crítica que podrían expresar en esta manifestación. M 3.

Opción B

Como activista de derechos humanos que sabe alemán y español preparas un discurso inaugural para una reunión informativa sobre la situación de los mapuches. Critica al gobierno y formula reivindicaciones basándote en el siguiente texto alemán. **M** ⬛ 3.

Der bürokratische Völkermord

Auch angeblich noch so harmlose Gesetze können plötzlich die Ehre und die Kultur eines Volkes treffen, wie zum Beispiel das Gesetz, das "lachhafte Namen" verbietet: Es gibt jedem Beamten
5 die Möglichkeit, den Mapudungun-Namen eines neugeborenen Kindes zu verweigern.

Außerdem wird Mapudungun bis heute in keiner Schule unterrichtet. Dabei hatte das Gesetz 17729/1972 der Regierung Allende den Mapu-
10 che grundlegende Rechte garantiert, darunter auch den Unterricht in ihrer Muttersprache.

Doch die Situation wurde mit dem Gesetz Nr. 2568 aus dem Jahr 1979 noch schlimmer. Artikel 1 dekretierte die kollektive Enteignung der Ma-
15 puche-Gemeinschaften. Dies führte dazu, dass 90 Prozent des Eigentums der Mapuche privatisiert worden sind. Mit der Abschaffung des Gemeineigentums wurden alle politischen, sozialen, wirtschaftlichen und kulturellen Strukturen der
20 Mapuche schrittweise abgebaut.

Mit dem Gesetz Nr. 19253 aus dem Jahr 1993, besser bekannt als "Ley Indigena", wird den Mapuche nicht nur das Recht auf Land, sondern auch der Status "Volk" aberkannt: Es ist nur von
25 "Bevölkerung" die Rede - im internationalen Völkerrecht ein grundlegender Unterschied.

Um sich gegen die Proteste und die friedlichen Kundgebungen der verschiedenen indigenen Organisationen zu wehren, haben die demokrati-
30 schen Regierungen Chiles immer wieder Gesetze aus der Zeit der Diktatur ausgegraben und reaktiviert - darunter die Gesetze zur inneren Sicherheit und gegen den Terrorismus. […]

Allein schon die Anwendung des Anti-Terror-
35 Gesetzes hat zu hohen Kosten, vielen Verletzten und über 100 Verhaftungen geführt. Insgesamt saßen und sitzen zum Teil immer noch rund 1.000 Mapuche im Kerker, viele beklagen, dass sie gefoltert und menschenunwürdiger Behand-
40 lung ausgesetzt worden sind. Verschiedene Vertreter der Mapuche werden bespitzelt, fotografiert, gefilmt, ihr Telefon wird abgehört. […]

Sabrina Bussani: Der bürokratische Völkermord (Übersetzung Karl Hinterwaldner).
En: http://www.gfbv.it/3dossier/ind-voelker/mapuche.html, 16.03.2016

Palabras útiles

lachhaft	ridículo/a
Beamter	el/la funcionario/a
Gemeineigentum	la propiedad comunal
aberkennen	desposeer
bespitzeln	espiar

Opción A/B

Al final se logró crear en una mesa de negociación una "Comisión Permanente por los Derechos del Pueblo Mapuche". Discute sobre los deseos y los derechos que esperan los mapuches y los intereses de la economía y la política. Repartid los siguientes roles y representad un diálogo con la perspectiva real de: **M** ⬛ 1.2

- un activista
- un político del gobierno actual
- un miembro de las Naciones Unidas para los Derechos Humanos
- un empresario

¡Descubre la cultura de los mapuches!

Trabajo con el texto

Para el *Día Cultural Mapuche*, el 18 de octubre, vais a elaborar una exposición sobre la cultura de los mapuches. Preparad en grupos carteles sobre los temas siguientes:

a) la interpretación de la bandera a través de su cosmovisión: p.ej. en 80500-03

b) la textilería de los mapuches: p.ej. en 80500-03

c) Resume lo que se sabe sobre la situación de los jóvenes indígenas de la etnia mapuche en Chile: p. ej. en 80500-03

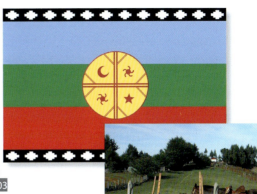

4.6 La dictadura de Pinochet

Acércate

Mira la foto del Palacio de la Moneda de Santiago de Chile, la sede del Presidente de la República de Chile. Describe lo que ves en la foto. ¿En qué situación se encuentran los soldados? ¿Cómo se sienten? Analiza la perspectiva de la que fue tomada la fotografía. M 5.2.1

En 1970, Salvador Allende, médico y político socialista del partido Unidad Popular, llegó al gobierno. Fue el primer presidente socialista en el continente elegido democráticamente. Allende y la Unidad Popular comenzaron un programa de la transición del capitalismo al
5 socialismo a través de la estatización (nacionalización) de los principales sectores de la economía incluyendo un control de precios y una reforma agraria. Estos drásticos cambios sociales trajeron consigo una extrema polarización de la sociedad y una atmósfera radical y violenta en las calles. El 11 de septiembre de 1973 el general Augusto Pinochet,
10 comandante y Jefe de las Fuerzas Armadas, y otros militares dieron el golpe de Estado, aparentemente en contra del "sistema marxista", y Allende cometió suicidio después del bombardeo del palacio presidencial "La Moneda" y su último discurso a su pueblo. Este golpe significó el fin del gobierno socialista y se instauró una sangriente dictadura encabezada por
15 Augusto Pinochet.
En el sector económico Pinochet implementó un neoliberal restablecimiento de la actividad económica para aumentar el crecimiento. Pero el ámbito social sufrió de un retroceso cultural y la pérdida de las libertades. Se estableció una represión política contra la oposición y se produjeron diversas
20 violaciones a los derechos humanos persiguiendo entre otros a intelectuales, políticos que han apoyado a Allende, opositores o sindicalistas. Al mismo tiempo censuró los medios de comunicación, anuló la Constitución y disolvió el Parlamento prohibiendo a la izquierda. Se estima que hay más de 3200 asesinatos, miles de desaparecidos y 40.000 sobrevivientes del

socialista sozialistisch

la estatización Verstaatlichung

agrario/a landwirtschaftlich

traer consigo mit sich bringen

la polarización Polarisierung (Aufspaltung in 2 Lager)

dar *hier*: machen, ausführen

aparentemente anscheinend

cometer suicidio Selbstmord begehen - **sangriente** → *la sangre*

encabezado/a por angeführt von - **neoliberal** neoliberal (neuere Richtung in der Volkswirtschaft)

el restablecimiento Wiederherstellung - **perseguir** verfolgen

el/la sindicalista Gewerkschafter/in

anular für ungültig erklären

disolver auflösen

25 encarcelamiento y de la tortura en los campos de concentración. Adicionalmente emigraron al exilio más de 250.000 personas para salvar la vida. En octubre de 1988 el pueblo le rechazó a Pinochet en un plebiscito con el 54,7% de los votos para un segundo mandato y pocos meses después, el 14 de diciembre, se celebraron elecciones presidenciales que ponían fin al 30 régimen dictatorial. Al vencedor democrático, Patricio Aylwin, se le entregó la presidencia de la república el 11 de marzo de 1990. Restauró en el período conocido como Transición el régimen democrático, estableció una nueva política nacional, intentó reducir los niveles de pobreza y reconoció los crímenes bajo la dictadura. Mientras tanto Pinochet mantuvo el cargo 35 como comandante del Jefe del Ejército hasta 1998, después se convirtió en senador hasta su muerte en 2006. Aunque Pinochet fue acusado en 1996 por genocidio y terrorismo por el gobierno chileno, pero nunca fue a la cárcel, sólo fue juzgado sin consecuencias. Fue enterrado con honores militares como Ex Comandante.

el encarcelamiento → *la carcel*

el plebiscito Volksbefragung

las elecciones presidenciales Präsidentschaftswahlen - **el/la vencedor/a** Sieger/in - **restaurar** wiederherstellen
reconocer einräumen, anerkennen

el genocidio Völkermord
con honores militares mit militärischen Ehren

Comprensión

 1. Busca un subtítulo adecuado para la fotografía anterior. M 4.

2. Dibuja una línea del tiempo. Apunta siempre los acontecimientos principales y – si es posible – la fecha. M 4.

Trabajo con el texto

Opción A

"Se estableció una represión política contra la oposición y se produjeron diversas violaciones a los derechos humanos" (l. 18s.): Explica la frase en su contexto histórico incluyendo las consecuencias.

Opción B

Imagínate que vives en Santiago de Chile en 1975, eres muy crítico con el nuevo régimen y tienes miedo. Por eso le escribes una carta a un amigo de los EE. UU. No sabes qué hacer: ¿Emigrar o quedarse? Expón tu situación y tus sentimientos basándote en la información del texto. M 2.2.2 b

Más allá del texto

Dividid la clase en grupos y buscad la información más relevante sobre los personajes principales, Salvador Allende, Augusto Pinochet y Patricio Aylwin. Exponed vuestros datos. M 1.1

4.7 La recuperación de la memoria histórica: un largo camino

Acércate

1. Describe la imagen. M 5.2.1

2. Explica lo que expresa la foto y lo que exigen las personas basándote en las pancartas. Fíjate p.ej. en las caras, los colores y la composición. M 5.2.1

 cap. 5 / 3.4 Los niños desaparecidos

Saiko: Las horas

Comprensión

1. Escucha el texto en `80500-02` y apunta en tu cuaderno las palabras que faltan.
`M 5.1.2`

Desiertos, ▨▨▨▨▨, mar ...
Esconden mi ▨▨▨▨▨
Detienen el ▨▨▨▨▨ intacto

Desciendo hasta el final
Por donde ▨▨▨▨▨
▨▨▨▨▨ que digan algo

▨▨▨▨▨ sin lograr
▨▨▨▨▨ el lugar
Que muerde el vacío de años

Viajando un día más
Espero ▨▨▨▨▨
Un ▨▨▨▨▨ que diga cuando

(estribillo) Las ▨▨▨▨▨, los días, el tiempo, una vida
No hay ▨▨▨▨▨, no hay pistas,
Tus pasos un enigma

Los ▨▨▨▨▨ suman más
Que la tierna edad
En la que partiste amado

Mis años sin ▨▨▨▨▨
La vida pasar
Las horas que me ▨▨▨▨▨

(estribillo) Las horas, los días, el tiempo, una vida
Sin nombres, sin pistas,
Sin ▨▨▨▨▨que me digan

Las horas de tus días,
En que tiempo quitan tu vida
No hay forma que corrijan
Los ▨▨▨▨▨ en que me faltaste
Y me devuelvan la vida

Álbum: Las horas, 2004

2. Para resumir el tema, completa la frase siguiente:

"Las horas" habla del/de la ▨▨▨▨▨ que provocan hasta hoy el caso de los detenidos ▨▨▨▨▨ de la ▨▨▨▨▨ de Augusto Pinochet, temáticas que acercan a un público ▨▨▨▨▨ de diversas edades al grupo. "Las horas" se pone en el ▨▨▨▨▨ del familiar/ser querido que ▨▨▨▨▨ incansablemente algunas pistas o ▨▨▨▨▨ que puedan hacer ▨▨▨▨▨ al desaparecido.

Trabajo con el texto

Opción A

1. Busca y apunta las palabras que se refieren al tiempo. Explica su función en esta canción.
`M 4.`

2. Analiza los dos estribillos. `M 2.2.1 e`
   a) ¿Qué consecuencias se expresan con relación al yo lírico?
   b) ¿Qué recursos estilísticos aparecen y con qué efecto?

Opción B

1. Analiza la perspectiva narrativa: `M 2.2.1 e`
   a) ¿Quién habla con quién?
   b) ¿En qué tipo de relación están?
   c) ¿Cómo y con qué recursos estilísticos se refuerza la relación?

2. Explica el título de la canción. Incluye también los sonidos (la campana y el tic tac de un reloj) que se escuchan en la canción.

Más allá del texto

Opción A

 Te encanta la canción de Saiko, por eso llamas por teléfono a la emisora de radio *Cadena Chile* para dedicarte la canción en la radio. Comenta por qué.

Opción B

Esta canción se convirtió en un éxito grandísimo llegando al número dos del Top 100 Chile. Imagínate que trabajas como crítica de música para un periódico. Escribe una reseña sobre la canción comentándola.

4.8 ¿Cómo abordar la historia?

Acércate

 Compara las citas. ¿Qué postura se expresa frente a la transición / a la memoria de la dictadura chilena? M 4.

1990: "La conciencia moral de la nación exige que se esclarezca la verdad respecto de los desaparecimientos de personas, de los crímenes horrendos y de otras graves violaciones a los derechos humanos. Debemos abordar este delicado asunto conciliando la virtud de la justicia con la virtud de la prudencia; concretadas las responsabilidades personales que corresponda, llegará la hora del perdón".

Patricio Aylwin en su discurso del 12 de marzo de 1990 en el Estadio Nacional. En: http://www.archivochile.om/Gobiernos/gob_paylwin/de/GOBdeaylwin0004.pdf

esclarecer *erhellen*

abordar *hablar sobre*

la virtud Tugend

2012: "Chile cambia la expresión dictadura por "régimen militar" en los libros de texto para los escolares"

Decisión bajo el Gobierno de Sebastián Piñera (presidente chileno, 2010-2014).
En: http://internacional.elpais.com/internacional/2012/01/05/actualidad/1325758661_768120.html, 05.01.2012

2014: "Chile tiene que seguir avanzando en más verdad, más justicia y en reparación."

La presidenta Michelle Bachelet al día de conmemoración después de 41 años del golpe de Estado. En: http://www.eluniversal.com/internacional/140912/bachelet-asegura-que-chile-necesita-mas-verdad-y-justicia, 12.09.2014

avanzar *fortfahren*

Trabajo con el texto

 En tu clase de Historia comparas conceptos internacionales del enfrentamiento con una dictadura y encuentras en tu búsqueda en la web este artículo. Coméntale a tu hermano/a de intercambio chileno/a en un email el enfrentamiento con la dictadura de Chile según el artículo. Explica además qué factores influyen en el enfrentamiento y qué opiniones existen sobre Pinochet y la dictadura. M 3.

Die dunklen Schatten der Geschichte

Wie können sich Staat und Gesellschaft ihrer Vergangenheit angemessen erinnern? Soll verurteilt, versöhnt oder aber vergessen werden, um ein demokratisches Fundament für die Zukunft zu schaffen?

[…] Als Augusto Pinochet am 10. Dezember 2006 starb, zeigte sich eindrucksvoll die Spaltung der chilenischen Gesellschaft. Während die einen Freudenfeste feierten, beweinten die ande-
5 ren den Tod des Ex-Diktators vor dem Militärkrankenhaus. Tatsächlich hat auch heute noch ein beachtlicher Teil der Bevölkerung ein positives Bild des Generals. Laut Umfragen sind etwa drei Viertel der Chilenen der Meinung, dass der
10 Pinochetismus noch immer die nationale Politik beeinflusst. Damit ist die diktatorische Vergangenheit bis in die Gegenwart Chiles aktuell. Auch kam es erst 30 Jahre nach Ende der Diktatur zur ersten offiziellen Gedenkveranstaltung
15 zum Putsch. Auf der anderen Seite der Anden gilt dagegen Argentinien als das Land Lateinamerikas, das bei der Vergangenheitsbewältigung bisher die meisten Fortschritte beziehungsweise positiven Erfolge zu verzeichnen hat. […]
20 Nach Angaben der argentinischen Wahrheitskommission wurden dort inzwischen über 12.000 Fälle von desaparecidos (Verschwundenen) dokumentiert, Schätzungen gehen aber von bis zu 30.000 Fällen aus. In Chile liegt die
25 Zahl der Verschwundenen und Ermordeten bei bis zu 4.500 […]. In Chile besteht keine einheitliche Meinung darüber, ob an die Vergangenheit erinnert oder ob sie vergessen werden soll. Das liegt vor allem daran, dass es keine
30 einheitliche Interpretation der Geschichte gibt. Ein Teil der Gesellschaft verurteilt die Diktatur und spricht sich für Vergangenheitsbewältigung aus. Der andere Teil aber behauptet, die Diktatur wäre nötig gewesen, um die nationale Wirtschaft
35 durch die Implementierung des neoliberalen Wirtschaftsmodells zu reformieren und voranzutreiben. Auch bei Betrachtung der Medien offenbart sich diese politische Kontinuität: Fast alle chilenischen Medien stammen aus dem Kreis
40 der traditionellen Eliten, der die Diktatur damals unterstützte. Sie berichten zwar über offizielle Gerichtsverfahren, aber kaum über zivilgesellschaftliche Initiativen. Sie vermeiden im Falle von Pinochet prinzipiell das Wort „Diktator"
45 und sprechen stattdessen vom „Ex-Präsidenten" oder „Ex-General".
In Chile wurde zwar – wie in Argentinien auch – nach der Transition eine Wahrheitskommission einberufen, es wurden Gedenktage festge-
50 legt und Gerichtsverfahren gegen Täter angestrengt. Doch endete die Diktatur in Chile erst 1990, war damit von längerer Dauer als die anderen Diktaturen, und der Übergang zur Demokratie war mit einem politisch weiterhin aktiven Ex-
55 Diktator ein gänzlich anderer als in Argentinien. In Chile beruhte die Transition auf einem Pakt. Pinochet genoss bis zu seinem Tod eine starke Medienpräsenz, das Militär hatte eine starke Position inne, autoritäre Elemente der Verfassung
60 von 1980 blieben bestehen, die konservativen Parteien waren mit dem alten Regime verbunden und die alten Eliten wurden gesellschaftlich unterstützt. Das alles sind Faktoren, die sich auf den Prozess der Vergangenheitsbewältigung
65 hemmend auswirkten. Die Eliten konnten sich im Prozess der Vergangenheitsbewältigung in Chile somit weitgehend durchsetzen und auf ein „Vergessen" hin drängen. [...]

Palabras útiles

Schatten	la sombra	**Gedenktag**	la fecha conmemorativa
angemessen	adecuado/a	**hemmen**	impedir
Umfrage	la encuesta		

🔗 cap. 2 / 4.3 *La Ley de la Memoria Histórica*

Maja Dimitroff: Die dunklen Schatten der Geschichte. En: Lateinamerika-Nachrichten. 41. Jahrgang der Chile-Nachrichten. Erbe einer Diktatur – 40 Jahre nach dem Putsch in Chile. En: http://lateinamerika-nachrichten.de/wp-content/uploads/2015/01/Dossier_Chile_Web.pdf, Julio/Agosto 2013

6 La diversidad cultural de Latinoamérica

1. Haced en clase una lluvia de ideas sobre lo que ya conocéis de la cultura latino-americana.

2. Observa las imágenes y descríbelas. M 5.2.1

3. Relaciona cada imagen con el tema correspondiente. Algunos temas se reflejan en varias imágenes.

n°	Tema	n°	Tema
	El Día de los Muertos		Pintura latinoamericana
	La fiesta de las quinceañeras		El tango
	Frida Kahlo		Un grupo mariachi

4. Con ayuda de la foto y su título correspondiente intenta explicar de qué tipo de fiesta, de qué tradición o de qué artista se trata. M 5.2.1

1. Arte

Acércate

Reflexionad todos juntos: ¿Qué pintores y obras del arte latinoamericano conocéis? ¿De qué época? ¿Sabéis qué temas representan?

1.1 Pintura y pintores latinoamericanos

¿Cuál es la identidad del arte latinoamericano?

TANIA BRUGUERA (La Habana, 1968)

Al arte latinoamericano le sigue caracterizando [....] cómo [....] se integra a la vida cotidiana y entra en el mundo de lo real. Podemos ver muchos casos donde el arte sale a la calle y es compartido con un público que no iría normalmente a las galerías. Le caracteriza el modo en que todo esto se transforma en energía, en intensidad. Pero, más que nada, le caracteriza el tema inevitable de la política. […]

5

compartir teilen

inevitable → *evitar algo*

RAIMOND CHAVES (Bogotá, 1963)

Es complicado entender [...] algo tan complejo y variado como el arte producido en América Latina. El único rasgo más o menos común que se me ocurre sería el de encontrarnos con trabajos que están enfrentando desde el siglo XXI a problemáticas no resueltas, que vienen desde el siglo XVI en adelante. […]

10

el rasgo *cualquier característica singular de algo que lo distingue de otras cosas* - **algo se me ocurre** *algo me viene a la cabeza* - **enfrentar** gegenüberstehen - **resuelto/a** gelöst

ÓSCAR MUÑOZ (Popayán, Colombia, 1951)

La fuerza y la vitalidad del arte latinoamericano de hoy es producto de sus profundas relaciones con la región, con los procesos diversos, las condiciones particulares y contradicciones con las que conviven. El arte latinoamericano ha logrado desmarcarse de las idealizaciones y los estereotipos establecidos [...]. Sobre esa idea de identidad latinoamericana Gerardo Mosquera lo dice de modo inmejorable: "El arte latinoamericano vive hoy uno de sus mejores momentos, sobre todo porque está dejando de ser arte latinoamericano".

15

20

la contradicción Widerspruch **desmarcarse de algo** *liberarse de algo* - **Gerardo Mosquera** kuban. Kunstkritiker - **inmejorable** *que no puede ser mejor*

CARLA ZACCAGNINI (Buenos Aires, 1973)

[…] No creo que exista una identidad del arte latinoamericano. Creo más en una proximidad generacional, con artistas de dentro y de fuera de Latinoamérica. […]

25

la proximidad → *próximo/a*

¿Cuál es la identidad del arte latinoamericano? En: http://www.elcultural.es/version_papel/ARTE/27526/ Cual_es_la_identidad_del_arte_latinoamericano, 09.07.2010

Comprensión

Opción A

¿Quién formula cada una de las siguientes opiniones? Indica al artista y la línea concreta en la que la formula. M 4.

a) El arte latinoamericano es un arte político.

b) El arte latinoamericano se basa profundamente en la vida real y la región de la que viene el artista.

c) Lo que es típico del arte latinoamericano es que es un arte que se puede contemplar en las calles, que forma parte de la vida cotidiana.

d) Tanto en el arte latinoamericano como en el arte mundial se pueden distinguir ciertas generaciones de artistas.

e) No se puede caracterizar el arte latinoamericano porque es demasiado complejo y variado.

f) Un rasgo característico del arte latinoamericano contemporáneo es que trata los problemas actuales y analiza sus motivos históricos.

g) Ya no hay un arte latinoamericano.

Opción B

Formula en una frase la idea central de cada artista. No cites el texto. M 4.

Trabajo con el texto

1. Ordena las afirmaciones anteriores según lo que expresa el artista. M 4.
   A El arte latinoamericano no tiene rasgos específicos.
   B El arte latinoamericano refleja los problemas socio-políticos del continente.

2. Después explica en detalle: ¿En qué se diferencian las opiniones de cada grupo?

Características de la pintura latinoamericana

Acércate

1. Recuerda lo que aprendiste en la asignatura de Educación Plástica y Visual: ¿Cómo se entienden estos términos y qué caracteriza las épocas siguientes? Si tienes dudas, sírvete de un diccionario monolingüe. M 4.

la sensualidad	la concepción	la estética	el Renacimiento
figurativo/a	el mural	la proporción	el Surrealismo
la textura	el diseño	la iconografía	el Expresionismo

2. Contempla las siguientes obras de distintos pintores latinoamericanos y apunta las similitudes y las diferencias que puedas observar. M 5.2

3. En grupo: Comparad las observaciones que cada miembro del grupo ha hecho y después presentad el resultado de vuestro trabajo a toda la clase. M 1.2

Cinco artistas latinoamericanos y su estilo

FERNANDO BOTERO (Colombia, *1932)

Sus obras llevan impreso un original estilo figurativo neorrenacentista contemporáneo. [...] Se caracterizan por [...] una volumetría exaltada, que impregna de un especial carácter tridimensional, así como de fuerza y
5   sensualidad a la obra, junto a una concepción anatómica particular, una estética que cronológicamente podría encuadrarse entre los años treinta a cuarenta en occidente. Sus temáticas pueden ser contemporáneas o pasadas pero con vocación universal, con un uso vivaz y magistral del color al estilo de la escuela veneciana renacentista y finos detalles de crítica mordaz,
10 ironía y sutileza.

Fernando Botero. En: http://es.wikipedia.org/wiki/Fernando_Botero, 11.04.2016

la volumetría Maßanalyse

exaltado/a *aquí: muy grande, fuerte*

impregnar erfüllen

encuadrarse *situarse*

la vocación Berufung - **vivaz** *lleno de vida* - **magistral** *magnífico/a*

mordaz scharf - **la sutileza** Subtilität, Feinheit

ROBERTO MATTA (Chile, 1911-2002)

Roberto Matta desempeñó un papel muy importante en la evolución del surrealismo europeo y del expresionismo abstracto americano. [...] Además de sus más abstractas morfologías psicológicas, Matta creó obras figura-
15 tivas que expresan su preocupación por los peligros de la tecnología y la opresión social. [...]

Roberto Matta. En: http://www.latinamericanmasters.com/spanish/artist_matta.html, 11.04.2016

desempeñar un papel eine Rolle spielen - **la evolución** Entwicklung **la morfología** Formen-/Gestalt-lehre - **figurativo/a** plastisch - **la preocupación** Sorge - **la opresión** Unterdrückung

DIEGO RIVERA (México, 1886-1957)

Diego Rivera trabajó en Europa desde 1907 hasta su regreso a México en 1921. Fue en su regreso a un México postrevolucionario cuando Rivera
20 comenzó a pintar magníficos murales [...]. Un gran dibujante, Rivera era capaz de retratar a la gente común: indios, marchantes y trabajadores con gran dignidad y con un sentimiento monumental de la proporción.

Diego Rivera. En: http://www.latinamericanmasters.com/spanish/artist_rivera.html (adaptado), 11.04.2016

postrevolucionario/a *después de la revolución* - **el mural** Wandgemälde **retratar** → *el retrato, pintar a una persona* - **el/la marchante** Händler/in **la dignidad** → *digno/a, el que tiene honor o autoestima*

FERNANDO DE SZYSZLO (Perú, *1925)

Fernando de Szyszlo es uno de los artistas más importantes que surgió
25 después de la Segunda Guerra Mundial en Latinoamérica. La obra de Szyszlo vacila en el crepúsculo entre lo abstracto y lo figurativo. Sus pinturas evocan lo quieto, monumental y poderoso de las formas prehispánicas mientras que al mismo tiempo sugieren las energías dinámicas y a menudo violentas de sus núcleos poéticos y espirituales. Las energías más
30 obscuras del arte de Szyszlo se contrabalancean por su amor a la textura, color y diseño. La tendencia hacia la decoración tiene su raíz en la apreciación de Szyszlo hacia los textiles prehispánicos. [...] El drama bajo la pintura de Szyszlo está invariablemente centrado en las tensiones de la transformación física y espiritual y de los rituales de la muerte y lo erótico.

Fernando de Szyszlo. En: http://www.latinamericanmasters.com/spanish/artist_szyszlo.html (adaptado), 11.04.2016

vacilar schwanken - **el crepúsculo** *luz del día antes de la salida del sol o después de su puesta* - **evocar** *hier:* heraufbeschwören - **quieto/a** *tranquilo/a* - **sugerir** *hier:* heraufbeschwören - **el núcleo** Kern **contrabalancearse** sich ausgleichen - **la apreciación** Wertschätzung - **centrado/a** im Mittelpunkt

35 WILFREDO LAM (Cuba, 1902-1982)

Wifredo Lam fue maestro del arte figurativo responsable de introducir la fuerza expresiva de las tradiciones afrocaribeñas a la pintura moderna. La fascinación de Lam por el vudú, los estados hipnóticos y los rituales de transfiguración espiritual añaden una nueva dimensión poética a la icono-
40 grafía del surrealismo.

Wilfredo Lam. En: http://www.latinamericanmasters.com/spanish/artist_lam.html (adaptado), 11.04.2016

afrocaribeño/a afrokaribisch **el vudú** Voodoo - **el estado** *hier:* Zustand - **la transfiguración** Verwandlung - **la iconografía** Ikonographie, Inhaltsdeutung

Comprensión

 ¿Quién pintó qué obra? Describe el estilo de los pintores con las fotos de sus obras. M 4.

Trabajo con el texto

Opción A

Mira las diferentes obras y relaciónalas con los adjetivos correspondientes: M 5.2

- oscuro/a
- alegre
- pertubador
- de varios colores
- abstracto/a
- realista
- con muchos detalles
- moderno/a

Opción B

 Elige una obra. Descríbela y opina sobre ella. También explica por qué la has elegido. M 5.2

Más allá del texto

@ 💬 Organizad una exposición sobre unos artistas lati-
noaméricanos. Para eso informaos sobre uno de los
artistas anteriores. Diseñad un póster para presentar
los resultados de vuestro trabajo.

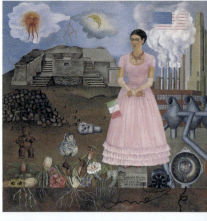

1.2 Frida Kahlo

Acércate

💬 Observando las obras y las fotos de Frida Kahlo, haz
hipótesis sobre su vida. M 5.2

Comprensión

 Mira el vídeo sobre Frida Kahlo 80500-01 . M 5.3

Opción A

1. "Yo no pinto sueños. Pinto mi realidad." Interpreta el sentido de esta cita de
   Frida Kahlo.

2. Rellena los huecos con las palabras que faltan:

   a) Frida Kahlo nace en Coyoacán, México el
   _____. Crecía en la casa que
   después sería famosa, _____.

   b) Ingresa en la _____ nacional preparatoria,
   destacándose por su carácter _____.

   c) A la edad de 18 años sufre graves daños en un
   _____. Pasa alrededor de _____ en
   la cama recuperándose de sus terribles heridas.

   d) En 1929 contrae matrimonio con Diego
   Rivera. Su relación incluye amor, infidelidades,
   _____ e indiferencia llegando _____
   en 1940.

   e) Durante su vida Frida creó multitud de pinturas, dibujos y esbozos, relacionados con
   _____:

   f) Realizó _____ pinturas, 55 de las cuales
   son _____.

   g) Frida Kahlo tuvo una gran depresión en 1953,
   cuando le tuvieron que amputar _____
   por debajo de la rodilla.

   h) Muere a los _____.

Opción B

 Toma notas sobre su vida y su obra y explica de qué
manera su vida influyó sobre su obra. M 5.3

Opción A/B

💬 Comprueba tus hipótesis del ejercicio anterior con
lo que has aprendido a través del vídeo sobre la vida
de Frida Kahlo.

Trabajo con el texto

💬 ¿Qué piensas de la persona de Frida Kahlo y de sus obras? Comenta lo que has visto.

El diario de Frida Kahlo

Me gustan mucho las cosas, la vida, la gente. El dolor no, eso no lo soporto. No tengo miedo de la muerte, pero quiero vivir.

A mí me gustaría vivir a mi manera ... Yo querría vivir a
5 gusto detrás de la cortina de la locura: arreglaría las flores todo el día, pintaría el dolor, el amor y la ternura, me reiría de la estupidez de los otros y todos dirían: pobre, está loca. (Sobre todo me reiría de mí.) Construiría mi mundo, que estaría de acuerdo con todos los mundos.

10 Siete operaciones en la columna vertebral. El doctor Farril me ha vuelto a dar la alegría de vivir. Todavía estoy en la silla de ruedas y no sé si pronto empezaré a andar. Tengo el corsé de yeso que, a pesar de ser una lata polvorosa, me ayuda a sentirme mejor de la espina. No tengo dolores.
15 Solamente un cansancio [...] y, como es natural, muchas veces desesperación. Una desesperación que ninguna palabra puede describir.

La big operación ha pasado. Y el médico es tan maravilloso, y mi body está tan lleno de vitalidad que hoy me han hecho
20 levantar sobre mis poor feet durante dos minutos, pero ni yo misma believo. Las dos first semanas han sido de sufrimientos y lágrimas. No deseo estos dolores y lágrimas, no deseo estos dolores a nobody.

Ya comencé a pintar el cuadrito que voy a regalarle al Dr.
25 Farril y que estoy haciendo con todo mi cariño para él. Tengo mucha inquietud en el asunto de la pintura. Sobre todo por transformarla para que sea algo útil al movimiento revolucionario comunista, pues hasta ahora no he pintado sino la expresión honrada de mí misma, pero alejada
30 absolutamente de lo que mi pintura pueda servir al partido. Debo luchar con todas mis fuerzas para que lo poco de positivo que mi salud me deje hacer sea en dirección a ayudar a la revolución. La única razón real para vivir. Hubiese podido dormir, dormir mucho para no sentir el

---

el dolor Schmerz

la cortina Vorhang - **arreglar** hier: arrangieren - **la ternura** Zartheit, Sensibilität - **la estupidez** → estúpido/a

la columna vertebral Wirbelsäule
el doctor Farril su médico en EE. UU.

el corsé de yeso Gipskorsett - **la lata polvorosa** furchtbar langweilig und ätzend - **el cansancio** → cansado/a

believo lo creo (kein Spanglish!)

el cuadrito un pequeño cuadro
regalar schenken
la inquietud Unruhe - **el asunto** Sache, Angelegenheit

honrado/a ehrlich, anständig
alejado/a entfernt

35 incesante dolor. Sedarse para no darse cuenta de que
también yo vivía, de que tenía que vivir. ¿Para qué?, ¿para
quién? Para mí misma. No quería dejar de luchar ni un
minuto. Pero no me conformaba con existir, tenía que ver
la vida, y por eso me miraba una y otra vez ante el espejo,
40 hasta que mi reflejo se convirtió en mi retrato. Era yo la
imagen de mis lienzos. Tenía que encontrar un sentido a ese
sufrimiento insoportable, al dolor, a mi desdicha.
Pies, para qué los quiero, si tengo alas para volar.

Fragmentos del diario de Frida Kahlo

incesante *que no termina* - **sedarse** sich betäuben

conformarse con *hier:* sich zufriedengeben mit - **el espejo** Spiegel
el retrato Porträt
el lienzo *hier:* Gemälde
insoportable *que no se puede soportar* - **la desdicha** *la desgracia, la miseria* - **el ala (f.)** Flügel

Comprensión

Describe los sentimientos y el estado de ánimo de Frida Kahlo que se reflejan en su diario. Justifica tu opinión basándote en el texto. M 4.

Trabajo con el texto

Opción A

Explica para qué pinta Frida Kahlo y cuál es el objetivo de su arte según el texto. M 4.

Opción B

¿Te parece que Frida Kahlo superó las secuelas del accidente? ¿Por qué (no)? Basa tu argumentación en las afirmaciones del texto. M 4.

Más allá del texto

Elige una de las siguientes citas y explícala relacionándola con lo que sabes ahora sobre la biografía de Frida Kahlo.

"Pies, para qué los quiero, si tengo alas para volar."
"Mi pintura lleva con ella el mensaje del dolor."
"Te amo más que a mi propia piel."
"Nunca pinté mis sueños, pinté mi propia realidad."
"Me pinto a mí misma porque estoy con frecuencia sola y porque soy la persona a cual mejor conozco."
"La pintura completa mi vida."

Frases de Frida. En: http://www.fkahlo.com/espanol/index_espanol.html, 11.04.2016

Su pintura como reflejo de sus experiencias en el extranjero

San Francisco, 1 de febrero de 1931

Querida Cristi:

Espero que estén todos bien. Yo me lo paso muy bien, pese a que esta ciudad es deprimente. Hay tantos pobres, no solo los obreros mexicanos; también hay muchos blancos que hacen cola durante horas para con-
5 seguir unas migajas de pan. Y mientras tanto, la gente de Telegraph Hill vive en mansiones y come caviar y huevos de codorniz. A pesar de este horror, disfruto con mi vida cotidiana. [...]

Cuando voy por la calle, todo el mundo se para a ad-
10 mirar mis hermosos vestidos de tehuana. Aquí nadie ha visto nunca nada parecido. Los desconocidos se me acercan y hablan conmigo, y yo les contesto en inglés. [...]

FRIDA

el/la obrero/a *el/la trabajador/a*
hacer cola *anstehen*
las migajas *Krümelchen*
Telegraph Hill *barrio en San Francisco donde vivía la gente rica*
la mansión *palacio, casa muy rica*
la codorniz *Wachtel*

la tehuana *un traje folclórico usado en fiestas*
acercarse a alguien → *cerca*

Bárbara Mujica: Mi hermana Frida. Barcelona: Plaza y Janes Editores, 2001.

Comprensión

Lee la carta que escribió Frida Kahlo a su hermana Cristina desde San Francisco. Explica qué le parece horrible en los EE. UU. y por qué los estadounidenses se paran y hablan con ella en la calle. **M** 4.

Autorretrato en la frontera entre México y EE. UU.

En 1930, Frida Kahlo se trasladó a los Estados Unidos para acompañar a su marido Diego Rivera al que le habían encargado realizar murales allí. Su estancia duró 4 años e inspiró esta obra. Se llama *Autorretrato en la frontera entre México y EE. UU.*

Comprensión

Opción A

Elige el título que mejor resuma el tema del cuadro. Explica tu elección. **M** 5.2

a. Entre dos mundos opuestos
b. Mis experiencias en los EE. UU.
c. La influencia del avance técnologico de los EE. UU. sobre México

Opción B

Describe el cuadro detalladamente contrastando los "dos mundos" México y EE. UU. **M** 5.2

Trabajo con el texto

Opción A

1. Fíjate en el cuadro y responde a las siguientes preguntas: M 5.2

   a) ¿Cuántas partes aparecen y qué representan?
   b) ¿Cuáles son los elementos más significativos de cada parte y cómo los representa?
   c) ¿En qué se oponen los dos países según Frida Kahlo? Explícalo.
   d) ¿Qué expresa tal oposición?
   e) ¿Qué significa el hecho de que Frida Kahlo se encuentre entre las dos partes? ¿Cómo se representa la artista? ¿Por qué?
   f) Por lo visto, ¿cómo se siente Frida al pintar el cuadro?

   Justifica tu respuesta.

2. Relaciona el cuadro con las impresiones que describe Frida Kahlo en la carta anterior.

Opción B

1. Interpreta la relación de Frida Kahlo con los dos mundos representados, haciendo hincapié en las impresiones que describe en la carta anterior. M 5.2

2. ¿Qué imagen de sí misma transmite Frida Kahlo?

3. Analiza la relación entre México y EE. UU. teniendo en cuenta los hechos históricos.

4. Intenta explicar el título del cuadro a partir de los elementos de la composición.

Más allá del texto

1. En 1932 un periodista entrevista a Frida Kahlo sobre su estancia en los EE. UU. y sobre lo que le gusta y no le gusta de los EE. UU. y de México. Imagínate que eres el periodista y le haces la entrevista. Represéntala en clase. M 1.2

2. Silla caliente: Repasa todo lo que has aprendido sobre Frida Kahlo. Luego elegid a un/a compañero/a de clase que representará a la pintora. Este/a se sienta en una silla delante de toda la clase. Los demás son reporteros que le hacen preguntas sobre su vida, su obra, sus relaciones con otras personas, etc. M 1.2

   🔗 cap. 7 / 3. ¡Vamos al norte! – Migración a los Estados Unidos

2. Música

2.1 El sonido de Latinoamérica

Acércate

Vas a escuchar algunos fragmentos de diferentes estilos de música latinoamericana 80500-02 . M 5.1.2

a) Escúchalos e intenta ordenarlos según su estilo.
b) Describe la sensación que transmiten los diferentes estilos relacionándolos con uno o varios adjetivos de la lista.
c) Intenta ahora describir las características de los diferentes estilos musicales haciendo hincapié en los instrumentos, el ritmo, la melodía, la voz del/de la cantante, etc.
d) ¿Qué expresa cada estilo musical sobre las personas que tocan esta música?

tango   samba   Bossa Nova
pop latino   mariachi   salsa

romántico/a   tradicional   vivaz   triste   alegre
agresivo/a   deprimente   relajante   misterioso/a
nostálgico/a   tranquilo/a   emocionante   feliz
melancólico/a

La música latinoamericana

La música latinoamericana es un aspecto muy importante de la cultura hispana. Existen muchas variedades de música en Latinoamérica. El estilo de música depende de la región […]. Por ejemplo, en el Caribe, la influencia africana es muy evidente en la música[,] y en Sudamérica y [en] México
5 la influencia indígena es claramente vista. También los ritmos y [las] letras españoles son muy evidentes en todo tipo de música latinoamericana. Los ritmos y [las] danzas de cada país son un elemento único de cada cultura que sirve para identificar la cultura por completo.

[…] La mayoría de la música caribeña tiene sus raíces en el continente afri-
10 cano. Cuando los esclavos fueron importados por los españoles, trajeron su música y [su] religión. Estos dos elementos culturales son características muy importantes de la música caribeña. En países como Puerto Rico y Cuba, la salsa es un estilo musical muy popular. Ambos países tienen una cultura parecida y la música es algo que tienen en común. Aunque la salsa
15 tiene sus orígenes en la ciudad de Nueva York, […] este tipo de sonido se ha difundido en estas islas. […] En la República Dominicana los ritmos más populares son el merengue y la bachata. Estos tipos de música tienen una gran influencia haitiana. La percusión africana, como las congas, bongós, y tambora, son instrumentos importantes para […] esta música.
20 En México también existe una gran variedad de música. Se pueden escuchar selecciones tradicionales que fueron influenciadas por la cultura indígena y contemporánea con mucha influencia norteamericana. El rock y el pop mexicano son estilos muy populares entre los jóvenes. […] Otros sonidos […] del país que son […] tradicionales son la música ranchera, [el]
25 mariachi, la quebradita, y en el norte del país, el tex-mex. […]
En el continente sudamericano, hay una gran variedad de música que refleja la diversidad del continente. Las influencias de la música de esta región son mayormente indígena, más en países como Argentina, Uruguay y Paraguay, [y] las contribuciones europeas son muy evidentes. Hay
30 más influencia africana en lugares como Brasil y Venezuela. Unos cuantos ejemplos de sonidos musicales del continente son la cumbia, el tango, la samba, la salsa y muchos más.
La música es algo que definitivamente distingue una cultura de otra. También es un aspecto muy esencial de la cultura. Estos pocos ejemplos […]
35 son de los estilos más populares de la América Latina, pero definitivamente existen muchos más. […]

*La música latinoamericana. En: http://www.albany.edu/faculty/mw908/aspn301z/primavera99/tema_li-
bre_varios_topicos/la_musica.htm (adaptado), 19.05.2016*

hispano/a spanisch
el Caribe Karibik

indígena eingeboren, Indio-… - **la
letra** *hier:* Liedtext

caribeño/a *del Caribe* - **la raíz**
Wurzel

el sonido Klang
difundir ausbreiten

la percusión Percussion-Instrument
la conga Fasstrommel - **el bongó**
Trommel - **la tambora** Pauke

distinguir unterscheiden

Comprensión

Opción A

Completa la tabla con la información del texto sobre los diferentes estilos musicales latinoamericanos. M 4.

estilo de música	región/país	influencia/ origen	características
el merengue y la bachata	la República Dominicana	influencia haitiana	los instrumentos de percusión africana como las congas, los bongós, y la tambora
…	…	…	…

Opción B

1. Ordena las siguientes frases según su aparición en el texto. M 4.
   a. Hoy en día la música mexicana tiene mucha influencia norteamericana.
   b. La diferencia de los estilos musicales es reflejo de la diversidad cultural de Sudamérica.
   c. La música forma parte de una cultura y es signo de identidad.
   d. La música caribeña se debe a la herencia de la esclavitud africana.
   e. El estilo de la música varía según su difusión.
   f. Muchos estilos de música latinoamericana fueron influidos por la cultura africana e indígena..
2. Ordena la información del texto en un mapa mental. M 4.

Más allá del texto

 ¿Conoces a otros representantes de la música latinoamericana? Poned en común en clase vuestros conocimientos e intentad ordenar la música según su estilo. ¿Qué podéis constatar?

Calle 13: Latinoamérica

Vas a ver y a escuchar un vídeo de la banda *Calle 13* que es un grupo de rap rock y rap fusión de Puerto Rico, encabezado por René Pérez Joglar, alias *Residente*, y su hermanastro Eduardo Cabra Marínez, alias *Visitante*. La hermana de ambos, Ilena Cabra Joglar, alias *PG-13*, es la voz femenina del grupo.

Comprensión

 Mira primero el vídeo de la canción 80500-01 sin sonido. ¿Qué piensas?, ¿qué imagen sobre Latinoamérica transmite el vídeo? M 5.3

Opción A

1. Mirad otra vez el vídeo y comentad en parejas cuáles de los temas siguientes están representados en el vídeo. Explicad por qué. M 5.3

la adolescencia – el racismo – la dictadura – el hambre – la pobreza – la colonización – la diversidad racial - el imperialismo americano – la riqueza natural – la
religión – la guerra – el nacionalismo – la violencia – el trabajo infantil – las
relaciones de pareja – la diversidad cultural

2. Ahora ve el vídeo con sonido `80500-01` e intenta ordenar la primera parte de la letra de la canción según aparece en el vídeo. M 5.1.2

A. Las caras más bonitas que he conocido,

B. El sol que nace y el día que muere, con los mejores atardeceres.

C. Soy la fotografía de un desaparecido.

D. Soy un pedazo de tierra que vale la pena.

E. Un pueblo escondido en la cima, mi piel es de cuero por eso aguanta cualquier clima.

F. Soy lo que me enseñó mi padre, el que no quiere a su patria no quiere a su madre.

G. Soy una fábrica de humo. Mano de obra campesina para tu consumo

H. La espina dorsal del planeta es mi cordillera.

I. Soy la sangre dentro de tus venas.

J. Soy lo que sostiene mi bandera.

K. Soy, soy lo que dejaron, soy toda la sobra de lo que se robaron.

L. Tú no puedes comprar al viento.
Tú no puedes comprar al sol.
Tú no puedes comprar la lluvia.
Tú no puedes comprar el calor.
Tú no puedes comprar las nubes.
Tú no puedes comprar los colores.
Tú no puedes comprar mi alegría.
Tú no puedes comprar mis dolores.

M. Soy el desarrollo en carne viva, un discurso político sin saliva.

N. El amor en los tiempos del cólera, mi hermano.

O. Soy América Latina, un pueblo sin piernas pero que camina.

P. Frente de frío en el medio del verano.

Q. Soy una canasta con frijoles.

R. Soy Maradona contra Inglaterra anotándote dos goles.

la cara Gesicht

el atardecer Abenddämmerung

el/la esaparecido/a Vermisste/r

el pedazo Stück - **valer la pena** es
wert sein - **escondido/a** versteckt

la cima (Berg)Gipfel - **la piel** Haut

el cuero Leder - **aguantar** *hier:*
ertragen

el humo Rauch - **la mano de obra**
Arbeitskraft - **campesino/a** ländlich

la espina dorsal Rückgrat - **la cordillera** Gebirgskette - **la sangre** Blut

sostener unterstützen - **la bandera**
Flagge - **la sobra** Abfall

la carne viva *hier:* Mensch - **el
discurso** Rede - **la saliva** Speichel

la canasta Korb - **el frijol** Bohne

el gol Tor

Opción B

1. Escribe todos los aspectos de Latinoamérica que puedes ver en el vídeo.
M 5.3

2. Discute con tu compañero/a qué quiere expresar el vídeo. M 1.2

3. Ahora ve el vídeo con sonido y completa la letra de la canción con las palabras de la lista 80500-04 . M 5.3

> abono – baña – cabello – carne – cuello – cuero – dientes – discurso – dorsal
> – frío – frijoles – goles – la pena – la sobra – lagos – mascando – nace – nieve –
> obra – patria – pulmones – una fábrica – venas – versos – viña

Trabajo con el texto

Opción A

1. En todos los versos hay un significado explícito y otro implícito. Relaciona los versos con la interpretación adecuada y justifica tu decisión con ayuda de lo que has aprendido sobre Latinoamérica 80500-04 .

2. Comparad y discutid vuestros resultados en clase. M 1.2

3. Comprueba al final qué temas coinciden con tus soluciones del primer ejercicio de Comprensión.

Opción B

1. En todos los versos hay un significado explícito y otro implícito. En parejas intentad explicar este segundo significado basándoos en lo que ya sabéis sobre la historia y la cultura latinoamericana. Ejemplo: "Soy la fotografía de un desaparecido" se refiere a los desaparecidos durante la dictadura argentina 80500-04 .

2. Comparad y discutid vuestras opiniones en clase. M 1.2

3. Basándote en la información hasta ahora adquirida: Comenta cuál es la imagen sobre Latinoamérica que presenta el grupo. ¿Coincide con las ideas que has recogido antes? ¿En qué aspectos? ¿Estás de acuerdo con la visión del grupo? Justifica tu respuesta. M 2.3

Más allá del texto

Sergio, un chico puertorriqueño que pasa un año escolar en tu instituto, te visita. Ve en una de tus revistas este artículo sobre el grupo *Calle 13* que le gusta mucho. Como solamente entiende que hay un concierto de su grupo favorito, te pide que le expliques qué tiene que hacer para conseguir entradas. Además le interesa qué importancia tiene el grupo en el mundo musical alemán. Resúmele la información más importante. M 3.

Calle 13 am 20.6. in der Columbiahalle
Urban Folk aus Puerto Rico

Im Juni kommt das Duo aus Puerto-Rico für ein Konzert nach Berlin. Wir verlosen Tickets.

Die beiden Halbgeschwister René Pérez Joglar und Eduardo José Cabra Martinez, auch als *Visitante* und *Residente* bekannt, sind im gesamten südamerikanischen Raum längst Legenden. Mit ihren sozialkritischen Texten und den vielfältigen musikalischen Einflüssen, von Folk über Hip-Hop bis hin zu Reggae, konnte das Duo schon mehr als 19 Grammys absah-

nen. Letztes Jahr haben die beiden ihr nunmehr fünftes Studioalbum veröffentlicht. „Multi Viral" ist der erste Longplayer der Band, der über das eigens gegründete Independent Label veröffentlicht wurde.

Wir verlosen für das Konzert 1x2 Tickets. Schickt uns einfach eine Mail mit eurem Namen und dem Betreff „Calle 13" an gewinnspiel@ berlinmusic.tv. Einsendeschluss ist Mittwoch, der 17. Juni. Der Rechtsweg ist wie immer ausgeschlossen. **Viel Glück!**

Calle 13
20. Juni / 20 Uhr
Columbiahalle
Tickets: ca. 28 €

Marilena Marie: Calle 13 am 20.6. in der Columbiahalle - Urban Folk aus Puerto Rico. En: http://www.berlinmusic.tv/worldmusic/15-event-worldmusic/1871-calle-13-am-206-in-der-columbiahalle-urban-folk-aus-puerto-rico-, 18.06.2015

2.2 El tango argentino

Acércate

1. Mira la foto que muestra una pareja bailando tango en las calles de Argentina. Describid vuestras primeras impresiones con una lluvia de ideas. Las siguientes preguntas os pueden ayudar. **M** 5.2.1

   a) ¿Qué asociáis con el tango?

   b) ¿Qué ambiente y qué sentimientos se transmiten con el tango?

   c) ¿Dónde y cómo se baila?

   d) ¿Cómo es la relación entre el hombre y la mujer?

2. ¿Qué más sabes sobre el tango (origen, música, baile)?

> **Información adicional**
> *El tango es una danza de pareja enlazada estrechamente surgida a partir de la fusión de danzas y ritmos afrorioplatenses, gauchos, latinoamericanos y europeos. Es un baile característico de la región del Río de la Plata y su zona de influencia, principalmente de las ciudades de Buenos Aires y Montevideo, capitales respectivamente de Argentina y Uruguay, que se extendió por todo el mundo.*

> **enlazado/a** ineinander verschlungen - **estrechamente** → *estrecho/a* - **surgir** entstehen **afrorioplatense** *de la zona del Río de la Plata con influencias africanas* **gaucho/a** Viehzüchter-...

!

Entrevista a Chiche Núñez, bailarín de tango

¿Cuáles son los orígenes o las raíces del tango argentino?
El tango se empieza a gestar en la primera mitad del siglo XIX. En su origen se fusionaron diversos ritmos musicales. Entre los más destacados están el candombe que viene de la costa occidental africana, la payada y la
5 milonga como expresiones folclóricas de la Argentina con raíces criollas e indígenas, la habanera española, luego la polca, el vals, la guajira flamenca y la cubana, el fandango, el fandanguillo, el pasodoble, entre otros. Su periodo de gestación se calcula que duró unos 40 años hasta definir al tango como un género distinto.

10 **¿Cuál es o era el papel del tango en la sociedad argentina? ¿Ha cambiado su función? En caso que sí, ¿qué factores han producido este hecho?**

gestarse sich entwickeln

destacar hervorstechen

el candombe Folkloretanz (Vorgänger heutiger Tango-Tänze) - **la payada** Lied der argentinischen Viehhüter - **la milonga** lateinamerikanischer Volkstanz - **la habanera** *una danza a tiempo lento* - **el vals** Walzer - **a guajira** *un género musical de tema campesino* - **el fandango** *un baile flamenco* - **el fandanguillo**

El tango gestó una identidad propia a través de la música, el baile, el lenguaje y sus códigos. Esa identidad representaba principalmente la
15 identidad de los porteños y sociedades cosmopolitas como Montevideo y Rosario y era el punto de socialización de la gente joven hasta el año 1955. Hoy en día, el tango representa toda la Argentina y Uruguay y su función es de unificador social. Muchas generaciones y clases sociales se encuentran en el mismo club de baile. Esto sucede a partir de que durante
20 muchos años el tango estuvo reprimido por la dictadura y resurge con la democracia en el año 83. Las generaciones que lo bailaron en los años 30, 40 y 50 resurgen y empiezan a trasmitir su experiencia a los jóvenes de los 80 y 90 entre los cuales estaba yo. La mezcla de las clases sociales se hace inevitable porque para encontrarse con el tango, había que mezclarse con
25 el ciudadano normal.

¿Qué significado tiene para ti el tango argentino?
Es una forma de vida, mi proyecto artístico, el fruto de mucho trabajo y a la vez es mi sueño. El tango me ha dado mis amigos, respeto y me genera el pan de cada día.

30 **¿Existe una interrelación entre el tango argentino y la diversidad cultural? En caso que sí, ¿cuál es?**
Sí, lo creo. Mi maestro era árabe cristiano. Su familia venía de Siria y yo soy judío. Otro chico con el que estudiaba era italiano y sin embargo a pesar de las diferencias de orígenes, el tango se nutría de esto y además
35 siempre cumplió una función integradora. Su música es el producto de la música africana, indígena, criolla, española, europea y judía entre otras. Muchos músicos judíos acortaban sus nombres para soñar ser italianos o latinos. En el tango fluye y se encuentra toda la diversidad de la Argentina inmigrante y nativa.

Lara López Martín: Entrevista a Chiche Núñez

---

el fandango de Almería - **el pasodoble** *una marcha ligera utilizada en los desfiles militares* - **la gestación** Reifungsprozess - **gestar** *hier:* hervorbringen - **el código** Kodex - **el/la porteño/a** *habitante de Buenos Aires* - **el unificador** → *unir* **resurgir** wieder aufleben

generar *hier:* einbringen

integrador/a integrierend
criollo/a kreolisch
acortar (ab/ver) kürzen
fluir *hier:* einfließen
nativo/a einheimisch

Comprensión

Opción A

📄 Lee la entrevista a Chiche Núñez, bailarín de tango. Decide si las siguientes afirmaciones son correctas (C) o falsas (F) y corrige las falsas. [M] 4.

	C	F
a. El tango es un género que nació de la mezcla de estilos musicales.		
b. El tango siempre ha tenido el papel de socializar a personas de una sola cultura.		
c. Para Chiche Núñez, el tango significa un modo de vida, arte, aspiración y trabajo.		
d. El tango une las diversas culturas que co-existen en Argentina por la inmigración.		

Opción B

📄 Lee la entrevista a Chiche Núñez, bailarín de tango, y toma notas sobre los siguientes temas. [M] 4.

a) El orígen y las raíces del tango
b) El papel del tango antes y ahora
c) El significado del tango para Chiche
d) La relación entre el tango y la diversidad cultural

💬 Luego compara las anotaciones que tienes con las de tu compañero.

Trabajo con el texto

1. Analiza la importancia del tango para Chiche Núñez basándote en los recursos estilísticos que utiliza para describirla. M 2.2.1 d

2. Analiza la importancia social e histórica del tango.

Más allá del texto

En la entrevista, Chiche Núñez hace referencia a

A. La represión del tango durante la dictadura argentina y

B. Argentina como lugar de inmigración.

En parejas: Elegid uno de los temas e informaos en la red sobre él para después hacer una pequeña presentación en clase. M 1.1

🔗 cap. 5/3. La vida en Argentina: de la dictadura a la memoria histórica

3. Fiestas y tradiciones

3.1 El Día de los Muertos

El Día de los Muertos es una de las fiestas más importantes de México. Declarada por la *Unesco* como Patrimonio Cultural Inmaterial de la Humanidad, es una tradición que nació en época precolombina [...].

5 Color y alegría para recordar a los que se fueron y que, según la creencia popular, vuelven para visitarnos y comen y beben con sus familiares como cuando estaban vivos. Los festejos del Día de los Muertos comienzan el 31 de octubre, cuando se pone una ofrenda en cada casa a

10 esperar la llegada de las ánimas. A la mañana siguiente, el 1 de noviembre, Día de Todos los Santos, llegan las de los niños y el 2 de noviembre, Día de Muertos, llegan las de los adultos.

"El mexicano tiene una relación muy particular con la muerte y muy diferente a otras culturas, en la cual la muerte no es vista como un final, sino

15 como parte de un ciclo."

F. Pastrano: ¿Por qué el Día de Muertos en México es el más original del mundo?. En: http://www.abc.es/ viajar/norteamerica/mexico/abci-difuntos-mexico-201410311633.html (adaptado), 01.11.2014

el Patrimonio Cultural Inmaterial de la Humanidad Weltkulturerbe
la época precolombina Zeit vor der Entdeckung Amerikas durch Kolumbus · **recordar** sich erinnern an · **la creencia** Glaube · **el festejo** *la fiesta* · **la ofrenda** Opfergabe · **el ánima** (f.) Seele · **el Día de Todos los Santos** Allerheiligen

Comprensión

Ordena la información del texto en un mapa mental. M 4.

El Dia de los Muertos a través de la música

Vas a ver y a escuchar el vídeo de la canción "El Día de los Muertos" de la banda musical *La Pulquería* 80500-01 .

Comprensión

1. Mira el vídeo una vez y responde: ¿Qué situación describe este vídeo? M 5.3

2. Vuelve a mirar el vídeo y ordena estas palabras según el orden de aparición:
M 5.3

a) el rezo   **f)** el niño   **l)** la guitarra
b) el televisor   **g)** la niña   **m)** la cruz
c) las flores   **h)** la calavera   **n)** la virgen
d) el cementerio   **i)** el viejo   **o)** el vaso
e) la iglesia   **j)** la vieja   **p)** el baile
                        k) la mujer   **q)** las máscaras

3. Dividid la clase en tres grupos. Apuntad la información acerca del desarrollo de la acción, los personajes que aparecen en el vídeo y su estado de ánimo. M 5.3

4. Indica de qué otros temas, aparte del Día de los Muertos, trata el vídeo.

Trabajo con el texto

1. ¿Crees que es una celebración triste o alegre? ¿Por qué? Analiza las característi-cas y el significado de esta fiesta según los detalles del vídeo. M 2.3

2. ¿Qué te parece la presentación de este tema en la canción y el estilo de música?
M 2.2.1 e

Más allá del texto

Ya sabes algo sobre el Día de los Muertos en Latinoamérica. Pablo, tu amigo mexicano, desea saber cómo se celebra este día en Alemania. Has encontrado el siguiente artículo y con ayuda del artículo le explicas a Pablo cómo se celebra este día en Alemania, qué significa para muchos alemanes y se lo comparas con el Día de los Muertos en Latinoamérica. M 3.

Was ist Allerheiligen

[…] Wie der Name Allerheiligen bereits andeutet, handelt es sich um einen christlichen Feiertag, an dem aller Heiligen gedacht werden soll. Der Ursprung besagt jedoch, dass es sich nicht explizit um bekanntermaßen heilig Gesprochene handeln muss. Vielmehr soll aller Menschen gedacht werden, die als Heilige in Frage kommen könnten. Also auch jener, von deren Heiligkeit nur Gott weiß. Allerheiligen steht dem Osterfest gedanklich sehr nahe. Datiert ist dieser Feiertag jedoch auf den 1. November eines jeden Jahres. Nach-

dem die Zahl der Heiligen immer mehr anstieg, war es irgendwann unmöglich, jedes einzelnen zu gedenken. Aus diesem Grund wurde Allerheiligen etabliert, um an einem bestimmten Tag aller Heiligen gedenken zu können. An Allerheiligen wird aber auch der Märtyrer und der Verstorbenen gedacht. Es ist Brauch an Allerheiligen auf dem Friedhof die Gräber zu schmücken. Allerheiligen ist in einigen Bundesländern in Deutschland ein gesetzlicher Feiertag.

Was ist Allerheiligen bzw. Bedeutung von Allerheiligen. En: http://www.schnelle-online.info/Feiertage/Allerheiligen. html, 02.05.2016

3.2 Quinceañera

Acércate

1. Realiza una lluvia de ideas relacionada con la palabra "cumpleaños".
2. Comentad en parejas: ¿Celebras tu cumpleaños todos los años? ¿Cuándo? ¿Con quién? ¿Dónde? ¿Cómo? ¿Por qué? M 1.2
3. En parejas: Observad el cartel de la película *Quinceañera*. ¿Qué se celebra? ¿Sabes qué significa la palabra "Quinceañera"? ¿Qué conclusiones puedes sacar de la foto sobre la manera de celebrar? M 5.2.1

Las diferentes tradiciones de la fiesta de la quinceañera

- En México, la quinceañera regala ▨▨▨▨ de porcelana a una niña, usualmente la hermana menor de la quinceañera o a quien ella decida.
- La quinceañera entrega ▨▨▨▨ a la Virgen María.
- De acuerdo con las tradiciones, la quinceañera puede llegar con ▨▨▨▨ puesta o ser coronada durante el oficio religioso o durante el vals.
- Usualmente ▨▨▨▨ es en colores pastel y representa la inocencia y el paso de niña a mujer.
- ▨▨▨▨ simbolizan el cambio de niña a mujer. La quinceañera entra

entregar *dar*

el oficio religioso Gottesdienst

el cambio → *cambiar*

a la celebración con zapatos de taco bajo y su padre se los cambia por otros ▒▒▒▒▒.

- ▒▒▒▒▒ es opcional para simbolizar el paso de niña a mujer y como despedida a las fiestas de ▒▒▒▒▒.

- ▒▒▒▒▒ es usualmente tocada por un mariachi y se canta después del vals o a la hora de cortar el pastel.

- ▒▒▒▒▒ encendida es sostenida por las amigas de la quinceañera que están a punto de cumplir los quince o que ya los han cumplido. Por otro lado, los chambelanes o parejas masculinas llevan ▒▒▒▒▒ cada uno. Al hacer su entrada triunfal, la quinceanera apaga ▒▒▒▒▒ y recibe ▒▒▒▒▒.

- ▒▒▒▒▒ es una muestra al valor de la responsabilidad, ya que indica que es un objeto valioso de cuidar. Usualmente es un objeto regalado por los padrinos.

Aleyso Bridger: Tu Quinceañera. Una guía moderna y divertida para una fiesta de quince espectacular. EE. UU.: C.A. Press, 2014.

el taco *hier:* Absatz

sostener halten

estar a punto de kurz davor sein etw. zu tun - **el chambelán** *hier:* Ehrenherr - **la entrada triunfal** Einmarsch - **apagar** *hier:* ausblasen

la muestra *hier:* Beweis

valioso/a wertvoll

el/la padrino/a Pate/Patin

Comprensión

Las siguientes palabras son símbolos de la celebración quinceañera. Completa con ellas el texto anterior. Consulta el vocabulario que no sepas en un diccionario.

M 4.

la canción "las mañanitas" (canción de cumpleaños típica de México) | el anillo | la rosa | la muñeca | los zapatos (de tacón) | la vela | la corona | el vestido | el ramo de flores | la piñata

Mis quince años

A continuación vas a escuchar diferentes opiniones y experiencias con referencia a la fiesta de las quinceañeras.

Comprensión

Opción A

1. Escucha las opiniones y los comentarios del foro y apunta la información en la siguiente tabla.
   M 5.1.1

nombre	origen	a favor / en contra	argumentos
▒▒▒▒	▒▒▒▒	▒▒▒▒	▒▒▒▒
▒▒▒▒	▒▒▒▒	▒▒▒▒	▒▒▒▒
▒▒▒▒	▒▒▒▒	▒▒▒▒	▒▒▒▒

Opción B

1. Agrupa las opiniones del foro con las respectivas categorías. M 5.1.1
   a) Quitándole importancia
   b) Críticas, subrayando lo tradicional
   c) Muy críticas, haciendo hincapié en los costos
   d) Positivas, más realistas y descriptivas
   e) Muy positivas, soñadoras

2. Indica los contextos en los que los miembros del foro citados notan su opinión sobre la fiesta de las quinceañeras. M 5.1.1

2. Resúmeles brevemente los temas principales de las opiniones a tus compañeros de clase.

Trabajo con el texto

Escribe una entrada en el blog en la que comentas las sensaciones que te provoca esta fiesta. M 2.2.2 e

Más allá del texto

1. Participaste en el intercambio de tu instituto con un instituto de Argentina y tuviste la ocasión de ir a una fiesta de quinceañera. Escribe un artículo interesante para vuestro periódico escolar sobre esta tradición y tus experiencias. M 2.2.2 c

2. Algunas personas del foro están a favor de celebrar los quince con una fiesta, pero otras aconsejan hacer un viaje alrededor del mundo. ¿Qué preferirías tú? ¿El viaje o la fiesta? Discute con tu compañero/a de clase y justifica tu respuesta. M 1.2

3. Repartid los siguientes roles y discutid en grupos de cinco compartiendo con los otros miembros del grupo vuestra opinión sobre la fiesta de las quinceañeras. Recordad justificar vuestra opinión. M 1.2

rol	actitud	argumentos
la quinceañera	a favor	lo espera impaciente
los padres	en contra	tienen muchas objeciones (los gastos, la organización, la edad de su hija, etc.)
el hermano de la quinceañera	en contra	dice que es injusto para él
una amiga	en contra	prefiere viajar en lugar de celebrar esta fiesta viajar es importante para la vida
los abuelos	a favor	son muy tradicionales, es importante celebrar esta fiesta para que la chica sea consciente de la responsabilidad que asume ahora siendo mujer

7 Movimientos migratorios en el mundo hispánico

1

2

1. En parejas: Elegid una imagen y describidla. M 5.2.1
   a) ¿A qué inmigrantes/países de inmigración se refiere?
   b) ¿Qué sabéis ya sobre el trasfondo sociopolítico de la imagen que habéis elegido?

2. En clase: Exponed los resultados del ejercicio 1. Rellenad la siguiente tabla sobre el tema de la inmigración/emigración que podéis completar con los datos de cada presentación. A lo largo de este capítulo vais a poder completar la tabla con más información sobre este tema.

¿Quién/es? ¿De dónde son?	¿Adónde van?	¿Dónde trabajan? ¿Cómo viven?	Motivos (factores que provocan la migración)	Objetivos (¿por qué emigran?)	Medios de transporte, vías, peligros

¡VENTE A ALEMANIA, PEPE!

Parado
Español
Pendiente de
Empleo

EMESÉ + DE JUAN

1. Facetas de la migración

Acércate

1. Muchas familias alemanas tienen una historia de migración. ¿Y la tuya? Infórmate sobre las raíces de tus padres, abuelos y bisabuelos y dibuja un árbol genealógico en tu cuaderno con sus países de origen. Intenta averiguar también las razones por las que emigraron. También puedes entrevistar a un/a compañero/a de clase que tenga raíces extranjeras. Después expon los datos en clase.
   M 1.1

2. ¿Vivir en Alemania o en otro lugar? En parejas: Discutid sobre las siguientes preguntas: M 1.2
   a) ¿Os podríais imaginar abandonar vuestro país para vivir en otro lugar?
   b) ¿Por qué (no)? ¿Bajo qué condiciones?
   c) Según vuestra opinión: ¿Cuáles pueden ser las ventajas e inconvenientes de vivir en otro país?
   Completad vuestro mapa mental.

1.1 Flujos migratorios en el siglo XX

Comprensión

Describid los flujos migratorios: M 5.2

a) ¿De qué países o de qué regiones viene la mayoría de los emigrantes?
b) ¿Cuáles podrían ser sus motivos para emigrar?
c) ¿Cuáles son los principales países receptores?
d) ¿Por qué atraen estos países a los emigrantes?

Mas allá del texto

Con tu clase estás de intercambio en España. Un chico de tu clase lleva una camiseta con esta frase. Berta, una alumna española te pregunta qué significa y tú le explicas lo que esta frase significa exactamente. Además te pide que le des tu opinión sobre este asunto. **M** | 3. |

1.2 El impacto de los países desarrollados en la inmigración

el impacto *el efecto*

¿Riqueza de unos, pobreza de otros?

Se reproduce a continuación un fragmento de una entrevista con el músico franco barcelonés Manu Chao.

5 Europa está atravesada por ese pseudoproblema lleno de hipocresía que es la inmigración. Llegan inmigrantes de 10 todas partes del mundo a Europa y los gobiernos europeos están intentando bloquear a esas masas de gente. Pero no es verdad la cuestión de la manera en que ellos la plantean. A ellos les interesa mucho que exista esa inmigración. Esa gente llega 15 a Europa en unas condiciones que les imposibilita tener sindicatos, organizarse, quejarse de nada. Es pan bendito para los poderosos. La agricultura española no podría funcionar sin los sin papeles.

Hay un doble discurso totalmente hipócrita. Si de verdad ellos no quieren inmigrantes pues que quiten las leyes proteccionistas, los subsidios de los 20 Estados para los productos nacionales. La solución, pues, es muy fácil: que paren de dar subvenciones a saco con nuestros impuestos a los agricultores europeos. Es muy fuerte percibir para quienes tenemos la suerte de viajar que un litro de leche europea es más barato en Santa Domingo que la leche proveniente del propio Santo Domingo. Pero la Unión Europea da subven-25 ciones gigantescas a las empresas para que exporten a precio muy barato y posibilitan así que la leche de España, Italia o Francia esté más barata en

atravesado/a *hier:* durchzogen

la hipocresía → *ser hipócrita* (Heuchelei)

plantear *hier:* aufwerfen

el sindicato Gewerkschaft
ser pan bendito *ser algo favorable*
el/la poderoso/a *persona con mucho poder -* **el discurso** *hier:* Diskussion - **hipócrito/a** heuchlerisch - **quitar** *hier:* abschaffen - **el subsidio** finanz. Unterstützung
parar aufhören - **a saco** in Hülle und Fülle - **el impuesto** Steuer
percibir feststellen, wahrnehmen
proveniente herkommend von
gigantesco/a *gigante*

las ciudades de América latina que la leche local de esos países. Entonces en un año o dos los agricultores de Santo Domingo quiebran, no pueden competir, tienen que matar a la vaca y como se están muriendo de hambre se van a Europa o a los Estados Unidos a tratar de sobrevivir. Ése es el mecanismo perverso. Es lo mismo con el algodón en Malí, y tantos otros ejemplos, ahí está el problema. Pero, claro, si quitan o reducen los subsidios los agricultores europeos incendian el continente en media hora […].

30

http://desdeelaula.blogspot.com/2005/11/entrevista-manu-chao.html

quebrar *hier:* Konkurs machen

competir konkurrieren - **la vaca** Kuh

el algodón Baumwolle

incendiar *(met.)* in Brand stecken

Comprensión

Opción A

Lee el texto y completa las frases con la información que falta. **M** 4.

a) Con referencia a la inmigración masiva los gobiernos europeos …

b) Los inmigrantes van a Europa porque …

c) Los inmigrantes son importantes para España porque …

d) Manu Chao piensa que la actitud de los gobiernos es …

e) Les propone a los gobiernos que …

f) Se sirve del ejemplo de Santo Domingo para …

g) Manu Chao compara la situación en Europa con …

Opción B

1. ¿Por qué habla Manu Chao de un "pseudoproblema" (l.7s.) y de "hipocresía" (l.8) cuando habla de los inmigrantes ilegales en Europa? **M** 4.

2. ¿Qué impacto tienen según Manu Chao los estados europeos en la emigración de los países pobres? **M** 4.

3. Resume con tus propias palabras el mensaje principal que el cantante quiere transmitir. **M** 4.

Trabajo con el texto

Opción A

1. Explica por qué a los gobiernos europeos "les interesa mucho que exista esta inmigración" (l.14).

2. Explica lo que quiere decir Manu Chao con la expresión "mecanismo perverso" (l.31).

Opción B

¿Comenta en un e-mail / en una carta al director la actitud de Manu Chao con referencia al comportamiento de los gobiernos europeos frente a la inmigración. **M** 2.2.2 b

Más allá del texto

Investiga en Internet cómo Manu Chao trata el tema de la inmigración en sus canciones y busca ejemplos musicales para apoyar la información que has encontrado. Exponla en clase. **M** 1.1

 Nuevos Enfoques. Spanisches Lesebuch für die Oberstufe. Canciones

¿A quién beneficia tanta inmigración?

Comprensión

Opción A

1. Describe la viñeta detalladamente. M 5.2.2 .
2. Ponle un título a la viñeta que resuma perfectamente al lector el mensaje central que expresa.
3. Relaciona el tema de la viñeta con el contenido de esta unidad.

Opción B

1. Describe la viñeta. M 5.2.2 .
2. Analízala haciendo hincapié en la intención del dibujante y en los medios que usa para ponerla de manifiesto.

2. España – país de inmigración y emigración

2.1 España – país de inmigración

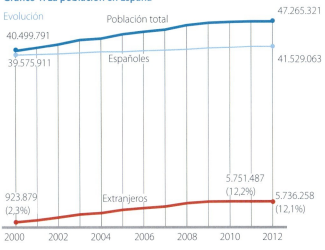

Gráfico 1: La población en España

Evolución
Población total
40.499.791
47.265.321
39.575.911
Españoles
41.529.063
5.751.487
(12,2%)
5.736.258
(12,1%)
923.879
(2,3%)
Extranjeros

2000 2002 2004 2006 2008 2010 2012

Gráfico 2: Principales nacionalidades

	Número de personas 2012	Variación respecto a 2011
Rumania	897.203	31.496
Marruecos	788.563	14.568
Reino Unido	397.892	6.698
Ecuador	308.174	-52.536
Colombia	246.345	-26.831
Alemania	196.878	891
Italia	191.901	3.908
Bolivia	186.018	-13.062
China	177.001	9.869
Bulgaria	176.411	3.485
Portugal	138.682	-2.142
Perú	122.643	-9.909
Francia	121.637	- 866
Argentia	109.258	- 11.480
Brasil	99.870	- 7.726

■ aumenta ■ disminuye

Gráfico 3: Edad media

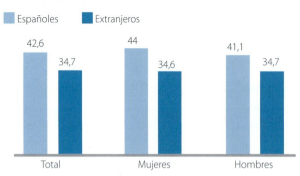

Españoles   Extranjeros

	Total	Mujeres	Hombres
Españoles	42,6	44	41,1
Extranjeros	34,7	34,6	34,7

Según: El País, 2012

Comprensión

Dividid la clase en 3 grupos. Cada grupo trabaja una de las gráficas. Después del trabajo en grupos tenéis que exponer los comentarios sobre la gráfica a vuestros compañeros de clase. M 5.2.3

Gráfico 1

a) Describid lo que muestra detalladamente la gráfica.

b) Analizad las consecuencias para España de la presencia de los inmigrantes.

c) Poned en común vuestras ideas sobre la importancia de los inmigrantes para España.

Gráfico 2

a) Describid detalladamente la gráfica.

b) Comentad cuáles son los motivos por los que la mayoría de los inmigrantes llega de estos países en concreto y haced una lista.

Gráfico 3

a) Intentad explicar por qué la edad media de los inmigrantes es mucho más baja que la de los españoles.

b) ¿Qué importancia puede tener la edad media de los españoles y de los extranjeros para un país en el que la tasa de natalidad baja año tras año?

Trabajo con el texto

Trabajo en grupo para la radio de vuestro instituto: En grupos de tres, preparad un pequeño texto para después grabar con el móvil un podcast de audio de, aproximadamente, dos minutos sobre España como país de inmigración.
M 2.2.2 c

2.2 Inmigración de África a España

Hacia España

Acércate

El mapa muestra los movimientos migratorios de los inmigrantes que van a España. ¿De qué países vienen los inmigrantes? M 5.2

Según: El País, 2014

el enclave

territorio incluido en otro de mayor extensión con características diferentes (p.ej. políticas, administrativas, geográficas, etc.)

→ ruta de emigración

● enclaves españoles (antiguos puntos de paso, cada vez más cerrados)

● ciudades de partida

● ciudades de llegada

Comprensión

Aquí tienes un mapa que describe las rutas de emigración de África a España. Describe el mapa sacando toda la información posible. M 5.2

Más allá del texto

1. Busca más información en internet sobre las dos ciudades españolas en territorio africano, Ceuta y Melilla y exponla en clase. M 1.1

2. En España, la mayoría de los inmigrantes africanos se establece en
   • grandes ciudades como Madrid o Barcelona
   • las regiones de la costa
   • Andalucía
   • y en Cataluña.
   Pensad en las razones que provocan este fenómeno.

El paso de la frontera

Acércate

1. Lee los siguientes titulares de algunos periódicos y explica con tus propias palabras la situación de los inmigrantes subsaharianos. M 4.

2. Apuntad las diferentes posibilidades de cómo se puede inmigrar de África a España. M 4.

3. ¿Qué sabes sobre los temas mencionados en los siguientes titulares?

30.000 inmigrantes aguardan en Marruecos para saltar a Ceuta y Melilla

Informes policiales alertan de la "enorme presión" migratoria sobre Ceuta y Melilla

Jesús Duva: 30.000 inmigrantes aguardan en Marruecos para saltar a Ceuta y Melilla. En: http://politica.elpais.com/politica/2014/02/16/actualidad/1392576581_845257.html, 16.02.2014

aguardar (ab)warten

saltar den Sprung machen

alertar de warnen vor

España y Marruecos evitan la entrada de 400 subsaharianos por la valla de Melilla

Paqui Sánchez. España y Marruecos evitan la entrada de 400 subsaharianos por la valla de Melilla. En: http:// www.elmundo.es/espana/2015/08/03/55bf64d546163f21788b4588.html, 03.08.2015

evitar verhindern

la valla Zaun, Schutzwall

Mueren ahogados nueve inmigrantes subsaharianos cerca de Ceuta

Europa Press: Mueren ahogados nueve inmigrantes subsaharianos cerca de Ceuta. En: http://www.antena3.com/ noticias/sociedad/fallecen-ahogados-ocho-inmigrantes-subsaharianos-cerca-ceuta_20140206571bcf4d6584a8ab b580c7d5.html, 06.02.2014

ahogado/a → *ahogarse* (ertrinken)

el/la subsahariano/a Schwarz-afrikaner

Buscan una patera con 10 inmigrantes subsaharianos en aguas del Estrecho

EFE: Buscan una patera con 10 inmigrantes subsaharianos en aguas del Estrecho. En: http://www.efe.com/efe/ espana/sociedad/buscan-una-patera-con-10-inmigrantes-subsaharianos-en-aguas-del-estrecho/10004-2955446, 14.06.2016

la patera Flüchtlingsboot

Así se preparan los migrantes que intentan viajar a España en patera

Hablamos con algunos de los hombres y mujeres subsaharianos que viven en los montes del norte de Marruecos a la espera de poder embarcarse en una patera hacia España

Como cada año, la llegada del buen tiempo ha provocado un repunte en el número de intentos de alcanzar la costa andaluza en barcazas cargadas con 30 o 40 personas.

JAsí se preparan los migrantes que intentan viajar a España en patera. En: http://es.azvision.az/As%C3%AD_ se_preparan_los_-2222-xeber.html , 26.06.2016

embarcarse an Bord gehen
el repunte Steigerung
alcanzar erreichen - **la barcaza** großer Kahn - **cargado/a** beladen

La historia de Bertín

Comprensión

Opción A

Escucha el texto y responde a las siguientes preguntas: M 5.1.1

a) ¿Cómo llegó Bertín Youmssi a España?
b) ¿Cómo preparó su viaje?
c) ¿Por qué el hecho de que la policía lo detuviera fue algo positivo para Bertín?
d) ¿Qué vida lleva en España?
e) ¿Por qué emigró de su país de origen?
f) ¿Qué representa España para Bertín?
g) ¿Qué conclusión saca Bertín sobre la inmigración ilegal para sí mismo y en general?

Opción B

1. Escucha el texto y enumera los temas más importantes sobre los que habla Bertín Youmssi. M 5.1.1

2. ¿Correcto, falso o no aparece en el texto? Di si la siguiente información es correcta, falsa o no aparece en el texto. Si una información es falsa, tienes que corregirla. M 5.1.1

	C	F	No aparece
a. Bertín cruzó el Estrecho de Gibraltar ilegalmente en una patera.	▪	▪	▪
b. En los dos años y medio que Bertín ya lleva en España ha hecho muchos amigos españoles.	▪	▪	▪
c. Su familia apoyó a Bertín en su decisión de emigrar a España.	▪	▪	▪
d. Los principales motivos para emigrar son la falta de expectativas para estudiar y la mala situación sanitaria.	▪	▪	▪
e. El hecho de que la policía lo detuviera cuando Bertín Youssmi estaba realizando su viaje illegal a España tuvo graves consecuencias para él.	▪	▪	▪
f. España sigue representando para Bertín el paraíso en el que puede realizar todos sus sueños.	▪	▪	▪
g. Ahora Bertín trabaja como abogado en España y puede enviar regularmente dinero a su familia.	▪	▪	▪

Trabajo con el texto

Opción A

Caracteriza a Bertín Youssmi. M 2.2.1 c

Opción B

Debate y comenta basándote en el texto si se puede hablar de Bertín Youssmi como ejemplo típico de un inmigrante ilegal.

Más allá del texto

 1. En el testimonio se mencionan algunos motivos por los que Bertín emigra de su país de origen. Discutid en clase cuáles pueden ser otros factores que provocan la emigración y que atraen a los inmigrantes dejando su país y a sus familias.
M 1.2

 2. Ponte en el lugar de Bertín Youssmi y escríbele una carta desde España a tu familia en la que hablas sobre tu viaje, tus motivos y tus experiencias en España.
M 2.2.2 b

 3. Representad en grupos de tres el siguiente debate sobre las razones por las que se debería inmigrar a España o no. Pensad en preparar bien vuestro rol con argumentos y pensad también en anticipar los argumentos de vuestros/as compañeros/as para poder debatir fluidamente. M 1.2

    A. Eres Tayo, el hermano menor de Bertín y piensas también en inmigrar ilegalmente de África a España para apoyar a tu familia. Puedes hablar sobre tus condiciones de vida en África (sueños, trabajo, perspectivas de futuro, etc.).

    B. Eres Bertín que ya ha cruzado ilegalmente la frontera a España. Hablas sobre los peligros del viaje y de tus experiencias en España.

    C. Eres el padre (Akono) / la madre (Zola) de Tayo y Bertín y tienes miedo de poder perder a tu hijo Tayo. Así que quieres convencerlo de que se quede en África.

2.3 Experiencias en España

Acércate

 Completa la frase. *Ser inmigrante es …*

Crónicas de una inmigrante

http://cronicasdeunainmigrante.blogspot.de/

12.07.2016, 21:32

Ser inmigrantes es…

[…] [S]iendo una mujer inmigrante, al igual que otras/os extranjeras/os residentes en España de forma legal o irregular, he querido escribir mis ideas [...] pensamientos […].

5   Espero […] que [mi blog] "Crónicas de una inmigrante" sirva de ejemplo y de ayuda a quienes deseen denunciar o simplemente dejar sus ideas y experiencias […]. Esta es una plataforma abierta al cambio y a la integración de todas las personas sin importar su procedencia.

Juntos podemos trabajar a favor de nuestros derechos, contra las injusticias

10   y para la calidad de vida de las personas, que dejaron sus países de origen en busca de un "sueño", sea lo mejor posible. […]

Ser inmigrantes es …

… salir de tu país con una "maleta" cargada de sueños.

denunciar algo a algn. etw./jmdn.
anzeigen, öffentlich verurteilen

la procedencia Herkunft

… enfrentarte a una realidad donde tus sueños se pueden truncar.

15 … llorar de impotencia por estar lejos de los tuyos.

… trabajar en tareas que jamás podrías imaginar.

… caminar por las calles con miedo a ser expulsado.

… esperar por una legalidad que te la niegan una y otra vez.

… enfrentarte a la xenofobia de muchos nativos.

20 … ver muchas veces tus derechos violados.

Glenny Adames: ¿Quién es un inmigrante? En: http://cronicasdeunainmigrante.blogspot.de/ (adaptado), 12.07.2016

la impotencia Machtlosigkeit - **los tuyos** *aquí: los miembros de tu familia* - **ser expulsado/a** ausgewiesen werden

la xenofobia Ausländerfeindlichkeit - **violar algo (un derecho)** etw. verletzen, (gegen ein Gesetz) verstoßen

Comprensión

Resume con tus propias palabras la función del blog. M 4.

Trabajo con el texto

Elige una de las definiciones de ser inmigrante, explica lo que significa y por qué te parece una buena definición.

Más allá del texto

1. Este es uno de los comentarios que alguien escribió en el blog.
¿A cuáles de las definiciones anteriores se refiere? M 4.

Imagina que casi todos los días la policía te para en la calle y te pide los papeles, se enfada contigo, te insulta, te desprecia y no te respeta. Lo hacen cuando no tienes papeles, pero también si los tienes, por el color de tu piel. Imagina que te recuerdan todos los días que España es un país muy abierto y multicultural, que tienes que integrarte, pero luego te persiguen en cuanto sales a trabajar o a buscar trabajo, a aprender castellano o a hacer la compra.

parar a algn. jmdn. aufhalten

insultar a algn. jmdn. beleidigen, beschimpfen - **despreciar a algn.** jmdn. missachten

en cuanto sobald

2. Redacta una respuesta a este comentario en la que dejas clara tu opinión personal sobre este tema. M 2.2.2 e

[...] ¿A qué se enfrenta un inmigrante irregular que entra en España?

Aquellos que no son devueltos directamente a sus países de origen se mantienen en España en situación irregular, sin permiso de trabajo ni tarjeta sanitaria[.]

Parte de los inmigrantes, [...] los 'inexpulsables', ni pueden permanecer
5 de forma legal en España ni pueden volver a su países de origen […].

la tarjeta sanitaria Krankenversicherungskarte

los 'inexpulsables' *(neologismo) los que no pueden ser expulsados*

223

Los que no son interceptados.

Para aquellos que tienen la suerte de llegar a territorio español y no son interceptados por las fuerzas de seguridad, comienza una carrera por permanecer oculto ante los controles policiales. Muchos, pese a las dificulta-
10 des para desenvolverse en una cultura distinta, logran contar en muchos casos con una vivienda gracias al apoyo de una extensa red familiar. […] El objetivo, si no pasa por entrar en otro Estado europeo, pasa por instalarse en el país, encontrar un empleo y lograr un permiso por arraigo. Para conseguirlo se necesita demostrar, al menos, que se tiene trabajo, o una
15 estancia de tres años en el país, así como un informe favorable por parte de los servicios sociales del ayuntamiento de residencia.

Detenidos en cualquier momento.

"Cuando estás en situación irregular no estás autorizado a trabajar ni a recibir atención sanitaria (a no ser que se trate de una urgencia). En cual-
20 quier momento, la Policía los puede expulsar y multar, o puede enviarlos durante 60 días a un *Centro de Internamiento de Extranjeros* (CIE) mientras se ejecuta la expulsión", comenta Francisco Rojo, responsable jurídico de *Accem*, ONG especializada en la ayuda a inmigrantes irregulares. Tal como señala, el hecho de que sean devueltos o no a sus países de origen
25 depende sobre todo de dos variables: "Que exista un acuerdo bilateral entre España y el país de origen y que la documentación del inmigrante esté en orden. Una vez consumada la expulsión, hay un plazo de 3 años donde no le está permitido intentar volver a España".

Un limbo jurídico.

30 En el caso de que ninguna de estas opciones se materialice, la persona afectada pasa a un limbo jurídico en el que es considerada "inexpulsable". Ni están legales en España ni pueden volver. "Todo el sistema está montado para que, o haya un permiso, o te expulsen", insiste Rojo, quien denuncia además que la precaria situación de estas personas acaba desem-
35 bocando en exclusión social, ya que no tienen permiso para trabajar, lo que les impide a su vez acceder a servicios básicos. […]

60 días en un CIE.

Aquellos que, por contra, son detenidos por las autoridades, pasan directamente al centro de internamiento, donde generalmente se les abre un expe-
40 diente de expulsión inmediatamente. Entonces, al cabo de 60 días, o bien se les expulsa o bien pasan a estar en el limbo legal de los "inexpulsables". Algunas cifras: el pasado año, de las 60.000 personas que fueron acogidas en CIE, apenas 5.000 fueron expulsados definitivamente, según datos de *Cruz Roja*. El resto, "se queda en libertad, pero sin papeles, en situación
45 administrativa irregular", subraya Milagros Núñez. […]

interceptar a algn. jmdn. abfangen, aufhalten
la carrera hier: Hindernislauf
oculto/a invisible
desenvolverse zurechtkommen

el arraigo Verwurzelung

multar a algn. jmdn. mit einer Geldstrafe belegen

la ONG una Organización No Gubernamental - señalar indicar (hinweisen auf) - el acuerdo Abkommen - bilateral entre dos países
consumado/a vollendet - el plazo Frist

el limbo Vorhölle

desembocar en conducir a (führen zu)

el expediente hier: Verfahren
o bien … o bien entweder … oder …

Nicolas M. Sarries: Mafias, devolución, sin papeles... ¿A qué se enfrenta un inmigrante irregular que entra en España? En: http://www.20minutos.es/ noticia/2067808/0/inmigrantes/ cruzan-frontera/espana/#xtor=AD-15&xts=467263, 25.02.2014

Comprensión

 Haz un esquema con la información más importante del texto sobre las diferentes consecuencias que puede provocar una estancia irregular en España. Utiliza tu esquema para exponer el contenido del artículo a un/a compañero/a. Puedes empezar así: M 4.

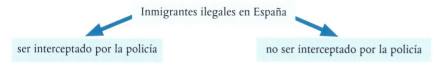

Más allá del texto

Muchos inmigrantes tienen una imagen idealizada de Europa cuando emprenden su peligroso camino hacia el norte. Comenta con tu compañero/a en qué puntos esta imagen corresponde a la realidad o no haciendo también hincapié en la situación económica actual de España. M 1.2

2.4 La integración social y laboral de los inmigrantes

Como viven en España

Trabajo

[...] Con o sin "papeles", el inmigrante se integra en un segmento del mercado laboral caracterizado por la inestabilidad, los bajos salarios, la falta de cualificación. En dos ámbitos típicos de ocupación, el servicio doméstico para las mujeres y el trabajo como jornalero de campo para los hombres,
5 las condiciones de trabajo son duras, fijadas unilateralmente por el patrono, que define horarios y salarios a su conveniencia. Mantener el puesto de trabajo es vital para la permanencia del inmigrante porque incide en la renovación de su permiso de residencia.

10 ### Vivienda

Un factor importante de discriminación, que condiciona en gran medida sus posibilidades de integración, es el acceso a la vivienda. Sea en el campo, donde el alojamiento de los trabajadores agrícolas suele estar proporcionado por el empresario en condiciones muchas veces indignas, o en la
15 ciudad, donde el acceso a un piso de alquiler resulta muy difícil por su alto coste: las condiciones de vivienda se caracterizan en gran medida por el hacinamiento y la insalubridad. Al problema económico se unen los recelos xenófobos de muchos propietarios de pisos.

Educación

20 En cuanto a la integración socio-cultural no existen hoy problemas cruciales. Los inmigrantes aprenden el idioma con bastante facilidad; sus hijos

la inestabilidad Instabilität

el ámbito Bereich - **la ocupación** Beschäftigung - **el jornalero de campo** Tagelöhner in der Landwirtschaft

unilateralmente einseitig - **el/la patrono/a** Arbeitgeber/in - **vital** lebenswichtig - **incidir** Auswirkungen haben auf - **la renovación** *hier:* Verlängerung - **el permiso de residencia** Aufenthaltserlaubnis - **la vivienda** *el piso*

proporcionado/a *hier:* verschafft
indigno/a unwürdig

el hacinamiento *hier:* Gedränge - **la insalubridad** Gesundheitsschädlichkeit - **el recelo** Argwohn - **xenófobo/a** fremdenfeindlich

están incorporados a los colegios públicos, jugando un papel importante de intermediación cultural. Las distintas comunidades extranjeras han desarrollado redes de solidaridad que prestan apoyo al recién llegado, y la 25 sociedad española sigue siendo mayoritariamente una sociedad abierta y tolerante, aunque no esté exenta de brotes de violencia xenófoba [...].

En: http://solidaridad.net/solidaridadnet/noticia/2572/-iquest-estamos-siendo-8220-invadidos-8221-por-los-inmigrantes-, 09.02.2005

la intermediación Vermittlung

prestar apoyo *ayudar*

estar exento/a de frei sein von

el brote *hier:* Ausbruch

Comprensión

Elabora una gráfica que ilustre brevemente las condiciones en las que viven los inmigrantes. M 4.

Trabajo con el texto

Describe y comenta la siguiente viñeta. ¿Qué problemática tematiza? Si en tu clase hay alumnos de origen extranjero, pregúntales qué sienten y qué sensaciones les produce este tema. M 5.2.2

Más allá del texto

Desde España el joven africano Amidou llama por teléfono a su familia que se quedó en África. Adoptando el rol de Amidou, realiza esta llamada telefónica con un/a compañero/a de clase. Habla de tu viaje, de tu vida en España y explica también si tus sueños se han cumplido o no. M 1.2

La siembra extracomunitaria

[...] Abdel Kader Faradi, marroquí de 47 años, llegó a España en 1992. Durante los últimos 22 años ha trabajado en el mismo lugar: los invernaderos de Miquel Martí en Almàssera (Valencia). Casado y con un hijo, con una situación laboral estable y una vida de plena integración, Abdel 5 Kader se nacionalizó hace unos años. Junto a los invernaderos que él mismo levantó hace 20 años, [...] relata cómo pasó de ser estudiante a ser agricultor, fontanero, electricista, albañil, soldador ... "¡De todo!", ríe [...].

la siembra Aussaat

extracomunitario/a außerhalb der EU

nacionalizarse *obtener la nacionalidad española* - **el/la fontanero/a** Klempner/in - **el/la albañil** Maurer/in

el/la soldador/a Schweißer/in

"Estudiaba literatura árabe en la universidad en Casablanca. Nunca había trabajado salvo alguna semana en bibliotecas para ayudar un poco en casa.
10 Dos de mis amigos habían emigrado y decidí intentarlo yo también. [...]
"Salí de Marruecos con el hermano de un amigo. No sabía ni dónde iba. Estaba cagado de miedo. Al hermano de mi amigo no le dejaron pasar en el control de fronteras y le metieron en un cuarto de cristales. Desde dentro me hacía señales con los brazos y me decía "¡vete! ¡vete!". Y ponía
15 una cara … como si yo estuviera logrando algo grande … Y me fui" […].
"Al salir no sabía dónde ir. Escuché a otros migrantes que hablaban de encontrar trabajo en Almería y me fui allí" [...]. Sin saber el idioma, las costumbres, ni el oficio, Abdel Kader se empeñó a fondo en salir adelante. "Vivía en la calle. […] Fue muy fuerte. A mi familia no le decía nada por no
20 hacer daño a mi madre", recuerda. "Como no sabía el idioma, iba a buscar trabajo y decía "trabajo buscar". Y aunque me dijeran "vuelve mañana", si no lo entendía nada pues quizá no iba!", ríe. […]
Sin medios de transporte propios y sin la posibilidad de gastar dinero en ello, caminar se convirtió en la única manera en la que desplazarse. "Íba-
25 mos a pie a todas partes. Kilómetros y kilómetros", relata.
Pese a las dificultades, viviendo sin agua, sin luz, comiendo poco y dur-miendo con una sola manta y entre ratas (ríe cuando recuerda cómo les caían encima durante la noche), asegura que fue feliz. "¿Te digo la verdad? Disfruté tanto de esa experiencia, que fueron los mejores días de mi vida.
30 [...]
Abdel Kader recuerda como si fuera hoy mismo el día en que "el destino", como él lo llama, decidió darle el empujón definitivo. "Aquí llegamos dos chicos. Era un sábado. Habíamos caminado 25 kilómetros […] . Miguel es-taba montando los invernaderos y ofrecía trabajo para sábado y domingo.
35 Dos días". Cerca de 23 años después de aquel día, Abdel Kader irradia un optimismo que le ha permitido llegar más lejos de lo que imaginó cuando su compañero se quedó tras los vidrios policiales. "Estoy muy satisfecho con la vida que he tenido, lo que he vivido y lo que he conseguido. Todo lo que sé lo aprendí de Miguel y todo lo que tengo es gracias a él. [...]
40 Aunque Abdel Kader es consciente de que otros compatriotas no han te-nido tanta suerte, pone los pies en el suelo y se resiste al desánimo. "No-sotros no nos creemos eso de la crisis. Crisis es lo que hay en Marruecos, donde vivimos una crisis permanente. [...] Para él, emigrar no supone un drama. "Yo jamás pensé en trabajar en la agricultura, un trabajo además
45 mal visto en Marruecos. De mi país salen profesores y estudiantes constan-temente que trabajan las cosechas de verano y luego regresan. [...] Emigrar es tan natural como la vida misma", reivindica.
Para este marroquí, el parado español sólo tiene una opción: luchar. "Al parado le diría que busque. Si me siento a llorar y esperar el trabajo no va
50 a venir solo. ["] [...]

Pilar Almenar y Patricia R. Blanco: Por qué no podemos vivir sin ellos. En:
http://internacional.elpais.com/internacional/2014/10/20/actualidad/1413818900_058914.html, 22.10.2014

---

estar cagado (de miedo) *(fam.)* die Hosen voll haben - **el cristal** Glas

lograr algo etw. erreichen

empeñarse a fondo alles geben, sein Möglichstes tun
hacerle daño a algn. jmdn. weh-tun, jmdn. verletzen

desplazarse sich fortbewegen

pese a trotz
la manta Decke

el empujón Schub, Anstoß

montar algo etw. aufbauen
irradiar algo etw. ausstrahlen

el desánimo Mutlosigkeit

reivindicar fordern
el/la parado/a Arbeitslose/r

Trabajo con el texto

1. Resume las experiencias de Abdel Kader durante sus primeros años en España con tus propias palabras. M 4.

2. Analiza la actitud de Abdel frente a estas experiencias. M 2.2.1 d

Más allá del texto

Piensas que Abdel puede ser un modelo para otras personas (inmigrantes o no) que se encuentran en una situación difícil? Justifica tu opinión.

Luis del Val: *Una chica lista*

Tenía dieciséis años, pero parecía una mujer adulta. Antes de que se introdujera en el metro, desde lo alto de las escaleras, una de las amigas con las que compartía el piso le repitió las últimas indicaciones, que ella entendió porque era una chica lista. Tenía que hacer trasbordo en Sol para tomar la

5 línea tres, que le llevaría a Moncloa, una palabra que ella tenía memorizada con sus dos oes en el centro y esa eme grande del principio.

Era una chica lista, pero se confundió de lado en el andén, y pasaron las estaciones, y llegó a Legazpi, que no se parecía mucho a Moncloa. Y salió [...].

10 Le explicó a uno de los vigilantes lo que había sucedido, pero el vigilante le dijo que tenía que volver a comprar otro billete. A ella no le dio vergüenza hacerle saber que el precio de otro billete era un gasto que apenas podía permitirse, y como resultaba simpática, y tenía dieciséis años, y parecía mayor, y se explicaba muy bien a pesar de lo raro de su pronunciación, el

15 vigilante se compadeció de ella, o puede que quedara prendado de ella, de sus ojos inocentes que formaban dos lunas blancas en el rostro casi negro. [...] Le facilitó la entrada automática con su tarjeta, y la chica le sonrió agradecida.

Y esta vez, sí; esta vez llegó hasta Moncloa, y una vez allí encontró la

20 casa cuya dirección llevaba apuntada en un viejo sobre, una casa donde le dieron empleo doméstico a prueba, pero en la que finalmente se quedó con un contrato, porque era una chica muy lista, muy lista, la más lista de la tribu. Y es que hay sitios donde hay que ser muy listo simplemente para sobrevivir.

25 Y si se había perdido, si siendo lista había confundido los andenes, no había sido por ofuscación, ni por despiste, no por desidia, sino porque además de serle muy complicada la pronunciación del idioma, no sabía ni leer ni escribir. Pero era tan lista que ni siquiera se enteraron en aquella casa de Moncloa, donde todavía sigue al cuidado de dos niños gemelos

30 que ya han cumplido cuatro años, mientras ella ha cumplido su sueño, y ya habla y escribe con mucha corrección, y, cuando baja al metro, y ve a los guardas, se acuerda de aquél que una vez le hizo un inmenso favor en la estación de Legazpi.

Luis del Val: "Una chica lista" En: Cuentos de medianoche. Sevilla, Algaida: 2006, p.155-156

---

introducirse *entrar*

(ser) listo/a *(ser) inteligente* - **hacer trasbordo** *cambiar de línea de metro* - **Sol, Moncloa, Legazpi** *estaciones de metro de Madrid* - **dos oes** *dos veces la letra "o"* - **el andén** *Bahnsteig*

suceder *pasar*
la vergüenza *Scham*

compadecerse *tener compasión con algn. (Mitleid haben mit jmdn.)*
quedar prendado *enamorarse* - **el rostro** *la cara* - **agradecido/a** *dankbar*

el sobre *Briefumschlag*

la tribu *Stamm* - **el sitio** *el lugar*

perderse *no encontrar el camino* - **la ofuscación** *Verwirrung* - **el despiste** *Verwirrung, Kopflosigkeit* - **la desidia** *Nachlässigkeit* - **enterarse** *darse cuenta, notar* - **gemelos** *hermanos que nacieron el mismo día y son iguales*

Comprensión

Resume lo que le pasó a la joven inmigrante en el metro aquel día. M 4.

Trabajo con el texto

Caracteriza a la protagonista analizando su comportamiento y sus pensamientos. M 2.2.1 c

Más allá del texto

Por la tarde el vigilante le cuenta a su mujer lo que ha pasado en el metro. Reescribe la historia desde su perspectiva. M 2.2.2 d

2.5 Integración y racismo

Acércate

En clase de Ciencias Sociales estáis hablando del tema de la migración y el racismo en Europa y el profesor se sirve del siguiente cartel para empezar un debate. Como tu amiga española Isabela, que ahora está de intercambio en tu instituto, todavía no entiende muy bien el alemán, le explicas el contenido del poema, la relación con el tema y su intención. M 3.

Dein Christus ein Jude
Dein Auto ein Japaner
Deine Pizza italienisch
Deine Demokratie griechisch
Dein Kaffee brasilianisch
Dein Urlaub türkisch
Deine Zahlen arabisch
Deine Schrift Lateinisch
Und Dein Nachbar nur ein Ausländer?

Los falsos mitos más extendidos en España sobre los inmigrantes

[…] En España la inmigración va muchas veces unida a prejuicios. Estos son los falsos mitos más extendidos en España sobre los extranjeros.

Nos quitan el trabajo

En la parte baja de la lista un tópico arraigado: los inmigrantes nos quitan
5 el trabajo. Los datos lo desmienten: la tasa de paro entre los nacidos en España es del 18%, la de los venidos de otros países llega al 35,7%, el doble. Son los que más están sufriendo la crisis. Desde 2007, casi un millón de inmigrantes han perdido su trabajo y sólo durante la primera mitad del año pasado se fueron de España 220.000 extranjeros.
10 **Colapsan la sanidad**

Siguiente tópico falso: los inmigrantes colapsan la sanidad. En 2010 un inmigrante que pagaba la Seguridad Social fue de media a la consulta del médico la mitad de veces que un español medio. Y ¿las urgencias? ¿Abusan de ellas? Juan Manuel, médico en un hospital de Madrid, asegura que no.
15 Además, los irregulares lo tienen difícil para abusar de los servicios de Salud, porque no tienen tarjeta sanitaria.

No se adaptan a nuestras costumbres

Seguimos subiendo en la lista de falsas creencias: los inmigrantes no se

arraigado/a tief verwurzelt

desmentir *demostrar que es falso* (widerlegen) - **el paro** Arbeitslosigkeit

la crisis *aquí: la crisis económica*

colapsar algo etw. lahmlegen, zum kollabieren bringen - **la sanidad** *hier:* Gesundheitswesen

abusar de algo etw. ausnutzen

adaptan a nuestras costumbres. El Partido Popular incluyó en su programa
20 electoral un examen de españolidad obligatorio para obtener la nacionalidad. Algunos jueces llevan años haciendo algo parecido. Marina, colom-
biana, tuvo que pasarlo después de 8 años viviendo en España. Ni siquiera
su marido, español, conocía las respuestas al test que le realizaron.

Viven de subvenciones

25 Sólo el 10% de los inmigrantes que vive en Madrid recibe una renta mínima de inserción. No sólo no abusan, sino que sostienen nuestro sistema de
pensiones. Como son mayoría de jóvenes, menos del 1% recibe pensiones,
pero pagan las de los jubilados españoles. Entre 2000 y 2005 España
gastó en los inmigrantes 18.600 millones de euros. Sin embargo, ellos
30 aportaron mucho más: 23.400 millones. Es decir la hucha del Estado ganó
4.800 millones de euros.

Bajan el nivel de la educación

En el colegio Santa Cruz de Mislata, Valencia, el 60% de los alumnos son
inmigrantes. 40 nacionalidades diferentes que suponen un desafío para el
35 centro, pero ellos lucharon contra eso. A cada niño nuevo se le pone un
compañero tutor y se busca un traductor para la familia. Resultado: en
2009 fueron los primeros en la pruebas de matemáticas y lengua de su
comunidad.

Traen delincuencia

40 El prejuicio por excelencia: que traen delincuencia. De cada 100 delitos,
74 son cometidos por españoles. Aún así, las ONGs e incluso los sindicatos
policiales han denunciado redadas por criterios étnicos.

*laSexta.com: Los falsos mitos más extendidos en España sobre los inmigrantes. En: http://www.lasexta.com/
programas/sexta-columna/falsos-mitos-mas-extendidos-espana-inmigrantes_2014022100352.html, 21.02.2014*

---

el examen de españolidad Einbür-
gerungstest - **el/la juez/a** Richter/in
ni siquiera nicht einmal

**la renta mínima de inserción
(RMI)** *el salario social* (Sozialhilfe)
sostener algo / a algn. etw./jmdn.
unterstützen - **la pensión** Rente
el/la jubilado/a Rentner/in
la hucha Sparschwein

el desafío Herausforderung

el sindicato Gewerkschaft - **denunciar algo** *hier:* an die Öffentlich-
keit bringen - **la redada** Razzia

Trabajo con el texto

1. Debate y comenta los prejuicios mencionados en el texto. ¿Puedes explicar por
qué existen tantos prejuicios contra los extranjeros? M 4.

2. Has leído la siguiente entrada en un foro de internet sobre la inmigración en
España. Utiliza los argumentos del texto y tus conocimientos sobre el tema para
escribir una respuesta. M 2.2.2 e

 ¿Y para qué vienen? Para conseguir todo el dinero que puedan
y mandarlo fuera del país. No les interesa otra cosa … Nos
quitan los puestos de trabajo, nos quitan nuestras viviendas …
Se apoderan de calles enteras y viven 20 en una casa. Dicen
que les explotamos, pero el casero suele ser compatriota suyo.

apoderarse de algo etw. in
Beschlag nehmen - **el/la casero/a**
Hausbesitzer/in, Vermieter/in

*Juan José Robledo: Prejuicios que levantan fronteras. En: http://elpais.com/dia-
rio/2006/11/05/madrid/1162729455_850215.html. 05.11.2006*

Más allá del texto

1. Describe detalladamente lo que se ve en la viñeta. M 5.2.2

2. Después analiza la actitud del dibujante en cuanto a la importancia de los inmigrantes para España y la opinión de muchas personas frente a ellos. M 5.2.2

3. Completa la siguiente frase con diferentes opciones: *Si no hubiera inmigrantes en España, ...*

2.6 España – país de emigración

Acércate

Mira el título y las fotos y resume en una o dos frases de qué trata el texto. M 5.2

España, país de emigrantes

Comprensión

Escucha la primera parte del texto. Prepara una tabla en la que comparas las diferentes épocas de la emigración de España. M 5.1.1

¿Cuándo?	¿Quién(es)?	¿Adónde?	¿Por qué?
los años sesenta			
las últimas décadas			
la actualidad			

Trabajo con el texto

1. Comenta las diferencias entre las diferentes épocas.
2. Escucha la segunda parte del texto y analiza la opinión del autor acerca de la emigración española. M 5.1.1

🔗 cap. 1 / 4. Vivir en tiempos de crisis

Escapar de la crisis: españoles en Alemania

Vas a ver un vídeo en el que Blanca Mateos, una joven española, cuenta su experiencia en Alemania 80500-01 . M 5.3

Acércate

Opción A

Lee las siguientes palabras útiles, las preguntas y las respuestas sobre Blanca Mateos.

Opción B

Lee las siguientes palabras útiles y las preguntas del ejercicio de Comprensión.

Palabras útiles

el convenio laboral	Arbeitsabkommen	**el título universitario**	Universitätsabschluss
la mano de obra	Arbeitskraft	**los estados federados**	Bundesländer
los jóvenes titulados	Uni-Absolventen/innen	**el/la solicitante**	Bewerber/in
los ancianos	ältere Menschen	**el requisito lingüístico**	Sprachkenntnisse
el reconocimiento	Anerkennung	**fomentar**	fördern

Comprensión

Opción A

1. Mira el vídeo y apunta todo lo que puedas sobre Blanca Mateos. M 5.3

   A. ¿Qué idioma está aprendiendo Blanca Mateos?
      a) el inglés
      b) el alemán
      c) el francés

Opción B

1. Mira el vídeo y apunta todo lo que puedas sobre la información general de la situación económica de España. M 5.3

   a) ¿Cuál es el mayor problema contra el que tiene que luchar España actualmente?

B. ¿A qué se dedica Blanca?
- **a)** Es profesora de inglés.
- **b)** Es profesora de español.
- **c)** Es estudiante de idiomas.

C. ¿De dónde es?
- **a)** Cantabria
- **b)** Castellón
- **c)** Castilla la Mancha

D. ¿En qué ciudad está actualmente?
- **a)** en Berlín
- **b)** en Barcelona
- **c)** en Bilbao

E. ¿Por qué vino a Alemania?
- **a)** Perdió su trabajo en España debido a los recortes del gobierno.
- **b)** Quería trabajar de profesora en Alemania.
- **c)** Tiene un novio en Alemania y quería vivir con él.

F. ¿Por qué encontrar un empleo le resultó más difícil de lo que había pensado?
- **a)** Tenía que perfeccionar sus conocimientos de alemán.
- **b)** La tasa de desempleo en Berlín es más alta que en el resto de Alemania.
- **c)** No tenía la formación exigida.

G. ¿Qué hace para mejorar su situación?
- **a)** Trabaja de camarera en un restaurante.
- **b)** Reparte su currículo en academias de idiomas.
- **c)** Intenta hacer contactos (p.ej. en un festival de cine español).

H. ¿Cuáles son sus planes para el futuro si no encuentra ningún trabajo en Alemania?
- **a)** regresar a España
- **b)** intentar encontrar un empleo en algún país en el que se habla inglés
- **c)** irse a Latinoamérica

2. Corregid vuestras respuestas con un/a compañero/a de clase.

b) ¿Por qué quieren tantos españoles aprender alemán?

c) A diferencia de la emigración de los españoles a Alemania a principios de los años sesenta los emigrantes españoles de hoy ▓▓▓▓▓▓▓.

d) La crisis española comenzó con el colapso de ▓▓▓▓▓▓▓ en 2008.

e) ¿Cuál es la tasa de desempleo de los jóvenes españoles?

f) ¿Cómo reaccionan ante esta situación?

g) ¿Qué quiere hacer Angela Merkel?

h) ¿Qué tipo de trabajadores faltan en Alemania?

i) ¿Cuáles son las razones por las que muchos solicitantes a un puesto de trabajo fracasan?

j) ¿Por qué quieren muchos españoles ir a Alemania según Diego Ruiz del Árbol, el autor de la página web *www.berlunes.com*?

k) ¿Cuál es el objetivo de su página web?

2. Completad las respuestas con un/a compañero/a de clase.

Más allá del texto

 Escribid un artículo periodístico sobre el tema *Escapar de la crisis* basándoos en vuestros conocimientos. M 2.2.2 c

Más material: "Irse duele, pero estar mal pagado o en el paro, duele mucho mas" 80500-05

3. ¡Vamos al norte! - Migración a los Estados Unidos

El migrante de tierra lejana.

El migrante de tierra lejana camina andante y perseverante
hacia una tierra distante y añorada.
Tiene la esperanza de algún día llegar sano a la tierra prometida
que cambiará su destino, un migrante lejano.

5 Cada migrante sufre la nostalgia de dejar a su familia,
no importa cuántas lágrimas, penas y sufrimiento pase en su camino
el migrante seguirá adelante con la frente en alto sin perder el horizonte
de su destino.

El norte es su esperanza para cambiar su vida,
10 Jesucristo ilumina su camino
el migrante lejano llegará a su destino.

Fernando. Nicaragua

Fernando: El migrante de tierra lejana. En: http://circulodepoesia.com/2013/05/antes-de-pasar-la-frontera-poesia-de-migrantes-centroamericanos/ (adaptado), 25.05.2013

andante umherziehend - **perseverante** beharrlich, ausdauernd - **hacia** in Richtung - **añorar** sich sehnen nach **sano/a** gesund

la nostalgia Heimweh - **dejar a algn.** jmdn. verlassen, zurücklassen
la lágrima Träne - **la pena** Schmerz
la frente en alto *hier:* den Kopf hoch erhoben

Comprensión

Opción A

Lee las siguientes frases que resumen el texto y elige el resumen correcto. M 4.

A	Un emigrante emigra de su país de origen a América con su familia en busca de una vida mejor. Aunque durante el viaje viven muchos problemas, nunca pierden la esperanza de tener una vida digna.
B	Un emigrante africano deja su país y su familia para encontrar trabajo y una vida mejor en España. Está muy decidido aunque echa de menos a su familia durante el viaje y sufre muchos problemas.
C	Un pobre emigrante de Latinoamérica emigra a los Estados Unidos porque espera mejorar sus condiciones de su vida y las de su familia. Aunque el viaje resulta muy difícil, está muy decidido.

Opción B

Resume la situación que se describe en el poema con unas pocas frases. M 4.

Trabajo con el texto

Opción A

1. Relaciona las siguientes expresiones con su significado 80500-04. M 2.2.1 e

Opción B

1. Identifica las expresiones con las que se describe a los Estados Unidos desde el punto de vista del emigrante. M 2.2.1 e

2. Menciona con qué forma verbal se ve claramente la actitud del autor en cuanto al viaje del yo lírico. M 2.2.1 e

2. Caracteriza al emigrante (¿Quién es?, ¿De dónde es y adónde va?, ¿Cuáles son sus condiciones de vida?, ¿Cuáles son sus esperanzas?, ¿Cómo se siente?, ...) M 2.2.1 c

3. Analiza la actitud del narrador frente al viaje del inmigrante. M 2.2.1 e

Más allá del texto

Discutid en clase: M 1.2

a) ¿Cuáles son las posibles razones por las que el emigrante se dirige al norte?

b) ¿Qué espera encontrar en el país de acogida?

3.1 Cruzar la frontera

Acércate

1. Mira estas fotos y escribe cuáles son las posibilidades de cruzar la frontera y qué peligros puede haber. M 5.2.1

2. Mira otra vez las fotos y escribe los diferentes tipos de fronteras que cruzan los inmigrantes para llegar a los Estados Unidos. M 5.2.1

¿Cómo puedo cruzar la frontera Mexico-USA?
¿[Cuál es] la frontera menos vigilada?

N.N.	Hola amigos, quisiera saber cómo puedo cruzar la frontera de Mexico-USA. Soy de Guatemala y pues la verdadad [es que] no me alcanza para un famoso coyote, me quiero ir por mi cuenta. Sé el peligro que esto implica pero la verdad [es que] necesito trabajar para ayudar a mi familia y ya no soporto esta situacion en [mi]país. [...]
Tonyarizona	90 muertos el mes pasado, ¿¿¿y tú quieres cruzar???? [...]
Yagán Puche Cordillero	Busca en google earth, sé que hay cientos de kilómetros sin vallas ni alambradas, o sea, sin vigilancia, solamente camionetas que de vez en cuando vigilan, pero son muchos kilómetros, te recomiendo que uses ropa de colores poco llamativos, ropa gris o negra, que se camufla bien, lleva al menos 10 litros de agua, y bebe lo menos posible, lleva zapatillas deportivas porque caminarás mucho, esconde bien tu dinero porque pueden intentar robarte, lleva una brújula para no caminar en círculos, evita contacto con personas hasta que no estés en centros poblados, en el desierto mejor marchar solo, aprende a esconderte camuflándote en el terreno, según dicen son 3 días de marcha fuerte, es duro pero si lo haces con cuidado lo podrás lograr, una vez en Arizona trata de tomarte un bus y marcharte a otro estado, si llegas a California seguro tendrás un buen futuro ... ¡mucha suerte! [...]
María Guadalupe Flores	[...] [Y]o vivo en USA en la frontera con México, y el gobierno invirtió mucho dinero en tecnología para detectar a inmigrantes. [...] [T]e ven de noche como si fuera de día. [...] Quiero decirte que antes de que tú puedas cruzar por tu propia cuenta, los coyotes del lado mexicano lo tienen bien vigilado [...] y si no les pagas no te dejan cruzar; ese sería tu primer obstáculo. [...] Si quieres intentarlo, la frontera menos vigilada y donde el río está menos hondo, es él que está en la ciudad de Miguel Aleman Tamaulipas que es frontera con Roma Texas. [...] Es mejor que les pagues. Así cruzas con más seguridad, lo más barato que puedas encontrar son 600 dólares[.]

alcanzar ausreichen - **el coyote** Schlepper - **por mi cuenta a**uf mich gestellt - **implicar** beinhalten, bedeuten - **soportar** ertragen

la valla Zaun, Schutzwall - **la alambrada** Stacheldrahtzaun **la vigilancia** Überwachung **la camioneta** Kleinlaster, SUV **recomendar** empfehlen - **llamativo/a** auffällig - **camuflar** *tarnen* **la brújula** Kompass - **evitar algo** etw. vermeiden

detectar entdecken, ausfindig machen

hondo/a tief

betty c

> Toda la frontera está vigilada por personas, perros y detectores electrónicos de calor, de movimiento y sombras, vía terrestre y aerea, asi que tú sabes si te animas. [...]

¿Como puedo Cruzar la frontera mexico-USA La frontera Menos Vigilada? En: https://mx.answers.yahoo.com/question/index?qid=20120615133325AA5JZN3 (adaptado), 15.06.2016

el detector eléctrico de calor, de movimiento, de sombras Wärmemelder, Bewegungsmelder
vía terrestre auf dem Landweg
animarse sich entschließen, den Mut fassen

Comprensión

Lee la entrada del foro de esta chica guatemalteca que pregunta cómo cruzar la frontera: M 4.

a) ¿Qué posibilidades proponen las respuestas?

b) ¿De qué peligros advierten?

Más allá del texto

¿Qué opinas tú? Como ahora conoces los peligros y también los motivos de los emigrantes, ¿le aconsejarías a la chica irse o quedarse? Escribe un comentario para esta entrada del foro. M 2.2.2 e

3.2 El otro lado

¿Qué significa ser inmigrante?

Atravesar la frontera México-Estados Unidos no significa únicamente transitar de un territorio a otro. Franquear la "línea" que separa a los dos países supone un cambio de posición social, de rol, de estatus jurídico y de identidad. Nadie cruza la frontera sin consecuencias. En el momento en
5 que alguien logra pasar al "otro lado" se transforma de facto en un migrante y comienza a ser etiquetado bajo nuevas categorías sociales, jurídicas y étnicas. "Mojado", indocumentado, "ilegal", extranjero, latino, hispano, mexicano, alien, por sólo mencionar algunas de las nuevas etiquetas que adquiere al atravesar el umbral que separa la frontera México-Estados Uni-
10 dos. Los migrantes pasan a formar parte de nuevas comunidades, al mismo tiempo que dejan de pertenecer, aunque sea momentáneamente, a otras que hasta entonces habían definido sus principales identidades. El cruce de la frontera es un momento clave en la trayectoria migratoria, porque marca el momento en que opera una modificación de posiciones y estatus:
15 de ciudadanos a indocumentados, de zapotecos a latinos, de nacionales a extranjeros, de campesinos a jornaleros agrícolas, janitors o lavaplatos, entre otras de las metamorfosis que marca el cruce. […]

Alejandra Aquino Moreschi: Cruzando la frontera: Experiencias desde los márgenes. En: http://www2.colef.mx/fronteranorte/articulos/FN47/1-f47.pdf, 27.10.2010

atravesar überqueren
transitar fahren - **franquear** überqueren - **el estatus jurídico** Rechtsstatus
lograr schaffen

el/la mojado/a nass, feucht (Bezeichnung für die Immigranten, die illegal den Río Bravo durchqueren, um in die USA zu gelangen) - **mencionar** erwähnen - **adquirir** erlangen, erwerben - **el umbral** Schwelle - **pertenecer a** gehören zu - **el momento clave** Schlüsselmoment - **operar** wirken
el/la ciudadano/a Bürger/in - **los zapotecos** *pueblo indígena en México*
el/la campesino/a Bauer/Bäuerin
el/la jornalero/a Tagelöhner/in - **janitor** *(engl.)* Hausmeister - **el lavaplatos** *hier:* Tellerwäscher

Comprensión

Lee el texto y haz una lista de los cambios que trae consigo la migración ilegal. **M** `4.`

Trabajo con el texto

Explica los cambios indicados en el texto con tus propias palabras.

Más allá del texto

Reflexionad: ¿Qué dificultades concretas resultan de estos cambios para la vida de los inmigrantes en los Estados Unidos? **M** `1.2`

La *Ley Arizona*

Arizona podrá aplicar desde hoy la polémica ley de inmigración 'Muéstrame tus papeles'

La policía podrá identificar a los inmigrantes sólo por su aspecto

ONG denuncian que la ley abre la veda a la discriminación racial de hispanos.

Protestas contra la polémica sección de la ley Arizona que permite interrogar a ciudadanos solo por su aspecto.

Arizona podrá aplicar desde hoy la polémica ley de inmigración 'Muéstrame tus papeles'. En: http://www.rtve. es/noticias/20120919/arizona-podra-aplicar-polemica-medida-antiinmigrante-muestrame-tus-papeles/563971. shtml, 19.09.2012

aplicar algo etw. anwenden

polémico/a polemisch, umstritten

el aspecto Aussehen

ONG *Organización No Gubernamental* - **denunciar algo/a algn.** *hier:* etw. beklagen - **abrir la veda a** zum Abschuss frei geben

interrogar a algn. jmdn. befragen

Acércate

1. Mira el título de este artículo periodístico y explica qué es la *Ley Arizona* y por qué protesta la gente.
   M `4.`

 2. Busca más información en Internet acerca de la *Ley Arizona* y exponla en clase.
   M `1.1`

Trabajo con el texto

1. Describe la viñeta. M 5.2.2

2. ¿Cuál crees que es la actitud del dibujante frente a la *Ley Arizona*? ¿Qué medios usa para expresar esta opinión? M 5.2.2

Palabras útiles

sospechoso/a	verdächtig
a juzgar por	nach … zu urteilen
razonablemente	angemessen

Más allá del texto

Tu amigo Fernando, de México, está de visita en tu casa y ha visto este anuncio de un reportaje en una revista televisiva. Le interesa mucho el tema y quiere que le digas de qué trata exactamente el reportaje. Le resumes a Fernando la información más importante y le explicas cómo está este tema actualmente. M 3.

USA/Mexiko: Die „illegalen" Familien

Die US-Polizei ertappte die Mexikanerin Juanita, als sie ihren Parkschein nicht bezahlt hatte und entdeckte dabei, dass sie illegal in den USA lebte. Sie wurde festgenommen und
5 abgeschoben – ihre Kinder aber blieben in den USA, sie waren dort geboren und damit legale amerikanische Staatsbürger einer illegalen Mutter. 400 000 Mexikaner schieben die US-Behörden jedes Jahr ab und reißen da-
10 mit auch viele Familien auseinander.

Jeden Morgen kommt der Bus aus Tucson, Arizona, in Nogales, Mexico, an und lässt die vielen «Indocumentados», die Leute ohne Papiere, aussteigen: Männer und Frauen, die alles verlo-
15 ren haben, ihr Haus, ihre Arbeit, ihre Träume und oft auch ihre Kinder …

Es ist eine absurde Geschichte: Diese Männer und Frauen sind Mexikaner. Viele von ihnen lebten jahrelang illegal in den USA. Ihre Kinder,
20 die in den USA geboren wurden, aber sind automatisch amerikanische Staatsbürger. Deshalb bleiben die Kinder auch in den USA, wenn die

Polizei ihre illegalen Eltern bei irgendeiner Ordnungswidrigkeit erwischt. Ihre «amerikanischen
25 Kinder» geraten unter die Obhut der US-Behörden.

Die meisten dieser Kinder sehen ihre Eltern nie mehr wieder. Manche von ihnen werden als «adoptionsfähig» erklärt und von amerikani-
30 schen Familien adoptiert. Der Grenzzaun zwischen den USA und Mexiko trennt über tausend Familien voneinander. In Tucson ist der Kampf gegen die illegalen Einwanderer ein wichtiges Thema der Wahlkampagne – und dort verbin-
35 den sich auch die Frauen aus Mexiko trotz aller Angst, um Widerstand zu leisten gegen die amerikanischen Behörden und ihren Druck auf die Familien der Illegalen. Bis 2017, schätzen Statistiker, könnten noch 15 000 in den USA gebo-
40 rene Kinder von ihren illegalen mexikanischer Eltern getrennt werden.

Eine Reportage von Roberto Lugones und Florian Pfeiffer –
ARTE GEIE / Mano a Mano – Frankreich 2012

USA/Mexiko: Die „illegalen" Familien. En: http://info.arte.tv/de/usamexiko-die-illegalen-familien (adaptado), 17.08.13

8 Desafíos sociales y económicos de Latinoamérica

1

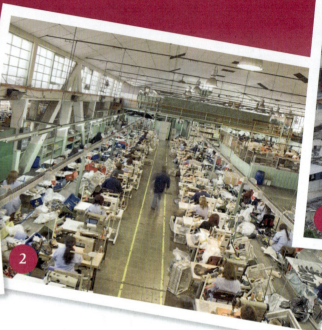

2

1. Aquí puedes ver algunas fotos de Latinoamérica. Relaciónalas con las siguientes palabras. **M** 5.2.1

los niños de la calle   Ciudad de México   los indígenas

la frontera   los emigrantes   la pobreza

la lucha contra la pobreza y la injusticia   las favelas   la explotación

el trabajo infantil

2. Escoge tres fotos y anota algunas palabras más para describirlas. **M** 5.2.1
3. Preséntadlas en clase y comparad vuestros comentarios sobre las fotos.
4. Formulad preguntas sobre los aspectos que os interesan de los temas de las fotos, p. ej. ¿Quién vive en la pobreza y por qué?

4

5

6

7

8

9

10

1. La pobreza en Latinoamérica

Acércate

💬 Poned en común vuestras ideas en clase: Para ti, ¿qué significa ser pobre?

Pobreza en América Latina

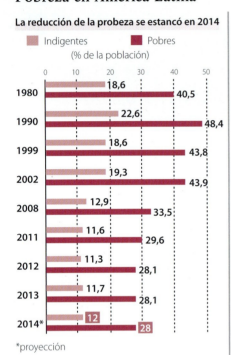

La reducción de la probeza se estancó en 2014

■ Indigentes ■ Pobres
(% de la población)

Año	Indigentes	Pobres
1980	18,6	40,5
1990	22,6	48,4
1999	18,6	43,8
2002	19,3	43,9
2008	12,9	33,5
2011	11,6	29,6
2012	11,3	28,1
2013	11,7	28,1
2014*	12	28

*proyección

Pobreza por país

(% de la población)

País	%
Honduras	69,2
Nicaragua	58,3
Guatemala	54,8
El Salvador	40,9
R. Dominicana	40,7
Paraguay	40,7
México	37,1
Bolivia	36,3
Ecuador	33,5
Venezuela	32,1
Colombia	30,7
Perú	23,9
Panamá	23,2
Brasil	18,0
Costa Rica	17,7
Chile	7,8
Uruguay	5,7
Argentina	4,3

Infografiá, AFP, Adaptiación: La razón, Fuente: CEPAL

estancar zum Stillstand kommen

indigente mittellos

Distribution de la pobreza y pueblos indígenas

	Sector rural		Sector urbano	
	No indígena %	Indígena %	No indígena %	Indígena %
Indigente	5,1	8,7	7,5	14,6
Pobre	14,6	21,3	14,7	21,4
No pobre	80,3	70,0	77,8	64,0
Total	100,0	100,0	100,0	100,0

rural ländlich

Fuente: Encuesta Casen (Mideplan, 2000)

Comprensión

1. Mira la primera gráfica acerca de la pobreza en Latinoamérica. Descríbela y coméntala. M 5.2.3
2. ¿Qué tendencias puedes sacar de la segunda gráfica M 5.2.3
   a) en cuanto a la población indígena?
   b) en cuanto al ámbito urbano y al ámbito rural?
   c) ¿Qué consecuencias puede tener esta situación?

Trabajo con el texto

Un amigo tuyo de Venezuela quiere que le expliques cómo es la situación económica de Alemania en comparación con la de Latinoamérica y te pide que le hables de las diferencias y de lo que significa ser pobre en Latinoamérica y en la UE. Has encontrado el siguiente texto en Internet y se lo explicas. M 3.

Prävalenz der Armut in Europa

In Deutschland und dem größten Teil Europas ist mit dem Armutsbegriff keine absolute, sondern eine relative Armut gemeint. Im Gegensatz zu den Entwicklungsländern gibt es innerhalb
5 der europäischen Länder keinen existenzbedrohenden Mangel mehr. Alle haben genug zu essen, keiner geht unbekleidet, und jeder hat ein Dach über dem Kopf. Ebenso haben alle Zugang zu schulischen, medizinischen und kultu-
10 rellen Einrichtungen. Vielmehr knüpft der europäische Armutsbegriff an die Bedingungen an, ein menschenwürdiges Leben zu ermöglichen, das ein soziokulturelles Existenzminimum bzw. eine Teilnahme an der Gesellschaft gestattet.
15 Gemeint ist also eine im Vergleich zum Durchschnitt der Bevölkerung erschwerte Teilnahme am wirtschaftlichen, gesellschaftlichen, politischen und kulturellen Leben. Zudem ist damit auch ein Unterschreiten von Konsumstandards
20 gemeint. Als armutsgefährdet gelten nach EU-Definition Personen, die mit weniger als 60% des mittleren Einkommens (Median) der Bevölkerung auskommen müssen.

Prävalenz der Armut in Europa. En: http://www.armut.de/armut-in-europa_praevalenz-der-armut-in-europa.php (adaptado), 16.06.2016

Más allá del texto

¿Cómo ves el problema de la pobreza en Alemania? Como joven en Alemania, compara tu experiencia e impresiones personales con la situación de Latinoamérica.

1.1 La difícil situación de los pueblos indígenas

cap. 5 / 4.5 Los Mapuches
cap. 5 / 1.5 Indigenismo

Trabajo con el texto

1. Intenta sacar de la infografía toda la información posible. Después redacta un pequeño artículo informativo sobre *El México indígena*. M 2.2.2 c
2. ¿Qué opinión expresa la infografía acerca de la situación de los indígenas en México? M 5.2

Más material: Exclusión y marginación de los indígenas en México   80500-05

Más allá del texto

Investigad en grupos pequeños qué otros pueblos indígenas existen en Latinoamérica y cómo es su situación actual. Haced una breve presentación con ayuda de, p.ej., un cartel informativo, una presentación PowerPoint, etc. M 1.1

1.2 La pobreza infantil

Acércate

1. Mirad el cartel con los derechos de los niños. ¿Cuáles creéis que son los derechos más vulnerados? Discutidlos con vuestro/a compañero/a. M 1.2

2. Según tu opinión, ¿cuál es el derecho más importante?

10 Derechos de los niños

La **UNICEF** protege a los infantes mediante la Convención sobre los Derechos de los niños, la cual establece libertades mínimas que los gobiernos deben cumplir:

1 Derecho a la **igualdad**, sin distinción de raza, religión, idioma, nacionalidad, sexo u opinión política.

2 Derecho a tener una protección especial para el **desarrollo** físico, mental y social.

3 Derecho a un **nombre** y a una **nacionalidad** desde su nacimiento.

4 Derecho a una **alimentación**, vivienda y atención médica adecuados.

5 Derecho a la **educación** y **tratamiento** especial para aquellos que sufren alguna discapacidad mental o física.

6 Derecho a la **comprensión** y al **amor** de los padres y de la sociedad.

7 Derecho a las **actividades** recreativas y a una **educación** gratuita.

8 Derecho a estar entre los primeros en recibir **ayuda** en cualquier circunstancia.

9 Derecho a la **protección** contra cualquier forma de abandono, crueldad y explotación.

10 Derecho a ser criado con un espíritu de **comprensión, tolerancia, amistad** entre los pueblos y **hermandad** universal.

establecer festlegen
cumplir erfüllen

físico/a körperlich

la alimentación Ernährung - **la vivienda** Wohnung - **la discapacidad** Behinderung - **la comprensión** Verständnis

las actividades recreativas Freizeitaktivitäten - **el abandono** Verlassen - **la crueldad** → *cruel* - **la explotación** Ausbeutung
criar großziehen - **el espíritu** Geist
la hermandad Freund/Bruderschaft

Precaria, la situación de niños indígenas en México

Los niños y adolescentes de Chiapas, Yucatán y Quintana Roo tienen desde su nacimiento y hasta los 17 años, tres veces menos oportunidades de sobrevivir, crecer y educarse que los nacidos en estados del norte del país, afirmó el UNICEF.

5 En el estudio sobre Índices de los Derechos de la Niñez Mexicana, la oficina del *Fondo de las Naciones Unidas para la Infancia* (UNICEF) en México estableció que los menores de edad pertenecientes a grupos indígenas son los más vulnerables.

"La mayoría de las casi 25 mil comunidades indígenas se ubica en zonas de
10 difícil acceso, lo cual repercute en la exclusión escolar y el incumplimiento de otros derechos", señala el documento.

Además, indica que la mortalidad de niños indígenas menores a cinco años representa casi el doble del promedio nacional. Es decir, en ese sector de la población mueren 48 niños por cada mil nacimientos, contra 25 muertes
15 por cada mil nacimientos en otras partes del país.

El UNICEF retoma cifras del *Segundo Conteo Nacional de Población y Vivienda* del *Instituto Nacional de Estadística, Geografía e Informática* (INEGI), según el cual, al menos 720 mil indígenas no hablan español. Aunado a ello, las cifras de la oficina de UNICEF en México indican que 90 por
20 ciento de los integrantes de grupos étnicos vive en la pobreza, lo cual redunda en el bajo nivel educativo de los niños. Asimismo, se estima que su tasa de analfabetismo es cuatro veces mayor al promedio nacional. Entre los grupos étnicos llega a 40 por ciento de los mayores de 15 años, mientras que a nivel nacional es de 8.5 por ciento.

25 La oficina del UNICEF indicó que muchos niños indígenas dejan de ir a la escuela porque tienen que trabajar, y al citar otro estudio del INEGI, detalló que el 36 por ciento de los menores de entre seis y 14 años tiene alguna actividad productiva.

Destacó que los pueblos indígenas tienen un alto índice de migración ha-
30 cia las zonas agrícolas del Norte de México y sólo siete por ciento de los hijos de los jornaleros agrícolas asiste a la escuela.

Notimex: Precaria, la situación de niños indígenas en México. En: http://www.elsiglodetorreon.com.mx/noticia/348803.precaria-la-situacion-de-ninos-indigenas-en-m.html, 04.05.2008

precario/a *hier:* kritisch

crecer aufwachsen

establecer feststellen - **el/la menor de edad** Minderjährige/r - **perteneciente a** zugehörig zu - **vulnerable** verwundbar, verletzlich - **el acceso a** Zugang zu - **repercutir en** sich auswirken auf - **el incumplimiento** Nichteinhaltung - **la mortalidad** Sterblichkeitsrate
el nacimiento Geburt
retomar wieder aufnehmen

aunar verbinden

redundar en sich auswirken auf
estimar schätzen

la actividad productiva Arbeit

el/la jornalero/a Tagelöhner/in
asistir a (die Schule) besuchen

Comprensión

Describe basándote en el texto la situación de muchos de los niños indígenas. **M** 4.

Trabajo con el texto

1. Identifica en el texto cuáles son las razones de la precaria situación de los niños indígenas. **M** 2.2.1 d

2. Analiza las consecuencias de la precaria situación de los niños indígenas. **M** 2.2.1 d

Más allá del texto

Opción A

¿Qué se podría hacer para mejorar la situación de estos niños? Preparad un programa de ayuda.

Opción B

Eres un político latinoamericano muy famoso que pronuncia un discurso con motivo del *Día Mundial del Niño* y que trabaja mucho a favor de la mejora de la situación de los niños pobres de Latinoamérica. Ponte en su lugar y escribe su discurso.

1.3 El trabajo infantil

Acércate

1. Prepara una charla de 2 minutos acerca del trabajo infantil en el mundo y Latinoamérica, basándote en la información de este cartel. **M** 1.1
   a) ¿En qué regiones del mundo viven los niños que se ven afectados por el trabajo infantil?
   b) ¿En qué trabajan los niños? ¿Qué tipo de trabajo ejercen los niños sobre todo?
   c) ¿Qué consecuencias tiene el trabajo infantil?
   d) ¿Cuál es el motivo y el objetivo de este cartel?

2. Discutid y juntad explicaciones por qué estos niños tienen que trabajar en vez de poder ir a la escuela. **M** 1.2

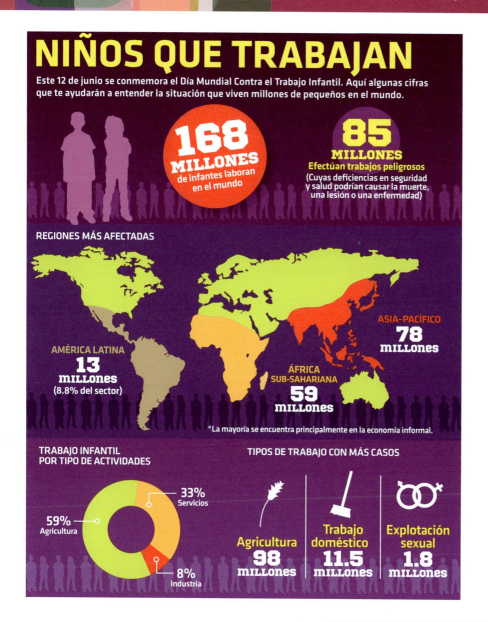

NIÑOS QUE TRABAJAN

Este 12 de junio se conmemora el Día Mundial Contra el Trabajo Infantil. Aquí algunas cifras que te ayudarán a entender la situación que viven millones de pequeños en el mundo.

168 MILLONES
de infantes laboran en el mundo

85 MILLONES
Efectúan trabajos peligrosos
(Cuyas deficiencias en seguridad y salud podrían causar la muerte, una lesión o una enfermedad)

REGIONES MÁS AFECTADAS

ASIA–PACÍFICO
78 MILLONES

AMÉRICA LATINA
13 millones
(8.8% del sector)

ÁFRICA SUB-SAHARIANA
59 millones

*La mayoría se encuentra principalmente en la economía informal.

TRABAJO INFANTIL POR TIPO DE ACTIVIDADES

33% Servicios
59% Agricultura
8% Industria

TIPOS DE TRABAJO CON MÁS CASOS

Agricultura
98 MILLONES

Trabajo doméstico
11.5 MILLONES

Explotación sexual
1.8 MILLONES

No al trabajo infantil

Vas a ver un vídeo informativo con el título „No al trabajo infantil" 80500-01 (0:00-2:10). Se publicó con motivo del *Día Mundial contra el Trabajo Infantil*.

Acércate
Lee primero las siguientes frases para saber en lo que tienes que fijarte. Consulta el vocabulario que no conozcas con ayuda de las palabras del recuadro.

Palabras útiles

la OIT	la Organización Internacional del Trabajo
la ONU	la Organización de las Naciones Unidas (UN, die Vereinten Nationen)
declarar	erklären
reconocer	anerkennen
promover	fördern
erradicar	ausrotten
la clave	Schlüssel
la falta de	das Fehlen von
prevenir	verhindern

Comprensión

1. Mira el vídeo una primera vez y marca las imágenes que se ven en él. M 5.3

a.	familias que viven en la calle con sus niños
b.	entrevistas con jóvenes que hablan sobre su trabajo
c.	niños que trabajan como limpiabotas en la calle
d.	un hombre que trabaja para una organización que lucha contra el trabajo infantil
e.	niños que trabajan en la fabricación de ladrillos
f.	niños en la escuela
g.	jóvenes y adolescentes que descargan un barco
h.	niños que realizan trabajos domésticos
i.	niños que hablan sobre sus sueños laborales para el futuro

2. Vuelve a ver el vídeo y elige la(s) solución(es) correcta(s). M 5.3

1. La OIT y las Naciones Unidas declararon por primera vez el 12 de junio como *Día Mundial contra el Trabajo Infantil* en
a) 2002.
b) 2012.
c) 2006.

2. Este día existe para
a) reconocer el problema.
b) promover iniciativas.
c) erradicar el problema.

3. Los 120.000.000 niños en el mundo que realizan trabajo infantil tienen entre
a) 3 y 10 años.
b) 5 y 14 años.
c) 4 y 16 años.

4. En cuanto al trabajo infantil
a) hay diferencia entre niños y niñas.
b) no hay diferencia entre niños y niñas.
c) los niños son más afectados que las niñas.

5. El reportaje es del año
a) 2015.
b) 2005.
c) 2002.

6. El factor clave en la lucha contra el trabajo infantil es
a) la falta de trabajo.
b) la pobreza.
c) la educación escolar.

7. El programa internacional de la OIT para la erradicación del trabajo infantil se llama
a) OPEC.
b) IPEC.
c) EPEC.

8. El programa quiere
a) prevenir.
b) erradicar.
c) informar sobre todas las formas de trabajo infantil.

¿Cómo combatir el trabajo infantil?

Acércate

Comentad el titular del siguiente artículo.

Bolivia promulga ley que legaliza el trabajo infantil

El gobierno de Evo Morales ha recibido críticas de organismos internacionales por una medida que busca combatir la pobreza.

El gobierno de Bolivia promulgó la tarde del jueves 17 de julio el cuestio-

promulgar una ley ein Gesetz erlassen

nado *Código Niño, Niña y Adolescente* que autoriza de forma "excepcional"
5 el trabajo infantil desde los diez años. [...]
En concreto, la nueva legislación permite que sean los mismos menores de
edad quienes decidan libremente si quieren trabajar entre los 10 y los 12
años. De 12 a 14 se autoriza el trabajo remunerado, siempre que cuente
con la autorización de los padres y de la Defensoría de la Niñez. A partir
10 de los 14 años, se autoriza el trabajo en la medida que se cumplan los
derechos laborales.

"Un retroceso"
La ley fue exigida por la *Unión de Niños, Niñas y Adolescentes de Bolivia*, un
grupo que dice que en el país hay un millón de niños trabajadores y quería
15 que se regulara esta situación para evitar abusos de los empleadores. Por
ello, la ley endurece las penas de cárcel para quienes sean responsables de
la muerte de niños y ofrece protección a los menores que ingresen al mercado laboral limitando las horas de trabajo a seis.
El presidente Evo Morales ha dicho en otras oportunidades que es contra-
20 rio a prohibir que los menores trabajen, pues a su juicio esto sería negarles
"conciencia social". Esto no concuerda con lo que piensa *Human Rights
Watch*, que condenó la nueva ley y recordó que con esta medida, Bolivia
se convierte en el único país del mundo que autoriza el empleo de niños.
"Creemos que es una medida terrible, un retroceso que va en contra de la
25 tendencia mundial", dijo la experta en infancia de HRW, Jo Becker.

*DZC (dpa, Europa Press): Bolivia promulga ley que legaliza el trabajo infantil. En: http://www.dw.de/bolivia-
promulga-ley-que-legaliza-el-trabajo-infantil/a-17795312 (adaptado), 18.07.2014*

remunerado/a bezahlt

el retroceso Rückschritt
exigir fordern

evitar vermeiden
endurecer verschärfen

a su juicio seiner Meinung nach
negar verneinen, absprechen
concordar con übereinstimmen
mit - **condenar** verurteilen - **convertirse en** werden

Comprensión

1. ¿Qué dice "*el Código Niño, Niña y Adolescente*"? M 4.
2. ¿Por qué el gobierno boliviano ha promulgado esta ley? M 4.
3. ¿Qué opinan las ONG como *Human Rights Watch* de esta ley? M 4.

Trabajo con el texto

Discute y comenta basándote en el texto los argumentos a favor y en contra de la
nueva ley boliviana. M 1.2

Más allá del texto

1. En grupos comentad y proponed posibles soluciones para mejorar la situación
   del trabajo infantil. M 1.2
2. Un debate entre expertos sobre el trabajo infantil: ¿Debe ser abolido o no?
   M 1.2

   a) A cada grupo se le asigna uno de los siguientes roles:
   - Evo Morales, el presidente de Bolivia
   - un/a padre/madre indígena
   - un/a representante de *Human Rights Watch*
   - un/a niño/a que trabaja en los cafetales
   - el/la moderador/a

b) Preparad una ficha con argumentos a favor de la opinión del rol de vuestro experto y en contra de la opinión de los otros según los conocimientos adquiridos sobre el tema y vuestra experiencia personal.

c) El grupo del moderador prepara posibles preguntas y argumentos para mantener y guíar el debate.

d) Representad el debate.

1.4 La situación de los niños callejeros

Acércate

Escoge una de las imágenes y descríbela. ¿Cómo es la situación de los niños que aparecen en las fotos? ¿Qué tienen en común? ¿En qué se diferencian? **M** 5.2.1

Los niños de la calle

De acuerdo con fuentes de las Naciones Unidas, actualmente existen en el mundo hasta 150 millones de niños de la calle. Desplazados de sus casas por la violencia, el abuso de drogas y alcohol, la muerte del padre o la madre, crisis familiares, guerras, desastres naturales o simplemente por el
5 colapso socioeconómico, muchos niños indigentes son forzados a ganarse la vida en las calles, hurgando, mendigando, vendiendo en los barrios de chabolas y ciudades contaminadas del mundo en vías de desarrollo. Existen diferentes categorías de niños de la calle. Existen aquellos que

indigente mittellos - **forzar** zwingen **hurgar** (im Müll) wühlen - **mendigar** betteln - **las chabolas** Elendsviertel, Slum - **el mundo en vías de desarrollo** Entwicklungsländer

trabajan en las calles como su único medio para obtener dinero, aquellos
10 que se refugian en las calles durante el día pero que a la noche regresan
a alguna forma de familia y aquellos que viven permanentemente en la
calle sin ninguna red familiar. Todos se encuentran en riesgo de sufrir
abuso, explotación y violencia por parte de vigilantes o policías, pero los
más vulnerables son aquellos que realmente duermen y viven en las ca-
15 lles, ocultándose bajo puentes, en alcantarillas, en estaciones ferroviarias.
Aunque es probable que muchos posean pequeños empleos como el lustre
de zapatos o la venta en mercados para sobrevivir, muchos terminan muriendo en la acera, víctimas de las drogas, la rivalidad entre pandillas y las
enfermedades. Sin alguna forma de educación básica y capacitación eco-
20 nómica, el futuro es sombrío para estos niños de la calle y su expectativa
de vida es terriblemente baja. [...]

*Niños de la calle. En: http://www.unesco.org/new/es/social-and-human-sciences/themes/fight-against-discrimi-
nation/education-of-children-in-need/street-children/, 23.06.2016*

refugiarse Zuflucht suchen

la red familiar familiäres Netz(werk)
la explotación Ausbeutung
vulnerable verletzlich
ocultarse sich verstecken - **la alcan-
tarilla** Abwasserkanal - **el lustre de
zapatos** Schuhputzen
la acera Bürgersteig - **la pandilla**
Gang - **la capacitación** Qualifikation
sombrío/a düster

Comprensión

1. ¿Cuáles son las razones por las que los niños viven en la calle? M 4.
2. ¿Cómo se ganan la vida estos niños? M 4.
3. ¿Cuáles son las diferentes categorías de niños de la calle que existen? M 4.
4. ¿A qué dificultades y peligros se enfrentan los niños de la calle? M 4.

El trabajo en la calle

Ahora vas a ver un reportaje 80500-01 que se hizo en Honduras los días antes de
Navidad y que muestra la vida de unos niños que trabajan en la calle.

Comprensión

Lee las siguientes preguntas, luego vuelve a ver el
vídeo y anota las respuestas. M 5.3
  a) ¿Qué trabajo ejercen los niños de la calle?
  b) Nombra por lo menos 3 grandes problemas que
     tienen los niños de la calle.
  c) ¿Con qué sueña el primer niño entrevistado?
  d) ¿Por qué tiene que trabajar?
  e) ¿Cómo es el día de Gabriel?
  f) ¿Quiénes son las mujeres?
  g) ¿Qué compran con el dinero que ganan?
  h) ¿Qué reciben los niños en Navidad?
  i) ¿Cómo pasan Navidad?

Trabajo con el texto

Mira el reportaje otra vez y fíjate en la música, la voz
en off y los comentarios del reportero: M 5.3
  a) ¿Cuál es la función de la música, la voz en off y los
     comentarios?
  b) ¿De qué manera se muestra la situación de estos
     niños?
  c) ¿Cuál es la intencionalidad de este reportaje?

Más allá del texto

¿Qué te ha parecido este reportaje y la manera de
mostrar a los niños? Escríbelo y coméntalo en el
grupo.

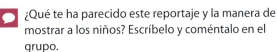 Nuevos Enfoques. Spanisches Lesebuch für die Oberstufe.
Canciones

Recuerdos de una juventud en la calle: el testimonio de Isidro

Comprensión

Opción A

Lee el texto 80500-04 y resume lo que cuenta sobre la vida y la situación personal de Isidro. M 4.

Opción B

Escucha el texto y resume lo que cuenta Isidro sobre su vida y su situación personal. M 5.1.1

Trabajo con el texto

Opción A

Analiza la manera en la que Isidro narra y reflexiona sobre su vida. Piensa en M 2.2.1 a

a) la estructura del texto y su función.
b) la elección de palabras y el lenguaje (campo semántico, recursos estilísticos, nivel lingüístico, etc.).

Opción B

Analiza la manera en la que Isidro narra y reflexiona sobre su vida. M 5.1.1

Más allá del texto

En el periódico lees que UNICEF realiza un concurso con el tema *Un futuro sin niños callejeros – ¿un sueño realizable?* Quieres participar y escribes un artículo interesante y que llame la atención, en el que comentas esta frase teniendo en cuenta la situación y las perspectivas de los niños de la calle. M 2.2.2 c

¿Cómo ayudar a los niños de la calle?

Acércate

¿Cómo se puede ayudar a los niños de la calle? Discute sobre esta pregunta con un/a compañero/a. Apuntad algunas ideas que luego presentaréis a los demás. M 1.2

FUNDACIÓN PRO NIÑOS DE LA CALLE, I. A. P.

i Información adicional

Pro Niños es una fundación que atiende a varones adolescentes entre los 8 y los 21 años que viven en las calles de la ciudad de México. Existe desde 1993 y hasta diciembre de 2013 ha logrado que 873 niños hayan dejado la calle.

Trabajo con el texto

1. Mira el vídeo 80500-01 hasta el minuto 02:45 y contesta las siguientes preguntas: 80500-04. M 5.3

2. En grupos de tres: Comparad vuestras respuestas y completadlas si hace falta.

Más allá del texto

El trabajo de *Pro Niños de la Calle* te ha impresionado mucho. Quieres participar en el programa *Freiwilliges Soziales Jahr* y en internet encuentras la siguiente oferta. Escribe tu solicitud en español a la Fundación *Pro Niños de la Calle*.
Recuerda escribir cuáles son tus motivaciones y tus experiencias anteriores que te cualifican para este programa. M 3.

Anlaufstelle und Heim für Straßenkinder - Fundación Pro Niños de la Calle

Einsatzort	06300, Mexico D.F., Mexiko, Mittelamerika
Sprache(n)	Englisch, Spanisch
Zeitraum	ab August | 12 Monate
Platz-Nr.	200038

[...] Deine Aufgabe

Die 1993 gegründete NRO bietet Straßenkindern eine Alternative zum Leben auf der Straße an, fördert ihre Schulbildung sowie ihre emotionalen, physischen und kreativen Fähigkeiten. Ziel ist die Befähigung der Kinder zur Integration in die Gesellschaft. Es gibt drei verschiedene Arbeitsphasen: - Kontaktaufnahme mit den Straßenkindern (Streetwork) - Betreuung der Kinder in der Tageseinrichtung (Gewöhnung an ein geregeltes Leben) - Integration der Kinder in die Gesellschaft (Heim oder Familie).
Der/die Freiwillige begleitet und unterstützt die Tätigkeiten der Mitarbeiter im Projekt: - Arbeit mit Streetworkern (z.B. Spiele durchführen zur Kontaktaufnahme der Straßenkinder, Gespräche führen) - Arbeit in der Tageseinrichtung (Bildungseinheiten/Hausaufgaben begleiten, Freizeitgestaltung wie Musik/Tanz, Handarbeiten, Lesen, Malen, Sport) - Assistenz beim Reintegrationsprozess in die Familien - Berichtswesen über die Ergebnisse der Arbeit mit den Kindern - evtl. Fundraisingaktivitäten. Der/die Freiwillige wird direkter Ansprechpartner für die Kinder sein, ihnen Aufmerksamkeit schenken können und ihren Tagesablauf begleiten.

Anforderungen an Dich

Der/die Freiwillige kann gerne etwas älter sein. Er/sie sollte eine gefestigte Persönlichkeit haben, optimistisch, flexibel, sehr geduldig und offen im Umgang mit den Kindern sein. Toleranz, ein respektvoller Umgang und Anpassungsfähigkeit an die vor Ort gegebenen Methoden und Vorgänge sind nötig. Spanischkenntnisse erwünscht.

Anlaufstelle und Heim für Straßenkinder - Fundación Pro Niños de la Calle.
En: http://www.weltwaerts.de/de/ep-detail.html?id=200038 (adaptado), 23.06.2016

2. El conflicto Norte-Sur: México y los Estados Unidos

2.1 México – un país de muchas facetas

Acércate

 1. Mira esta postal atentamente. ¿Qué facetas del país promociona?
 M 5.2

 2. ¿Qué imagen quiere transmitir el país de sí mismo?

3. ¿Qué impresión del país te provoca?

Información general sobre México

Los Estados Unidos Mexicanos tienen como capital la Ciudad de México, Distrito Federal (D.F.).
Es una república representativa, democrática y
federal integrada por 31 estados federativos y el
5 Distrito Federal. [...]

Geografía y Clima

México limita al norte con los Estados Unidos de
América, al este con el Golfo de México y el Mar
Caribe, al sur con Belice y Guatemala y al oeste
10 con el Océano Pacífico. El territorio mexicano es
de aproximadamente 2 millones de km². [....]
El relieve se caracteriza por ser muy accidentado
y alojar múltiples volcanes. El territorio es recorri-
do por las sierras Madre Oriental y Madre Occi-
15 dental, que son una prolongación de las Montañas
Rocosas. [...]

México es un país con una gran diversidad climática. La situación geográfica del país lo ubica en dos áreas bien diferenciadas, separadas por el
trópico de Cáncer. Este paralelo separa al país en una zona tropical y una
20 templada. Sin embargo, el relieve y la presencia de los océanos influyen
mucho en la configuración del mapa de los climas en el país. De esta forma, en México es posible encontrar climas fríos de alta montaña a unos
cuántos centenares de kilómetros de los climas más calurosos de la llanura
costera.

Población

25 La población de México, según un censo de 2008, es de 109.955.400,
siendo el undécimo país con la mayor población del mundo. El 50% de la
población es menor de los 25 años. En general, la población es considerada urbana, con mayor concentración en la Ciudad de México, Guada-
30 lajara, Monterrey, Puebla y Toluca. Dentro de su territorio, la población
es indígena (12%), mestiza (60-80%), y europea (7-10%). [...] La religión
principal es católica con un 87% de la población.

Idioma

El 97% de los ciudadanos mexicanos hablan el español y México cuenta
35 con numerosas lenguas indígenas, reconocidas oficialmente como nacionales por el Estado mexicano.

federal Bundes-...
el relieve Erdoberfläche
accidentado/a uneben
recorrido/a durchzogen - **la sierra**
Gebirgszug - **oriental** östlich - **occidental** westlich - **la prolongación**
Verlängerung - **ubicar** ansiedeln,
platzieren - **el trópico de Cáncer**
nördlicher/südlicher Wendekreis
templado/a gemäßigt - **la configuración** Gestaltung - **la alta montaña** Hochgebirge - **el centenar**
Hundert - **caluroso/a** → *el calor*
la llanura costera Küstenflachland
el censo Volkszählung

el/la mestizo/a Mestiz(e)/in
(Nachkomme eines spanischen und
eines indianischen Elternteils)

Economía

México tiene una economía de libre mercado orientada a las exportaciones. Es la segunda más grande de América Latina, y es la tercera economía
40 en tamaño de toda América después de la de los Estados Unidos y Brasil.
Siendo una economía orientada a las exportaciones, más del 90% del comercio mexicano se encuentra regulado en tratados de libre comercio (TLC) con más de 40 países [...]. El TLC más influyente es el *Tratado de Libre Comercio de América del Norte* (NAFTA), firmado en 1992 por los
45 gobiernos de Estados Unidos, Canadá y México, el cual entraría en vigor en 1994. En 2006, el comercio de México con sus socios norteamericanos representaba cerca del 90% de sus exportaciones y el 55% de sus importaciones.

Información General sobre México. En: http://www.oas.org/electoralmissions/MisionesElectorales/
M%C3%A9xico2009/FichaT%C3%A9cnica/Informaci%C3%B3nGeneralsobreM%C3%A9xico/tabid/840/
language/en-US/Default.aspx, 05.07.2009

en tamaño bezogen auf die Größe

el tratado de libre comercio
Freihandelsabkommen

entrar en vigor rechtskräftig werden - **el/la socio/a** *hier:* Handelspartner/in

Comprensión

Opción A

Contesta las siguientes preguntas 80500-04 .
M 4.

Opción B

Prepara un mapa mental con la información más importante sobre México y preséntasela a un/a compañero/a de clase. M 4.

2.2 Las relaciones económicas entre México y los Estados Unidos

Acércate

En 1994 se firmó un importante contrato internacional : el así llamado TLCAN. ¿Cuál es el objetivo de este contrato según la imagen que ves aquí? M 5.2

¿Qué es el "Tratado de Libre Comercio de América del Norte"?

El *Tratado de Libre Comercio de América del Norte* o TLCAN es un acuerdo comercial celebrado entre los tres países de América del Norte: Canadá, Estados Unidos de América y México. También se le conoce como NAFTA, siglas en inglés de "North American Free Trade Agreement." Fue fir-
5 mado en noviembre de 1993 y entró en vigor el 1° de enero de 1994.
El TLCAN tiene como propósito:
1) Favorecer la apertura comercial de América del Norte a través de la eliminación sistemática de la mayoría de las barreras arancelarias y no arancelarias del comercio y la inversión entre Canadá, Estados Unidos y
10 México.

el propósito Ziel
favorecer begünstigen
la eliminación Beseitigung
la barrera Barriere, Schranke
arancelario/a Zoll-... - **la inversión** Investition

2) Promover condiciones de competencia leal en la zona de libre comercio.

3) Proteger los derechos de propiedad intelectual en los tres países miembros.

4) Establecer procedimientos eficaces para la aplicación y [el] cumplimiento del Tratado y para la solución de controversias.

5) Promover la cooperación trilateral, regional y multilateral encaminada a ampliar y mejorar los beneficios del Tratado.

6) Eliminar obstáculos al comercio.

7) Facilitar la circulación transfronteriza de bienes y servicios entre los territorios de los tres países firmantes.

8) Aumentar las oportunidades de inversión en los tres países miembros.

El TLCAN establece entre los territorios de los tres países una "zona de libre comercio", porque las reglas disponen cómo y cuándo se eliminarán las barreras arancelarias para conseguir la libre circulación de los productos y servicios entre las tres naciones [...].

¿Qué es el "Tratado de Libre Comercio de América del Norte"? En: http://www.tlcan.com.mx/-QUE-ES-, 24.06.2016

promover fördern - **la competencia leal** fairer Wettbewerb - **proteger** (be)schützen - **el derecho de propiedad intelectual** Urheberrecht - **establecer** festlegen - **el procedimiento** Vorgehensweise la aplicación Anwendung, Umsetzung - **el cumplimiento** Erfüllung, Einhaltung - **la controversia** *hier:* Handelsstreit - **encaminado/a** *hier:* auf den Weg gebracht - **ampliar** erweitern - **eliminar** abschaffen **el obstáculo** Hindernis - **la circulación transfronteriza** grenzüberschreitender Warenverkehr - **los bienes** Güter - **aumentar** vergrößern - **el miembro** Mitglied **disponer** anordnen

Comprensión

A continuación se exponen los objetivos del TLCAN resumidos. Relaciónalos con las frases del texto. A veces hay varias respuestas posibles. M 4.

Objetivos del TLCAN	Frase del texto
a) facilitar el comercio entre Canadá, México y Estados Unidos	
b) eliminar los aranceles	
c) facilitar y mejorar la competencia comercial	
d) mejor cooperación	
e) facilitar en las fronteras la circulación de los bienes	
f) más inversiones	
g) procedimientos claros	
h) protección de los derechos de propiedad intelectual	

Trabajo con el texto

1. Elabora una gráfica que represente la información básica del TLCAN.

2. De deberes en la clase de Ciencias Sociales, tenéis que informaros sobre el TLCAN. Has encontrado el texto anterior. Le resumes en alemán a tu clase los aspectos más importantes del texto y preparas una pequeña presentación. M 3.

Más allá del texto

1. ¿Qué opinan muchos mexicanos 20 años después de la firma del TLCAN? Describe e interpreta la imagen. M 5.2

Con el TLCAN
20 años de PERDIDAS para México

2. Tu amigo mexicano te manda un mensaje y quiere que le expliques para su clase de Política cómo ven los alemanes los resultados del TLCAN 20 años después. Has encontrado el siguiente artículo en Internet y le comentas la información más importante y la opinión general sobre el éxito del TLCAN. ☐M ☐3.

Amigos ohne echte Freundschaft

Vor 20 Jahren haben sich die USA, Kanada und Mexiko zum Freihandelsabkommen NAFTA zusammengeschlossen. Die Zölle sind gefallen, der Handel boomt. Doch Personenfreizügigkeit gibt es weiter nicht. Heute gibt es einen Gipfel in Mexiko-Stadt.

5 Zwanzig Jahre Nordamerikanische Freihandelszone – in den Fabriken in der mexikanischen Grenzregion zu den USA lassen sich die Auswirkungen am ehesten besichtigen. Hier wird vor allem für den Markt im Norden produziert:
10 Elektronik und viele Autos.

Die Löhne sind in Mexiko deutlich niedriger als in den USA oder Kanada. Deshalb sind inzwischen alle großen Autokonzerne in Mexiko und haben das Land zum fünftgrößten Autoexpor-
15 teur der Welt gemacht – ohne eine eigene große Marke zu haben.

Der mexikanische Politikwissenschafter Gustavo Vega sieht die positiven Effekte für sein Land: Die NAFTA habe Rahmenbedingungen
20 für eine effizientere Produktion geschaffen und auch zu mehr Stabilität beigetragen. Die anfängliche Dynamik habe aber etwas nachgelassen – vor allem wegen Grenz- und Sicherheitsproblemen. "Deshalb müssen wir mit den USA und Kanada
25 über eine klare Agenda verhandeln", meint er.

Keine Projekte nach dem Zollabbau
Tatsächlich tritt die NAFTA nach zwanzig Jahren auf der Stelle. Die Zölle sind weg, der Handel hat sich dadurch verdreifacht – aber was kommt
30 nun? Bei ihrem Gipfel in Mexiko heute wollen US-Präsident Barack Obama, sein mexikanischer Amtskollege Enrique Peña Nieto und Kanadas Premierminister Harper der gemeinsamen

Zone neuen Schwung verleihen. Es geht um die
35 Zusammenarbeit in der Energiewirtschaft oder der Bildung, um Erleichterungen für den Internethandel und um das große Thema Sicherheit. Denn auch der transnationale Drogenschmuggel ist ein lukratives Geschäft – wenn auch [ein] il-
40 legales und blutiges.
Die Grenze zwischen Tijuana und San Diego, zwischen Mexiko und den USA: Der Wind pfeift in der staubigen Gegend. Hier wird das Dilemma im Verhältnis zwischen beiden Ländern sicht-
45 bar. Die USA haben hier in den vergangenen Jahren Zäune und Mauern ausgebaut oder neu errichtet. An der riesigen Grenzübergangsstelle San Isidro werden zwar die Laster abgefertigt - aber viele Mexikaner sollen draußen bleiben und
50 die Drogenschmuggler sowieso. Aber irgendwie schaffen sie ihre Ware doch rüber, in gegrabenen Tunneln oder präparierten Autos.

Die Mexikaner wollen in den USA arbeiten
Noch augenfälliger sind aber die vielen Arbeits-
55 migranten, die am Zaun auf ihre Chance warten. Von Personenfreizügigkeit wie in Europa können die Mexikaner oder Mittelamerikaner hier nur träumen. Der 17-jährige Maicol will deshalb illegal über die Grenze. "Mein Traum ist, in den
60 USA zu arbeiten wie ein Tier, da Geld zu machen und dann zurückzukehren", sagt er. "Vielleicht bleibe ich auch dort hängen. Man muss es auf jeden Fall versuchen."

Doch in den USA wollen viele die Grenze noch
65 dichter machen. Trend der letzten Jahre: Immer
mehr Lateinamerikaner ohne Papiere werden abgeschoben. Alleine elf Millionen Mexikaner der
ersten Generation leben in den USA – rund die
Hälfte von ihnen illegal. Obama würde für sie
70 gern mit einer Migrationsreform Erleichterungen schaffen – im US-Kongress trifft er jedoch
auf harten Widerstand.

Vor zwanzig Jahren wagten die Staaten Nord-
amerikas ihre Grenzen für den Handel praktisch
75 komplett zu öffnen, mit vielen Vorteilen. Den
Menschen diese Freiheit zu gewähren, wäre ebenfalls ein Wagnis. Aber die NAFTA ist davon weit
entfernt.

Martin Polansky: Amigos ohne echte Freundschaft. En: http://www.tagesschau.de/wirtschaft/nafta102.html, 19.02.2014

3. Preparad una discusión acerca del TLCAN: ¿Se puede decir que el TLCAN es en
general positivo o negativo? [M 1.2]

a) Preparad una tabla con las consecuencias positivas y negativas del TLCAN.

b) Formad grupos de tres: sois tres representantes

A un/a campesino/a mexicano/a (en contra del TLCAN)

B un/a político/a mexicano/a (a favor)

C un/a estudiante alemán/a de intercambio (indeciso)

c) Preparad vuestros argumentos y preguntas y ¡a discutir!

2.3 Las maquiladoras

Acércate

1. Describe detalladamente la foto que muestra el
trabajo en una maquiladora. [M 5.2.1]

Palabras útiles	
die Halle	la nave
nähen	coser
die Nähmaschine	la máquina de coser
der Stoff	la tela
das Kabel	el cable

2. Lee además la información acerca de las maquiladoras del recuadro de al lado y explica con tus
propias palabras lo que es una maquiladora en la
que trabajan estas personas.

3. Describe las condiciones de trabajo bajo las que trabaja la gente y explica por qué son problemáticas.

Trabajar en la maquiladora

Maquilapolis es un documental filmado en 2006 que
muestra el trabajo en las maquilas y la vida de las
mujeres de las maquiladoras.

Información adicional

*La mayoría de estas fábricas están situadas en ciudades mexicanas
de la frontera con Estados Unidos, principalmente Tijuana,
Mexicali, Ciudad Juárez, Reynosa y Heroica Nogales. Estas compañías deben trabajar bajo el programa de maquila, requiriendo
que todos los productos vuelvan a su país de origen. El capital de
las maquiladoras suele ser íntegramente extranjero. Generalmente
las propietarias son compañías estadounidenses, aún cuando
existen importantes empresas japonesas y coreanas [...].*

*Maquiladora. En: https://es.wikipedia.org/wiki/Maquiladora,
24.06.2016*

Comprensión

Vas a ver un pequeño fragmento del documental 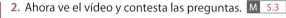 80500-01.

1. Antes de ver el vídeo lee las preguntas del ejercicio Opción A o Opción B.

2. Ahora ve el vídeo y contesta las preguntas. M 5.3

Opción A

Elige las respuestas correctas 80500-04. A veces puede haber varias respuestas correctas.

Opción B

a) ¿Qué información puedes sacar sobre la vida de Carmen?

b) ¿Qué has aprendido acerca de las maquiladoras?

c) ¿Qué dice Carmen de las condiciones de trabajo en las maquilas?

d) ¿Cómo vive Lourdes?

e) ¿Por qué llevan batas de diferentes colores?

f) ¿Por qué las maquilas prefieren contratar a mujeres (jóvenes)?

g) ¿Qué critica Lupita Castaneda?

3. Formad grupos de tres y comparad las respuestas.

Más allá del texto

Opción A
Preparad un cartel que informe sobre las maquiladoras y critique el trato de las trabajadoras.

Opción B
Escribid un texto informativo acerca de las maquiladoras con la información de la imagen y del vídeo. M 2.2.2 c

Corazón

Escuchad el testimonio de Corazón, una mujer que trabaja en las maquiladoras de México.

Trabajo con el texto

Opción A
Escuchad el testimonio y preparad una ficha personal sobre Corazón en la que apuntáis toda la información sobre su vida, su trabajo y su experiencia en las maquilas. M 5.1.1

Opción B

1. Escuchad el testimonio y apuntad los temas que menciona Corazón. M 5.1.1

2. Luego preparad preguntas para hacerle una entrevista a Corazón sobre su vida y las maquilas.

3. Realizad la entrevista en parejas. M 1.2

Más allá del texto

Ahora vais a trabajar en grupos de tres personas y llevar a cabo una discusión sobre los aspectos positivos y negativos de las maquiladoras. Repartid los siguientes roles: M 1.2

A Eres un/a joven mexicano/a (Esmeralda/Gilberto) que trabaja en las maquiladoras de Matamoros. Es un trabajo duro pero para ti es la única posibilidad de tener trabajo. Puedes hablar sobre tus condiciones de trabajo (salario, horas de trabajo, ...) y tu situación personal (familia, educación, perspectivas de futuro, ...).

B Eres un/a representante de la marca NIKE (Jim/Jane Stuart) de los Estados Unidos que fabrica sus productos en las maquiladoras de Matamoros. Vendes la ropa deportiva de las maquiladoras en tiendas de todo el mundo. Puedes hablar sobre tus intereses y las razones de por qué la fabricas en las maquiladoras de Matamoros.

C Eres el/la alcalde/sa de la ciudad de Matamoros (Francisco/a Suárez) y piensas que las Maquiladoras de Matamoros son muy buenas para la ciudad por los puestos de trabajo que generan y los impuestos que pagan.

Tareas finales

→ más tareas 80500-07

→ las tareas finales en versión detallada: 80500-08

1) Jóvenes: su realidad diaria y sus perspectivas para el futuro

Proyecto: ¡A jugar!

Vais a repartir los temas de este capítulo en clase y a hacer un juego de cartas. Al final, se reparte la clase en dos grupos y os hacéis preguntas. ¿Quién sabe más?

2) La España histórica y moderna

Proyecto: Una galería de ideas

La tarea final que tendréis que llevar a cabo es realizar una "galería de ideas" sobre las cinco etapas del capítulo.

Formad cinco grupos; cada grupo elegirá una de las etapas: *La II República, La Guerra Civil, El franquismo, La Transición democrática y La España actual*. Primero elaborad un cartel que muestre lo más importante sobre vuestro tema. Después formad nuevos grupos: un miembro de cada uno de los grupos anteriores, el "experto", se une con los respectivos "expertos" de los otros grupos para exponer el cartel respectivo unos cinco minutos.

3) España entre regionalismo y unidad nacional

Proyecto: Debate en una mesa redonda

Ahora vais a discutir en forma de una mesa redonda las ventajas y las desventajas de vivir en un estado plurilingüe.

4) Enfoque a Andalucía

Proyecto: Un viaje a Andalucía

Después de haber conocido tantos aspectos de Andalucía queréis descubrir esta Comunidad Autónoma más de cerca. Organizad en grupos un viaje para el curso y presentad vuestras propuestas en clase. Pensad en: ¿Cómo llegar y viajar?, ¿adónde ir y dónde quedar?, ¿qué hacer y por qué?, ¿cuándo ir y cuánto tiempo os queréis quedar?, etc. Haced un mapa de viaje bien detallado que apoye vuestra presentación.

5) El camino histórico y sociocultural de Latinoamérica

1. Del mundo prehispánico a la cibercultura

Proyecto: Un debate televisivo

Realizad un debate sobre la pregunta si se debe festejar o no el 12 de octubre como día del primer contacto de España con América. Formad grupos de 4 personas y repartid los siguientes roles:

a) el/la moderador/a

b) un/a político/a español/a

c) un/a representante indígena

d) un/a reporter/a mestizo/a

Buscad argumentos según vuestro rol utilizando vuestros conocimientos de todo el capítulo. Discutid la pregunta si se debería festejar el 12 de octubre y cómo. Justificad vuestra opinión.

2. ¡Vamos al Caribe! – Cuba, una isla ambigua

Proyecto: Redactar un folleto para una guía de viajes

Como has visto Cuba tiene también otra cara aparte ser un paraíso turístico. Elabora un folleto sobre Cuba con lo que cada turista debería saber. Busca en la red fotos llamativas.

3. La vida en Argentina: de la dictadura a la memoria histórica

Recuperaron al nieto de Estela de Carlotto

En agosto de 2014 se recuperó el 114º nieto robado. El músico se llama Ignacio Horbán (Guido) y es el nieto de Estela de Carlotto, la líder de las Abuelas de Plaza de Mayo, quien le buscó desde aquel entonces.

Proyecto: Una conferencia de prensa

Trabajo en grupos de 3: Preparad la 1ª conferencia de prensa del nieto recién encontrado y de su abuela para los periódicos extranjeros. Como no conocen bien la historia argentina hacen muchas preguntas.

4. ¡Descubre Chile!

Proyecto: Elaborar un podcast

Graba un podcast para el *Día de la Diversidad* en el que haces una presentación sobre Chile. Tu objetivo es emitir un reportaje informativo e interesante llamando la atención del público. Presenta como mínimo tres categorías de "diversidad" en el contexto chileno teniendo en cuenta un mensaje central (por ejemplo "Diversidad es riqueza").

6) La diversidad cultural de Latinoamérica

Proyecto: Un programa de música

En grupos de 3 personas, sois presentadores del programa de televisión y presentáis a un grupo de música latino y un videoclip de este grupo que más os guste.

7) Movimientos migratorios en el mundo hispánico

Proyecto: Hacer una presentación PowerPoint

Mirad primero el programa de vídeo *Migración Por un Mundo Más Justo* `80500-01` y elaborad después una presentación PowerPoint sobre los aspectos de la inmigración en España.

8) Desafíos sociales y económicos de Latinoamérica

1. La pobreza en Latinoamérica

Proyecto: ¿Cómo erradicar la pobreza?

Haced una búsqueda por internet en diferentes grupos.

Un grupo:	Varios grupos:
Investigad los resultados de la *Declaración del Milenio* de las Naciones Unidas acerca del objetivo de desarollo del milenio N°1: *Erradicar la pobreza extrema y el hambre* y presentadlos en clase.	1. Investigad otras ideas para erradicar la pobreza, escoged una de esas ideas que os parezca interesante y presentadla en clase. 2. Investigad un proyecto de ayuda directa y presentadlo en clase.

Después de las presentaciones discutid en clase si es posible erradicar la pobreza y qué se debería hacer para lograrlo.

2. El conflicto Norte-Sur: México y los Estados Unidos

Proyecto: Una exposición de carteles

Queréis organizar una presentación de la situación de las trabajadoras en la maquiladora para informar a los alumnos y profesores de vuestro instituto. Formad grupos y preparad carteles con diferentes temas, por ejemplo:

a) ¿Qué es el TLCAN?
b) Consecuencias positivas y negativas del TLCAN
c) ¿Qué es una maquiladora?
d) Las condiciones de trabajo en las maquiladoras
e) Fotos y testimonios de las trabajadoras de la maquiladora
f) Una llamada a la conciencia del consumidor

Utilizad muchas fotos, esquemas, dibujos y sólo palabras claves (con traducción al alemán) para que también los alumnos y los profesores que no hablen español lo puedan comprender.

Métodos

1. Sprechen

1.1. eine Präsentation halten

Vor meiner Präsentation vergewissere ich mich, dass ich:
- ✓ das Ziel meiner Präsentation (informieren, Ergebnisse vorstellen, argumentieren etc.) klar vor Augen habe.
- ✓ mein Thema analysiere und entsprechende Informationen heraussuche.
- ✓ diese nach Wichtigkeit ordne.
- ✓ mir Stichpunkte (Schlagwörter, Zitate etc.) auf Zetteln / Karteikarten mache, die ich während meiner Präsentation nutze.
- ✓ meine Präsentation durch visuelle Hilfen (Plakate, Bilder etc.) unterstütze und, falls möglich, auditive Elemente (Lieder, Tonaufnahmen etc.) integriere.
- ✓ meinen Vortrag langsam und mit lauter Stimme übe.

> **Tipp:**
> Wie viel Zeit plane ich für die Vorbereitung ein?
> Welches ist die wichtigste Information?
> Was ist für die anderen interessant?
> Kann ich mit einem Zitat / Witz / einer Anekdote anfangen und so Interesse wecken?
> Kann ich Theoretisches anhand eines Beispiels veranschaulichen?

> **Tipp:**
> Nutze möglichst bekanntes Vokabular. Notiere unbekannte Wörter mit deutschen Entsprechungen entweder auf dem Handout oder an der Tafel.

> **Tipp:**
> Überprüfe ggf. ob die für dich notwendige Technik am Tag zur Verfügung steht und funktioniert.

Während meiner Präsentation achte ich darauf,
- ✓ das Publikum anzuschauen sowie langsam und deutlich zu sprechen.
- ✓ mich möglichst kurz zu fassen.
- ✓ mein Thema zu nennen und eine kurze Inhaltsübersicht zu geben.
- ✓ die Hauptinformation(en) am Ende noch einmal zusammenzufassen.
- ✓ am Ende eine Fragen- und Feedbackrunde zu eröffnen.

Palabras útiles

Hoy voy a hablar sobre / Hoy os presento / El tema de mi presentación es …
Primero, …
Después, … hablo sobre / presento / os doy información sobre
Luego …
Concluyendo …
En conclusión …

1.2. einen Dialog / eine Diskussion führen

Bevor der Dialog / die Diskussion geführt wird, mache ich mir ein paar Dinge klar. Ich weiß,
- ✓ ob es sich um einen Dialog (eher frei und spontan) oder um ein Rollenspiel (mit festen Rollen und festem Ziel) handelt.
- ✓ ob es bei der Diskussion darum geht, sich gegenseitig zu überzeugen, einen Kompromiss zu finden, ein Problem zu lösen, das Publikum zu informieren oder sich gegenseitig über Haltungen auszutauschen.

Zum Gelingen einer Diskussion tragen folgende Aspekte bei:

a) Ziehe gute Argumente mit plausiblen Gründen und konkreten Beispielen heran.
b) Gehe respektvoll mit den anderen Teilnehmern um.
c) Erkenne an, wenn die anderen Argumente besser sind.

Beim Halten des Dialoges / der Diskussion
ist mir bewusst, dass
✓ ich mich je nach Situation entsprechend
  ausdrücke (formell – informell).
✓ es Strategien gibt, um ein Gespräch aufrechtzuerhalten.

Solche Strategien sind:

a) Ergreife das Wort oder gib es weiter.
b) Fasse das Gesagte noch einmal zusammen.
c) Bitte um Erklärungen, wenn etwas missverständlich ausgedrückt wurde.
d) Bitte um Hilfe bzw. signalisiere, wenn dir gerade die entsprechenden Wörter nicht einfallen.

Palabras útiles

Me gustaría empezar diciendo que ...
Vamos a empezar con …
Por un lado … por otro lado …
Desde mi punto de vista / yo pienso que ... / creo que ...
Es evidente / obvio que + ind.
Estoy convencido/a de que …

Tienes razón ...
Exactamente, así es. No obstante ...
Sí, es verdad, pero también hay que decir que ...
Estoy de acuerdo contigo, pero no debemos olvidar que ...
No es verdad. / No es cierto. / No tienes razón.
Yo no pienso así.
Yo no creo que + subj.
Yo no pienso que + subj.

Lo siento. No te entiendo.
Perdona, ¿puedes repetirlo otra vez?
¿Puedes hablar más alto / despacio, por favor?
¿A qué te refieres?
¿Qué quieres decir con …?
A ver si lo entiendo bien: …

¿Qué piensas tú?

Para terminar quiero decir que ...
No hay otra solución que ...
Dejémoslo así.
No vamos a llegar a un acuerdo.

2. Schreiben

2.1. comprensión

Vor dem Schreiben eines *resumen* ist es wichtig, dass ich
- ✓ die Textsorte beachte.
- ✓ den Text erst global (s. globales Lesen), dann detailliert (s. detailliertes Lesen) lese.
- ✓ mir Schlagwörter markiere.

Während des Verfassens achte ich darauf,
- ✓ im Einleitungssatz Titel, Autor, Quelle, Erscheinungsdatum und das Thema zu nennen.
- ✓ in der 3. Person Präsens zu schreiben oder das *se impersonal* zu verwenden.
- ✓ einen neutralen, distanzierten Stil zu verwenden.
- ✓ aus eigenen Wörtern einen kurzen Text zu verfassen (ca. 1/3 des ursprünglichen Textes).

> **Hinweis:**
> Je nach Textsorte lassen sich folgende Fragen beantworten:
> **narrativer Text:**
> Wer? Was? Wann? Wo? Wie? Warum?
> **informativer Text:**
> Was ist das Thema dieses Textes? Welches ist die Hauptinformation? Wie lauten die Argumente? Was ist ggf. die Schlussfolgerung?

> **Tipp:**
> Formuliere pro Absatz einen Titel, so dass im *resumen* möglichst ein Satz für einen Absatz steht.

Palabras útiles

El artículo / el fragmento de … / La carta con el título … escrito/a por …, publicado/a en … el … (fecha) / en … (año), trata de / habla de …

Primero …
Al principio …
En primer lugar …
El primer / segundo / tercer párrafo …
La primera / segunda / tercera parte …

Después …
Luego …
A continuación …
Además …

Finalmente …
Al final …
Para terminar …
Por último …

2.2 análisis

2.2.1 explizit

Beim Verfassen achte ich auf den Aufbau meiner Analyse, so dass ich
- ✓ in der Einleitung das Thema nenne.
- ✓ im Folgenden eine Arbeitshypothese aufstelle.
- ✓ diese belege, indem ich den zu untersuchenden Aspekt beschreibe und interpretiere.
- ✓ abschließend das Wichtigste zusammenfasse.

a) narrative Texte

Für die Analyse literarischer Texte sind folgende Schritte hilfreich. Nach mehrmaligem Durchlesen des Textes (s. globales bzw. detailliertes Lesen)

✓ kann ich die Textsorte bestimmen.

Bedenke, dass bei der Analyse die folgenden Aspekte immer in ihrer Funktion zum Kontext und in Beziehung zum Leser betrachtet werden sollten, bei dem sie einen gewissen Effekt hervorrufen. Hierfür analysiere ich

✓ den Textaufbau (Kapitel, Einleitung etc.).

✓ die Erzählperspektive.

- personaler Ich-Erzähler (*el narrador personal en primera persona*): erzählt in der **1. Person**, ist einer der Charaktere und lässt den Leser an seiner Innensicht (Gedanken, Assoziationen, Wünsche etc.) teilhaben.

- neutraler Ich-Erzähler (*el narrador testigo en primera persona*): erzählt ebenfalls in der **1. Person** und beschreibt die Ereignisse aus einer externen Sicht, da er nicht zu den Charakteren gehört.

- allwissender Erzähler (*el narrador omnisciente en tercera persona*): schildert dem Leser die Handlungen in der **3. Person** und weiß alles über die Ereignisse und die Charaktere.

- personaler Er/Sie- Erzähler (*el narrador personal en tercera persona*): beschreibt in der **3. Person** die Taten aus der Sichtweise einer einzigen Figur, während der Leser ebenfalls an den Gefühlen dieser Person teilnimmt.

✓ die Stilmittel.

Recursos estilísticos

nombre	explicación	ejemplo
la aliteración	Gleichklang von Lauten	Una torrentera rojiza rasga la roca
la anáfora	Wiederholung des Anfangswortes / der Anfangswörter in aufeinanderfolgenden Sätzen / Satzteilen	Todas visten un vestido
la antítesis	Gegenüberstellung gegensätzlicher Begriffe und Gedanken	Es tan corto el amor y tan largo el olvido
el asíndeton	Aneinanderreihung von Wörtern ohne Konjunktionen	Rendí, rompí, derribé
la comparación	Vergleich einer Person oder eines Objektes (verbunden durch *como, parecido/a*)	como el pájaro duerme en las ramas
la elipsis	Auslassung von Satzteilen unter Beibehaltung der Hauptbegriffe	A enemigo que huye, puente de plata
la enumeración	Anhäufung von Wörtern	En polvo, en humo, en aire, en sombra, en nada.
la lítotes	doppelte Verneinung, die zu einer verstärkten Bejahung führt	Ni un seductor Mañara, Ni un Bradomín he sido
la metáfora	bildlicher Ausdruck	Cabellos de plata
la onomatopeya	Lautmalerei	El kikirikí del gallo me despertó
el oxímoron	Verbindung zweier widersprüchlicher Begriffe	La música callada, la soledad sonora
el paralelismo	Wiederholung derselben Satzstruktur	Tus descuidos me maltratan, Tus desdenes me fatigan Tus sinrazones me matan.
la personificación	Personifizierung von abstrakten Begriffen oder Tieren	El río Guadalquivir tiene las barbas de plata.

nombre	explicación	ejemplo
la pregunta retórica	an den Leser gerichtete Frage, deren Antwort bereits feststeht	Y si caigo, ¿qué es la vida?
la repetición	Wiederholung von Wörtern oder Sätzen	

Daran schließt sich die Analyse des Inhalts an. Bei der Präsentation der Charaktere und der Handlung denke ich daran, Thesen mit Zitaten aus dem Text zu belegen. Hierfür beschreibe und analysiere ich

✓ die Handlung anhand

- der Exposition: Entweder werden Charaktere, die Situation, Zeit und Raum vorgestellt oder es geht *in medias res*, indem der Text direkt mit der Handlung beginnt.
- der Entwicklung und des Konflikts: Die dargestellte Situation beginnt sich zu entwickeln oder befindet sich bereits auf dem Höhepunkt.

- des Ausgangs: Positives oder negatives Ende, bei dem der Konflikt gelöst wird, offenes Ende, bei dem der Konflikt nicht gelöst wird, oder unerwartetes Ende.

✓ die Charaktere nach ihren körperlichen, psychologischen und sozialen Merkmalen, die sie selbst und / oder andere erzählen, die durch ihr Verhalten deutlich werden und durch das, was zwischen den Zeilen steht.

✓ die Zeit: In welchem Zeitraum findet die Handlung statt? Gibt es Zeitsprünge, Vorschauen oder Rückblenden?

✓ den Raum: An welchen Orten findet die Handlung statt? Abschließend fasse ich die wichtigsten Erkenntnisse noch einmal zusammen.

Palabras útiles

El texto es un ejemplo de	un cuento una novela una fábula, una leyenda una comedia / tragedia un ensayo		
En la exposición	se presenta/n	a los personajes la situación el espacio el tiempo	
[En] El desarrollo y conflicto	comienza se encuentra	en medias res el argumento el clímax	
El desenlace / El punto decisivo	es	positivo/ negativo con final abierto	
El/la narrador/a	es	protagonista / testigo / omnisciente	ya que
El yo lírico	relata en primera / tercera persona adopta el punto de vista del protagonista utiliza el estilo indirecto para reproducir el pensamiento de describe a … como relata unos hechos / un acontecimiento		porque

El/ La protagonista	es	simple / complejo/a / dinámico/a / estático/a / cambiante / joven / ingenuo/a / listo/a	
	tiene	cualidades / características / rasgos / defectos físicos / morales como …	
	es una persona de carácter		fuerte – débil / alegre – triste / valiente – cobarde / violento, cruel / impaciente – paciente / serio, sereno / tolerante / egoísta / frío / bromista / noble / modesto / ambicioso / sin compasión / mentiroso
	evoluciona		
	cambia		

La acción	transcurre en	
	se sitúa en	
	tiene lugar en	

| El espacio / El tiempo en que se desarrolla el cuento es el siguiente | | |

Los hechos	se cuentan	cronológicamente / intercalando retrospectivas: flashbacks o flashforwards
	transcurren en	un solo lugar ⟷ en varios lugares
		un lugar determinado ⟷ indeterminado

| El tiempo abarca unos … días / meses / años | | |

| El/la autor/a utiliza este recurso estilístico | con el fin de | |
| | para expresar | |

Con este recurso estilístico se logra un efecto de …		
Este recurso estilístico	tiene la función de	
	crea un efecto irónico / de sorpresa	
	representa	
	sugiere	
	pone de relieve	

b) dramatische Texte

Vor der Analyse dramatischer Texte (Tragödie, Komödie, Drehbuch) mache dir die Merkmale dramatischer Text noch einmal klar:

✓ Bühnenanweisungen (*acotaciones*) geben für die jeweilige Szene Informationen darüber, wie sich der Autor die Szenerie (Licht, Geräusche etc.), Charaktere, Kleidung etc. vorgestellt hat.

✓ Ein Werk ist in Akte und Szenen unterteilt, welche wiederum mit Handlungs-, Zeit- und Ortswechseln zusammenfallen können.

✓ Ein klassisches Theaterstück ist in fünf Akte unterteilt. Dessen

- erster Akt stellt die Charaktere und die Handlung vor.
- zweiter Akt treibt die Handlung voran und beschreibt den Konflikt.
- dritter Akt beinhaltet den Wendepunkt, wo sich entscheidet, welche Richtung eingeschlagen wird.
- vierter Akt hält die Entscheidung zurück, um Spannung zu erzeugen.
- fünfter Akt präsentiert ein glückliches oder tragisches Ende.

Wichtig zu wissen ist, dass sich moderne Theaterstücke von diesem Modell unterscheiden und mit modernen

Konzepten spielen. Es gibt z.B. 3-Akter, Stücke mit einem offenen Ende etc.

Beim Verfassen der Analyse bedenke ich, dass die folgenden Aspekte immer in ihrer Funktion zum Kontext und in Beziehung zum Leser betrachtet werden sollen, bei dem sie einen gewissen Effekt hervorrufen. **Ich beginne meine Analyse**, indem ich

✓ nach mehrmaligem Durchlesen des Textes (s. globales bzw. detailliertes Lesen) das Genre bestimme.
✓ die Handlung des Theaterstückes zusammenfasse (s. *2.1 comprensión*).
✓ es in den historischen und sozialen Kontext einordne.

Im zweiten Schritt

✓ beschreibe und charakterisiere ich die Protagonisten anhand ihrer körperlichen, psychologischen und sozialen Merkmale. Hierunter fallen auch biographische Angaben, der familiäre Kontext, Vorlieben etc. Diese können durch ihr Verhalten deutlich werden, sie selbst und / oder andere können davon erzählen oder es kann zwischen den Zeilen stehen.

Drittens

✓ erkläre ich den Effekt, den das Werk bei den Zuschauern hervorrufen könnte.

Palabras útiles

La obra es	una tragedia		
	una comedia		
	una tragicomedia		

El drama / La tragedia	consta de	… actos	con acotaciones
La comedia / La tragicomedia	se divide en	… escenas	sin acotaciones
El entremés	suele constar de	un solo acto	

La obra	se caracteriza por tener	cinco actos
		un narrador que comenta los acontecimientos
		un final abierto
		saltos temporales (avances, retrospectivas, cambios frecuentes de lugar)

La obra	pretende	instruir / ilustrar / educar / divertir / alegrar al público / presentarle al espectador un espejo para que se mire a sí mismo …
	me ha hecho reflexionar sobre	
	me ha gustado porque	
	se puede recomendar ya que	

c) Charakterisierung

Die Charakterisierung einer Person umfasst nicht nur die Eigenschaften sondern auch die physische Beschreibung dieser Person. Um eine Person zu charakterisieren, arbeite ich aus dem Text(abschnitt), soweit vorhanden, folgende Aspekte in vorgegebener Reihenfolge heraus:

✓ Fakten und allgemeine Informationen (Name, Geschlecht, Alter, Beruf, Herkunft)

✓ Äußere Merkmale (Körperstatur, Kleidung)
✓ Verhalten (Mimik, Gestik, Sprache, soziale Beziehungen)
✓ Innere Merkmale (Gefühle, Emotionen, Gedanken)

Daraus leite ich die Charaktereigenschaften der Person ab und belege meine Thesen mit Zitaten.

Abschließend fasse ich das Wichtigste noch einmal zusammen.

Palabras útiles

El / La protagonista / persona	se llama tiene … años trabaja como … es de … es alto/a ⟷ bajo/a lleva ropa de tipo … habla de una manera … (no) tiene amigos / familiares …	
	es una persona de carácter	fuerte – débil / alegre – triste / valiente – cobarde / violento, cruel / impaciente – paciente / serio, sereno / tolerante / egoísta / frío / bromista / noble / modesto / ambicioso / sin compasión / mentiroso
	es	simple / complejo/a / dinámico/a / estático/a cambiante / joven / ingenuo/a / listo/a / hábil / inocente
	tiene	cualidades / características / rasgos / defectos físicos o morales como …
	evoluciona cambia	

d) Sachtexte (informative Texte / Kommentare / (politische) Reden / Interviews / Essays / Leserbriefe / Biographien / testimonios)

Bei der Analyse eines Sachtextes ist es wichtig, dass ich
✓ nach dem Lesen (s. globales bzw. detailliertes Lesen) die Textsorte mit der Intention des Autors bestimme:
- argumentative Texte, mit denen der Verfasser von einem Sachverhalt überzeugen will.
- deskriptive Texte, die informieren.
- explikative Texte, die über einen Sachverhalt aufklären.
- narrative Texte, die zur Unterhaltung des Lesers etwas erzählen, z.B. Reiseberichte.

✓ die Struktur des Textes untersuche (Gliederung in Abschnitte, (Unter)Überschriften, Bilder etc.).
✓ die Gliederung des Inhalts analysiere, indem ich das Thema und seine Teilaspekte herausarbeite.
✓ abschließend die Glaubwürdigkeit der Argumentation überprüfe und dazu Stellung beziehe sowie erkläre, ob der gewünschte Effekt erreicht wurde.

Palabras útiles

Se trata de El texto es	una noticia una carta al director una columna de opinión un reportaje un artículo periodístico una entrevista un comentario un discurso político	
El texto	consta de está dividido en	el título un encabezamiento

El texto	se compone de párrafos	
	viene acompañado de	fotos
		imágenes
		estadísticas

Al comienzo del texto aparece la tesis
El artículo presenta primero las causas y después las consecuencias

El/la autor/a	informa sobre	el tema
	explica	el caso
	aclara	el fenómeno
	ilustra	los resultados
	presenta	

El título	pretende	despertar el interés del lector
	busca	atraer al lector
		llamar la atención del autor

Los subtítulos	indican el comienzo de un nuevo aspecto
El encabezamiento	ayudan al lector a orientarse en el texto
Las citas intercaladas	refuerzan lo dicho
	justifican las explicaciones

La finalidad del texto es …
Los argumentos que utiliza el autor son los siguientes …

El/la autor/a	expone datos estadísticos y hechos
	pone ejemplos
	es objetivo / subjetivo
	basa su argumentación en …
	pronostica que …
	compara a … con …
	quiere llamar la atención del lector

El lenguaje se caracteriza por un estilo complicado – sencillo / objetivo / coloquial / claro / metafórico / poético

En algunas frases se nota la actitud del autor / de la autora, por ejemplo, utiliza palabras como …

En mi opinión el autor / la autora (no) logra convencerme	porque
Estoy	a favor del autor / de la autora	ya que
	en contra del autor / de la autora
Estoy de acuerdo con las ideas del autor / de la autora.	

e) Gedichte / Lieder

Für die Interpretation eines Gedichtes oder eines Liedes achte ich (nach dem ersten Eindruck) beim zweiten Hören bzw. Lesen
✓ auf die Struktur (Strophen-, Versanzahl).
✓ auf das Thema.
✓ auf die Erzählperspektive (Wer ist der Erzähler?).
✓ darauf, an wen sich das Gedicht / Lied richtet.
✓ auf die Intention.
✓ auf das Verhältnis von Titel und Inhalt.
✓ auf die Sprache (stilistische Mittel, Sprachniveau, Wortfelder).

Ein Gedicht / Lied lässt sich auch auf historischer Ebene betrachten. Dazu ziehe ich folgende Aspekte heran:

✓ die biographischen Daten des Autors (Lebensdaten, wichtige Ereignisse, politische Aktivitäten etc.).

✓ den historischen Hintergrund (wichtige Ereignisse).

✓ andere Werke des Autors (Zugehörigkeit des Werkes zu einem bestimmten Typ, Einflüsse anderer Autoren, Entwicklung des Gesamtwerkes).

Davon ausgehend ordne ich meine Ergebnisse, um eine Interpretation zu schreiben.

> **Hinweis:**
> Bedenke, dass die Aspekte immer in ihrer Funktion zum Kontext und in Beziehung zum Leser, bei dem sie einen gewissen Effekt hervorrufen, betrachtet werden sollen.

> **Hinweis:**
> In der abschließenden Zusammenfassung ziehe ich einen Rückschluss auf die Arbeitshypothese und fasse das Wichtigste noch einmal zusammen.

Palabras útiles

La canción La letra El poema	está titulada/o lleva el título
La música El poema	se publicó en … (año) es una obra de fue compuesto/a por
La canción es un ejemplo	de una canción folclórica / popular del flamenco / del rock / del pop / de la salsa / del merengue / de una balada / de una ranchera
El/la autor/a ha compuesto una canción / un poema	dedicada a …
El tema del poema / de la canción es … La letra trata de … La idea principal del poema / de la canción es …	
El yo lírico El/La cantante	se dirige a habla con quiere mostrar que + ind.
La música La letra es	refleja sentimientos tristes ⟷ alegres es un reflejo de la soledad / alegría ⟷ tristeza triste ⟷ alegre / graciosa / romántica
El/la autor/a	varía el ritmo utiliza un lenguaje melódico / monótono / rítmico / variado
El ritmo	está lleno de variaciones es muy regular ⟷ irregular oscila según cambia el contenido
El poema La canción La letra Cada estrofa	consta de … estrofas se compone de … estrofas y … estribillos se divide en … partes se puede dividir en … versos

Al principio / al final	trata de			
La primera estrofa				
En la segunda estrofa	(el yo lírico)	habla de / sobre		
En el tercer verso		expresa		
En el estribillo				

El yo lírico	empieza	introduciendo / presentando / hablando de
	sigue	describiendo / precisando
	termina	explicando / analizando / llamando la atención sobre

El/la autor/a	se sirve de	comparaciones	para	criticar
	utiliza	metáforas		insistir en
	emplea	repeticiones		subrayar
	usa	enumeraciones		ilustrar su tristeza /alegría
		una antítesis		acentuar sus ideas / sentimientos
		una paradoja		
		una anáfora		

En el verso …	habla de
	menciona

Hay una cita decisiva en la línea …
… (véase l. XY "cita").

2.2.2 implizit

a) innerer Monolog

Als inneren Monolog bezeichnet man die Wiedergabe von Gedanken einer Person. Dabei versetze ich mich in die Lage dieser Person und zeichne ihre Gedanken nach. Dazu
✓ verwende ich die 1. Person.
✓ drücke ich Assoziationen / Ideen frei aus.

Typisch sind außerdem Wiederholungen, Fragen, Pausen, Gefühlsäußerungen und Ausrufe. Besonders wichtig ist die Verknüpfung des Ausgangstextes mit neuen Elementen.

Hierbei sollte ich folgende Fragen beantworten:
✓ Gibt es sprachliche und inhaltliche Elemente, die aufgegriffen werden müssen?
✓ Sind Geschehnisse oder Textfiguren vorhanden, die als bekannt vorausgesetzt werden?
✓ Passt das Neue zum Ausgangstext?
✓ Verwende ich eine der Figur entsprechende Sprache und Redeweise?

Palabras útiles

¿Y si … ? ¿Qué hago si …?
Espero que + subj.
dice siempre que
suele decir que
normalmente

b) Brief, Leserbrief, Email

Wenn ich einen Brief / Leserbrief / eine Email schreibe, achte ich auf

✓ die übliche Briefstruktur:
- Datum
- Anrede
- Hauptteil
- Schlussformel / Gruß
- ggf. Unterschrift

✓ den Adressaten (nach diesem richtet sich mein Schreibstil: formell – informell / siezen – duzen).

✓ mein Ziel (z.B. informieren, sich vorstellen, Gefühle ausdrücken, überzeugen, um etwas bitten, protestieren, sich bewerben, berichten etc.).

Besonders wichtig ist außerdem die Verknüpfung neuer Elemente mit dem Ausgangstext. Hierbei achte ich darauf, dass

✓ sprachliche und inhaltliche Elemente aufgegriffen werden, welche besonders wichtig sind.

✓ Geschehnisse oder Textfiguren vorhanden sind, die als bekannt vorausgesetzt werden.

✓ das Neue zum Ausgangstext passt.

✓ ich eine der Figur entsprechende Sprache und Redeweise verwende.

Palabras útiles

carta / e-mail formal	carta/ e-mail informal
Estimados señores: Estimado/a señor/a García: Estimado/a Director/a:	Querido Pablo: Querida Ana: Hola, María / Raúl:
Me dirijo a usted(es) a fin de … Por la presente quisiera … Me permito escribirle(s) con motivo de … En respuesta / contestación a su anuncio publicado en … Me gustaría …	¿Qué tal? ¿Cómo estás? ¿Qué cuentas? Por aquí todo bien Te mando esta carta / este e-mail para
He leído con gran interés …	
En espera de recibir pronto noticias suyas Sin otro particular le(s) saluda	Esto es todo por ahora. Escríbeme pronto. No se te olvide contestarme.
Reciba(n) un cordial saludo, Le(s) saluda atentamente, Atentamente / Cordialmente,	Un saludo, / Saludos, … Un abrazo, / Abrazos, … Un beso, / Besos, …

c) Zeitungsartikel (Reportage, Nachricht über Ereignisse)

Vor dem Schreiben eines Artikels

✓ mache ich mir bewusst, um welche Art von Artikel es sich handelt (Stellungnahme, Bericht etc.) und was ich damit bewirken will.

✓ sammle ich Fakten und Argumente.

✓ erstelle ich eine Gliederung mit Einleitung (Präsentation des Themas und seiner Legitimation), Hauptteil (Darstellung der Argumente und Fakten) und Schlussteil (zusammenfassende Darstellung, Ausblick mit Perspektive).

✓ achte ich auf Stil und Layout, indem ich pro Abschnitt nur einen Aspekt erwähne, klar formuliere und Konnektoren verwende.

✓ halte ich mich an die Charakteristika des Zeitungsstils, indem ich Appositionen anfüge, das *gerundio*, das Partizip Perfekt und den Infinitiv zur Nebensatzverkürzung verwende sowie Quellen und Zahlen zitiere.

Palabras útiles

En este artículo se va a hablar de …

Se van a exponer las causas / los motivos por las/los que …

¿Por qué no …?

Es necesario / importante que + subj.

Se puede llegar a la conclusión de que …

En definitiva …

De todos modos …

En cualquier caso …

d) Dialog / Rollenspiel

Wesentlich für einen Dialog sind die Äußerungen zweier Personen und ggf. eines Erzählers. Diese Einschübe des Erzählers haben den Zweck, Handlungen, Gedanken und Gefühle der Figuren zu kommentieren und zu verdeutlichen. **Vor** dem Schreiben mache ich mir deutlich,

✓ worauf der Dialog hinauslaufen soll (z.B. Thematisierung eines Konfliktes).

✓ dass es eine Hinführung, einen Höhepunkt und eine Lösung geben soll.

Besonders wichtig ist die Verknüpfung des Ausgangstextes mit neuen Elementen. Hierbei sollte ich folgende Fragen beantworten:

✓ Gibt es sprachliche und inhaltliche Elemente, die aufgegriffen werden müssen?

✓ Sind Geschehnisse oder Textfiguren vorhanden, die als bekannt vorausgesetzt werden?

✓ Passt das Neue zum Ausgangstext?

✓ Verwende ich eine der Figur entsprechende Sprache und Redeweise?

e) Blogeintrag

Ein Blogeintrag ist ein im Internet öffentlich geführtes Tagebuch oder Journal oder eine thematisch häufig spezifizierte Homepage.

Bevor ich einen Blogeintrag verfasse, kläre ich folgende Inhalte:

✓ allgemeine Informationen über das Thema.

✓ persönliche Erfahrungen, welche die Glaubwürdigkeit des Inhalts unterstreichen.

✓ meine persönliche Meinung.

Auch wenn es keine festgesetzte Struktur gibt, besteht ein Blogeintrag aus folgenden Teilen:

✓ einem Titel, der aufmerksam machen und einen ersten Eindruck über den Inhalt geben soll.

✓ einer Einführung in den Sachverhalt

• Nennung des Grundes für den Blogeintrag wie ein konkretes Ereignis, Erlebnis, einen bestimmten Sachverhalt etc.

• grundlegende Orientierung des Lesers (spezifischere Angaben worum es genau geht)

• erste Bewertung

✓ der Entfaltung des Inhalts mit weiteren Sachinformationen, eigenen Erfahrungen / Meinungen bzw. einer Stellungnahme

✓ dem Fazit, in dem noch einmal das Ganze zusammengefasst und / oder an die Leser appelliert wird.

Palabras útiles

Quiero   informaros sobre …

Me gustaría

Quisiera

Para aquellos que no lo conozcáis, …

Una vez más …

Desde siempre …

La semana pasada / El otro día …

Esta semana he leído / he visto …

Siempre he pensado que …

Veo / Vemos en peligro + sustantivo / inf.

Desde mi punto de vista …

En mi opinión …

A mi modo de ver …

Me parece		
	absurdo	
	lógico / ilógico	
	plausible	
	vergonzoso	que + subj.
	intolerable	
	increíble	
	fantástico	

(No) Estoy de acuerdo con …

(No) Es correcto que …

No puedo creer que + subj.

No me puedo imaginar que + subj.

Estoy / Estamos dispuesto/a/os/as a …

Necesito / Necesitamos vuestro apoyo …

Es		
	necesario	
	imprescindible	que + subj.

Hay que + inf.

Puede ser útil + inf.

Es recomendable + inf.

Es recomendable que + subj.

Aconsejo que + subj.

Uno/a puede + inf.

2.3 comentario

In einem Kommentar wird Stellung zu einem Thema bezogen. Dazu werden Pro- und Kontra-Argumente aufgeführt.

> **Hinweis:**
> Achte darauf, ob der Kommentar nicht auch die Analyse umfasst, z.B. *Comenta la actitud del autor / de la autora.*

Vor dem Verfassen eines Kommentares
- ✓ kläre ich den Gegenstand des Kommentars.
- ✓ erstelle ich eine Pro- und Kontra-Liste mit Argumenten und führe – wo immer möglich – bereits Beispiele, Fakten, Zahlen an.
- ✓ gewichte ich jene anschließend, streiche ggf. unwichtige Aspekte, um eine Gliederung meines Kommentars zu erstellen.
- ✓ füge ich abschließend eine Zusammenfassung hinzu und beziehe Stellung zum Thema.

Beim Schreiben achte ich auf den Aufbau und
- ✓ nenne in der Einleitung das Thema.
- ✓ behandle pro Abschnitt ein neues Argument und untermauere es möglichst mit Beispielen.
- ✓ gebe im letzten Absatz eine Zusammenfassung mit eigener Meinung zum Thema.
- ✓ verwende zur Struktur Konnektoren.
- ✓ überarbeite, falls möglich, den Kommentar mit zeitlichem Abstand noch ein weiteres Mal.

Palabras útiles

El tema de este comentario es …

En este comentario se va a hablar sobre …

El/La … es un/a   concepto / idea / tema   muy discutido/a / controvertido/a/
                                                                en la sociedad contemporánea

En la actualidad hay una gran controversia en la sociedad en cuanto a …

Otro / Un argumento es …

Por un lado / Por otro lado …

Es verdad que / cierto que …

Sin embargo …

Por lo contrario …

En primer / segundo lugar …

A causa de …

A pesar de …

En consecuencia …

Ya que / puesto que …

Los argumentos a favor / en contra son poco/ bastante/ más   fuertes / plausibles / convincentes

Este argumento me parece   débil / concluyente / inaceptable / convincente / sólido

El siguiente ejemplo apoya …

Por nombrar un ejemplo …

Para ilustrar este argumento   se van a dar un / dos ejemplo(s).

Hay datos que apoyan este punto de vista, a saber, …

En mi opinión …

Desde mi punto de vista …

A mi modo de ver …

En definitiva / en conclusión / en resumen …

3. Sprachmittlung

Bei der Sprachmittlung geht es darum, die Informationen
eines Textes für eine bestimmte Situation – der Aufgabe
gemäß – in die jeweils andere Sprache (spanisch – deutsch;
deutsch – spanisch) zu übertragen.

Dabei

✓ achte ich auf das Ziel und die Situation der Sprachmittlung (Für wen mittle ich den Text? Welche / Wie viele
  Informationen sind zu übertragen?).

✓ leite ich bei einem spanischen Text Wörter mittels ver-
  schiedener Worterschließungsstrategien ab oder benutze
  ein Wörterbuch.

✓ vereinfache oder paraphrasiere ich, wo es sinnvoll ist, bei
  einem deutschen Text Begriffe, ohne den Sinn zu verän-
  dern.

> **Hinweis:**
> Sprachmittlung ist keine Übersetzung.

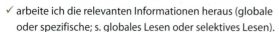

- ✓ arbeite ich die relevanten Informationen heraus (globale oder spezifische; s. globales Lesen oder selektives Lesen).
- ✓ gebe ich bei kulturspezifischen Ausdrücken oder Tatsachen zusätzliche Informationen, um diese verständlich zu machen.
- ✓ achte ich bei der Sprachmittlung selbst auf einen adäquaten Stil.
  - • Kontext: formell oder informell
  - • Anrede: siezen oder duzen
  - • Textart: Brief, Artikel, Bericht etc.
- ✓ verwende ich zur Klarstellung, dass es sich nicht um meine eigenen Ideen / meine eigene Meinung handelt, die dritte Person oder den unpersönlichen Ausdruck (*se habla de …*).
- ✓ nutze ich außerdem Kompensationsstrategien wie Mimik, Gestik, Beschreiben eines Wortes, Verneinen des Gegenteiles.

> **Hinweis:**
> Übertrage nur die Informationen, die dein Adressat gerade braucht.

4. Lesen

Allgemein

Es gibt verschiedene Strategien, die dabei helfen, einen Text zu verstehen. Diese sind:
- ✓ auf die Aufgabenstellung zu achten.
- ✓ ein Vorverständnis über den Inhalt anhand der Überschrift, anhand von Bildern etc. aufzubauen.
- ✓ Vorwissen über das Thema zu aktivieren.

Ziel des **globalen** Lesens ist es, die Hauptaussagen des Textes zu erfassen. Dazu
- ✓ lese ich die erste und die letzte Zeile jedes Abschnittes.
- ✓ markiere ich Schlüsselwörter / wichtige Ausdrücke.
- ✓ formuliere ich Sätze mit den Hauptaussagen (Wer? Was? Wann? Wo?).

Beim **selektiven** Lesen geht es darum, dem Text bestimmte Informationen zu entnehmen. Dabei
- ✓ markiere ich Schlüsselwörter, die in Beziehung zur geforderten Information stehen.
- ✓ verstehe ich diese Begriffe in ihren Details.

Beim **detaillierten** Lesen ist es wichtig, den Text in all seinen Einzelheiten zu verstehen. Dazu
- ✓ entnehme ich dem Text (wie beim globalen Lesen) alle wichtigen Hauptaussagen inklusive Wie? und Warum?

Worterschließungsstrategien

Es gibt Strategien, die mir dabei helfen, die Bedeutung von unbekanntem Vokabular zu erschließen. Dazu
- ✓ achte ich auf den Kontext wie Bilder, Struktur des Textes inklusive Überschrift.
- ✓ leite ich die Bedeutung des Wortes durch andere Fremdsprachen her, z.B. Englisch, Französisch, Italienisch oder Latein.
- ✓ überprüfe ich, ob ich Wörter aus derselben Wortfamilie kenne.
- ✓ achte ich auf mögliche Prä- und Suffixe, die beispielsweise Hinweise auf die Wortart (Substantiv, Verb, Adjektiv) geben.
  - • wichtige **Präfixe**:

Präfix	Bedeutung	Beispiel
ante-	vor, vorher	anteayer
auto-	selbst	la autoestima, la autobiografía
a- / anti-	Opposition	antidemocrático/a
bi-	zwei oder zweimal	bilingüe / el bilingüismo
co- /con-	Verbindung und Teilnahme	el/la coautor/a, el/la compatriota
e- / ex-	zur Bezeichnung des Ehemaligen	ex-amante
in- / im- / de- / des- / di-/ dis-	negativer, gegenteiliger Charakter	inútil la desigualdad
pre-	vor	prepolítico/a
sobre-	erhöht die Bedeutung eines Wortes	la sobreabundancia
sub-	unter, die Verkleinerung, die Verringerung	subacuático/a

- wichtige **Suffixe**:

Suffix	Bedeutung	Beispiel
-dad / -tad / -tud	feminine Substantive	la juventud
-ción / -sión	feminine Substantive	la atención
-ema	maskuline Substantive altgriechischen Ursprungs	el sistema
-able / -ible oder -ente / -ante	Adjektive	imaginable
-tor / -dor	Adjektive oder Substantive, die sich auf einen Beruf oder auf ein Merkmal abgeleitet von einer Aktivität beziehen	hablador/a
-ito / -illo	Diminutiv (Verkleinerung, Verniedlichung)	la bolsita
-azo / -ón	Vergrößerung	el hombre → el hombrón el cañonazo

Arbeit mit dem Wörterbuch

Bevor ich anfange, Wörter nachzuschlagen, mache ich mich mit dem Wörterbuch und dem Aufbau seiner Einträge vertraut, indem ich weiß, wo

✓ sich Auflistungen mit den verwendeten Symbolen und ihren Bedeutungen sowie die Abkürzungen befinden (entweder vorne oder hinten).

✓ Konjugationstabellen regelmäßiger und unregelmäßiger Verben aufgeführt sind.

✓ sich Hinweise zur Aussprache befinden.

Um mit dem **einsprachigen** Wörterbuch zurechtzukommen,

✓ kann ich aufgrund einer Wortfamilie eine Hypothese über die Bedeutung aufstellen und diese durch den Eintrag verifizieren.

✓ lese ich mir Verwendungsbeispiele durch.

✓ kläre ich, ob Synonyme oder Antonyme angegeben werden.

✓ kläre ich, ob das Wort mit einer bestimmten Präposition steht oder es sich um ein unregelmäßiges Verb handelt.

Bei einem **zweisprachigen** Wörterbuch

✓ überprüfe ich, ob die Bedeutung zum vorgegebenen Kontext passt.

✓ schlage ich das spanische Wort im spanisch-deutschen Teil nach und vergleiche die Bedeutung.

5. Hör-/ Seh-/ Hörsehverstehen

5.1. Hörverstehen

5.1.1 Allgemein

Es gibt verschiedene Strategien, die mir dabei helfen, einen Hörtext zu verstehen. Dazu

✓ achte ich auf die Aufgabenstellung.

✓ baue ich ein Vorverständnis über den Inhalt anhand der Überschrift, Bilder etc. auf.

✓ achte ich auf die Ton- und Sprechweise (häufiger Sprecherwechsel kann z.B. Zeichen eines Interviews sein).

Ziel des **globalen Hörverstehens** ist es, die Hauptaussage des Textes zu erfassen. Dazu

✓ Achte ich auf die Hauptaussagen des Textes: Wer? Was? Wann? Wo?

Beim **selektiven Hörverstehen** geht es darum, dem Hörtext bestimmte Einzelinformationen zu entnehmen. Hierfür

✓ untersuche ich den Hörtext gezielt nach den geforderten Informationen.

> **Hinweis:**
> Lege dir eine Tabelle an: *¿Quién? ¿Qué? ¿Cuándo? ¿Dónde? ¿Cómo? ¿Por qué?*

Beim **detaillierten Hörverstehen** ist es wichtig, alle Detailinformationen zu verstehen. Dabei

✓ entnehme ich dem Hörtext die Hauptaussagen (wie beim globalen Hörverstehen) inklusive Wie? und Warum?

Palabras útiles

Perdón, ¿podríamos escuchar el texto otra vez?

¿Puede parar la audición un minuto?

¿Qué significa …?

Es demasiado rápido para mí. / El/la locutor/a habla muy rápido / bajo.

El vocabulario es muy complicado.

Lo siento, pero no he entendido mucho.

Si he entendido bien, el/la locutor/a …

Se trata de una entrevista con … / un informe sobre … / una conversación con …

Habla(n) sobre …

El/la entrevistador/a / el/la entrevistado/a …

Primero, … / Después, … / Por último, …

5.1.2. Lieder

Lieder sind nur beim Hören schwieriger zu verstehen als gesprochene Texte.

Deshalb geht es zunächst um den ersten Höreindruck, für den ich

✓ mir Ausdrücke notiere, um davon ausgehend eine Arbeitshypothese über den Inhalt / die Nachricht / das Thema zu formulieren.

Für die Analyse siehe: *2.2.1 e Gedichte/Lieder*

5.2 Sehverstehen

5.2.1 Fotos

Die Bildanalyse gliedert sich in zwei Schritte. Für die Bildbeschreibung achte ich auf

✓ den Bildtyp.

✓ den Kontext des Bildes.

✓ die Elemente des Bildes (wie Position der Figuren, Farben etc.).

✓ den Bildaufbau.

Im anschließenden Analyseschritt arbeite ich heraus,

✓ was das Bild im Ganzen oder was bestimmte Elemente ausdrücken / symbolisieren.

✓ welcher Effekt vom Bildautor beabsichtigt ist und ob dieser beim Leser erreicht wird.

> **Hinweis:**
> Wenn es kein dominierendes Element gibt, beschreibe das Bild vom Vordergrund zum Hintergrund ausgehend.

Palabras útiles

el cuadro / la foto / el dibujo / la viñeta / el (autor)retrato

en primer plano	hay
en segundo plano	vemos
al fondo	se encuentra/n
en el centro	aparece/n
en medio	se puede/n distinguir

junto a
al lado de
delante de
enfrente de
detrás de
a la derecha / izquierda de

La persona	de la camisa blanca …
	que lleva … / va vestida con …
	que está rodeada de …
	que se encuentra en el centro del cuadro …
	parece ser / estar …

Los colores	son claros ⟷ oscuros / fríos ⟷ cálidos		
	le dan al cuadro	un aspecto	alegre / optimista
		un carácter	raro / triste / especial
	crean un ambiente		

| La obra es un ejemplo de | pintura figurativa ⟷ abstracta |

La foto / la imagen / el cuadro	es una escena típica /característica de
Esta foto	expresa /produce un efecto
	es una expresión viva de
	critica
	llama la atención sobre
	se refiere a
	se puede relacionar con
	indica

Con esta foto / imagen se quiere decir que …
El significado de esta escena es el siguiente …
El objetivo de la foto es …

En mi opinión	la foto significa …	
	el mensaje de la foto es …	
La imagen	me encanta / me gusta / no me gusta nada	porque / ya que

5.2.2 Karikatur / Plakat

Bei einer Karikatur / einem Plakat gebe ich zuerst folgende Hauptinformationen an und kläre,
✓ von wem sie / es ist.
✓ für welche Zielgruppe sie / es ist.
Danach beschreibe ich im Hinblick auf Aufbau, Anordnung, Schrift, Farben und Größe
✓ die jeweiligen Elemente.
✓ den Text.
✓ das Bild.

Abschließend analysiere und interpretiere ich die Nachricht und beantworte dabei folgende Fragen:
✓ Was ist das Ziel?
✓ Wie wird versucht, dieses zu erreichen? (Konnotationen, Assoziationen etc.)

Palabras útiles

el cartel / el bocadillo / la viñeta

| El cómic | consta de | ... viñeta/s a color |
| El cartel | está compuesto por | un eslogan / un lema / un logo |

El cartel	se encuentra	en la parte superior ⟷ inferior
	está colocado	al margen de
	aparece	encima de ⟷ debajo de
		al lado de
	informa sobre	el lugar / el tiempo / los personajes
	comenta	

| El texto de los bocadillos | contiene | palabras / frases / exclamaciones / interrogaciones | sueltas / cortas / incompletas ⟷ completas |
| | se encuentra | en el centro / a la izquierda ⟷ a la derecha / en la parte superior ⟷ inferior de ... | |

| El tipo de letra | se caracteriza por | su tamaño / el color / estar en mayúsculas ⟷ minúsculas |

El cómic	se dirige a	niños / jóvenes / al público en general ...	
El cartel	cuenta	un problema	
	critica	un hecho	
	explica	un acontecimiento	que ...
	pone de relieve	un episodio	
	tiene el objetivo de	entretener / divertir / denunciar / criticar / enseñar / reforzar / mostrar / presentar / subrayar / hacer reflexionar	
	exagera		
	se sirve de	personajes / situaciones	cómicos/as / actuales / ficcionales /
	crea	imágenes / textos	irreales ⟷ reales exagerados/as

5.2.3 Statistiken

Die Analyse einer Statistik gliedert sich in zwei Punkte: Um sie zu beschreiben,
- ✓ kläre ich, um welche Art von Statistik es sich handelt.
- ✓ nenne ich neben dem Thema noch das Datum der Veröffentlichung und die Quelle.
- ✓ beschreibe ich die Werte, die vorgestellt / verglichen werden.

Im zweiten Schritte analysiere ich sie, indem ich
- ✓ die Tendenzen interpretiere, die sich aus den Werten ergeben.
- ✓ kläre, wer dadurch betroffen sein könnte.
- ✓ kläre, welche möglichen Gründe es gibt.

Palabras útiles

La gráfica	es	circular
		de líneas
		de barras verticales ⟷ horizontales

| La estadística | se presenta en forma de | una tabla / un gráfico de barras / un gráfico de curvas / un diagrama circular |

La gráfica	muestra
El eje	presenta
La tabla	

En torno al	17% (por ciento)	(de los encuestados)	declara
Cerca del		(de la población)	afirma
		(de los españoles)	niega
			rechaza

Una parte considerable	aprueba
Un porcentaje elevado	se identifica con
La mayor parte	
Un cuarto / Un tercio / La mitad	
La gran mayoría ⟷ minoría	

| Se puede observar / ver | una subida / un aumento ⟷ un descenso / una caída del … % |

La curva	sube / aumenta (constantemente) hasta
	baja / desciende (lentamente)
	se mantiene

| Este descenso ⟷ aumento | se ha producido en … |
| | se puede observar sobre todo en … |

| Los datos | muestran / revelan / manifiestan | una tendencia favorable ⟷ negativa en cuanto a |

| Esto afecta | en menor ⟷ mayor medida a … |
| Esto se debe a … | |

Lo que más me sorprende / me llama la atención es …
Es interesante / sorprendente que + subj.
No sabía que + ind. / subj.
No puedo creer que + subj.
No me puedo imaginar que + subj.

5.3 Hörsehverstehen

Allgemein: Um einen Film / Videoclip zu analysieren, kläre ich als erstes,
✓ um welche Art von Film / Video es sich handelt.
✓ worum es thematisch geht.
Für die Analyse ist nicht nur das Gesagte, sondern auch das Gehörte (Geräusche, Musik etc.) besonders wichtig. Beide Aspekte helfen den Film / Videoclip besser zu verstehen. Bei dem zu analysierenden Aspekt konzentriere ich mich auf

✓ das, was gesagt wird.
✓ den Ton.
✓ die filmischen Mittel.
✓ die Kameraeinstellungen.
und notiere mir alles Relevante.

Hinweis:
Lege dir eine Liste an:

• Handlung	• Ton
• Zeit	• Licht
• Ort	• Kamera
• Personen	• Effekt

Für die Analyse formuliere ich
✓ eine Arbeitshypothese auf Basis meiner Notizen.
✓ so klar und verständlich, dass auch jemand, der den Film
   nicht gesehen hat, mir folgen kann.

Palabras útiles

el tráiler / el corto(metraje) / el vídeo / el documental / la película de acción / la película de terror / la película de ciencia ficción / la película de suspense / la película del oeste / el drama / la comedia (romántica) / la película de animación / la sitcom / el anuncio publicitario

El vídeo	trata de …
	narra la historia de …
	plantea el destino de …
El tema central del vídeo es …	
Los protagonistas son …	

La banda sonora La música	se usa para	identificar determinados espacios / definir los gustos musicales de un personaje / cargar una escena de emociones / aumentar ⟷ disminuir la tensión
	recoge los	mónologos ⟷ diálogos / los silencios de los personajes / los efectos sonoros

El/La director/a	se sirve de utiliza	flashbacks ⟷ flashforwards elipsis / fundidos a negro	para viajar al pasado para retornar al presente para omitir acciones o hechos para transmitir la sensación de transcurso de tiempo o espacio

El/La director/a	se sirve de acentúa	un gran plano general un plano general / medio / americano / corto / de detalle	para reforzar para subrayar para apoyar para mostrar

Vocabulario temático

1. Jóvenes: su realidad diaria y sus perspectivas para el futuro

el consumismo / el/la consumidor/a / consumista / consumir	Konsumverhalten / Konsument/in / konsumorientiert / konsumieren
la sociedad de consumo	Konsumgesellschaft
los ingresos	Einkünfte
los gastos / gastar dinero en algo	Ausgaben / Geld ausgeben für etw.
el ahorro / ahorrar	Ersparnisse / sparen
la deuda / endeudarse	Schulden / sich verschulden
la moda / estar de moda	Mode / in Mode sein
la marca	Marke
la droga / drogarse / consumir, tomar drogas	Droge / sich mit Drogen betäuben / Drogen konsumieren, nehmen
ir de, hacer, celebrar botellón	ein Trinkgelage veranstalten, machen, feiern
peligrar la salud física y mental	die körperliche, geistige Gesundheit gefährden
las personas mayores	ältere Personen
el/la adulto/a, el/la mayor de edad	Erwachsene/r, Volljährige/r
el/la joven, el/la menor de edad	Jugendliche/r, Minderjährige/r
la juventud, la adolescencia / el/la adolescente	Jugend / Heranwachsende/r
la rebelión / ser rebelde / rebelarse contra	Auflehnung / rebellisch sein / sich auflehnen gegen
el ídolo / servir de modelo	Vorbild, Idol / als Vorbild dienen
los valores / valioso/a / valorar	Werte / wertvoll / wertschätzen
el respeto / respetuoso/a / respetar	Respekt / respektvoll / respektieren
asumir la responsabilidad / ser responsable	Verantwortung übernehmen / verantwortungsvoll sein
el ocio	Freizeit
las actividades de tiempo libre	Freizeitaktivitäten
reunirse, quedar con sus amigos	sich mit Freunden treffen
ir de marcha, ir de fiesta, festejar	ausgehen, feiern gehen, feiern
el compromiso social, político / comprometerse en / estar comprometido/a	soziales, politisches Engagement / sich engagieren in / engagiert sein
la televisión / ver la tele(visión)	Fernsehen, Fernseher / fernsehen
el canal, la cadena	Kanal, Fernsehsender
la radio / la emisora de radio	Radio / Rundfunksender
el teléfono, el fijo, el móvil	Telefon, Festnetzanschluss, Handy
el programa televisivo, de radio	Fernseh-/Radioprogramm
en vivo, en directo	live
el especial informativo, el reportaje, la película, la telenovela, la publicidad, el documental, las noticias	Sondersendung, Reportage, Film, Soap, Werbung, Dokumentarfilm, Nachrichten
el/la locutor/a, el/la moderador/a	Sprecher/in, Moderator/in
el/la periodista, el/la reportero/a	Journalist/in, Reporter/in
la lectura / el/la lector/a / leer	Lektüre / Leser/in / lesen
el/la oyente / oír	(Zu)Hörer/in / hören
el/la espectador/a	Zuschauer/in
la prensa internacional, nacional, regional	international, nationale , regionale Presse
el periódico, el diario, la revista	Zeitung, Tageblatt, Zeitschrift
la publicación / el público / público/a / publicar	Veröffentlichung / Öffentlichkeit, Publikum / öffentlich / veröffentlichen
el titular / el título / el subtítulo	Schlagzeile / Titel / Untertitel
la tecnología, el desarrollo tecnológico, los avances tecnológicos	Technologie, technische Entwicklung, Fortschritt
los medios digitales, virtuales	digitale, virtuelle Medien
el internet / la dirección de internet	Internet / Internetadresse
la red / navegar por la red	Netz / durch das Netz surfen
el/la internauta	Internetnutzer/in
el enlace / enlazar	Link / verlinken
el foro, el blog / bloguear	Forum, Blog / bloggen
la página web	Webseite
el correo electrónico, el mensaje	E-Mail, Nachricht
el ordenador tablet, la tableta	Tablet-PC, Tablet
el lápiz de memoria, la memoria USB	USB-Stick
el buscador	Suchmaschine
hacer una consulta	das Internet konsultieren
la descarga / descargar / cargar	Download / herunterladen / hochladen
enviar, mandar, recibir un mensaje corto	eine Kurznachricht schreiben, schicken, erhalten

el chat / chatear	Chat / chatten
ser miembro de una red social	Mitglied eines sozialen Netzwerkes sein
el perfil / elaborar un perfil	Profil / ein Profil erstellen
el/la usuario/a / usar	Nutzer/in / nutzen
el whats app, el Facebook	WhatsApp, Facebook
colgar imágenes en la red	Fotos im Netz veröffentlichen, hochladen
fundar una familia	eine Familie gründen
la convivencia / convivir	Zusammenleben, zusammenleben
el hogar	Haushalt, Heim
el matrimonio, la boda	Eheschließung, -leute, Hochzeit
estar casado/a / casarse con	verheiratet sein / jmdn. heiraten
el marido, el/la esposo/a	Ehemann, Ehemann/-frau
la crisis matrimonial	Ehekrise
el divorcio / divorciado/a / divorciarse de	Scheidung / geschieden / sich scheiden lassen von
soltero/a	alleinstehend
la familia reconstituida	Patchwork-Familie
la madrastra, el padrastro, el/la hermanastro/a	Stiefmutter, Stiefvater, Stiefbruder, -schwester
criar solo/a a algn.	jmdn. allein erziehen
la disputa, la pelea / pelearse por	Streit / sich streiten um
entenderse, llevarse bien, mal con algn.	sich gut, schlecht mit jmdm. verstehen
el cuidado / cuidar a algn.	Fürsorge / für jmdn. sorgen
rebelarse, oponerse a algo	rebellieren, sich auflehnen gegen
la preocupación / preocupado/a / preocuparse por	Sorge / besorgt / sich sorgen um
estar harto/a de	es satt haben
tratar bien, mal, con cariño, con desprecio a algn.	jmdn. gut, schlecht, mit Liebe, mit Verachtung behandeln
enfadarse con algn.	auf jmdn. wütend sein
ofender a algn.	jmdn. beleidigen
abandonar el hogar, irse de casa	das Zuhause verlassen, von Zuhause weggehen
independizarse de / hacerse independiente	sich unabhängig machen von
vivir solo/a, con sus padres, con el/la novio/a, en un piso compartido	alleine, mit den Eltern, mit dem Freund, mit der Freundin, in einer WG leben
compartir piso	sich eine Wohnung teilen
pagar un alquiler	Miete zahlen
buscar, encontrar, perder un trabajo, un empleo	eine Arbeit suchen, finden, verlieren

el apoyo / apoyar a algn.	Unterstützung / jmdn. unterstützen
la lucha / luchar por	Kampf / kämpfen für
la igualdad de derechos / tener, reconocer derecho a	Rechtsgleichheit, ein Recht auf ... haben, anerkennen
la violencia doméstica / violento/a / violar a algn.	häusliche Gewalt / gewalttätig / jmdn. vergewaltigen
el maltrato / maltratar a algn.	Misshandlung / jmdn. misshandeln
la discriminación / discriminatorio/a / discriminar a algn. por algo	Diskriminierung / diskriminierend / jmdn. wegen etw. diskriminieren
la denuncia / denunciar a algn.	Anzeige / jmdn. anzeigen, verraten
aterrorizar a algn.	jmdn. terrorisieren
la víctima	Opfer
querer a, gustarle a algn.	jmdn. lieben, jmdm. gefallen
ligar, flirtear con alguien	mit jmdm. anbandeln, flirten
el amor / enamorado/a / amar a / enamorarse de algn.	Liebe / verliebt / jmdn. lieben / sich verlieben
ser un flechazo, enamorarse de algn. a primera vista	Liebe auf den ersten Blick sein
estar loco/a por algn.	verrückt nach jmdm. sein
tener una relación con algn.	eine Beziehung mit jmdm. haben
hacer el amor con algn.	mit jmdm. schlafen
el abrazo / abrazarse	Umarmung / umarmen
el beso / besar a algn.	Kuss / jmdn. küssen
la separación / separado/a / separarse de	Trennung / getrennt / sich trennen von
el rechazo / rechazar a algn.	Zurückweisung / jmdn. zurückweisen
vivir un mal de amores	unter Liebeskummer leiden
añorar a algn., echar de menos a algn.	jmdn. vermissen, sich nach jmdm. sehnen
confesar su infidelidad / ser infiel a algn.	seine Untreue beichten / jmdn. untreu sein
tener celos de / ser celoso/a de	auf jmdn. eifersüchtig sein
romper una relación	eine Beziehung beenden
los problemas políticos, económicos, sociales, financieros	politische, wirtschaftliche, soziale, finanzielle Probleme
la injusticia social	soziale Ungerechtigkeit
la crisis económica	Wirtschaftskrise
la precariedad / precario/a	Unsicherheit / unsicher
el paro, el desempleo / la tasa de desempleo / estar en paro, estar desempleado/a	Arbeitslosigkeit / Arbeitslosenquote / arbeitslos sein
el paro juvenil	Jugendarbeitslosigkeit
despedir a algn.	jmdn. entlassen

cobrar subsidio de desempleo, paro	Arbeitslosengeld beziehen
el/la mileurista	Person, die nur 1.000 € monatlich verdient
la Oficina de Empleo	Arbeitsamt
el seguro de desempleo	Arbeitslosenversicherung
la ocupación temporal	Zeitarbeit
recibir un salario, sueldo mínimo, bajo, alto	ein minimales, niedriges, hohes Gehalt erhalten
los recortes	Kürzungen
los jóvenes emprendedores / emprender, fundar su propia empresa	Jungunternehmer / seine eigene Firma gründen
el/la estudiante / estudiar, aprender	Student/in / studieren, lernen
empezar, terminar la carrera (universitaria)	die (Universitäts)Laufbahn beginnen, beenden
el/la becario/a / (ob)tener una beca	Stipendiat/in / ein Stipendium erhalten, haben
hacer una licenciatura, una diplomatura, un posgrado, un master, una especialización, un doctorado	einen akademischen Grad, ein Diplom, ein Aufbaustudium, einen Master, eine Spezialisierung, einen Doktor machen
entrar en la vida laboral	in das Arbeitsleben eintreten
el mercado de trabajo	Arbeitsmarkt
tener una formación profesional	Berufsausbildung
conseguir, ejercer un trabajo, un empleo	eine Arbeit bekommen, ausüben
aprender un oficio	ein Handwerk lernen
el empleo / el/la empleador/a, el/la empleado/a / ser empleado/a / emplear a algn.	Arbeit / Arbeitgeber/in / Arbeitnehmer/in / angestellt sein / jmdn. anstellen
la empresa / el/la empresario/a	Firma, Unternehmen / Unternehmer/in
el puesto de trabajo / la oferta de trabajo / el/la trabajador/a / trabajar	Arbeitsplatz / Jobangebot / Arbeiter/in / arbeiten
el contrato (fijo, temporal, indefinido, limitado) / contratar a algn.	(fester, temporärer, unbefristeter, befristeter) Vertrag / jmdn. einstellen
la remuneración / (no) remunerado/a / remunerar	Vergütung / (un)bezahlt / entlohnen
la solicitud de trabajo, empleo / el/la solicitante / solicitar un trabajo	Bewerbung / Bewerber/in / sich um eine Stelle bewerben
la carta de presentación	Bewerbungsschreiben
el currículum vitae	Lebenslauf
la entrevista de trabajo / hacer una entrevista	Bewerbungsgespräch / ein Bewerbungsgespräch führen
la sobrecualificación / estar sobrecualificado/a	Überqualifizierung / überqualifiziert sein
luchar, protestar por, contra	kämpfen, protestieren für, gegen

la manifestación / el/la manifestante / manifestarse por, contra	Demonstration / Demonstrant/in / demonstrieren für, gegen
participar en una huelga	an einem Streik teilnehmen
el voluntariado / el/la voluntario/a / voluntario/a	Freiwilliger (Sozialer) Dienst / Freiwillige/r / freiwillig
la organización no gubernamental (ONG), caritativa	Nichtregierungsorganisation, karitative Organisation
vivir experiencias	Erfahrungen sammeln
ampliar su horizonte	seinen Horizont erweitern

2. La España histórica y moderna

el levantamiento / levantarse contra	Aufstand / sich erheben gegen
el sistema representativo	parlamentarisches System
la administración (pública) / administrar	(öffentliche) Verwaltung / verwalten
la legislación	Gesetzgebung, Gesetze
el acontecimiento / acontecer	Ereignis / sich ereignen
el autogobierno / autogobernarse	Selbstverwaltung, Autonomie / sich selbst verwalten, autonom sein
conservador/a	konservativ
la proclamación / proclamar	Verkündigung / verkündigen
el cartel de propaganda electoral	Wahlplakat
la (extrema) derecha / ser de derechas	die (extremen) Rechten / rechts sein
la (extrema) izquierda / ser de izquierdas	die (extremen) Linken / links sein
las elecciones (generales)	(Parlaments)Wahlen
la votación / el/la votante / votar a favor de, contra	Wahl / Wähler/in / für, gegen etw. stimmen, wählen
el gobierno / gubernamental / gobernar	Regierung / Regierungs-... / regieren
el parlamento / parlamentario/a	Parlament / Parlaments-...
el bienio	Zeitraum von zwei Jahren
la Guerra Civil	Bürgerkrieg
los nacionales	*hier:* Anhänger der von Francisco Franco geführten Kriegsparteien
los republicanos	*hier:* Verteidiger der spanischen Republik
el bando	*hier:* Bürgerkriegspartei
el golpe de estado / el/la golpista	Putsch / Putschist/in
la dimisión / dimitir de	Rücktritt / zurücktreten von
el sindicato / el/la sindicalista / sindical	Gewerkschaft / Gewerkschafter/in / gewerkschaftlich
la milicia / el/la miliciano	Miliz / Milizionär/in
el franquismo / el/la franquista / franquista	Franquismus / Francoanhänger/in / Franco-...
la dictadura / el régimen dictatorial / el/la dictador/a	Diktatur / diktatorisches Regime / Diktator/in
la Falange Española	faschistische, totalitäre Staatspartei Spaniens von 1933 bis 1970

el Movimiento Nacional	1970 wurde die *Falange Española* in *Movimiento Nacional* umbenannt; bis zum Ende der Franco-Diktatur einzige zugelassene Partei in Spanien
el pilar	Stützpfeiler
el apoyo / apoyar a algn.	Unterstützung / jmdn. unterstützen
el/la preso/a	Häftling, Strafgefangene(r)
la Transición	Übergang (zur Demokratie)
la amnistía	Amnestie (Straferlass oder Strafmilderung)
la constitución / constitucional	Verfassung / Verfassungs-...
la autonomía / la comunidad autónoma	Autonomie / die 17 Regionen Spaniens, die im Rahmen der spanischen Verfassung durch Autonomiestatute mit bestimmten Kompetenzen in Gesetzgebung und Vollzug ausgestattet sind
la división de poderes	Gewaltenteilung
el referéndum	Volksabstimmung
la legislatura	Legislaturperiode
el PSOE	= *Partido Socialista Obrero Español*, mittelinks stehende Partei in Spanien
el PP	= *Partido Popular*, konservative liberale und christdemokratische Partei in Spanien
ETA	= *Euskadi Ta Askatasuna*, baskisch für „Baskenland und Freiheit", Widerstandsbewegung, die das Ziel eines von Spanien unabhängigen, sozialistisch geprägten baskischen Staates verfolgt, der die span. autonomen Regionen Baskenland und Navarra sowie das französische Baskenland umfassen soll
el tratado	Vertrag
el partido político	(politische) Partei
la oposición	Opposition

3. España entre regionalismo y unidad nacional

la ubicación / estar ubicado/a	Lage / sich befinden, an einer Stelle liegen
limitar con	grenzen an
el mapa político, geográfico	politische, geographische Karte
en el norte, sur, este, oeste	im Norden, Süden, Osten, Westen
el litoral / la zona litoral, la costa / la región costera	Küste(ngebiet) / Strand, Küste / Küstenregion
el río, el mar / marítimo/a	Fluss, Meer / maritim
la montaña, el monte, la cordillera, la sierra	Gebirge, Berg, Bergkette, Gebirgskette
el clima mediterráneo, continental, atlántico	mediterranes, kontinentales, atlantisches Klima
el estatuto de autonomía / autónomo/a	Autonomiestatut / selbständig, autonom
la Generalitat	autonome Regierung Kataloniens
la Xunta	galicisches Regierungsorgan

el gobierno / gubernamental / gobernar / autogobernarse	Regierung / Regierungs-... / regieren / sich selbst verwalten
el poder ejecutivo, legislativo, judicial	exekutive, legislative, judikative Gewalt
la ley / legislar	Gesetz / Gesetze erlassen
la democracia / democrático/a	Demokratie / demokratisch
la autodeterminación / autodeterminar	Selbstbestimmung / selbstbestimmen
la diversidad lingüística	sprachliche Vielfalt
el bilingüismo / bilingüe	Zweisprachigkeit / zweisprachig
el plurilingüismo / plurilingüe	Mehrsprachigkeit / mehrsprachig
la conservación / conservar la lengua	Bewahrung / die Sprache bewahren
la lengua (co)oficial	(ko)offizielle Sprache
fomentar el uso de las dos lenguas oficiales	den Gebrauch von zwei offiziellen Sprachen fördern
las lenguas regionales	Regionalsprachen
el catalán, el vasco (el euskera), el gallego	Katalanisch, Baskisch, Galizisch
ser castellanohablante, gallegohablante, catalanohablante, vascohablante	Spanisch, Galicisch, Katalanisch, Baskisch sprechen
impartir asignaturas en la lengua oficial, cooficial	Fächer in der (ko)offiziellen Sprache unterrichten
la lengua vehicular, de aprendizaje	Verkehrs-, Unterrichtssprache
la señalización viaria, comercial	Straßen-, Werbebeschilderung
reivindicar la autodeterminación, reclamar la independencia	Selbstbestimmung, Unabhängigkeit fordern
el/la independista, el/la nacionalista	Unabhängigkeitskämpfer/in, Nationalist/in
el terrorismo / el/la terrorista / terrorista / aterrorizar	Terrorismus / Terrorist/in / terroristisch / terrorisieren
cometer actos criminales	kriminelle Akte begehen
la represión / represivo/a / reprimir	Unterdrückung / unterdrückend / unterdrücken
la persecución / perseguir	Verfolgung / verfolgen
la prohibición / prohibido/a / prohibir	Verbot / verboten / verbieten
el/la patrón/patrona	Schutzheilige/r
la tumba	Grab
el apostól	Apostel
la peregrinación / el/la peregrino/a / peregrinar	Pilgerfahrt / Pilger/in / pilgern
el patrimonio cultural (de la humanidad)	(Welt)Kulturerbe

4. Enfoque a Andalucía

la tapa	Häppchen (kleine Gerichte, die in spanischen Bars zu Bier gereicht werden)
disfrutar de algo	etwas genießen
la taberna	Kneipe / Bar
la croqueta	Krokette
el jamón	Schinken
el queso	Käse

el pulpo	Tintenfisch
el tablao	Flamencobar
el traje de flamenco	Flamencokleid
el cante / el/la cantante / el/la cantaor/a / cantar	Gesang / Sänger / Flamenco-sänger/in / singen
el baile / el/la bailador/a / el/la bailaor/a / bailar	Tanz / Tänzer/in / Flamencotänzer/in / tanzen
el toque / tocar	Musikspiel / (ein Instrument) spielen
la castañuela	Kastagnette (Instrument)
el abanico	Fächer
la Semana Santa	Karwoche, Osterwoche
la Pascua	Ostern
santo/a	heilig
la cruz	Kreuz
solemne	festlich
la virgen	Jungfrau
la devoción	Verehrung
la conmemoración / conme-morar	Gedenken / gedenken
la procesión	Prozession
la herencia / el/la heredero/a / heredar	Erbe / Erbe, Erbin / erben
el/la árabe / árabe	Araber/in / arabisch
la conquista / el/la conquistador/a / conquistar	Eroberung / Eroberer/in / erobern
el califato	Kalifat
la mezquita	Moschee
expulsar de	vertreiben aus
el/la gitano/a / gitano/a	Sinti, Roma, Zigeuner / Zigeuner-…
el pueblo nómada	Nomadenvolk
la bandera	Flagge
el barrio	Stadtviertel
el racismo / el/la racista / racista	Rassismus / Rassist/in / rassistisch
despectivo/a	abfällig
la margen / marginado/a / marginar	Rand / ausgegrenzt / ausgrenzen
el prejuicio	Vorurteil
el toro, el torero, la plaza de toros	Stier, Stierkämpfer, Stierkampf-arena
el espectáculo de masas	Schauspiel für die Massen
la práctica / practicar	Ausübung, Methode / ausführen, ausüben
la muleta	rotes Tuch (im Stierkampf)
el estoque	Stoßdegen
la crueldad / cruel	Grausamkeit / grausam
la obra de teatro	Theaterstück
el/la protagonista	Darsteller/in
la escena, el acto	Szene, Akt
el/la criado/a	Diener/in
el turismo / el/la turista / turístico/a	Tourismus / Tourist/in / touristisch
el turismo de masas	Massentourismus
el avance, el aumento	Fortschritt, Anstieg

los medios de transporte	Verkehrsmittel
la atracción / atractivo/a / atraer	Attraktion / attraktiv / anziehen
la estancia	Aufenthalt
el descanso / descansar	Erholung / sich erholen
el medio ambiente / ambiental	Umwelt / Umwelt-…
el impacto en	(Aus)Wirkung auf
el impacto ambiental	Umweltbelastung
los problemas ecológicos	Umweltprobleme
la contaminación / contaminado/a / contaminar	Verschmutzung / verschmutzt / verschmutzen
la desaparición de especies	Artenschwund
la erosión de los suelos	Erosion, Abtragung von Boden
la desertificación	Wüstenbildung
los incendios forestales	Waldbrände
los residuos	Abfall
la protección / protegido/a / proteger	Schutz / geschützt / schützen
el campo de golf	Golfplatz
el turismo sostenible	nachhaltiger Tourismus
el ecoturismo	Ökotourismus
la conservación / conservar	Erhalt / erhalten
desperdiciar, ahorrar energía y agua	Strom und Wasser verschwenden, sparen
la huerta	Gemüsegarten
la verdura, la hortaliza	Gemüse
la temporada	Saison
la actitud consumista	Konsumverhalten
el cultivo / el/la agricultor/a / cultivar	Anbau / Bauer/Bäuerin, Landwirt/in / anbauen
el invernadero	Gewächshaus
cubrir	bedecken
la superficie	Fläche
la extensión / extensivo/a / extenderse por, hasta	Ausdehnung / ausgedehnt / sich ausdehnen über, bis
la agricultura intensiva	intensive Landwirtschaft
los cultivos de regadío	Bewässerungskultur
la sobreexplotación / sobre-(e)xplotar	Raubbau / Raubbau treiben mit
afectar	betreffen, schädigen
los plaguicidas químicos	Pflanzenschutzmittel
generar	erzeugen
la cosecha / cosechar, recolectar, recoger	Ernte / ernten
la protección / protegido/a / protegerse de, contra	Schutz / geschützt / sich schützen vor
la chabola	Baracke, Slumhütte
la competencia / competitivo/a / competir con algn. por algo	Wettbewerb / konkurrierend / mit jmdm. um etw. konkurrieren
los costos, los costes de pro-ducción	Produktionskosten
el beneficio, la ganancia / ganar	Gewinn / verdienen

5. El camino histórico y sociocultural de Latinoamérica

1. Del mundo prehispánico a la cibercultura

pueblos precolombinos (incas, mayas, aztecas), originarios, autóctonos	präkolumbische (Inkas, Mayas, Azteken), Urvölker, einheimische Völker
el/la indio/a / indio/a	Indio (süd- oder mittelamerikanischer Indianer) / Indio-…
el/la indígena / indígena	Eingeborene/r / eingeboren, einheimisch
la civilización	Zivilisation, Kultur
la jerarquía / jerárquico/a	Hierarchie / hierarchisch
el imperio	Reich
la creencia, la fe / creyente / creer en	Glaube / gläubig / glauben an
el templo	Tempel
desaparecer	verschwinden
(des)conocido/a / (des)conocer	(un)bekannt / (nicht) kennen
sagrado/a	heilig
el oro	Gold
el descubrimiento / descubrir	Entdeckung / entdecken
tomar posesión	etw. in Besitz nehmen
bautizar	taufen
la misión / misionar	Mission / missionieren, bekehren
la victoria / victorioso/a / vencer a algn.	Sieg / siegreich / jmdn. besiegen
el arma	Waffe
el/la esclavo/a	Sklave, Sklavin
la traición / el/la traidor/a / traicionar	Verrat / Verräter/in / verraten
la interpretación / el/la intérprete / interpretar	Auslegung, Dolmetschen / Übersetzer/in / übersetzen
la colaboración / el/la colaborador/a / colaborar con	Zusammenarbeit / Mitarbeiter/in / zusammenarbeiten mit
menospreciar / apreciar / despreciar a algn.	verachten / wertschätzen / jmdn. geringschätzen
la masacre	Massaker, Gemetzel
el combate / combatir por, con, contra	Kampf / kämpfen für, mit, gegen
la guerra / el/la guerrero/a / declarar la guerra a algn.	Krieg / Krieger/in / jmdm. den Krieg erklären
la encomienda / el encomendero	Encomienda-System (Anvertrauung von Landgütern an Lehensherren, welche für den Schutz und die Missionierung der dort lebenden Einwohner zu sorgen hatten; die Einwohner dort konnten zur Arbeit gezwungen werden, mussten dafür aber entlohnt werden) / Lehensherr
forzar, obligar a algn.	jmdn. zwingen
someter a algn.	jmdn. unterwerfen
la crueldad / cruel	Grausamkeit / grausam
la barbaridad / bárbaro/a	Barbarei, Grausamkeit / grausam
la colonización / el/la colonizador/a / colonizar	Besiedelung / Siedler/in / besiedeln
la explotación / ser explotado/a / explotar	Ausbeutung / ausgebeutet werden / ausbeuten
el genocidio	Völkermord
el enfrentamiento / enfrentarse con	Auseinandersetzung / sich auseinandersetzen mit
la enfermedad / enfermo/a / ponerse enfermo/a	Krankheit / krank / krank werden
la celebración / celebrar	Feier / feiern
la recuperación / recuperar	Wiedererlangung / wiedererlangen
la fundación / fundar	Gründung / gründen
el bicentenario	Zweihundertjahrfeier
la libertad / libre / liberar de	Freiheit / frei / befreien von
la independencia, ser (in)dependiente, independizarse de	Unabhängigkeit / (un)abhängig sein / sich befreien von
el mestizaje / el/la mestizo/a (una persona con raíces indígenas y españolas)	Rassenmischung / Mestize/ Mestizin
el criollo	Kreole, Nachkomme von Europäern
el (vir)rey / real / reinar	(Vize)König / königlich / herrschen
la propiedad / el/la propietario/a / propio/a / expropiar	Eigentum / Eigentümer / eigen / jmdn. enteignen
la minoría	Minderheit
los antepasados	Vorfahren
la mina / el/la minero/a	Mine / Minenarbeiter/in
la plantación / plantar	Anbau / anpflanzen
la hacienda, el latifundio	(große) Farm
sufrir, padecer	leiden
la población / poblado/a / poblar	Bevölkerung / bewohnt / besiedeln, bevölkern
el reconocimiento / reconocer	Anerkennung / anerkennen
la lluvia / llover	Regen / regnen
los recursos (naturales)	die (natürlichen) Ressourcen
la escasez (de) / escaso/a	Mangel (an) / spärlich, gering, knapp
la abundancia / abundante / abundar en	Überfluss / reichlich / reich an etw. sein
esencial, vital	lebenswichtig
el tanque	Tank(wagen)
la privatización / privado/a / privatizar	Privatisierung / privat / privatisieren
el pozo	Brunnen
el servicio de abastecimiento de agua / abastecer a algn. con, de algo	Wasserversorgung / jmdn. mit etw. versorgen

2. ¡Vamos al Caribe! – Cuba, una isla ambigua

el Caribe	Karibik
el ron	Rum
la palmera	Palme
la arena	Sand
bailar salsa	Salsa tanzen
el tabaco / la fábrica de tabaco	Tabak / Tabakfabrik

el socialismo / el/la socialista / social	Sozialismus / Sozialist/in / gesellschaftlich, sozial
el capitalismo / capitalístico/a	Kapitalismus / kapitalistisch
la revolución / el/ la revolucionario/a / revolucionario/a	Revolution / Revolutionär/in / revolutionär
la reforma / reformar	Reform / reformieren
el fracaso / fracasar	Niederlage, Scheitern / scheitern
la colectivización	Kollektivierung (Überführung privater Produktionsmittel in Gemeinwirtschaften)
la expropiación / expropiar	Enteignung / enteignen
establecer relaciones (diplomáticas, políticas, comerciales)	(diplomatische, politische, wirtschaftliche) Beziehungen aufbauen
el embargo, el boicoteo	Embargo, Boykott
el mercado negro	Schwarzmarkt
la economía dirigida	Planwirtschaft
el sistema de ración de alimentos	*hier:* System der Lebensmittelmarken für Nahrung
el progreso / progresista / progresar en	Fortschritt / fortschrittlich / Fortschritte machen bei
recibir la visa, el visado	ein Visum erhalten
el exilio / el/la exiliado/a / ir al exilio	Exil / Exilant/in / ins Exil gehen
la censura (de prensa) / censurado/a / censurar	(Presse)Zensur / zensiert / zensieren

3. La vida en Argentina: de la dictadura a la memoria histórica

la Junta (militar) (arg.), el régimen militar	Militärregierung
el ejército / pertenecer al ejército	Heer / dem Heer angehören
dar, cumplir órdenes	Befehle geben, ausführen
la obediencia / obediente / obedecer a	Gehorsam / gehorsam / gehorchen
establecer un sistema de terror	eine Terrorherrschaft errichten
suspender los derechos básicos	die Grundrechte aufheben
el triunfo / triunfador/a / triunfar de, sobre	Triumph / siegreich / triumphieren über
el comando / el/la comandante / comandar	Kommando / Befehlshaber, Kommandant / kommandieren
el militar	Soldat
el/la militante	Vorkämpfer/in, Aktivist/in
el/la sospechoso/a / sospechoso/a / sospechar de	Verdächtige/r / verdächtig / verdächtigen
la prisión / el prisionero	Gefängnis / Gefangener
cometer un crimen	Verbrechen begehen
la violación de los derechos humanos / violar	Verletzung der Menschenrechte / verletzen
la detención / detener a algn.	Verhaftung, Festnahme / jmdn. verhaften
el secuestro / el/la secuestrado/a / el/la secuestrador/a / secuestrar	Entführung / Entführte/r / Entführer/in / entführen
la cárcel / encarcelar a algn.	Gefängnis / jmdn. einsperren
el interrogatorio / interrogar a algn.	Verhör, Vernehmung / jmdn. verhören

la tortura / torturar a algn.	Folter / jmdn. foltern
el robo de bebés / robar	Kindesraub (systematische Praxis während der argent. Diktatur) / rauben
el fusilamiento / fusilar a algn.	Erschießung / jmdn. erschießen
el asesinato / el/la asesino/a / asesinar a algn.	Mord / Mörder/in / jmdn. ermorden
el campo de concentración	Konzentrationslager
acusar de	anklagen wegen
el juicio / el/la juez/a / juzgar a algn.	Urteil / Richter/in / jmdn. verurteilen
la condena / condenado/a / condenar a	Strafe / verurteilt / verurteilen zu
la asociación, la organización (p.ej. las madres/abuelas de Plaza de Mayo)	Vereinigung
la identificación / identificar a algn.	Identifizierung / jmdn. identifizieren
el delito contra la humanidad	Verbrechen gegen die Menschlichkeit

4. ¡Descubre Chile!

la capital / capital	Hauptstadt, Haupt-...
el rascacielos	Wolkenkratzer
el PIB (Producto Interior Bruto)	BIP (Bruttoinlandsprodukt)
la infraestructura	Infrastruktur
la clase baja, media, alta	Unter-, Mittel-, Oberschicht
la distribución de riqueza	Wohlstandsverteilung
la etnia / étnico/a	Ethnie / ethnisch
el origen / original / originar en	Ursprung / ursprünglich, originell, eigenartig / entspringen
el/la mapuche / mapuche	indigene Bevölkerunggruppe in Chile / Mapuche-...
la tribu	Stamm
el orgullo / orgulloso/a de	Stolz / stolz auf
perseguir penalmente	strafrechtlich verfolgen
quedar impune	ungesühnt, ungestraft bleiben
la superación jurídica	juristische Aufarbeitung
la inmunidad parlamentaria	parlamentarische Immunität
la entrega / entregar a algn.	*hier:* Auslieferung / jmdn. ausliefern

6. La diversidad cultural de Latinoamérica

el arte, las artes / el/la artista / artístico/a	Kunst / Künstler/in / künstlerisch
la pintura / el/la pintor/a / pintar	Malerei / Maler/in / malen
la foto(grafía) / el/la fotógrafo/a / fotografiar	Foto(grafie) / Fotograf/in / fotografieren
el cuadro	Gemälde, Bild
el retrato / retratar a algn.	Porträt / jmdn. porträtieren
la exposición / exponer	Ausstellung / ausstellen
la composición / el/la compositor/a / componer	Komposition / Komponist/in / komponieren

la gira / estar de gira	Tournee / auf Tournee sein
la fusión / fusionar	Fusion / verschmelzen
el instrumento / instrumental	Instrument / instrumental
el sonido / sonoro/a / sonar a algo	Klang / klangvoll / wie etwas klingen
el ritmo / rítmico/a	Rhythmus, / rhythmisch
la banda	*hier:* Band
el género	Genre
el folclore / folclórico/a	*hier:* Folklore(musik) / folkloristisch
el oficio religioso	Gottesdienst
la celebración / celebrar	*hier:* Feier / feiern
el festejo / festivo/a / festejar	Fest / festlich / feiern
el rito, el ritual	Ritus, Ritual
la misa	Messe
el altar	Altar
la tradición / tradicional	Tradition / traditionell
la costumbre / acostumbrarse a	Sitte, Gebrauch / sich gewöhnen an

7. Movimientos migratorios en el mundo hispánico

la inmigración / el/la inmigrante / inmigrar en	Einwanderung / Einwanderer/in / einwandern
la emigración / el/la emigrante / la ruta de emigración / emigrar a	Auswanderung / Auswanderer/in / Migrationsroute / auswandern nach
el extranjero / el/la extranjero/a	Ausland / Ausländer/in
ser originario/a de, proveniente de	stammen aus
abandonar su país	sein Land verlassen
escapar, huir de algo	fliehen vor etw.
tener el sueño de una vida mejor	den Traum von einem besseren Leben haben
el flujo migratorio, el movimiento migratorio	Migrationsstrom, Migrationsbewegung
el país de origen, de procedencia	Herkunftsland
el país de destino, de acogida, receptor	Zielland
acoger, recibir a algn.	jmdn. aufnehmen, empfangen
los países desarrollados	entwickelte Länder
los países en vías de desarrollo	Entwicklungsländer
la Unión Europea (UE)	Europäische Union (EU)
la hipocresía / ser hipócrito/a	Heuchelei / heuchlerisch sein
el subsidio / subsidiar, dar subvenciones	finanzielle Unterstützung, Subvention / unterstützen, subventionieren
exportar a precio muy barato	zu einem sehr niedrigen Preis exportieren
el aumento / aumentar	Zunahme / zunehmen
la disminución / disminuir, bajar	Abnahme / abnehmen
la edad media	Durchschnittsalter
la tasa de natalidad	Geburtenrate
los países subsaharianos	Länder südlich der Sahara
Marruecos / el/la marroquí / marroquí	Marokko / Marokkaner/in / marokkanisch

Argelia / el/la argelino/a / argelino/a	Algerien / Algerier/in / algerisch
los enclaves españoles (Ceuta y Melilla)	spanische Enklaven (Ceuta und Melilla)
la frontera / cruzar la frontera (ilegalmente)	Grenze / (illegal) die Grenze überqueren
la valla fronteriza	Grenzzaun
el asalto a / asaltar algo, a algn.	Überfall, Sturmangriff auf / etwas, jmdn. überfallen
el traficante	Schleuser, Menschenhändler
el Estrecho de Gibraltar	Meerenge von Gibraltar
la patera, el cayuco	kleines Boot
ahogarse	ertrinken, ersticken
tener éxito	Erfolg haben
el/la indocumentado/a, el/la sin papeles / quedarse sin papeles, ser ilegal en España	Illegale/r ohne Papiere / ohne Papiere, illegal in Spanien sein
legalizar su estancia	seinen Aufenthalt legalisieren
desenvolverse en un país desconocido	in einem unbekannten Land zurechtkommen
el contrato de trabajo / contratar a algn.	Arbeitsvertrag / jmdn. einstellen
ser una mano de obra barata	eine billige Arbeitskraft sein
la cualificación / cualificado/a	Qualifikation / qualifiziert
ser interceptado/a, detenido/a por las fuerzas de seguridad, la policía	von Sicherheitskräften, der Polizei aufgehalten, festgenommen werden
escondido/a / esconderse (de la policía)	versteckt / sich (vor der Polizei) verstecken
ser enviado/a a un CIE (Centro de Internamiento de Extranjeros)	in ein Abschiebelager geschickt werden
la expulsión / ser expulsado	Abschiebung, Ausweisung / abgeschoben, ausgewiesen werden
las autoridades	Behörden
la ley de extranjería	Ausländergesetz
la (doble) ciudadanía, nacionalidad	(doppelte) Staatsbürgerschaft
nacionalizarse	die … Staatsbürgerschaft erhalten
obtener un permiso de residencia / de trabajo	eine Aufenthaltsgenehmigung / Arbeitserlaubnis erhalten
el documento nacional de identidad (DNI)	Personalausweis
el derecho de asilo / solicitar asilo	Asylrecht / Asyl beantragen
el refugio / el/la refugiado/a / refugiarse de … en …	Zuflucht / Flüchtling / fliehen vor … in …
el retorno, la vuelta / retornar, volver a, de	Rückkehr / zurückkehren nach, aus
la repatriación	Rückführung
la integración / estar bien integrado/a / integrarse / fomentar la integración	Integration / gut integriert sein / sich integrieren / die Integration fördern
la convivencia en una sociedad multicultural	Zusammenleben in einer multikulturellen Gesellschaft
la diversidad	Vielfalt

la interculturalidad / intercultural	Interkulturalität / interkulturell
el examen de españolidad	span. Einbürgerungstest
el prejuicio, el estereotipo / prejuzgar a algn.	Vorurteil, Stereotyp / jmdn. vorverurteilen
el tópico, el cliché	Klischee
quitarle el trabajo a algn.	jmdm. die Arbeit wegnehmen
el abuso / abusar de	Ausnutzung / ausnutzen
el sistema de sanidad	Gesundheitswesen
la renta mínima de inserción (RMI)	Sozialhilfe
pagar impuestos	Steuern zahlen
la xenofobia	Fremdenfeindlichkeit
el crecimiento económico	Wirtschaftswachstum
la falta de perspectivas	Perspektivlosigkeit
la fuga de cerebros	*wörtl.:* Flucht der Hirne, *hier:* Abwanderung junger Menschen mit guter Ausbildung
los jóvenes titulados	junge Akademiker
las competencias lingüísticas	sprachliche Fähigkeiten
dejar a algn. (sus amigos, su familia)	jmdn. (seine Freunde, seine Familie) verlassen
estar bien, mal pagado/a	gut, schlecht bezahlt sein
la oportunidad	Gelegenheit, Chance
el/la especialista	Spezialist/in
el túnel	Tunnel
el camión	LKW
el maletero	Kofferraum
el trayecto	Weg, Strecke
el coyote (mex.)	*hier:* Schlepper
la patrulla	Polizeipatrouille
la migra (mex.)	Polizei zur Bekämpfung der illegalen Einwanderer in den USA
el delincuente	Krimineller, Verbrecher
el desierto	Wüste
la sed, el hambre / sediento/a, hambriento/a / morir de sed, hambre	Durst, Hunger / durstig, hungrig / verdursten, verhungern
el riesgo / arriesgado/a / arriesgar	Risiko / riskant / riskieren
el peligro	Gefahr
la remesa	Sendung, Überweisung, *hier* : das Geld, das die mex. Auswanderer nach Hause schicken
el pasaje / pasar	Überquerung / hinübergehen
lograr	etw. schaffen. erreichen
estar bien preparado/a / preparar	gut vorbereitet sein / vorbereiten
robar	stehlen
matar	töten
perderse en, por	sich verlaufen in
sobrevivir a	etw. überleben
el camino / caminar	Weg / laufen
valer la pena	sich lohnen
el regreso / regresar a	Rückkehr / zurückkehren nach

atrapar a algn.	jmdn. erwischen, fassen
advertir de	warnen vor

8. Desafíos sociales y económicos de Latinoamérica

1. La pobreza en Latinoamérica

la pobreza / pobre / estar en situación de pobreza	Armut / arm / in Armut leben
la indigencia	extreme, absolute Armut
la zona rural, urbana	ländliche, städtische Gegend
la (des)igualdad	(Un)gleichheit
el analfabetismo / el/la analfabeta	Analphabetismus / Analphabet/in
la exclusión, la marginación / excluido/a, marginado/a / excluir a algn. de, marginar a algn.	Ausgrenzung / ausgegrenzt / jmdn. ausgrenzen, ausschließen aus
tener acceso a servicios médicos, educación, agua potable	Zugang zu medizinischer Versorgung, Schulbildung, Trinkwasser haben
satisfacer las necesidades básicas	die Grundbedürfnisse befriedigen
la canasta básica (alimentaria)	*wörtl.:* Korb mit Basislebensmitteln, *hier:* das Minimum an Lebensmitteln, welches ein Haushalt zum Überleben braucht (wer sich dieses Minimum nicht leisten kann lebt in extremer Armut)
la alimentación / alimentario/a / alimentar	Ernährung / Ernährungs-… / ernähren
la desnutrición / desnutrido/a	Unterernährung / unterernährt
la vivienda / el problema de la vivienda	Wohnung, Wohnstätte / Wohnungsnot
la falta, la carencia de / carecer de	das Fehlen von / einen Mangel an etw. erleiden
la esperanza de vida	Lebenserwartung
la mortalidad	Sterblichkeit(srate)
los derechos de los niños	Kinderrechte
la vulneración (de) / vulnerable / vulnerar	Verstoß (gegen) / verletzlich / verletzen, verstoßen gegen
la educación obligatoria	Schulpflicht
aportar dinero para	Geld beitragen zu
el sustento del hogar	Lebensunterhalt
el cafetal	Kaffeeplantage
la minería	Bergbau
la plantación	Plantage
la cantera	Steinbruch
promulgar una ley	ein Gesetz erlassen
el retroceso / retroceder	Rückschritt / zurückweichen
lustrar zapatos	Schuhe putzen
el/la mendigo / mendigar	Bettler/in / betteln
hacer acrobacias	akrobatische Kunststücke machen
la pandilla	Bande
sin abrigo	schutzlos

2. El conflicto Norte–Sur: México y los Estados Unidos

la economía	Wirtschaft
el tratado / firmar un contrato	Vertrag, Abkommen / einen Vertrag unterzeichnen
el comercio / el/la comerciante/a / comercial	Handel / Händler/in / Handels-…
el negocio / negociar / negociar en, con / renegociar	Handel, Geschäft / verhandeln / handeln mit / neu verhandeln
la exportación / exportar a	Export / exportieren nach
la importación / importar	Import / importieren
el acuerdo / acordar	Übereinkommen / vereinbaren
los aranceles	Zölle
la cooperación / cooperativo/a / cooperar	Zusammenarbeit / kooperativ / zusammenarbeiten
la circulación de bienes	Güterverkehr
la libre circulación de personas	freier Personenverkehr
la inversión / invertir en	Investition / investieren in
la industria automovilística, electrónica, textil	Automobilindustrie, Elektroindustrie, Textilindustrie
la eliminación / eliminar	Beseitigung / abschaffen, beseitigen
la facilitación / facilitar	Erleichterung / vereinfachen, erleichtern
crear empleo	Arbeitsplätze schaffen
la maquiladora	Textilmanufaktur, Montagefabrik
la mercancía	Ware
las prestaciones sociales	Sozialleistungen
las condiciones de trabajo	Arbeitsbedingungen
los horarios	Arbeitszeiten
la vigilancia / vigilado/a / vigilar	Überwachung / überwacht / überwachen
la dependencia / dependiente / depender de	Abhängigkeit / abhängig / abhängig sein von
la presión / presionar	Druck / Druck ausüben
la producción / producir	Produktion / produzieren
la construcción / construir	Bau / herstellen, bauen
amenazar (con)	bedrohen, drohen (mit)
vivir en la miseria	im Elend leben
enriquecerse	reich werden, sich bereichern
la moral / (in)moral	Moral / (un)moralisch
la dignidad / (in)digno/a	Würde / würdig
la justicia / (in)justo/a	Gerechtigkeit / (un)gerecht
dañino/a	schädlich

Bildnachweis

Abuelas de Plaza de Mayo/www.abuelas.org.ar/Buenos Aires – S. 168; Agrupación de frente independiente – S. 166; akg-images + © Succession Picasso/VG Bild-Kunst, Bonn 2016 – S. 62; akg-images: -Album_Oronoz + © VG Bild-Kunst, Bonn 2016 – S. 22, 67 // -Album sfgp – S. 191, 194; Alamy Stock Photo: - World History Archive – S. 56 // -ImageBROKER – S. 111, 113, 114 // -Kevin George – S. 111 // -Perry van Munster – S. 129 // -age footstock/Ken Welsh – S. 129 // -Lebrecht Music an Arts Photo Library – S. 148; Argus Fotoarchiv – S. 240; Asociación Empresas del Sector Medioambiental de Andalucia (AESMA) – S. 132f. (7);

Basta de Tortura Bilbao, 2011 – S. 119; Benitez, Miquel © Emebé + de Juan – S. 213; BNG Galicia – S. 105; Bretécher, Claire, Paris 2000 – S. 28f.; Bridgeman Images: -Museo Mural Diego Rivera, Mexico City, Mexico + Banco de México Diego Rivera Frida Kahlo Museums Trust + VG Bild-Kunst, Bonn 2016 – S. 194 // -Private Collection/Photo: Christie's Images – S. 194, + © Banco de México Diego Rivera Frida Kahlo Museums Trust/VG Bild-Kunst, Bonn 2016 – S. 196, 199 // -Museo Dolores Olmedo Patino, Mexico City/ Mexico/Art Resource/ Schalkwijk Giraudon + Banco de México Diego Rivera Frida Kahlo Museums Trust/VG Bild-Kunst, Bonn 2016 – S. 196; Bulls Pressedienst GmbH, Frankfurt/Minikim Holland B.V. – S. 33;

Centro de Estudios Andaluces, Sevilla – S. 124; Cinematic Media/Kitchen Sink Entertainment 2006 – S. 209;

Ciudadanos 2015 – S. 80; Cochi 1974 – S. 149; Consejería de Turismo y Deporte, Junta de Andalucía Málaga – S: 109; Coordinadora General de Trabajadores Guatemaltecos – S. 258; Corporación de Promoción Turística de Chile, Santiago de Chile, 2016/www.chileturism. travel – S. 176 (8), S. 185; Correos España, 2012 – S. 37;

Down Caminar, Ciudad Real, Ciudad Real – S. 48; DPA picture alliance: -blickwinkel/McPhoto – S. 6 // -EFE/Alfredo Aldai – S. 7 - // -EFE/EFE/Manuel Bruque – S. 7 // -dpa-Report/EFE/efe Miguel Angel Molina – S. 7, 14 // -empics/PS Wire/Dominic Lipinski – S. 7 // -dpa-Report – S. 51 // -dpa-Bildarchiv/Europa Press – S. 51 // -AP Photo/Paul White – S. 75 // -AP Photo/Daniel Ochoa de Olzo – S. 77 // -Fotoreport/EFE/FILES/epa efe – S. 90 // -akg-images – S. 90, 146 // -dpa/Str – S. 95 // -bildagentur online/tips-images – S. 142 // -dpa-Bildarchiv/epa afp Omar Torres – S. 190 // -ANSA/Press Handout/EPA/Banco De Mexico Diego Rovera & Frida Kahlo Museums Trust – S. 190 // -Robert Harding World Imagery/Oliviero Olivieri – S. 191 // -epa efe Ulises Ruiz Basurto – S. 191 // -dpaweb/Tate_Modern + © Banco de México Diego Rivera Frida Kahlo Museums Trust/VG Bild-Kunst, Bonn 2016 – S. 196 // -ANSA Press Handout/Banco De Mexico Diego Rovera – S. 196 // -AP Photo/Eduardo Verdugo – S. 213 // dpa-Report/epa efe Manuel Lerida – S. 213 // -epa efe Carlos De Saa – S. 220 // -AP Poto/Eduardo Verdugo – S. 235 // - EPA/Roy Dabner – S. 238 // -ZPress/Keystone/ Allen Sullivan – S. 2.41 // -epa efe Antonio Aragon – S. 241 - // -dpa-Report/Keystone Allen Sullivan – S. 250 // -Westend61/Florian Kopp – S. 250;

Ediciones A.M., Las Rozas – S. 108; Entrialgo, Mauro/mauroentrialgo.com, Madrid 2002 – S. 15; Excmo Ayuntamiento de la Union, La Union 2016 – S. 48;

Fandiño, José Maria, Obra perteneciente al fondo documental del Instituto Quevedo del Humor de la FGUA – S. 44; Faro/cDa Col (www.e.faro.info) – S. 18, 73, 103, 217, 226, 231; Festival Flamenco de Zamora 2010 – S. 113; Fontdevila, Manel – S. 159; Fotolia: -Renáta Sedmáková – Cover // -chudesa – Cover // -JFL Photography – Cover // -DragonImages – S. 7 // Cyril Hou – S. 42 // -mc/hidalgo – S. 51 // -Tarik GOK – S. 85 // -uckyo – S: 111 // -Leojones – S. 133 // -cristinaconti – S. 143 // -filipefrazao – S. 143 // -deserttrends – S. 190 // -Somatuscani – S. 254; Frente Popular – S. 56; Fundación Pro Niños de la calle, Mexiko Stadt – S. 252; Fundación Secretariado Gitano, Madrid – S. 120;

Garzón, Alfredo, New York – S. 24; Germano, Gustavo, Ausencias, Barcelona 2006 – S. 164 (4), 165 (2); Getty Images: -AFP/Gerard Julien/ Staff – S. 51 // -Universal History Archive UIG – S. 58 // -Jordi Vidal/Redfens – S. 112 // -Cover/Gianni Ferrari – S: 129 // -David Ramos – S. 131 // -Bloomberg/Denis Doyle – S. 136 // -AFP/Christian Miranda – S. 183 // -OFF/AFP –S. 185 // -Wire Images/Kevin Winter –S. 202 // Gila, Miguel – S. 122; Greenpeace España – S. 128;

Höhne Presse, Berlin 2011 – S. 154;

Ilieff, Jorge – S. 155; istockphoto: -Leonardo Patrizi – S. 45 //-LindmylaSupynska – S. 45 // -NKS/Imagery – S. 45 // -Mikolette – S. 45 // -shironosov – S. 45 // -Martin Dimitrov – S. 46 // -Vladacanon – S. 94 // -OlafSpeier – S. 141 // -wweagle – S. 142 // -René Lorenz – S. 142 // -Bartosz Haduniak – S. 143 // -Pierre Chouinard – S. 145 // -yinyang – S. 157 // -PeterHermesFurian – S. 177 // -kobbydagan – S. 191 // -uchar – S. 191 // -blackred – S. 215 // -PatrickPoendl – S. 235;

Junta de Andalucía Consejería de Medio Ambiente, Sevilla – S. 48; Juventud Sin Futuro – S. 48 (4);

LAIF/REA/François Perri – S. 207; Latuff 2007 – S. 159; La Vanguardia Española, Barcelona 1975 – S. 69; Lázaro Avila, Maria, Madrid 2013 – S. 17;

Marks, Bodo, Hamburg 2013 – S. 140; Mena Martin, José Luis – S. 122; Ministerio de Sanidad, Servicios Sociales e Igualdad, Madrid – 40; Molina, Pedro, Managua (Nicaragua) 2010 – S. 239; Montenegro, Augusto 1984 – S. 150; Morena Films, Madrid 2012 – S. 154; Movimiento Ciudadano, Mexiko Stadt – S. 243;

Nava González, Alberto/NOTIMEX Oscar Aguilar Sánchez – S. 153, 244, 247; NASA image courtesy Jeff Schmaltz, LANCE/EOSDIS MODIS Rapid Response Team of NASA GSFO Caption by Adam Voiland – S: 134 (2);

Piper Verlag GmbH, München – S. 107; Pitter, Klaus, Wien – S. 131; Podemos 2015 – S. 80;

Queremos Galego 2015/Foto: Xurxo Lobato – S: 105;

Ribera, Paco, 1939 – S. 67;

Salmon, Mannfred, Rincón de Seca (2011) – S. 24; Sector Oeste del Partido Comunista – S. 56; shutterstock: -Syda Productions – S. 7 // -Sign N Symbol Production – S. 36 // -megapixel.org – S. 205 // -joyful –S. 250 // -Daxiao Productions – S. 250; Süddeutsche Zeitung Photo/Scherl – S. 50 (2) // -snapshot-photography – S. 78;

Thinkstock: -Photodisc/Jack Hollingsworth – S. 7 // -Pixland/Jupiterimages – S. 7, 127 // -Hemera/Nicolae mugurel Popovici – S. 23 // -Hemera/Pedro Ferreira – S. 84 // -iStock – S. 138f., 143 // -Stock Editorial/robilusso – S. 157 // -Stockbyte/Jupterimages – S. 191 // -Creatas Images – S. 233; Thinkstock/iStock: -Wavebreakmedia – S. 6 // -gpointstudio – S. 6 // -Silvia Bianchini – S. 7 // -YanLev – S. 7 // -Oneinchpunch – S. 9 // -Feverpitched – S. 32 // -nigelparke – S. 94 // -chelovek – S. 95 // -momadeo – S. 95 // -Bonilla 1879 – S. 103 // -photo_vlad_karavaev – S. 107 // -bernjuer – S. 111 // -caroljulia – S. 111 // -kapyos – S. 117 // -sborisov – S. 117 // -Sydavia – S. 118 // -Algofoto – S. 128 // -adisa – S: 135 // -jrroman – S. 143 // -altmarkfoto – S. 143 // -frankix – S. 157 // -filipefrazao – S. 157 // -pashapixel – S. 157 // -emanuelepagni – S. 157 // -SpVVK – S. 162 // -Kaarsten – S. 221 //-Digital Vision/Felipe Dupouy – S. 240 // -Travel Strategy – S. 241 // -ronniechua – S. 256 // - studiojh – S. 256;

ullstein bild: -TopFoto – S. 51 // -Erika Rabau – S. 90 //-Reuters/Susana Vera – S. 90 // -The Granger Collections – S: 146 // -Reuters/Stringer/Spain – S. 213 // -dpa – S. 231 // -Shirley – S. 235 // -Reuters/Joshua Lott – S. 235 - // -Markus Matzel – S. 240 // -Reuters/Edgard Garrido – S. 241; Unidad Editorial, Madrid – S. 47, 231;

Wikimedia: -Bundesarchiv, Bild 183-H25224/Unbekannt/CC BY-SA 3.0 – S. 62 // -Kirk – S. 103 // -Mike Gonzalez (TheCoffee)/CC BY-SA 3.0 – S. 143 // -Arturo Michelena – S. 152 // -Smartin – S. 152 // -Pablochx/CC BY-SA 4.0-3.0-2.5-2.0-1.0 – S. 167 // -Telam (Telam) – S. 174 // -SKopp – S. 177 // -Segegob/CC BY-SA 2.0 – S. 181 // -Huhsunqu – S. 185 // -GermanX/Eigenes Werk/CC BY-SA 4.0 + © VG Bild-Kunst, Bonn 2016 – S. 194 // -Rodrigo Fernández/Eigenes Werk/CC BY-SA 3.0 + © VG Bild-Kunst, Bonn 2016 – S. 194 - // -Carl van Vechten – S. 196 - // -george_ruiz_the_birthday_entertainment/CC BY-2.0 – S. 202 // -Michael Catanzariti-EW/CC BY-SA 3.0 – S. 207 - // Tomas Castelazo/CC BY 3.0 – S. 212 // -Sgt.1st Class Gordon Hyde/http.www.ngb.army.mil.jpg – S. 213, 241, 257 // -Festival Internacional de Cine en Guadalajara/Manu Chao 145/CC BY 2.0 – S. 215 // -Protoplasmakid/CC BY-SA 4.0 – S. 235 // -Tomas Castelazo/CC BY-SA 2.5 – S. 235 // -Alaskan Dude/CC BY 2.0 – S. 241 // -Jupagame/CC BY-SA 3.0 – S. 241 // -Maurizio Costanzo/CC BY-SA 2.0 – S. 246 // -Guldhammer – S. 259 // - Agencia de Notic a Andes/Micaela AyalaV/CC BY-SA 2.0 – S. 261;www.confidencialcolombia.com – S. 186;

Bildnachweis Mediencodes:

Alamy Stock Photo/© Moviestore Collection Ltd;

BBC Mundo 2014;

Bretécher, Claire, Paris 2000;

Faro/cDa Col (www.e.faro.info); Feria Internacional del Aqua 2010;

IFEPA 2009; istockphoto/Georigios Art;

LAIF/Archivio GBB/Contrasto;

Real Academia Española y Asociación de Academias de la Lengua Española, Madrid 2004;

Thinkstock: - Pixland/Jupiterimages // -iStock/Nadezhda1906 // -iStock/dimapf;

ullstein bild (1): -United Archives/KPA;

Wikimedia: -Hurtado, Victor (2011), La sublevación, Editions DAU/Imagen enviada por correo electrónico por Ton Barnils, de Edicions DAU, con permiso del autor y bajo licencia CC BY-SA 3.0 // -Tomas Castelazo/CC BY 3.0 // -Meister des Codex Manesse (Grundstockmaler);